本书为国家社会科学基金项目
"太行山说书人的生活史与礼俗
社会互动研究"资助研究成果(项
目编号:15BSH006)。

太行山说书人的
生活史与礼俗社会互动研究

卫才华 著

山西出版传媒集团 北岳文艺出版社
BEIYUE LITERATURE & ART PUBLISHING HOUSE

—太原—

图书在版编目(CIP)数据

太行山说书人的生活史与礼俗社会互动研究 / 卫才
华著. 一 太原:北岳文艺出版社,2024.3
(山西大学文学院教授文库)
ISBN 978-7-5378-6662-0

Ⅰ.①太… Ⅱ.①卫… Ⅲ.①太行山－说书－民间艺
人－研究 Ⅳ.①K825.78

中国国家版本馆CIP数据核字(2023)第006095号

太行山说书人的生活史与礼俗社会互动研究
卫才华 著

//

出 品 人   出版发行:山西出版传媒集团·北岳文艺出版社

郭文礼   地址:山西省太原市并州南路57号

邮编:030012

电话:0351-5628696(发行部)　0351-5628688(总编室)

责任编辑   传真:0351-5628680

关志英   印刷装订:山西基因包装印刷科技股份有限公司

装帧设计   开本:787 mm×1092mm　1/16

谢　成   字数:385千字

印张:25

印装监制   版次:2024年3月第1版

郭　勇   印次:2024年3月山西第1次印刷

书号:ISBN 978-7-5378-6662-0

定价:88.00元

总　序

　　山西大学是中国国内少有的几所有一百二十年历史的老校，山西大学中文学科是国内大学中少有的几家有一百二十年历史的老学科。"老"并不仅仅意味着有历史，更重要的是有传统。

　　山西大学中文学科就是一个有传统的学科，这传统源自章太炎先生。章太炎先生有四位弟子先后在此执教：有"南黄北李"之称的黄侃、李镜蓉，及其晚年所招收七名研究生中的两名姚奠中、柏逸孙。李镜蓉是太炎先生在日本时的学生，著名的语言文字学家，民国第一任山西大学校长。在山西大学执教近三十年，一度任国文系主任，1947年病故。姚奠中先生是国学大家，1951年到山西大学，2013年去世，在这里执教达半个多世纪。两人前后相衔，使章太炎先生的学脉在这里得以延续和发扬。传自太炎先生的传统包括两个方面：一是学术的，一是精神的。就学术方面而言，主要是文史哲不分，坚实基础后，再根据所研究的问题作专向突破。我们现在强调学科交叉，学科交叉是分开之后的合，这种合只是点上的合，合与不分是两个概念，不分则是"太极"，是鸿蒙。当然，受现代学科划分的影响，我们这一学术传统也受到了很大冲击，但三十多年来我们一直在努力修复。就精神方面而言，从章太炎先生到姚奠中先生都强调"以用世为归"。这种精神要求我们怀有时代使命感和社会责任感，对国家、对民族要有赤诚之心，面对现实思考问题，参与化民易俗的社会变革，不能像鸵鸟一样钻到沙堆里逃避面前发生的一切。在这一传统的哺育下，山西大学中文学科一代新人在艰难的环境中顽强地成长起来。尽管这新一代学人从事的专业各不相同，学术水平也不敢过多标榜，但文史融合的学术路径与用世为归的使命精神，却在他们身上得到了不同程度的体现。说实在的，我们的发展比朋友们想象的要艰难得多，当然随着学术生态的变化我们也在随时作着调整。我们认为，作为真正的有社会责任的学者，不只是着眼于当下的荣誉和名利，更重要的是让自己的研究成果一百年后还能放在台面上。

　　在山西大学百二十年校庆之际，我们组织出版了这套丛书，旨在展示山右中文的成果与学术传统。我们希望能在与同行的交流中继续发展。

刘毓庆

二〇二二年五月

自　序

一

孔子有云："移风易俗，莫善于乐。"这里的"俗"即为"风俗"，作为民俗生活的重要组成部分，礼乐文化在中国传统儒学观念和礼俗实践中绵延久远。我国说唱艺术是礼乐文化的延续，历史悠久，源远流长，在中华民族文明史进程中，闪耀着明朗绚丽的光彩。

从现存的文献史料看，中国古代说唱艺术可以追溯到先秦时期，早期的曲艺处于一种母体和萌芽状态，尚不具备独立成为曲种的艺术形态，在民间有"以脐为口，操干戚而舞"的神话传说，宫廷之中则有"瞽矇文化"（瞽为无目，矇为有目不明者）的成型。"瞽"由"巫"演变而来，形成早期的盲人乐官制度，"瞽瞍"（又作"瞽叟"）"瞽矇"以说唱的形式依附于上层社会，其主要职责包括奏乐、作歌等，呈现出职业化与仪式化的特点。《周礼·春官》记载："瞽矇，掌播鼗、柷、敔、埙、箫、管、弦、歌；讽诵诗，世奠系，鼓琴瑟；掌九德六诗之歌，以役大师。"①这种"瞽矇文化"可以说是我国古代说唱艺术之滥觞。春秋之后，礼崩乐坏，"瞽"逐渐被为国君献曲、献诗的"优"所取代，流入民间，成为以说唱谋生的盲艺人。秦汉至南北朝时期，这时"曲艺萌芽"逐渐出现，开始向独立的表演艺术转化，汉代出现了由男性俳优表演的"小说""杂说"，并逐步发展出以"说"为主要特征的"俳优小说"。20世纪

---

① 郑玄：《周礼注疏》，上海古籍出版社，1990，第358—359页。

所发现的出土文物"说书俑"也证实汉代已有说书的雏形。

唐代随着城市市民阶层的扩大，说唱已日渐形成一门独立的艺术形式，唐王朝相对稳定的社会环境和文化制度，使得说唱艺术开始走向繁荣。从史料记载看"俗讲"作为佛教一种讲经活动，为"悦俗邀布施"，已经表现出完整的说唱艺术形式，俗讲由单纯讲解经文发展为"转变""说话"等说唱形式。与春秋之后隐入民间的盲艺人不同，唐代说唱艺术主要接受群体是平民百姓，并形成"变文""话本"等较为固定的说唱底本，表现出民间艺术的职业化特征。

由唐入宋，说唱艺术在城市商业影响下更加兴盛。北宋年间，瓦舍勾栏的兴起，使得民间通俗文化市场逐渐成熟，民间说唱艺术不仅延续了唐朝变文的艺术特征，也在此基础上产生了诸宫调、鼓子词等说唱形式，题材广泛，品种繁多。底层民间的"勾栏""瓦肆"，上层社会的"露台""府邸"，都成为艺人进行说书演出的主要场合。发展到南宋时期，说唱艺术有"说话四家"，即"小说""说经""讲史""合生"这四种表演形式。陆游有诗曰："斜阳古柳赵家庄，负鼓盲翁正作场。死后是非谁管得，满村听说蔡中郎。"诗中所表现的正是宋代盲艺人在乡村说书的场景，足见宋时说唱艺术之繁荣。

"在元代初期，政府明令禁止'演唱词话，教习杂戏（《刑法志》）'，'在都唱琵琶词、货郎儿等（《元典章》）'。"①不过，民间的"说话"创作活力并未被扼杀，为避开针砭时弊之嫌，艺人多选择"讲史"这种形式，其话本又称"平话"，诸如《全相平话五种》《新编五代史平话》《大宋宣和遗事》等。

元明时期，圣恩堂（清代叫"养济院"）收容流浪艺人、乞丐、盲人，传唱道情、莲花落等故事。盲艺人的组织管理，进一步强化了传播教化、说书劝世的曲艺功能，职业艺术群体的出现使得民间小调和戏曲相结合，发展为较为成熟的板腔体的说书形式。

此外，明清词话的发展，为说唱艺术的发展带来了新的契机。在明代数百年的历史中，说唱艺术形式进一步丰富，具有地域色彩的评话、

---

① 栾桂娟：《中国曲艺与曲艺音乐》，人民音乐出版社，1998，第10页。

评书、鼓书、宝卷、莲花落等说唱形式在民间表现出旺盛的生命力。流行于南方的弹词便是从明中叶开始出现，吸收了宋代的陶真和元明词话的体裁形式，从文词到叙事，都展现出一定的表演特点，为清代弹词艺术的进一步发展奠定了基础。清代说唱艺术在元明以来的发展基础上日趋完善，南北并行发展，清代逐渐分化为北方鼓词与南方弹词两派，并与各地的方言和曲调相结合，生成了独具特色的艺术形式，诸如弹词一类，有苏州弹词、宁波弹词、扬州弹词、长沙弹词等；再如鼓词可分为京韵大鼓、山东大鼓、潞安鼓书、上党鼓书等。除此之外，牌子曲、道情、琴书等说唱样式也不断涌现，各地书场鳞次栉比，曲种丰富多样，因此明清一代，成为我国说唱艺术史上一个蓬勃繁荣的重要时期。

太行山是中国历史地理版图中重要的文化山脉，被誉为"天下之脊"。晋东南太行山沿线村庄具有丰富活泼的礼乐传统和民俗生活。"太行山说书"是指清末以来在晋东南地区广泛活动的说唱艺术，大致可分为鼓书、弦书、道情、琴书、牌子曲等五大类，也包括钢板书、快板等说唱形式，各曲种具体始于何时，尚未有明确的论断，以现存文物考证，金元时期鼓书、弦书、道情等说唱便开始流行于晋东南地区，清代以后多种说唱形式不断发展，曲艺种类之间相互交融，在演唱形式、旋律形态和唱腔体式等方面都表现出丰富多彩的艺术魅力。

二

曲艺说唱离不开一代代艺人的口授与身传，值得注意的是，与"说书"艺术的繁荣相比，说书人这一群体在历史上一直处在边缘地位，是故"盖小说传奇，向摈弃于文学之林，而敷衍小说之评话，除供茶余酒后消遣外，更为士大夫所不齿"。说书人得不到文人士大夫的认可，这源于旧时多数盲艺人依靠算卦和说书本领谋生。当下不少明眼人也以说书谋生，但大多家境贫寒，技艺的习得仍以口耳相授为主。这些艺人群体活跃在广袤的乡村社会，操持着民间的红白喜事、庙会礼俗，说书对他们来说，是一种谋生手段。

中华人民共和国成立后，说书历经社会主义改造之后逐步被曲艺化、舞台化，说书艺人的地位得到提升，开始进入文化系统编制管理，各地隶属于文化馆的盲人曲艺队相继成立，大部分艺人都有了收入保障，文艺宣传政策使得很多零散流动的说书艺人的社会境遇发生了变化。尤其在当前非物质文化遗产语境下，很多艺人成为非物质文化遗产传承人，以新的社会身份获得了关注与肯定。随着弘扬中华民族优秀传统文化的呼声日益强烈，民族复兴和国家文化建设的需求愈发迫切，自2006年第一批国家级非物质文化遗产代表性项目名录公布以来，非物质文化遗产的保护工作便在我国全面展开。非物质文化遗产大多依靠口传心授的方式传承，更多强调"以人为本"的文化理念，其保护工作的核心便是对传承人的保护。

就我们调查走访的70余位太行山说书艺人来说，盲艺人占据多数，在他们当中，有年逾古稀的老者，也有不及弱冠的青年，靠着口耳相传的方式和鼓板、三弦、月琴等乐器演绎着世俗百态，鼓词里他们是主持正义的青天、顶天立地的英雄、踌躇满志的书生，然而回到现实，他们仍是为生计奔波的社会底层，靠着政府的补贴和夜以继日地跑场"谋生活"。从太行山说书艺人的现状来看，几乎活跃在村镇街巷的民间艺人都有着自己擅长的表演形式和曲目。在乡土社会中，说书人的家族史、从艺史、苦难史和日常生活史等内容，既具有特定社会文化空间中的本土化和地域化特征，也表现出人们在曲艺传承中多元的文化心态。对传承人的关注，是要理解和尊重艺人的情感和生活，倾听他们对于说唱音乐和学艺谋生的声音。

冯骥才先生认为，"在人类尚没有'文化遗产'的概念之时，广大民间各种世代相传的文化中，唱主角也是这些传承人。他们就是数千年来一直活跃在民间的歌手、乐师、画工、舞者、戏人、武师、绣娘、说书人、各类高明的工匠以及各种民俗的主持者和祭师。这是一种智慧超群者，才华在身，技艺高超。担负着民间众生的文化生活和生活文化。黄土地上灿烂的文明集萃般地表现在他们身上，并靠着他们代代相传。有的一传数百年，有的衍续上千年。"①诚哉斯言，艺人传承的不仅是某种技艺与文化，更是一种鲜活的生命状态和精神面貌。太行山说书人便是这样的群体，他们通过礼俗互动、市场互动、社会互动等方式，发展了超越说唱艺术本身的多样性、社会性、能动性等特点，体现出新时期艺人群体、文本和社会情境之间的内在关联性，他们是民间文化的创造者和持有者，经历苦难的生活考验，饱尝谋生不易的艰辛，却在艺术世界绽放出"绣口一吐便半个盛唐"的气象。从这个意义上讲，平凡的生活和古老的艺术相融合，赋予这个群体传奇般的艺术魅力。

三

在城市化、商业化、全球化的今天，我们更加需要充分地理解，"过去"对我们来讲，意味着什么？"传统"何为？在实际调研中，我们在晋东南太行山沿线，具体包括沁县、武乡、襄垣、屯留、长子、左权、沁水、阳城、陵川、高平、泽州、平遥等地，采访了很多说书艺人、说唱团以及盲人曲艺队。我们通过民俗学、文化社会学、艺术人类学等跨学科视角，广泛搜集和使用盲人曲艺队档案、鼓书唱本、说书人口述史、田野调查等资料，有别于以往专注于对曲艺文化的研究，观照说书人内在的心灵史、家庭生活及其社会互动的整体性艺术特点。

我们重点了解艺人的人生际遇、精神世界以及艺术追求的感悟，剖析个人"曲艺"生涯和社会变迁的复杂互动关系，阐明生活史与曲艺实践的交错与融合，呈现出更为宏阔的"艺人与曲艺发展"的文化逻辑。因此这里更多地去呈现艺人的生计方式、婚姻家庭、师承关系、行业规矩、演出市场、社会需求等生活史内容。通过深入挖掘民间说书艺人与礼俗生活的社会互动关系，由此探寻这一群体与礼俗社会的深层次关联，从一个更为广阔和深刻的维度，去剖析、认识和理解说书人这一群体的生存与生活。

---

① 冯骥才：《活着的遗产——关于民间文化传承人的调查与认定》，《散花》，花山文艺出版社，2009，第307页。

我们希望社会可以注意到盲艺人这一特殊的传承群体，他们大多处于社会底层，生活困苦，经受着岁月的苦难，也坚守着心中的艺术。在调研过程中，我们多次参与"太行盲艺人联谊会""太行书会""沁州书会""太行盲艺人联谊会"等活动，了解盲艺人疾苦，倾听说书人讲述自己生活和说唱艺术的故事。

　　在说书艺人生活史与礼俗互动的背后，我们力图兼顾学术与通俗、历史与当下、理论与实践诸多要素，依托学术研究之基础，田野调查之亲历，希望在历史声音的根脉中得以共鸣、共情。

　　沙哑悲凉的吟唱，仿佛是太行山这片厚重土地的历史回响。行走在太行山村村落落间的说书人们，他们操拍板、弹鼓键，丝丝弦弦讲述着过往的历史，手中的一把三弦，脚下的一节甩板，世事沧桑、人情冷暖，说起的是历史，是生活，更是自己酸甜苦辣的人生故事。

目录

绪论：说书与山西说唱曲艺的研究回顾

"民间说唱"是富有活力的曲艺文化传承，近些年在音乐学、戏曲学领域取得了突破性进展，人们越来越注意从音乐本体转向对音乐文化的整体性研究，特别是对传承人生活史、社会环境、时代价值的研究得到学术界的极大关注。这里从民俗学、文化社会学、艺术人类学等跨学科视角出发，聚焦于晋东南太行山沿线的说书人群体，深入挖掘民间说书艺人与礼俗生活的社会互动关系，探讨社会现代化进程中艺人、文本与表演语境的深层关联。

山西民间曲艺的特点较为突出，尤其是民间小戏、鼓吹乐、八音会等相关成果非常丰富。总体来看，民俗学、俗文学、历史学、音乐学、社会学等各学科，都围绕着民间说唱的各个方面，做出了很有意义的成果，主要有以下特点：

一是从文学史层面，探讨说书与俗文学的生成机制。在《中国俗文学史》中，郑振铎将"说书"称为"讲唱文学"。这些研究关注唐宋至元明清话本小说，特别是对话本与历史演义小说、公案侠义小说之间的文体生成关系的探讨，也涉及鼓词、扬州评话、苏州弹词、敦煌变文、民间宝卷等俗文学体裁的研究。如《说书史话》《宋元明讲唱文学》《在书场与案头之间：民间说唱与古代通俗小说双向互动研究》《中国鼓词文学发展史》等。①

　　二是从曲艺艺术层面，着力于对说唱艺术的历史发展、艺术特点、唱腔唱词等音乐艺术内容的搜集和记录。如《曲艺民俗与民俗曲艺》《中国民族民间舞蹈集成·山西卷》《中国曲艺音乐集成·山西卷》《中国戏曲音乐集成·山西卷》等。当地文化部门也做过相关的曲艺调查，如《武乡曲艺志》《沁州三弦书》《陵川曲艺志》《泽州曲艺》《沁水鼓儿词志》《高平鼓书与九莲灯》。当然，这些研究大都重视鼓书的音乐、曲谱和唱词，缺乏对艺人生活史的研究。②

　　三是从社会史、文化史层面，将"说书"作为特殊的文艺活动，剖析其背后宏大的历史特征和社会文化意义。如王笛《国家控制与社会主义娱乐的形成：1950年代前期对成都茶馆中的曲艺和曲艺艺人的改造和

---

　　① 陈汝衡:《说书史话》,作家出版社,1958。郑振铎:《中国俗文学史》,上海书店出版社,1984。叶德均:《宋元明讲唱文学》,上杂出版社,1953。纪德君:《在书场与案头之间：民间说唱与古代通俗小说双向互动研究》,文化艺术出版社,2009。李雪梅等:《中国鼓词文学发展史》,上海人民出版社,2012。有的还探讨说唱与戏曲之间的关系,认为从沿街说唱、说家书、户外搭台演出到化妆演出的"说书剧",逐步向戏曲转变。见张艳琴:《说唱向戏曲转化的几个递进演出阶段——以长子说书为例》,《中国戏曲学院学报》2013年第4期,第74—77页。

　　② 倪钟之:《曲艺民俗与民俗曲艺》,百花文艺出版社,1993。中国民族民间舞蹈集成编辑部编《中国民族民间舞蹈集成·山西卷》(上下册),中国ISBN中心,1993。《中国曲艺音乐集成》全国编辑委员会、《中国曲艺音乐集成·山西卷》编辑委员会编《中国曲艺音乐集成·山西卷》(上下册),中国ISBN中心,2004。《中国戏曲音乐集成》全国编辑委员会、《中国戏曲音乐集成·山西卷》编辑委员会编:《中国戏曲音乐集成·山西卷》(上下册),中国ISBN中心,1997。中国曲艺志全国编辑委员会、《中国曲艺志·山西卷》编辑委员会编《中国曲艺志·山西卷》,中国ISBN中心,2011。章建刚、王亮等:《山西省民间音乐遗产的传承与保护》,中国社会科学出版社,2007。武乡县文化局编《武乡曲艺志》,内部资料,1988。沁县文化局编《沁州三弦书》,内部资料,1987。赵喜胜主编《陵川曲艺志》,内部资料,2003。史小军主编《泽州曲艺》,内部资料,2007。柴粉香主编《沁水鼓儿词志》,内部资料,2010。中国人民政治协商会议山西省高平市委员会编《高平文史资料·第13辑　高平鼓书与九莲灯》,内部资料,2013。

处理》，①还有研究者发现说书艺人通过字辈谱确认彼此是全真道门里的人，这种男性流浪式的宗教活动方式正是历史上全真道之所为。②近年来，一些学者对民间说唱曲艺等进行调查，更加重视对说书人与社会史关系的探究。③社会史学者也注意到曲艺和田野调查资料对于文化史研究的意义。④如对苏州评弹与江南社会变迁的系列研究，选择以说书人与社会变迁、说书人的人生经历、书目的传承与社会变迁、书场小社会与苏州大社会、苏州评弹与上海社会的变迁、评弹与都市文化圈的演变、女

① 王笛：《国家控制与社会主义娱乐的形成：1950 年代前期对成都茶馆中的曲艺和曲艺艺人的改造和处理》，《中国当代史研究（第 1 辑）》，九州出版社，2009。张炼红：《从"戏子"到"文艺工作者"——艺人改造的国家体制化》，《中国学术》2002 年第 4 期。

② 董晓萍：《华北说唱经卷研究》，《北京师范大学学报》（人文社会科学版）2000 年第 6 期。

③ 董晓萍、[美]欧达伟（R·David Arkush）：《华北民间文化》，河北教育出版社，1995。董晓萍、[美]欧达伟（R.David Arkush）：《乡村戏曲表演与中国现代民众》，北京师范大学出版社，2000。[日]井口淳子（Igvchi Jvnko）：《中国北方农村的口传文化——说唱的书、文本、表演》，林琦等译，厦门大学出版社，2003。孙鸿亮：《山西介休宝卷与陕北说书》，《安康学院学报》2013 年第 4 期。孙鸿亮：《陕北说书研究》，天津人民出版社，2011。杨红：《当代社会变迁中的二人台研究：河曲民间戏班与地域文化之间互动关系》，中央音乐学院出版社，2006。黄旭涛：《民间小戏表演传统的田野考察——以祁太秧歌为个案》，知识产权出版社，2013。项阳：《山西乐户研究》，文物出版社，2001。田耀农：《陕北礼俗音乐的考察与研究》，上海音乐学院出版社，2005。张振涛：《冀中乡村礼俗中的鼓吹乐社——音乐会》，山东文艺出版社，2002。张振涛：《吹破平静：晋北鼓乐的传统与变迁》，文化艺术出版社，2010。吴凡：《阴阳鼓匠——在秩序的空间中》，文化艺术出版社，2007。[英]钟思第（Stephen Jones）：《中国民间音乐——一种活着的传统（Folk Music——"Living Instrumental" Traditions）》，Oxford University Press，1995。[英]钟思第（Stephen Jones）：《雁北乡村礼乐（Ritual and Music of North China：Shawm Bands in Shanxi）》，Ashgate Publishing limited England，2007。

④ 行龙：《秧歌里的世界——兼论民俗文献与中国社会史研究》，《民俗研究》2001 年第 3 期。行龙：《走向田野与社会：区域社会史研究的追求与实践》，《山西大学学报》（哲学社会科学版）2012 年第 3 期。韩晓莉：《被改造的民间戏曲：以 20 世纪山西秧歌小戏为中心的社会史考察》，北京大学出版社，2012。

弹词群体研究、苏州评弹与近代传媒间的互动、评弹中的江南社会为研究对象，进行评弹与社会文化史的相关研究。①

20世纪40年代延安文艺座谈会之后，对陕北说书与农村文化改造的讨论较为深刻，如孙晓忠《改造说书人——1944年延安乡村文化的当代意义》，历史学者洪长泰（Chang-tai Hung）《新文化史与中国政治》探析中国20世纪上半叶在漫画、木刻、说书、歌曲等方面的艺术变化，其中《改造盲书匠——韩起祥与中国共产党的说书运动》分析了在文化改造与政治话语之下盲人说书运动的变化。②此外，还有从民俗学和社会学视角研究老北京天桥街头艺人的，如岳永逸《空间、自我与社会——天桥街头艺人的生成与系谱》、杨旭东《当代北京评书书场研究》、祝鹏程《文体的社会建构：以"十七年"（1949—1966）的相声为考察对象》等。③近些年关于民间书会的关注，也极大地引起了学术界对于说书人研究的兴趣。如对河南马街书会、山东胡集书会的调研。④

综合来看，这些研究虽然从不同学科视角，深入地分析了说唱曲艺

---

① 唐力行主编《别梦依稀：说书人唐耿良纪念文集》，商务印书馆，2015。何其亮：《个体与集体之间：二十世纪五六十年代的评弹事业》，商务印书馆，2013。张盛满：《评弹1949：大变局下的上海说书艺人研究》，商务印书馆，2015。吴琛瑜：《书台上下：晚清以来评弹书场与苏州社会》，商务印书馆，2015。[美]马克·本德尔（Mark Bender）：《梅与竹：中国传统苏州评弹》，李东鹏译，商务印书馆，2019。

② [美]洪长泰（Chang-tai Hung）：《新文化史与中国政治》，台湾一方出版有限公司，2003，第151—177页。

③ [美]洪长泰（Chang-tai Hung）：《到民间去：1918—1937年的中国知识分子与民间文学运动》，董晓萍译，上海文艺出版社，1993。[美]洪长泰（Chang-tai Hung）：《新文化史与中国政治》，台湾一方出版有限公司，2003。岳永逸：《空间、自我与社会——天桥街头艺人的生成与系谱》，中央编译出版社，2007。杨旭东：《当代北京评书书场研究》，民族出版社，2013。祝鹏程：《文体的社会建构：以"十七年"（1949—1966）的相声为考察对象》，中国社会科学出版社，2018。

④ 马志飞：《马街书会民间曲艺活动的社会机制研究》，博士学位论文，福建师范大学，2008。黄纬华、雷桂华主编《中国节日志·马街书会》，光明日报出版社，2013。王加华：《你怎么看：胡集书会保护与传承的艺人视角》，《民族艺术》2017年第3期。

丰富的文化内涵，但总体上忽视了对说书人本身群体生活史与社会活动的观照，尤其是这些民间艺人自己的师承经历和生活故事。从地域性来看，自古以来，晋东南太行山沿线的民间说唱就非常盛行，至今仍然鲜活地表现在当地的乡村生活中，说书活动与说书人代代传承，是当地喜闻乐见的民俗文化活动。而现在学术界对说书人的研究主要集中在陕北、河南、山东等地，如孙鸿亮《陕北说书研究》、关意宁《在表演中创造：陕北说书音乐构成模式研究》、冯丽娜《盲人说书的调查与研究》等。虽然社会媒体也对山西左权盲艺人的生活进行过报道，如《向天而歌：太行盲艺人的故事》《没眼人》的出版。[①]但总体上讲，太行山一带丰富活泼的说唱传统和艺人群体还没有引起足够的重视。从当下来看，以说书谋生的艺人群体还活跃在广袤的乡村田野，他们操持民间红白喜事、庙会礼俗，因为处于乡村底层社会，长期以来难以得到社会认同。事实上，这恰恰代表了民间富有生命力的传统。说书人通俗易懂的说唱艺术来源于朴素的乡土社会，自然地从地方礼俗生活生长出来，充满了文化传承的活力与创造力。当前在非物质文化遗产语境下，说书人的社会境遇发生了很大变化，很多艺人成为非物质文化遗产传承人，以新的社会身份重新得到文化认同和肯定，这里在勾勒说书人生活史的基础上，考察当下说唱艺人和曲艺队的演出现状，并进一步考察新时期民俗曲艺的现代传承与礼俗生活变迁的内在关系。

这里的"太行山"主要指晋东南太行山沿线，主要以沁县、武乡、左权、平遥、长子、襄垣、泽州、阳城、沁水、陵川、高平等地为研究范围，大致包括现在的山西省长治市和晋城市所辖县区。这些"说书人"以盲艺人居多，也包括一些明眼人，实际演出中多以曲艺宣传队和一些以说书艺人为骨干的小型说唱团、歌舞团、八音乐团为演出队伍。具体调研中，我们不单单以鼓书、钢板书、三弦书、四弦书、道情、琴书等

---

① 冯丽娜：《盲人说书的调查与研究》，中国文史出版社，2013。关意宁：《在表演中创造：陕北说书音乐构成模式研究》，博士学位论文，上海音乐学院，2011。孙鸿亮：《陕北说书研究》，天津人民出版社，2011。刘红庆：《向天而歌：太行盲艺人的故事》，北京出版社，2004。亚妮：《没眼人》，中信出版社，2016。

曲种门类作区别，而是以"说书人"为聚焦点，观察艺人与曲艺之间动态社会关系。因为实际生活中，民间说书人往往精通多种说唱艺术，很难用曲艺类别来区分，所以用"说书人"来统一指称。

第一章　太行山说唱曲艺与历史发展

　　太行山是中国历史上重要的文化山脉，位于北京、河北、山西、河南之间。北起北京西山，南至豫西北黄河北岸，西邻黄土高原，东接华北平原，绵延700余公里，为山西东部、东南部与河北、河南两省的天然界山。从历史地理演变看，太行山具有重要的文化区域价值，与中华民族精神的发展息息相关。[①]旧时太行山毗邻京畿政治中心，周边古都环绕，沿太行山脉南下是河南洛阳、开封、陕西长安，东面是天津、北京，北上则是内蒙古，地理位置依山势绵延，是历史文化交融汇聚的特殊区域，这种独特的文化生态环境，孕育发展了当地独特的民间艺术形式，形成了特色鲜明的曲艺说唱传统。

第一节　太行山说书的历史成因与社会特征

　　太行山是连接晋冀鲁豫的交通要道，循着太行山古商道形成了一系列重要的历史文化村镇。历史上这里的手工业、商业发达，如明代潞绸、

---

　　① 安介生：《从历史地理看太行山精神与民族崛起》，《山西大学学报》（哲学社会科学版）2019年第1期。

阳城铁器制造、琉璃工艺、大阳镇制针工艺等。明清之际泽潞商人更为晋东南地区的迅速发展注入了活力。商业、商人的兴盛，使得当地有充足的经济能力进行文化娱乐活动，说书人便有了广泛的市场。太行山保存的大量庙宇和戏台碑刻，大都由商人出资维修兴建，这里不仅鼓书、琴书、四弦书、道情书盛行，而且还孕育了上党梆子戏、上党皮黄腔的二黄等很多戏曲种类。由此也可以说明，说书传统的盛行和传承，很大程度上和当地商业经济的发展、当地商人对曲艺市场的文化需求是分不开的。直到今天，商家开业，还保留了请说书艺人表演助兴的传统，寓意生意兴隆、财源广进。

晋东南太行山这一区域还受到礼乐传统与外来文化的双重影响。从戏曲发展史看，宋金元时期，往南迁徙的皇宫音乐艺人流落到这一带，使得这里形成特殊的礼俗传统。上党梆子、八音会、鼓书、道情、琴书、三弦书等各种民间音乐形式，丰富多样。晋东南太行山一带乐户和迎神赛社，被称为音乐学中的"活化石"，引起中国音乐学界和戏曲学界的很多讨论。现在还有乐户后人和迎神赛会的表演传统。据文献记载，清雍正五年（1727），世宗谕内阁转知晋、浙、皖督抚曰："山西之乐户，浙江之惰民，皆除其贱籍，使为良民。"①晋城市府城村玉皇庙，清康熙三十六年（1697）《增建咽喉祠志》记载捐资施银人行院（乐户）上百人。②调查发现，很多乐户聚集迁到这一地区，比如乐户王某孩原住在于册村，后来因为当了乐户被同族赶出，辗转迁到沁县段柳乡的段柳村。乐户宋某荣祖上原住古交，因为当了乐户被赶了出来，迁到现在的陵川县礼义镇西尧村。③历史上如此多的"乐户"集中到晋东南太行山一带，自然使这片土地的曲艺与民间文化兴盛发达。以长治市潞城贾村为代表的迎神赛社活动，便能够反映出太行山沿线古老的礼乐传统。④

① 徐珂编《清稗类钞》，中华书局，1984，第5271页。

② 乔健、刘贯文、李天生：《乐户：田野调查与历史追踪》，江西人民出版社，2002，第44页。

③ 乔健、刘贯文、李天生：《乐户：田野调查与历史追踪》，江西人民出版社，2002，第5—6页。

④ 王学锋：《贾村赛社及其演剧活动研究》，博士学位论文，中国艺术研究院，2007。

太行山礼俗用乐的特点是礼中有乐，乐为礼生，所谓"礼乐"是与"兴于诗，立于礼，成于乐"的儒学观念和礼俗实践分不开的。音乐被赋予精神诉求的功用，融入乡村民俗生活，蕴含着丰富的人文内涵，当地礼俗文化的历史传统无疑与鼓书说唱的发展是相互促进的。[1]历史上来看，北宋泽州人孔三传"首创诸宫调"，就在晋东南太行山一带，他在唐宋大曲和鼓子词一类单宫调说唱的基础上，首创"诸宫调"说唱艺术，采用传奇、灵怪故事，编演诸宫调说唱本，在汴京瓦舍中献艺，曾经名噪一时，为元杂剧的形成创造了更成熟的条件。据南宋王灼《碧鸡漫志》卷二载："元丰、元祐年间……泽州有孔三传者，首创诸宫调古传，士大夫皆能诵之。"[2]耐得翁《都城纪胜》也记载了他"编撰传奇、灵怪，入曲能唱。"[3]上党梆子又叫上党宫调，据说即由孔三传首创诸宫调而得名，孔三传的诸宫调要比董解元的《西厢记诸宫调》至少早一百年。[4]山西较早的说唱历史遗存，如长治沁县南里乡东庄村金墓发现的击鼓说唱砖雕、繁峙县岩山寺《酒楼说唱图》壁画、闻喜县下阳三队金墓中的《说唱（堂会）图》壁画等。曲沃县博物馆藏元代盲人弹唱石雕，是山西省目前发现的最早的带有弦乐器伴奏的说唱文物。1987年发掘的垣曲县西峰山元墓的《说唱图》壁画，一人司鼓，一人拍板，一人吹笛，一人演唱，也是山西目前发现的最早的有多人伴奏的说唱形式。[5]这些说唱形象大都为金元时期，说明这一地区有着历史久远、内容丰富的说唱艺术传统，而且音乐文化已经深入民俗生活，与民众的礼俗仪式息息相关。近些年，有学者在晋东南陵川县境内发现了两千余块书鼓砖雕，书鼓为花砖嵌成的半圆立体书鼓，像盲艺人说唱鼓书时使用的主要乐器，亦称"扁鼓"。下方花砖是本地说唱鼓书时用的方桌或长条桌的桌面形状，工匠将这些

① 项阳：《山西乐户研究》，文物出版社，2001，第37页。

② 王灼：《碧鸡漫志》四库全书本，集部十。

③ 耐得翁：《都城纪胜》四库全书本，史部，地理类。

④ 章建刚等：《山西省民间音乐遗产的传承与保护》，中国社会科学出版社，2007，第12页。

⑤《中国曲艺音乐集成》全国编辑委员会、《中国曲艺音乐集成·山西卷》编辑委员会编《中国曲艺音乐集成·山西卷》（上册），中国ISBN中心，2004，第6—7页。

说唱乐器和造型艺术融入当地砖雕装饰图案中。半圆形书鼓是砖雕类型的主要标志，也是鼓书表演和砖雕工匠艺术创意的产物。书鼓寓意着人们期盼着"鼓乐声声、祥和太平"的美好愿望。这些独特的说唱文化遗存，为太行山地区曲艺的历史发展提供了有力的证据。[①]

从当下的生态和社会环境看，太行山、太岳山、中条山等山脉纵横，岭高沟深，山峰矗立，交通不便，生活环境较为封闭，文化娱乐生活贫乏。另一方面，这里庙宇众多，民间信仰丰富，神庙戏台比比皆是，宋元时期古建筑数量几乎占全国一半以上。神庙建筑的历史遗存也从侧面证实了戏剧曲艺的繁荣，有庙就有"娱神娱人"的神戏、神书，神庙和地方戏曲、曲艺有着密切的关系，可以说，庙宇和民间信仰的社会需求是说唱曲艺重要的生成动力。

此外，说书本身的起源也和寺庙信仰有紧密的关联。唐宋之际"说书"被称为"说话"，宋代的说书艺人，就叫作"说话人"。从历史上来看，唐代寺院僧人流行的"变文"讲唱，在发展过程中，为求经书俗讲，便由最初的佛经讲唱演进为唱说民间故事，很多故事性强的说书文本继承了这一讲唱传统。在俗文学史中，也称之为讲唱文学，以说白（散文）来讲述故事，而同时又以唱词（韵文）来歌唱。讲与唱互相间杂，这种体裁最初流行于庙宇里，为僧侣们说法传道的工具，后来渐渐地出了庙宇而入于"瓦子"（游戏场）里。[②]如今，各地庙会当中的老爷书、还愿书、说神书等，应该是沿袭了寺庙这种佛经俗讲的传统。

民间信仰丰富活跃，请书还愿的家户书、庙会书在一定程度上影响着说书的民俗市场。说书唱戏和民俗生活相融而生。自古以来，"礼乐相须以为用"的传统展现了音乐与仪式的密切关联。项阳从礼俗与礼制两者的关系出发，分析仪式用乐的意义。他认为：

---

① 李豫、李雪梅：《谈陵川书鼓曲艺砖雕发现的价值和意义——从〈陵川曲艺志〉图片角度揭示当地重大民俗事项》，《山西档案》2009年第3期；另见李豫、于红：《中国陵川书鼓砖雕产生原因探析》，《太原理工大学学报》（社会科学版）2011年第3期。

② 郑振铎：《中国俗文学史》（上册），作家出版社，1954，第10页。

民间通过仪式体现人对自然的敬畏、感恩之情，通过仪式性诉求将神圣、庄重、喜悦、欢庆、威严、雄壮、鼓舞、慰绵、哀悯等多种情感以礼乐加以表达，乐在其中有丰富内涵，既可通过赞颂——诗化的乐语将诉求表达，又可通过音声与形体语言形成场域氛围，既愉悦心目中的神祇和尊贵的宾客，又使得现场人们沉浸在既定情感之中，彰显仪式用乐的意义。①

礼乐生活所表现的仪式情感，相互影响，互为发展，是乡村民俗生活中的重要内容。在高平大周村，"花姑姑"是非常有特色的地方神祇。传说花姑姑特别爱听说书，每次演出后，很快就会下雨。每年春季，村民都会集资请长子鼓书班社，祈求花姑姑保佑一年风调雨顺。夏季如果雨水内涝，还有请"求晒戏"的风俗。据说只要为神灵唱一出梆子戏，就可以收回雨水。在和顺县喂马公社古窑村，有"三官爷"爱看秧歌戏之说。当地流传俗语"三官老爷面朝南，不唱秧歌不喜欢，一年唱台秧歌戏，家家发财又平安"。据说中华人民共和国成立前没有唱秧歌戏，大部分村民染上疟疾，秋后收成欠佳。后来古窑村想尽办法从武乡搭来班秧歌戏，秋后果然五谷丰登。从此成俗，全村人每逢祭祀"三官爷"都要请戏。②《闻喜县志》（民国版）中记载"麦秋已过，仓箱既盈，稍大之村，皆演戏酬报。久旱祈得甘泽，亦多演戏谢雨，小村间有延瞽师说书者。③"

另外，从地理环境看，太行山沿线交错有长治盆地、晋城盆地，三山环绕，丹河、沁河、浊漳河等主要河流穿行流过，北靠晋中，南接河南，东面与河北接壤，西面紧靠临汾盆地。小盆地与山岳混合的特殊的自然生态环境，使这里形成了一种有别于山西其他地域文明的"山地文

---

① 项阳：《礼俗·礼制·礼俗——中国传统礼乐体系两个节点的意义》，《中国音乐学》2017年第1期。

② 武乡县文史资料委员会编《武乡文史资料第九辑——武乡乡俗民情》，内部资料2011，第27页。

③ 杨被田、余宝滋：《闻喜县志》（民国版）卷九·风俗，民国八年（1919）。

明"。在这种文明中生活的人们，思想保守而性情刚烈，安于现状又勤劳朴实。由于大山阻隔，晋东南在历史上较少受到中央政权的控制，山民们所接受的礼仪教化很少。[①]说唱传统的形成与特殊的自然环境、历史文化影响密不可分。"自然环境是重要的基础和前提，人文环境与之相适而生，并构成创造和滋养本地域民族艺术的生态环境。正是由于不同自然因素、人文因素长期染色的结果，形成了不同地域民族艺术的鲜明特色。"[②]山区环境使得这里的村落结构分布较为零散，几家几户的小自然村较多，有时候一个行政村下面包括二三十个小自然村，而且相互之间距离较远、山路崎岖、沟壑纵横，这种村落结构和分布特点，使得大型戏曲剧团演出较为困难，而说书人员少、演出成本低，适合在山区农村入户表演。盲艺人曲艺队常常化整为零，简装便行，自带乐器到山间农户中表演，这对偏居山岭的农家小户而言，说书是平易近人的文娱活动，因此以农民生活文化为主的说书，在晋东南太行山山区农村更受欢迎，有着广阔的民俗市场。

从人口流动与鼓书传统看，近代以来，晋东南太行山地区来自河北、河南、山东的移民较多，他们因为灾荒、战乱等原因逃到山西讨生活，也带来原籍地很多的文艺形式，与当地文化融通之后，发展成新的民间文艺。据了解，晋东南的戏曲曲艺很多都是和人口流动有关，都是由逃荒艺人带到山西并融汇当地文艺形式发展生成的，如上党落子、襄武秧歌、高平清场秧歌、上党二黄。这中间又分出三种情况：一种是外省人的传授；一种是本地人向外省人学习；一种是本地的小戏。相传在清道光年间，黎城东许村农民向一位来自河北武安的逃荒者学会了武安落子，清同治五年（1866），潞城潞河村建立了第一个黎城落子班社合义班，从此便出现了上党落子的第一代演员。清光绪三年（1877），由于河南沁阳旱荒，铁匠张金川逃难到襄垣上良村（一说武乡下合村）落户，拜老艺人赵满有为师，学唱秧歌，后随师到长治西火一带打铁，又学唱西火秧歌，他吸收西火秧歌腔调之长，首创新腔，叫"一口腔"，使襄武秧歌增

<hr/>

① 冯潞：《晋东南密码》，人民出版社，2006，第103页。

② 宋生贵：《当代民族艺术之路：传承与超越》，人民出版社，2007，第33页。

添了高亢豪放的色彩。高平清场秧歌，据说是由一位山东的逃荒者带入高平后形成的，秧歌唱腔旋律都带有山东戏曲的韵味。[1]泽州鼓书、陵川钢板书、长子鼓书的老艺人大都与河南移民有关，钢板书具有浓郁的河南梆子味道，从这方面来讲，人口流动与文艺传播的相互影响，也使得鼓书说唱成为当地重要的曲艺形式。

　　20世纪三四十年代，晋东南太行山区是抗战革命根据地，说唱曲艺在当地有广泛的群众基础，是老百姓喜闻乐见的民间文艺活动。中国共产党在这里发扬民间文艺与革命动员的传统，将当地鼓书说唱融入抗战文艺活动中，这也成为太行山区直至今天曲艺说唱盛行的重要原因。当时不少作家改编新书目，宣传新政策，编创了很多脍炙人口的新段子，如沁水作家赵树理的文学作品《小二黑结婚》《李有才板话》。抗战期间，他还创作了《开河渠》《王美云出嫁》《茂林恨》等不少鼓词。1940年7月，赵树理发表《怎样利用鼓词?》，文中说"利用鼓词，尚能不失鼓词的本色，通过讲故事，把大道理溶化到人物生活中，则效力更大"。[2]1949年之后，赵树理还改编了鼓词集，如《晋察冀的小姑娘》《考神婆》等作品。

　　据说，中乡村与赵树理家乡沁水尉迟村相邻，村里有位盲艺人叫赵高升，是沁水鼓儿词名艺人。1936年，赵高升和徒弟赵世贤在尉迟村说书，赵树理听书后很高兴，即兴赋诗，并用笔墨写在赵高升说书用的纸扇上："不受权门白眼睛，朱弦鼓简独天真。香灯伴我朝连夕，残话留人去复停。事涉惊奇心向古，情到激处调转新。歌喉一止方睡去，来日东君喜笑迎。"[3]

　　1941年晋东南地区成立中华全国戏曲界抗敌协会晋东南分会。抗日政府改造"三皇会"组成抗日宣传队，以民众喜爱的鼓书形式编唱团结抗日、土地改革、生产自救等主题，如太行山各县的"盲人宣传小组"

　　[1] 温幸、薛麦喜主编《山西民俗》，山西人民出版社，1991，第447页。

　　[2] 赵树理：《怎样利用鼓词?》，《赵树理全集》(第四卷)，北岳文艺出版社，2000，第139页。

　　[3] 秦瑞苗：《朱弦鼓简上的歌》，北岳文艺出版社，2011，第370—371页。

"鼓书宣传队"等。新中国成立后，政府继续利用民间文艺宣传党的方针政策，有目的地开展恢复、整顿、发掘活动，说唱曲艺的内容也与时俱进。当下很多县区都有隶属于文化局指导的曲艺团体，保留有盲人曲艺宣传队的组织形式，他们进行下乡宣传、文化扶贫等演出活动，用鼓书说唱的形式服务社会，承担了政策宣传和群众文化生活的双重职能。

第二节　太行山民间说唱曲艺种类与特点

晋东南太行山说唱曲艺资源丰富，大体包括山西省晋城市和长治市19个市县区，《中国曲艺音乐集成·山西卷》中收录长治、晋城两市14个曲种，鼓书类有8个。①其中曲艺类国家级非物质文化遗产代表性项目有：长治潞安大鼓、襄垣鼓书、沁州三弦书、长子鼓书、泽州四弦书、陵川钢板书等。长治市的曲艺种类可分为鼓书类：潞安大鼓、襄垣鼓书、长子鼓书、武乡鼓书、沁州鼓书、壶关鼓书、屯留鼓书、黎城鼓书、长子鼓儿词、黎城鼓儿词、襄垣鼓儿词；弦书类：沁州三弦书、武乡三弦书、沁源三弦调、沁源挑高，还有武乡琴书、屯留道情、长子道情、长子钢板书、长子坠子、襄垣琴书、襄垣评说、平顺鼓书、平顺坠子等。②晋城市入选曲艺类非物质文化遗产代表性项目名录的有12项。泽州3项，阳城3项，沁水、高平各1项，陵川4项。国家级传承人2人，省级传承人12人（见表1-1）。

太行山说书指的是广义上的说唱艺术，重点围绕说书人表演的曲艺活动，以鼓书说唱形式为主，也包括丝弦书、钢板书、道情书、鼓子词、琴书、快板等。多种曲艺种类之间相互交融发展，活跃在村镇街巷的民

---

① 章建刚、王亮等:《山西省民间音乐遗产的传承与保护》,中国社会科学出版社,2007,第190页。

② 蔡建民主编《长治曲艺概述》,中国文联出版社,2014,第65页。

间艺人熟悉各门曲艺种类,都有自己擅长的表演形式和曲目。按照行政区划范围与艺术特征划分,主要有以下一些说唱艺术流派。如表1-1

表1-1

晋城市入选曲艺类非物质文化遗产代表性项目名单

项目名称	级别	流传范围	批次	代表性传承人
泽州四弦书	国家级	泽州县全境	第一批	陈栓发 马莉
陵川钢板书	国家级	山西省陵川县	第五批	侯松锁 马明娥
泽州对鼓	省级	山西省泽州县大箕镇小箕村、下村镇南庄、大阳镇等村镇	第二批	张田林 朱小鱼 张金连
泽州鼓书	省级	山西省泽州县	第二批	郭小强 陈向军
阳城道情	省级	山西省阳城县及西乡周边地区	第二批	宁美兰 宁新胜
高平鼓书	省级	高平市市区及所属各乡镇	第二批	巩元儿 史根成
沁水鼓儿词	省级	山西省沁水县郑庄镇、端氏镇、柿庄镇、郑村镇、嘉峰镇	第二批	张帮炉
苏村道情	县级	山西省陵川县礼义镇	第一批	
十不闲	县级	山西省陵川县平城镇	第一批	
陵川琴书	县级	山西省陵川县崇文镇	第一批	
阳城鼓书	县级	山西省阳城县"非遗"保护中心	第一批	
鼓儿词	县级	山西省阳城县"非遗"保护中心	第二批	

武乡鼓书

武乡鼓书也称武乡鼓儿词、武乡调。这种曲艺形式由宋金鼓词演变而来,流行于长治、晋城一带。清乾隆时期武乡盲艺人成立了"三皇会",借以传授鼓书技艺,后来代代相传,并在曲调上不断丰富和改革。武乡鼓书的早期演唱形式是:桌上置一只矮木架支书鼓,演唱者操挎板、鼓键击节，另一人操老胡或二胡伴奏，唱腔有慢板、快板两种。其艺术特征主要表现为：表演形式多样，可一人自弹自说唱，可二三人对着说唱，还可以伴舞或以小品形式表演，演出阵容可大可小。乐器比较有代表性是长杆月琴，据说是由在武乡定居的羯族人弹奏的八角琵琶演变而成。弹奏时左手食指和无名指需套两个寸半长的铜或铁制手帽，便于按弦出音，右手食指则戴一牛角尖或羊角尖磨制的骨质手帽，用于弹、拨里外弦。间奏过门短，伸缩性强，既可以在田间地头演出，也可以在剧院舞台上当众表演。

清道光年间，盲艺人们吸收当地民歌小调和道士的化缘调，充实了原有曲牌，丰富了歌唱的表现力。咸丰年间，盲艺人们又吸收了地方戏曲上党梆子、上党落子、秧歌唱腔，曲调和板式又有了较大的发展。清末民国时期盲艺人段小五创造增加了起板、二性、垛板、截板，并将抢板改造成紧抢板和慢抢板，使鼓儿词的形式更丰富完善。后来，又有人创造了由鼓儿词转唱成戏曲的"转板"。击乐伴奏，除了原有的书鼓、书板外，增加了大锣、大钹、镗锣、小铮、梆子等，但都由一人操作，手脚并用，整套锣鼓节奏紧、尺寸严、气氛红火，使鼓儿词的唱腔、板式基本定型。

武乡鼓书其唱腔吐字力度强，曲调干净硬朗，节奏明快，定调因人嗓音宽窄而定，属六音阶"徵"调式。伴奏乐器主要有特制月琴、土二黄、反字二把、木胡、八角鼓，以及后来发展添加的二胡、三弦、电子琴等。其板式有柳调、垛板、花板、簧腔、哭板、大板、散板，开书前用大起腔和小起腔等多种形式。武乡鼓书代表性传统书目有《金鞭记》《兴唐传》《汗衫记》《小八义》等，现代书目有《王贵与李香香》《九路围攻》《一块银圆》等。武乡鼓书的唱腔属板腔变化体结构，有鼓儿词、柳调两种曲调，一般相间使用。鼓儿词唱腔以大板为主要板式，另外有抢板、散板、哭板等。柳调单独演唱形式是，一人手敲八角鼓，另一人挎月琴伴奏，对唱表演。武乡鼓书以坐唱为主，在演唱长篇书时，由多人分任其中的主要人物角色，以独唱、对唱、齐唱等形式来表述情节和刻画人物。演唱者分操乐器伴奏，弦乐有京胡、二把、胡胡、月琴等四大件。人数再多时可加三弦、二胡、中胡等。①

襄垣鼓书

襄垣鼓书是山西省东南部襄垣县及其周边县区直至阳泉、陵川等地流行的一种古老曲艺形式。它上承宋元"鼓子词"的说唱传统，融汇了当地的"莺歌柳"即"柳调"表演。襄垣鼓书的传统演出方式为：由一人、二人或多人分持鼓、板、锣、钹和二把、二黄、胡呼、月琴、三弦、八角鼓、二胡、笛子、笙等乐器，自行伴奏，说唱相间表演。演唱分别有独唱、轮唱、对唱、领唱、合唱、伴唱等方式，还有坐、站、走等舞台演出方式。

襄垣鼓书的音乐唱腔由早期传统的"鼓子词调"和后来形成的"柳调"两个系统融合而成，属于板腔体。其音乐唱腔不仅具有快、慢、踩、抢等多样性的唱法，哭、悲、喜、怒等功能化的唱腔，还有起板、二性板、紧板、慢板、散板等多种板式。襄垣鼓书还吸收融会了当地的地方小调、道士化缘调、民间叫卖调以及梆子、落子、秧歌等唱腔元素。②

襄垣鼓书的节目以中长篇为主。传统长篇有《呼延庆打擂》《兴唐传》等；传统中篇有《五色云》《金鞭记》等；传统的短篇节目以知识性和趣味性为主，如《两头忙》和《大实话》等。

阳城鼓书

阳城县主要有阳城道情、阳城鼓书、阳城鼓儿词、盘亭鼓书等曲种。阳城鼓书主要是家户中打神书保平安之类的演唱活动，后来和鼓儿词相互融合。在艺术上主要有两种，一是"阳城鼓书"，主要来源于县城东面，俗称东乡调；一是"盘亭鼓书"，流行于阳城县横河、李圪垯一带山区，传统书段有《包公案》《刘公案》《五女兴唐传》等数十种。阳城鼓

---

① 武乡县文化馆编《国家级非遗项目申报书(武乡鼓书)》,内部资料,2019。
② 襄垣县文化馆编《国家级非遗项目申报书(襄垣鼓书)》,内部资料,2007。

017

书既可群体演唱（走唱），也可单独说唱（坐唱），主要是在家户当中唱许愿书为主。乐器伴奏除三弦、四弦、木鱼、醒木外，如果说唱人员较多，双人以上还可配置书鼓、简板、二胡等，有时还有京胡、扬琴，其唱腔属于板腔体，主要有二板、小板、反调、踩板和紧板等。

传统阳城鼓书的演唱形式均为坐唱。重唱功、不化妆、不着装。表演场地的正中放一方桌，演唱者一人坐于桌边手执简板，击鼓演唱，另一人专门伴奏，所用乐器为三弦或者四弦。后来发展为多人演唱，主奏者坐于桌边手拉四弦脚踩木鱼伴奏，其他乐器有三弦、二胡、京胡等。表演者呈一字形站立，手执简板击鼓说唱，并由原来的坐唱发展为站唱、走唱，视演出情况定鼓书说唱人数，也有将乐队按扇面形排列，演唱者立于台中击鼓演唱的。阳城鼓书除一人演唱外，也有二人对唱和多人演唱的，角色不同，唱腔也不同。

阳城鼓儿词原为干板鼓词，一人手执云板站在方桌前，敲击书鼓进行说唱，其表演形式为站唱，善说武书和情节惊险的节目。表演时运用手中鼓箭和云板为道具，进行模拟表演，后来在演唱实践中采用三弦伴奏（俗称"鼓儿词夹三弦"），除一人坐在桌边弹拨三弦伴奏，边脚踩木鱼击点之外，还有演唱者手执云板击鼓说唱，也有一人边弹边唱的坐唱形式。①

阳城道情是流行于阳城境内的一个外来曲种。有人认为阳城道情音乐具有苏南民间吹打乐的某些特点，很可能是早期由苏南一带传播而来。据老艺人相传，阳城道情的起源还有两种说法：一是早期有卖卜先生为招徕过往行人，怀抱渔鼓，手执简板，常年在街头说唱，乃至晚年老者体力不支，不能复出，遂将曲牌书段传于当地好歌者而一去不返，从此产生了阳城道情。另一说是元末明初有某云游道士久居阳城常以唱道情的形式向人们宣传教义，阳城道情是由其传授而来。

阳城道情最早在县城西关和南关兴起，有"南关道情"之称，主要以婚丧嫁娶的家户说唱为主。1950年，经过政府组织的民间文艺会演，道情被搬上舞台，由坐唱逐步发展为表演唱、道情剧等形式。阳城道情

---

① 李呆庆:《阳城县曲艺志》(手写稿),内部资料,1985。

的音乐唱腔属于曲牌联缀体，全部唱腔曲牌由［皂调］［耍孩］［歪调］［跺板］［碗花调］［十字佛］［山坡羊］［西江月］等十个组成，贯称"十锦段"。其唱腔特色既和当地方言土语紧密联系，又与音乐的体裁、风格、调式、调性不可分割，其旋律婉转明快，行腔流畅自如，富有变化，别具一格。说唱曲目多以道教故事为题材，主要曲目为韩（湘）家和李（翠莲）家两类。韩家曲目有《拷打追湘》《七仙点化》《相十八救母》等14本，李家曲目有《何金龙算卦》《唐王游地狱》《对金钗》等14本。20世纪50年代搬上舞台后，说唱内容也由单纯宣传道教的曲目，增加了适应当地风俗，反映日常生活趣事和风趣幽默、听众喜爱的传统曲目小段，丰富了阳城道情的说唱内容。阳城道情的打击乐器有渔鼓、简板、铜板、木鱼，伴奏乐器有京胡（6、3）、四弦（5、2）、三弦（1、5、1）等，乐器的调配一般按人员的多少而增加或减少。

渔鼓是阳城道情专用的击节乐器，呈圆筒状，为桐木所做，约70厘米长，外直径9厘米左右，用猪护心皮包住圆筒的一端，另一端为空筒（称"鼓尾"），打击时发出"镗镗"的响声。阳城道情伴随民间婚丧嫁娶等民俗活动产生和发展而形成。根据活动的大小、参与人员多少、曲目内容的不同，因而形成了参与礼俗活动的灵活性。既有源于道教曲目的继承，也有对民歌、小调、诗赋等的广泛吸收（如坐酒场），形成了多元性的特征。阳城道情的音乐唱腔属于曲牌联缀体，全部唱腔旋律委婉明快，行腔流畅自如，富有变化，别具特色，同本土曲牌（小八板等）融于一体。[①]

高平鼓书

高平鼓书，又称"高平鼓儿词"，以唱为主，间以道白，坐场表演。唱词结构以七字句居多，也有十字句和五字句的唱词，演唱者多是盲人演员，讲唱多用方言土语。表演时演唱者在桌上放一只矮木架支书鼓，操挎板、鼓键击节，另一人操三弦或二胡伴奏。后来又增加了大锣、大

---

① 阳城县文化馆编《非物质文化遗产代表作申报书（阳城道情）》，内部资料，2007。

钗、镗锣、小铮、梆子等。高平鼓书开初以说为主，近似"评话"，演唱时无弦乐伴奏，只有一鼓、一板、一木。1949年之后，高平鼓书有所改革，加入器乐伴奏，改为以唱为主。但演唱时仍以鼓、板击节为主，仅在唱名尾音处加间奏，小段后加过门。曲调富有地方特色，唱词无固定格式，有时一句"贯口"可长达百余字。高平鼓书于2009年入选省级非物质文化遗产名录。

旧时的高平鼓书演出形式比较单一，20世纪70年代经巩元儿与申富才的改编，高平鼓书在书目文本、乐器使用及唱腔调上都有了较大的改变和发展。具体表现在：同一个文本可以在不同地方用，将地名、人名稍作改编就可以说唱，变得更加灵活；乐器方面以前高平鼓书以简板为主，后来加上二胡，又加了三弦、四弦、二把等，后来又加了铜器，如大锣、小锣等；唱腔上语调变快，腔调丰富。

高平鼓书的曲目内容大致可以分为三类：一是历史传统故事，如《三侠五义》《罗成算卦》《杨家将》《水浒传》等；二是仙话故事，如《吕洞宾抓药》《劈山救母》《八仙祝寿》《百鸟朝凤》等；三是民众生活故事，如《两头忙》《十劝世人》《打麻将十二月》等。总体来说，高平鼓书的曲目内容大都具有劝诫世人积德行善、邻里友爱、孝顺父母等意义。现代曲目《谷子好》《会亲家》等内容都取材于民众现实生活。

高平鼓书多为盲人表演者，唱腔属板腔变化体结构，有鼓儿词、柳调两种曲调，一般相间使用。鼓儿词唱腔以大板为主要板式，另外有抢板、散板、哭板等。柳调单独演唱形式是，一人手敲八角鼓，另一人挎月琴伴奏，对唱表演。在演唱长篇书时，由多人分任其中的主要人物角色，以独唱、对唱、齐唱等形式来表述情节和刻画人物。演唱者分操乐器伴奏，弦乐有京胡、二胡、老胡、月琴等四大件。表演人多时可加三弦、中胡等。[①]

沁水鼓儿词

沁水鼓书，又名"沁水鼓儿词"，尤以中村乡鼓书久负盛名。旧时

---

① 高平市文化馆编《非物质文化遗产代表作申报书（高平鼓书）》，内部资料，2005。

小村庄唱不起大戏，敬奉神灵多请人说书。鼓书乐器有三弦、四弦、小扁鼓、小板、小钹。①沁水鼓儿词流传在郑庄镇、端氏镇、柿庄镇、郑村镇、嘉峰镇、固县乡一带。以沁水县郑庄镇为界，郑庄镇以东为城东地区，以西为城西地区，沁水鼓儿词均分布于城东地带，说唱语言为城东方言。城东方言接近晋城、阳城、高平、长治韵味，城西方言和翼城方言相似。②

沁水鼓儿词大约产生于明末清初，盛行于民国初年到20世纪50年代。据说最早的说书艺人可追溯到端氏镇槐庄村的田王旦。1910年，田王旦传艺于其弟田巴旦。

1917年田巴旦开始带徒传艺，最早说唱时只用小鼓和拷板。1941年成立了"士敏县（原沁水县）鼓书宣传队"，以沁水鼓儿词说唱艺术为主。

沁水鼓儿词属曲艺类，最早是一人说唱，即自打自唱，伴奏乐器只用一小鼓和一副拷板。沁水鼓儿词的说唱板式分四种，即流水板、一横板、二横板、三横板。流水板又称凉板，常用于说唱故事中悲凄、愁烦、苦诉等情感表现。其余板式均用于叙述故事的激烈气氛、人物的激烈情绪等。"起腔"又是说书艺人开场用的专用板式。

沁水鼓儿词的说唱曲目大多以传统鼓书的曲目为主。清末至民国年间沁水鼓儿词的伴奏乐器开始增加弦乐、打击乐，如四弦、三弦、小钹，而且创造了一人多用的新的表演方式，即一人边说边唱、边拉四弦、边敲打乐器。从1941年起，为配合革命工作需要，名艺人赵世贤曾编写时代曲目，如《智取华山》《送公粮》等。到20世纪60年代，伴奏乐器又增添京胡、二胡、板胡、低胡、唢呐等民族乐器。传统曲目有《包公传》《烈女传》《回文屏》《汗巾记》等。用于祭祀的神书有《五猪孝母》《十八女行孝》《王祥卧冰》《摘肝孝母》等。

泽州鼓书与四弦书

泽州鼓书有三个源头，也称姚派、马派、徐派。

---

① 赵魁元主编《晋城百科全书》，山西人民出版社，2006，第250—251页。
② 沁水县文化馆编《非物质文化遗产代表作申报书（沁水鼓儿词）》，内部资料，2006。

由林县逃荒来的艺人姚保发传承，简称"姚派"，主要用河南方言演唱。姚保发是盲艺人，从河南林县来到晋城，在巴公镇渠头村落户。他有四个徒弟，分别是二蒙、根太、原秋落、原落孩，都是泽州县犁川镇人。

由晋城沙石板村马振盛（1925—1971）传授的，简称"马派"。马振盛小名叫小娃，泽州晋庙铺镇沙石板村人。他曾在河南沁阳学说钢板鼓书，因为沁阳原属怀庆府，鼓书表演带有淮阳调特征，用河南方言唱，后来逐渐发展形成泽州鼓书。他有三个徒弟：大徒弟贾水炉，泽州城区中家庄乡东田石村人；二徒弟王二勇，晋庙铺人；三徒弟王小富，城区中家庄乡白水村人。

由泽州城区中家庄乡苇匠村徐廷荣（1907—1990）在内蒙古绥远一带学回来的鼓书，主要是京腔大鼓，这一派简称"徐派"（见表1-2）。徐廷荣是健全人，他有两个徒弟，一个是崔小红，还有一个徒弟叫牛晓坤。崔小红有俩徒弟，大徒弟刘达林，二徒弟司晚富。徐廷荣的老家在内蒙古，父母双亡，家境贫寒，外出流浪乞讨到绥远，帮着一户商贩卖油条和麻糖。一次他去城里卖油条，恰巧碰到有说书的，他就去凑热闹，感觉说书很挣钱，之后一边卖油条一边听书，慢慢地他对说书产生了兴趣，便跟着师傅说书。之后徐廷荣就返回晋城，在晋城当地说书收徒，培养了很多鼓书艺人。

泽州鼓书表演以一人站唱为主，自操打击乐，其他人以弦乐伴奏，站唱和坐唱结合，有说有唱，以唱为主。唱词分为上下句，有七字句、十字句，也有五字句。[1]泽州鼓书主要用武场音乐，而不用丝弦伴奏，只用鼓和钢板。演员全凭耍钢板，所以，老百姓叫它"干唱"。泽州鼓书是站着演唱，手握钢板，边唱边做动作，形式很活泼，与四弦书的坐唱形成鲜明的对比。[2]

---

① 赵魁元主编《晋城百科全书》，山西人民出版社，2006，第250—251页。

② 泽州县文化馆编《非物质文化遗产代表作申报书（泽州鼓书）》，内部资料，2006。

表1-2　　　　　　　　　　　泽州鼓书师承关系图系表

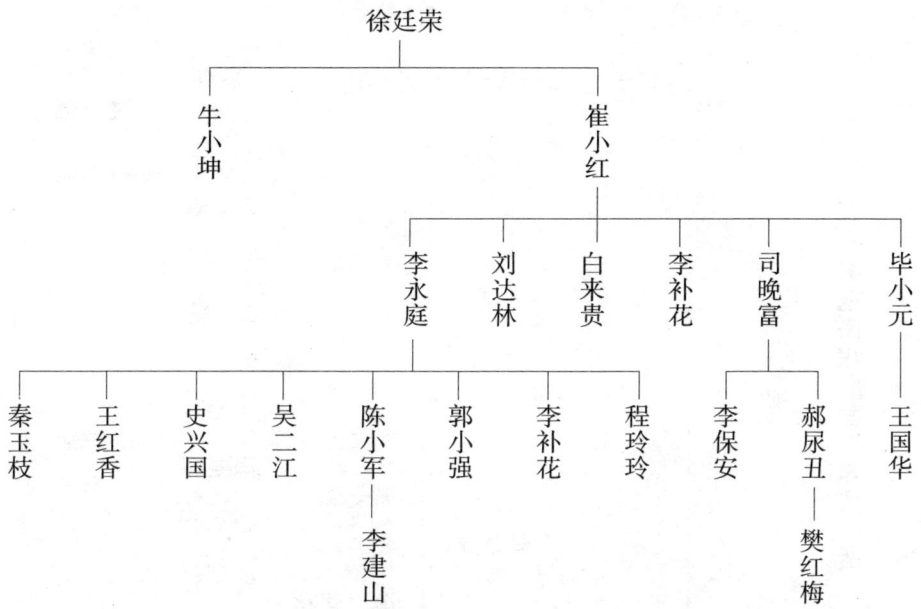

泽州四弦书

　　四弦书，有的写作"丝弦书"，是主要流行于山西省泽州县以及沁水县东南部、阳城县东部和陵川县西部一带的曲艺形式。因以四弦（四胡）为主要伴奏乐器而得名。

　　最早擅长演泽州四弦书的艺人，是清光绪年间泽州县犁川镇的盲艺人程天和（约1872—1932）。据说他曾被轿子接进官府说唱，后辈弟子尊称其为"祖师爷"（见表1-3）。泽州四弦书分为城关派和长河派。城关派主要在城关片区，长河派主要指泽州县西部长河中下游一带的东沟、下村、川底、大阳镇。长河派的唱腔快，一般会根据艺人自己的嗓音来适

泽州四弦书师承关系图系表

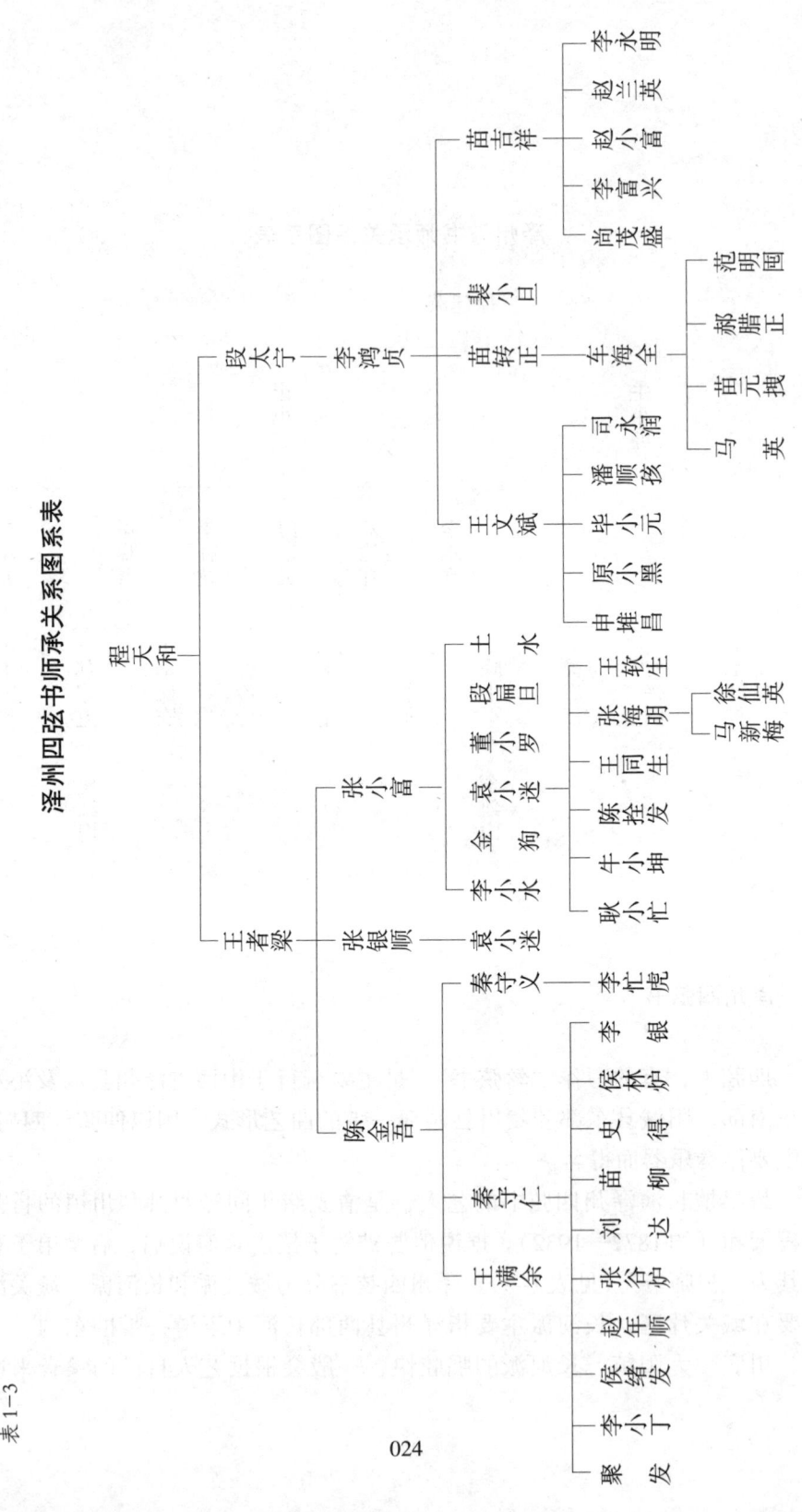

表 1-3

当调整。这两派源头都是泽州四弦书，但不属于同一个师承体系。

　　泽州四弦书的伴奏方式为间奏式，即演唱时不伴奏。唱词格式基本为七字上下句体，下句押韵。泽州四弦书节目以"贯"为单位，"一贯"指书目故事的一个段落，通常约演一个小时。一个长篇节目由若干"贯"组成，称为"大贯"。其代表性的传统节目有《回文屏》（三十二贯）、《三洪传》（二十四贯）、《列女传》（十三贯）、《红罗山》（九贯）等。另有中篇节目《百鸟朝凤》《杨八姐游春》《二老比子》等，短篇节目有《小寡妇上坟》《光棍哭妻》《小两口吃粽》等。

　　旧时演出泽州四弦书的都是盲艺人，大都是二三人结伴，并无班社组织。乡民的酬神、还愿、庆贺是其演出场合。通常"说神书"要演《游天台》《大八仙》《富贵长春》《斧劈华山》等节目，过生日、做满月要演《度林英》《三姐落凡》《天仙送子》等节目，祝寿要演《徐公子拜寿》《龙三姐拜寿》，婚庆多演《西厢记》《梁祝下山》等节目。

　　1949年之后，泽州县成立了以演出四弦书为主的泽州县曲艺队。编演过《考神婆》《吴全有接闺女》《河神娶妻》等新节目。泽州县曲艺队由传统坐着表演的演出方式之外，又出现了站立表演和走动表演。

　　表演形式为说唱相间，以唱为主，采用泽州方言。一人主演，多人伴奏。唱词体裁基本为七字上下句体，下句押韵。唱腔曲调属板腔体，主要板式有平板、紧板、介板、三倒板、官韵等。伴奏乐器有主奏的特色乐器四弦和三弦，胡胡，二把，腿板及大、中、小钹各一个。伴奏方式为间奏式。泽州四弦书所使用的乐器有四弦、三弦、胡胡、腿板，后来又增加了唢呐、小鼓、梆板等武场乐器。演出道具还有醒木。方桌用来放置打击乐器和醒木茶杯。①

　　从艺术特征上看，泽州四弦书是当地历史悠久的曲艺形式，传统书目丰富，和上党梆子戏音乐特色有些相似，悲怨哀伤、委婉缠绵，大多讲唱书目是讲述才子佳人的爱情故事。泽州鼓书吸收四弦书和地方戏曲等多种艺术形式融汇形成，逐渐用地方方言演唱，表现形式上增加鼓板

---

　　① 泽州县文化馆编《国家级非物质文化遗产名录申报书（泽州四弦书）》，内部资料，2009。

和丝弦的配合，以及坐唱、站唱等。鼓书曲目多表现激烈武打、场面惊险等内容。泽州四弦书和鼓书传承大都经历了四五辈艺人，有近百位传承人，多数是男性盲艺人，年龄不等，能熟练掌握吹拉弹唱多种技能。

陵川钢板书

陵川钢板书因说书者手持钢板演唱而得名，由当地"干板书"吸收河南"四股弦"音乐素材演变而成。流行于陵川县全境和泽州县、高平市、长治县、壶关县及河南省辉县市的部分地区。

陵川钢板书的形成年代无从考证，据老艺人讲，清道光年间已在民间流传。演唱时围桌而坐，主说者手持钢板并掌握书鼓，其余人分操三弦、四股弦等乐器伴奏或伴唱，没有表演动作。一人多角出进人物，清末民初出现了艺人相约二三人合作演唱的形式。新中国成立后，伴奏乐器去掉了四股弦，加进了二胡和打击乐器小钹，增强了伴奏效果，人数也增加至五到六人，改一人多角为分角演唱。

钢板鼓书使用的钢板①

三弦、小鼓、二胡②

陵川钢板书以唱为主，说唱相间。唱词以十字句和七字句为主。音乐结构为单曲体唱腔结构，有引腔、正腔、紧腔、哭腔等不同唱腔。演唱的传统曲（书）目有《包公案》《刘公案》《响马传》《武松打店》《罗成算卦》《樊梨花招亲》《佘太君表功》《郭巨埋儿》《王祥卧冰》《王员外

---

①② 陵川县文化馆申莉萍提供,2016年9月,拍摄地点:陵川县盲人曲艺队。

休妻》等80余篇。

陵川钢板书经过长期的发展演变，形成了如下特征：晋豫两地民间艺术相互交流相互渗透的产物；具有能表现复杂感情的多种唱腔；以唱为主，说唱相间；音乐结构为单曲体唱腔结构；演唱时围桌而坐，主说者手持钢板并掌握书鼓，其余人分操乐器伴奏或伴唱，缺少表演动作；内容多为传统书目；其击节乐器钢板较为独特，可击打出单点、双点、花点、连环点。①陵川的曲艺种类丰富，曲艺形成过程中，互相借鉴，融合发展（见表1-4）。

传统民俗曲艺的养成与地域文化有密切的关系，在艺术特点上有共性特征。从纵向曲艺形成历史方面讲，晋东南太行山沿线自古就有着历史久远、内涵丰富的曲艺种类，约在清中期以后说唱艺术兴盛繁荣。鼓子词、大鼓，以及当地梆子戏中的四弦书等，逐渐在各地民间艺术的滋养下，生成带有鲜明地方性特点的民间说唱艺术，如陵川钢板书、阳城道情、泽州四弦书等。从传唱的书目内容看，有些是民间盛行的宝卷和说唱经卷影响生成的，如《百鸟朝凤·鹦哥吊孝》，这些书目和民间宗教的宣传、宝卷世俗题材的变化有关。有些是源自佛道色彩浓重的莲花落、道情，逐渐演变为世俗家户中的讲唱，转化为以讲唱故事为主的民间说书，此外，还有大量反映时代内容、民俗生活、家庭故事的鼓词书目。

太行山说书艺人形成一个较稳定的行业团体，艺人之间比较熟识，大都有师承关系，如潞安鼓书、长子鼓书对泽州、陵川、高平、阳城一带的鼓书有很深的影响。鼓书书目的更新非常快，既有传统书目，又有随时编创的一些具有时代意义的新作品，否则书目陈旧，难以满足观众的欣赏需求，鼓书市场也会慢慢衰落。因而鼓书的创作会紧跟时代步伐，它常常以日常生活中的小故事为题材，贴近民众生活，语言诙谐幽默，寓意深刻发人深省，群众喜爱，流传广泛。很多说书艺人把自己生活的艰辛、世事的沧桑、人情的冷暖都融入鼓书表演当中，说书人既是讲唱历史故事，也讲述自己的艺术人生故事。

---

① 陵川县文化馆编《省级非物质文化遗产名录申报书（陵川钢板书）》，内部资料，2008。

陵川曲艺种类与艺术特征①

表1-4

曲种	概述	演员	乐器	原有音乐结构	发展后的唱腔	表演形式	代表作
陵川钢板书	因说书者手持钢板击唱而得名，又因早期说唱无弦乐伴奏，故称它为"干板书"，流行于陵川县、高平市、泽州市等地区。	演员二三人至五六人等，一人多角或分角。	钢板，小三弦，二胡，大三弦，书鼓等。	单曲体结构，基本曲由上下两个不同的句式组成。	引腔、正腔、紧腔、哭腔等。	坐场说唱。中长篇有说有唱，小段则一唱到底。说唱结合，主说唱着说。乐员站前台伴奏、伴唱。若演唱中长篇书目，乐队中担任角色者，说唱时站起，说唱毕坐回原位。	传统书目如《包公案》《刘公案》《响马传》等；创作改编书目如《二嫂告支前》《月下开荒记》等。
陵川丝弦书	由河南陵子和本地民间音乐、陵川钢板素乐结合而成，因全曲用胡琴、大三弦，当地称胡琴为丝弦，故而得名。流行于陵川县一带以及东半县。	演员几人至十几人等。	二胡，三弦取代了土制胡琴，笙，书鼓，板，碰铃等。	单曲体结构。	慢板腔、快板腔、连板腔、哭腔等。	坐场演唱。以唱为主，兼有说白连接唱词，小段则一唱到底。主唱者兼司鼓鼓，其余人手执小道具于台后场，伴唱或伴舞。乐员坐偏场。	除传统书目外，作改编的书目有《齐心协力打东洋》《雷锋补车票》《贵妃醉酒》《山沟里飞出金凤凰》等。
苏村道情	因形成于陵川县苏村而得名。主要流行于陵川县境的西部地区和崇文一带。	演员几人至十几人等。	大鼓，大镲，二胡，笙，二弦，板胡，电子胡琴等。	曲牌体，用一个曲牌唱一个故事，主要有叙南悠、终南悠、溜海腔、简海腔等。	唱腔中采进了民间小调和简单的锣鼓经，创造了叙事抒情性更强的能够表现热烈奔放激情的曲牌[合中韵]和热烈欢快结绪的曲牌叫[欢调]。	走场演唱。以唱为主，极少道白。传统的演唱是平地演唱，干唱。新中国成立后；20世纪60年代以后，搬上舞台演唱，苏村道情才逐渐形行坐场表演形式。	传统书目有《盼十八》《闹五更》等；创作和改编的书目有《二嫂回娘家》《巧媳妇》《宠的恩情永远唱不够》。
陵川琴书	因伴奏乐器是扬琴、胡琴，二胡等胡琴而得名，流行于陵川县全境。	演员几人至十几人等。	二胡，扬琴，板，书鼓。	单曲体结构。	单曲体结构，演唱特点是用F调，C调两个调式交替进行。用F调演唱的叫[流水腔]，用C调演唱唱的叫[二流调]。	做场说唱。以唱为主，间以说唱。演唱用当地话，角色说唱分明，采用坐唱的曲目，便一演多角的表演形式；适于一人演唱的形式，采用站唱形式。20世纪80年代以后，陵川琴书小演唱表演形式。	代表曲目有《退婚》《二嫂改嫁》《晚喜相亲》《刘生一个好》《杨村好》等。

① 赵喜胜编《陵川曲艺志》，内部资料2003年。

第三节　太行山曲艺宣传队的历史实践

长期以来，山西太行山地区说书人宣传队适应了革命年代和新中国初期的乡村文化改造运动，在曲艺组织的社会功能和艺术流变方面，产生了深层次的变化，顺应了时代发展，也在现代国家文化建设进程中，发挥出民间曲艺的独特功用。

20世纪三四十年代，关于文艺大众化、民族化的讨论深入人心。以《在延安文艺座谈会上的讲话》为标志，中国共产党开展了以教育和发动群众为目的的文化改造运动，进行新的革命文艺建设。1942年，中国共产党在太行山组织文艺工作者召开了文化人座谈会，认为"文化工作者应该服从每一个具体的政治任务"[①]，要扎根群众，广泛团结所有人士。这种革命文艺的政治动员，通过一系列的组织、管理、教育、激励措施形成了独特的太行山曲艺宣传特点。

伴随着太行山区根据地文艺运动以及乡村社会改造进程，太行山民间文艺进入抗战和革命话语中。民国二十七年（1938）在抗日民主政府组织下襄垣县成立了盲人宣传小组，1939年襄垣县盲人宣传小组更名为"盲人爱国宣传队"。随后武乡县盲人宣传队、辽县（今左权县）盲人宣传队相继成立。1940年，武乡县抗日县政府在姚庄召开盲艺人整顿会，统一宣传思想，提高了盲艺人的革命觉悟。1944年，在太行行署的建议下，文教处筹建了武乡、榆社、襄垣、辽县、长治"五县曲艺联合委员会"。[②]1945年，在武乡县抗日政府的组织下，武乡、武西两县盲艺人于魏家庄合并，命名为"武乡县盲人曲艺宣传队"。太行盲艺人还直接参与

---

① 华山：《文化人座谈会热烈举行，四百文化战士大聚会》，《新华日报》（华北版），1942年1月18日。

② 武乡县文化局编《武乡曲艺志》，内部资料，1988，第8—10页。

了抗日救国的革命斗争，如武乡盲人宣传队张培胜等三名盲艺人，深入敌占区，为八路军打探情报，在"反扫荡"中坚持宣传抗日，壮烈牺牲。武乡当地开明士绅裴玉澍的母亲喜欢听说书，盲宣队借说书的机会动员她抗日救国，捐出粮食六百多石。盲人曲艺队既是文艺宣传队，又是抗战队伍的战士，他们在前线参加斗争，拿起三弦当武器，反映了太行山抗战文化战线中突出的革命文艺特点。①

抗战时期报纸所载武乡盲人宣传队分赴左、榆等县组织盲人②

---

① 山西武乡盲人曲艺队队长发言稿，《浅谈沁州书会的前世今生》，2019年6月5日。古沁州所辖三县：沁县、武乡、沁源的传统说书艺人组织，习惯上被称为"老州会"。抗战爆发后，八路军进驻武乡，为宣传动员全民抗战，抗日政府于1938年在武乡县成立了一支盲人宣传队。开始时起名为"太行山盲艺人抗日救亡队"，后来名称多有变动，如"太行盲人抗日救国队""太行山盲人抗日宣传队""武乡县盲人宣传队""武乡鼓书队""武乡县盲人曲艺队"等等。武乡县盲人曲艺队每年农历三月三(1988年后改为公历5月1日)召开队员大会。沁县盲人宣传队每年农历五月初五举办大会，同时邀请武乡县和沁源县盲人曲艺队共同参加，一直延续至今。近些年沁县恢复"老州会"，将其更名为"沁州书会"，影响较大，沁县也获得"中国曲艺之乡"的称号。

② 武乡曲艺队常慧斌，曲艺公众号"武乡鼓书常惠斌工作室"，2020年12月24日。

1942年，晋冀鲁豫边区政府主席杨秀峰在边区文联会上指出：鼓词、唱本合乎群众口味，老百姓愿意看，号召边区文艺工作者利用这种旧的艺术形式表现新内容。1940年武乡盲宣队在王家峪给朱总司令说书。1942年武乡县鼓书队赴河北涉县为刘伯承五十寿辰作庆贺演出，当时表演书目有《常胜将军》《节约备荒》《大生产》《大拥军》等。[①]有学者认为20世纪40年代延安以新说书为代表的大众文艺运动，通过对娱乐的再政治化，转换乡村生活方式，用左翼文化提升民间文艺的品格，通过说书改造左翼文艺构建了乡村公共生活。[②]

　　这时期盲艺人宣传队的说书宣传和政治宣传相结合，成为动员民众的革命文艺和教育文艺。曲艺宣传密切配合当时中心任务，如政府开展冬学运动时，曲艺队编唱《劝妈上冬学》，参军时就唱《参军》，还有《敌占区人民生活》《蒋军必败》等。[③]曲艺说唱不再是单纯地靠"热闹"来吸引群众，而是以乡村中身边人的故事来教育群众。"在演到地主压迫农民时，群众都说'和我过去一样样的'。演到群众起来与地主斗争时，观众都齐声喊'打'……"[④]文化宣传和教育是革命文艺的双重特点，一方面进行革命斗争宣传，另一方面，提高文化素质，对民众进行社会主义改造。

　　抗战曲艺素材大多是"歌颂英雄模范，动员群众抗战"为内容的"革命"书。如1944年，武乡曲艺队韩庚江为"太行五县曲艺联合会"成立改编的队歌，也是武乡盲人曲艺队的队歌，一直传唱至今。

　　　　盲人宣传队，无眼真可怜；东跑西颠每天不得闲。为了国家为民众，吃苦也香甜。宣传最重要，技术要提高；小村大村都要经常

---

　　① 武乡县文化局编《武乡曲艺志》，内部资料，1988，第13页。

　　② 孙晓忠：《改造说书人——1944年延安乡村文化的当代意义》，《文学评论》2008年第3期。

　　③ 艾青：《论秧歌剧的形式》，《解放日报》1944年6月28日。

　　④ 郭钦安：《看沁源绿茵剧团出演〈挖穷根〉〈李来成家庭〉剧后感》，载荒煤编《农村新文艺运动的开展》，上海杂志公司，1949，第99页。

到。表扬英雄和模范，动员齐抗战！ [1]

还有一些贴近群众生活的新创小调。如1945年武乡县鼓书队反映妇女解放和儿童学习的小调，曲名就叫《妇女解放小调》和《儿童学习生产小调》。

妇女解放小调

妇女呀圪志（方言衬词）仔细听，自从来了八路军，男女才平等。
自从呀来了共产党，从此男女得解放，大家想一想。
从前呀妇女被人骗，婚姻没有自主权，真真实可怜。
时时跟着共产党，至死不忘八路军，他是咱救命人。
八路军他是咱救命人，解放男女翻了身，总比咱爹娘亲。
婚姻呀须要自己找，爹娘不能卖财了，总得双方同意了。

儿童学习生产小调

石泉呀学校搞得好，男女儿童都到了，学习真热闹。
学习呀必须加油干，研究讨论要认真，争取模范生。
模范呀学生胡仁山，他是咱校小先生，平素最用功。
仁山呀能够帮助人，我们不忘他的恩，大家都称颂。
生产呀三堂最关心，他是我校小英雄，劳动很热心。
咱校呀学习大起劲，全体团结都尽心，不怕学不成。 [2]

曲艺宣传队着力改造"革命书"的思想内容，也通过"培训班"形式推动盲艺人的"组织化"进程。1939年，驻在沁县冀家凹的第三专区

---

[1] 武乡县文化局编《武乡曲艺志》，内部资料，1988，第10页。"太行盲人宣传队队歌"创作于1938年，在太行山革命根据地广泛流传，1944年武乡曲艺队韩庚江将其改编为"太行五县曲艺联合会"队歌。至今，太行山武乡、沁县、襄垣等地盲人曲艺队仍然传唱该队歌。

[2] 武乡县档案馆藏《武乡第六区石泉村编辑小调快板秧歌汇集》，1945，档案号：0091-04。

民革中学成立了文教训练班，目的是组织培养一批新曲艺工作者。①通过培训班授课，艺人们的创作水平得到提高。很多盲艺人投身抗战文艺的创作，主动学唱新词、适应新调，编演反映抗日斗争的新曲目。这种"培训班"与延安时期的"说书训练班"相似，那就是团结、教育、改造民间说书人，引导他们编说新书，从而达到曲艺宣传为革命服务的目标。

陕北的改造说书有一个特点，那就是联系、团结、教育、改造民间说书人，启发、引导、帮助他们编新书、学说新书和修改旧说书。首先是个别访问，选择对象，培养典型，……采用个别传教、小型的集体训练，开说书训练班等具体方式，来扩大新说书的影响。②

对说书和书匠采取的态度：……是积极地进行改造。提倡说新书，改造个别书匠，并且编出新书来。……改造旧书匠是改造说书的中心环节……办个"说书训练班"。……新说书从哪里来呢？第一，是记录、整理、选择书匠的口头创作（新书）……第二，是发动文艺工作者，特别是诗的作者们来编写或创作……第三是改编旧说书。③

民国三十三年（1944）太行山武乡、长治、襄垣、辽县、榆社五县由"联专"④在武乡县成立了曲艺联合会。当时太行文联曾组织说唱训练班，说过的新书目有：《新旧婚姻对比》《劝夫参军》《王国昌参军》《任爱珍杀敌》《南昌起义》《关家垴战斗》《四大亭》《蟠武战役》《打辽县》《拥军去》《范家岭民兵模范》《汉奸的下场》《杨子明反正》《苏联出兵》《纪念"七一"党生日》《刘印成杀敌》《地主与长工》《蒋美商约》《八大

---

① 郭士星编《山西文化艺术志》，内部资料，1989，第172页。

② 林山：《略谈陕北的改造说书》，《文艺报》1949年第8期。

③ 王屋等：《改造"说书"》，《文联》1946年第6期。

④ 1944年由于抗战的需要，晋中、晋东南、冀西、晋豫部分周边县统一领导，称"太行联专"，简称"联专"。

让步》《蒋军必败》《大军南下》《国共谈判》《备荒节约》《穷人翻身》等等。①

太行山曲艺艺人经过培训班的学习，在思想的改造层面上：一方面，曲艺艺人们通过在培训班、识字班、冬学等学习形式，达到自身的思想改造。另一方面，积极组织参军大会、模范大会、群英大会等交流大会。艺人们通过参会交流演唱，提升技艺。如当时阳城县刘金堂鼓书队队员情况：

> 第一种成分好、聪明、有进步要求、青年的艺人，要尽量地注意培养教育，逐渐提高，逐渐脱离生产，成为树立民间艺术的新骨干，……条件：品质第一，要好、要忠实。技术条件好，钻研性强，朴素、能吃苦耐劳，学习团结好。第二种人，成分好，认识差一些，愿意进步（品质好，技术还可以改造）……第三种：品质不好，成分不好，自私自利，闹不团结，有嗜好，不好学习，政治面目不清，没有机关作担保的，予以批评教育，并开除屡教不改的队员。②

20世纪40年代，这种有计划、针对性的说书改造，根据艺人的思想认识状况区别对待，采取不同的教育团结方法。尤其是重点培养教育年轻艺人，形成了团结联系、改造选拔、批评教育相结合的曲艺宣传机制。改造旧书匠的乡村新文艺过程中，不仅是发现和改造旧文艺，也包括知识分子的自我改造，所以说书革命文艺的改造，也带动了一大批文艺工作者农村文艺思想的转变。革命文艺是在特殊年代和对敌斗争中成长的，特别是文艺工作者主动领导和参与农村文艺工作，必须和群众联系，以达到团结、教育、改造民间艺人的目的。1949年荒煤在总结农村新文艺运动的问题时谈道：

---

① 武乡县文化局编《武乡曲艺志》，内部资料，1988，第6—7页。

② 束玉：《介绍刘金堂的鼓书队》，载荒煤编《农村新文艺运动的开展》，上海杂志公司，1949，第115—118页。

必须和群众直接联系才有实际效果。……团结、教育、改造民间艺人，……农村文艺活动的正常开展，应该经常得到文艺工作者的领导和帮助。①

文艺工作者们在作品创作中自觉融入时代的精神，描写革命战斗、生产劳动、生活娱乐等内容。如山西档案馆所藏档案中当时太行太岳地区的抗战曲目资料，时间上大都在1945至1948年期间，其中编创者大都是个人和基层文艺团体，其中剧团有：光明剧团、黎明剧团、武乡鼓书队、襄垣农村剧团、太行剧团、屯留汾河剧团、太中业余剧社、晓光剧团、战斗剧社、新四联宣传队、冀中火线剧社、劳动剧团、胜利剧团等。公开出版人和剧目审核部门则有：太行文联、太行行署教育处文联、太行军区政治部、太岳纵队政治部、晋绥野战军一纵队政治部、壶关县委宣传部等党政军宣传机关，也有具体的文工团体和学校，如太行二专署文艺工作团、太行区公立第三中学、太行第二联中、晋绥一中、平顺枣交剧团、武乡民教馆等。出版宣传有：太行群众书店、太岳新华书店、华北书店、华北新华书店、冀南书店、潞城文化印刷厂、新华书店、吕梁文化教育出版社、韬奋书店，等等。其中太行行署教育处、太行文联编审的曲目较多，还有左权文娱竞赛筹委会等特殊会演竞赛时期编印的曲艺书目（见表1–5）。②曲艺宣传集中反映了人民的翻身解放、土地改革、动员参军、破除迷信、革命战争等情况。如黎城县政府教育科1949年出版了油印本《鼓词快板集》，收录了江永荣、孔德介的《模范家长石寸金鼓词》，还有鼓词宣传队集体创作的《一年左右胜利大鼓词》《模范家庭杨礼成大鼓词》等。这些鼓词和快板真实反映了太行革命根据地军民的劳动生产、互助合作、支援前线、革命战争的情况。

1944年到1949年间改编或创作的曲艺书目，从内容上可以分为三

---

① 荒煤编《农村新文艺运动的开展》，上海杂志公司，1949，第3—5页。

② 2018年3月到5月笔者根据山西省档案馆藏《革命历史资料（十一）》"文艺"部分，将改编或创作于1944年到1949年期间的，与表现抗战内容相关的鼓书词曲目进行了资料汇总。

个类型，一是描述民众生活，二是歌颂英雄，三是宣传抗战。可以发现传统书目题材在这一时期有大幅削减，即便是历史题材、民间题材也做了革命情节的改编。激励群众、鼓励生产、宣传革命、赞扬革命英雄成为主要内容。这一时期的群众的文艺创作和表演因地取材与民间艺术紧密贴合，作品的题材与核心内容围绕着一切为了抗击侵略者、为了民族解放战斗以及边区建设，"从群众中来，到群众中去"以及文艺创作与工农兵相连接是作品创作的方向和动力。[1]

表 1-5

山西省档案馆藏《革命历史资料（十一）》"抗战鼓书曲目"汇总表

标题及体裁或创作者	编辑者	时间
《改变旧作风》（光明剧团）	太行文联	1946年5月
《石寸金发家》（黎明剧团）	太行行署教育处文联	1946年7月2日
《纺织好》	太行行署教育处文联	
《保卫好时光》（农村快板集）	太行行署教育处文联	
《地主与长工》（武乡鼓书队）	太行行署教育处文联	
《一条扁担》（快板剧，襄垣农村剧团创作）	太行行署教育处文联	
《错打算盘》（武乡秧歌）	太行群众书店	1947年5月1日
《贺功》（太行剧团集体创作）	太行群众书店	
《模范家庭》	太行军区政治部	
《逼上梁山》	太行二专署文艺工作团	
《咱们翻了身,和平乐》（秧歌快板剧）	太行区公立第三中学	1946年2月1日
《新年创作》（快板歌调选集）	太行第二联中	1948年12月25日

---

① 于淑梅：《1937—1949 年中国解放区说唱艺术特征》，《遵义师范学院学报》2016 年第 6 期。

标题及体裁或创作者	编辑者	时间
《平陆人民斗争歌辑》	太岳新华书店	1946年6月3日
《兰英回头》(屯留汾河剧团创作)	太岳新华书店	1946年8月
《河神娶妻》	太岳新华书店	1946年9月7日
《血泪歌声》(蒋阎区民谣集)	太岳新华书店	1946年12月
《红娘子》(太中业余剧社编)	太岳新华书店	1947年1月
《出路》(太中业余剧社编)	太岳新华书店	1947年1月
《蒋军必败》(活报剧、鼓词)	太岳新华书店	1947年3月
《复仇去》(耿西编)	太岳新华书店	1947年4月
《没有土地的人们》	太岳新华书店	1948年7月
《九股山的英雄》(战斗剧社,新四联宣传队集体创作)	太岳新华书店	1948年12月
《高申妈》(晓光剧团创作)	太岳新华书店	
《拥军喜报》(秧歌剧)	太岳新华书店	1946年3月2日
《懒汉回头》(小型歌剧)	太岳纵队政治部	
《崔鹏送子参军》(秧歌剧)	冀南书店	1947年11月
《功罪簿》(快板)(邵挺军作)	吕梁文化教育出版社	1945年11月
《打得好》(话剧)(成荫作)	吕梁文化教育出版社	1947年5月
《质问国民党》(唱词)	吕梁文化教育出版社	
《好朋友》(小小鼓词)	晋绥边区各界纪念苏联十月革命	1945年11月7日
《刘长海》(秧歌剧)(刘伍编)	晋绥野战军一纵队政治部	1946年12月26日
《谈判》(快板剧)(集体创作)	晋绥一中	
《把眼光放远点》(冀中火线剧社创作)	华北书店	
《一家人》(备荒弹词)(孔厥著)	华北新华书店	1947年6月

续表1-5

标题及体裁或创作者	编辑者	时间
《互助好》(秧歌剧集)	平顺枣交剧团	1945年5月
《大反攻》(快板歌调)	潞城文化印刷厂	
《糠菜夫妻》(短剧)(洪荒著)	新华书店发行	1948年12月
《双转意》(拥军爱民剧本)	新华书店编辑部	1944年2月
《女状元》(秧歌剧)	新华书店出版	1944年10月
《李来成家庭》(剧本)	韬奋书店	1945年1月
《新年乐》(元宵杂耍、花戏、秧歌)	韬奋书店	1945年1月
《王好善翻身》(劳动剧团创作)	韬奋书店	
《老雇农杨树山》(鼓词)	韬奋书店	1947年3月
《官逼民反》(新编唱剧)	韬奋书店	1947年3月
《庆太平》(唱词)		1946年2月
《保卫麦收》(秧歌剧)	北大文艺研究室	1947年5月30日
《要求美军退出中国》(大鼓词)	挺军编	
《想歇歇》(秧歌剧)	太行行署教育处文联审编	
《一担水》(胜利剧团创作)	太行行署教育处文联审编	
《一条手巾》(胜利剧团创作)	太行行署教育处文联审编	
《阎锡山罪案》(小调)		1945年2月
《防奸自卫保和平》(快板)		1946年2月
《老农夫表十二个月生产》(快板)		
《害死人》(快板剧)	三元	
《结束土改》快板	壶关县委宣传部	1948年9月15日
《解放战争》(太行二中)	左权文娱竞赛筹委会印	1949年1月15日

续表1-5

标题及体裁或创作者	编辑者	时间
《将革命进行到底》(小调、花戏)(耀藜)	左权文娱竞赛筹委会印	1949年1月15日
《生产新气象》(秧歌)(献春)	左权文娱竞赛筹委会印	1949年1月15日
《贺英雄》(广场剧、花戏)(锁存)	左权文娱竞赛筹委会印	1949年1月15日
《两条路》(乐腔、秧歌、中路梆子)(耀藜)	左权文娱竞赛筹委会印	1949年1月15日
《全力支前》(广场剧)(献春)	左权文娱竞赛筹委会印	1949年1月15日
《庆贺大胜利》(花戏)(连垣)	左权文娱竞赛筹委会印	1949年1月15日
《参战去》(歌舞剧)(运炎)	左权文娱竞赛筹委会印	1949年1月15日
《胜利不断头》(快板)(怀义)	左权文娱竞赛筹委会印	1949年1月15日
《老婆来了》(鼓书)(李克宽等编)	武乡民教馆	

随着革命宣传的需要，盲艺人宣传队的表演艺术、演出人员、伴奏乐器、唱腔也发生了相应的变化。为满足来自五湖四海的部队战士的观看需求，在演唱方式上，除传统说和唱外，要根据曲目内容的需要创新唱腔。鼓书大量吸收了民间小调和地方戏曲的唱腔，出现了小哼腔、柳调、黄板、散板等唱调和板式唱腔。伴奏乐器也更加多样化，大锣、大鼓、大镲、书鼓、手板等打击乐器，以及二把、板胡、笛子等管弦乐器开始进入曲艺音乐中。

民国三十六年（1947），阳城鼓书队到晋南前线深入部队随军演出，因腔调高、吐字硬，来自全国各地的战士大多听不懂晋南方音，有的不习惯当地曲调，演出效果不佳。曲艺队立即改革唱腔、吐字方式，广泛吸收和创制新腔，改进伴奏，创立了阳城鼓书的"二板调"，提高了曲艺队的说唱水平，受到战士们的欢迎。这些新创的唱腔，后来也被阳城、沁水县的一些艺人所沿用。为引起观众的兴趣，阳城曲艺宣传队演出形式还向歌剧、音乐剧借鉴学习。演出人数上由一人演唱为主，增加了多人分角色的表演唱，并由此发展了一种新的表演形式——"鼓书剧"。[①]

旧时的曲艺艺人多为盲艺人，以行会组织"三皇会"为主要形式。[②]一般艺人入会必须"认年长"，通过在会的长辈艺人引荐，否则没有资格外出表演。[③]抗战后的说书艺人改造主要是以培训班形式进行，对旧时盲艺人行会制度和算卦说书的谋生方式也进行了改造，取代旧时的行会组织。1948年阳城县刘金堂鼓书队请示太岳行署，请求增加一人专门从事编写鼓书工作，由教育事务费中专项支持鼓书队人员编制建设。[④]再以1945年武乡盲人宣传队调查为例。

> 战前的盲人生活与组织。抗战前武乡共有盲人50余人，组织的一个盲人会，……盲官可以定各种纪律，如说书定段等，……每年有一次烧香会，入会还得缴很大的会费。他们生活是靠每个人学的说鼓书与弹拉吹乐器、刻八字算卦，游走于农村富有者之门，以维持生活。
>
> 战后的初建组织。……到政府领取了一正式公文，即下乡开始

---

① 束玉：《介绍刘金堂的鼓书队》，载荒煤编《农村新文艺运动的开展》，上海杂志公司，1949，第115—118页。唱腔及说唱形式的革新外，刘金堂他们还创造了许多其他形式。比如为了宣传及时和方便，他们还编了许多快板；他们把"闲言"改成鼓书的提纲，叫作"四句不闲言"等等。

② 中国曲艺志全国编辑委员会、《中国曲艺志·山西卷》编辑委员会编《中国曲艺志·山西卷》，中国 ISBN 中心，2011，第485—487页。"三皇会"是山西、陕西、山东、河南等地盲艺人为维护自己的权益、规范曲艺行业而自发成立的民间组织，"三皇会"为盲艺人每年举行的行业盛会，会议内容主要有调节处理行内纠纷、说书同行间的交流演出、说书技艺竞赛或举办出师仪式等。同时推选掌教（负责人），并确定下届年会地址。

③ 路深：《在抗战中发展壮大的左权盲人宣传队》，载荒煤编《农村新文艺运动的开展》，上海杂志公司，1949，第143页。"认年长"，指艺人入会时必须通过长辈艺人的引荐，才可随师傅入行演出，这种规矩俗称"认年长"。

④ 山西省档案馆藏《太岳行署关于教育问题的专题报告及鼓书队经费计划草稿》，内部资料，1948。其中鼓书队经费手写草稿，主要记录阳城刘金堂鼓书队申请增加一人专职编写鼓书内容。

了组织盲人编唱新鼓词的活动，……编了许多新剧，如"九路围攻""除汉奸"……到1938年十月革命节，他们正式选出了自己的干部、秘书组织宣传，并分配了小组，划分了地区，规定了会议汇报制度，并通过二项决议：说书下乡宣传；得说政府许可证上的书。

与中心工作进一步结合进行宣传。1940年之后，……即集体编写新的鼓词小调，分组进行传达宣传，这时所编的鼓词有"春耕""夏收""备战藏粮""反特务""朱毛对比"等。[①]

1946年武乡曲艺队举办说唱短期训练班，有队员提出将传统盲艺人"三皇会"的会期三月三改为老师节，提倡尊师爱徒。1947年在原"三月三"节的基础上，晋冀鲁豫边区文联、北方大学师生、武乡县教育科、县民教馆等团体，同时参加了武乡曲艺队的三月三"三皇会"活动，共同研究，评分奖励，开创了新的师徒关系。[②]1948年武乡盲宣队在"三三节"（教师爱徒节）召开石门村会议后，又召开"武乡盲宣队鼓书队聂村会议总结"，宣传队的会议内容有：时事学习、检查工作、澄清思想、合理评分、民选干部等内容，重点讨论了以下问题。

盲宣队的学徒问题。……一般学徒都是跟着宣传小组工作生活，无形中师徒制度也就废弃了，学徒也不请教师纳学费，老师也不找徒弟好好教了，青年学习主要是依靠互教互学，……为了提高技术，经大家讨论决定仍恢复师徒教学制度。

盲人学校问题。现在的许多青年盲人都要来参加盲人组织，……必须成立个短期学校以便提高这些新的学徒技术，……学徒的学习费自纳（或派义务饭），教师食粮工资要求县府拨一部分学习粮（教

---

① 武乡县档案馆藏《武乡盲宣队历史及其宣传活动概况》，1945年3月16日，档案号：3—91。

② 武乡县文化局编《武乡曲艺志》，内部资料，1988，第9页。

师约需四个人）。①

　　抗战时期基层曲艺宣传队，立足于传统盲艺人的说唱曲艺形式进行革命宣传，与太行山根据地文化建设、群众思想改造同时进行。这一阶段的经验与方法在1949年之后，被普遍运用于全国范围内的文艺改造中。②20世纪三四十年代革命文艺背景下曲艺的政治功能不断被强化，其组织化、革命化、宣传化的过程，体现了曲艺在时代社会背景下民俗性、文艺性与政治性相互交融的实践特点。

　　进入20世纪50年代，太行山盲艺人宣传队也开始了"戏曲改革运动"，简称"戏改"时期。1951年，根据"百花齐放，推陈出新"的戏曲改革指导方针，政务院发布《关于戏曲改革工作的指示》，开始"改人、改戏、改制"的全面戏曲改革运动，并明确指出："中国曲艺形式，如大鼓、说书等，简单而又富于表现力，极便于迅速反映现实，应当予以重视。除应大量创作曲艺新词外，对许多为人民所熟悉的历史故事与优美的民间传说的唱本，亦应加以改造采用。"③1950年，根据山西省人民政府《关于团结改造艺人的指示》精神，先后开办了戏曲艺人训练班。在"爱护和尊重""团结和教育""争取和改造"的政策背景下，政府、文艺工作者从多方面展开了对曲艺艺人的改造工作。④

　　从曲艺层面看，曲艺组织形式发生了变化。旧时走村串巷式的说唱艺人，被组织起来成为宣传队。抗战宣传队、毛泽东思想宣传队等时代特征的文艺队伍，其目的是社会动员和宣传，这和旧时的盲艺人民间组织"三皇会"有显著区别。之前盲艺人被称为鼓书队、弦子书、钢板书、宣传队等。1949年之后统称为"曲艺队"，名称的变化也体现了盲艺人深

---

① 武乡县档案馆藏《武乡盲宣队鼓书队聂村会议总结》，1948年10月5日，档案号：0215-04。

② 赵艳霞：《太行抗日根据地的艺人改造——以武乡、襄垣剧团为例》，《唐山师范学院学报》2017年第4期。

③ 中央人民政府政务院：《关于戏曲改革工作的指示》，1951年5月5日。

④ 中国戏曲志全国编辑委员会、《中国戏曲志·山西卷》全国编辑委员会编《中国戏曲志·山西卷》，文化艺术出版社，1990，第47页。

刻的社会身份变化。因此1949年后的大量盲艺人都进入了"曲艺"队的新时期，业务上归地方文化馆、群艺馆管理。很多盲艺人进入文化馆体制内，由农村人口转为城市供应粮户口，专门从事曲艺的编创和宣传。20世纪50年代，山西省政府通过经济救济，宣传引导，思想教育改造，提升说书技艺等一系列措施，对艺人进行团结教育改造。[1]1951年10月，太原市文教局起草了《太原戏剧界剧改学习计划草案》，内容涉及组织形式、艺人思想素质、经济待遇与福利等各个方面。[2]1953年，根据文化部《关于私营剧团登记和奖励工作的指示》的相关要求，为了解决民间艺人的盲目发展、流散演出以及培养符合社会主义文化建设的艺人等问题，山西省文化部门效仿工商界行业改造的方法，对民间艺人采取了登记政策。[3]一方面，限制了曲艺宣传队的盲目发展和流散艺人的无序流动等问题。另一方面，摸清艺人及团队的具体情况，为曲艺队进一步组织化打下基础。

国家逐步加强对曲艺艺人的管理与培养，由政府组建学校，对曲艺艺人进行统一培训。制定曲艺艺人最低生活标准，通过下发经济补助金的方式，解决曲艺艺人的生活困难问题。这一时期的"戏改"政策中，团结救济保障艺人生活是重点。如1956年《关于对民间职业艺术表演团体和民间职业艺人进行救济和安排的指示》：

> 对在乡流散艺人的安置工作，应分别对待：尚有一定演出能力的，尽量安置在剧团；虽具有一定艺术水平但丧失演出能力，在艺术上尚能有一定贡献的，由政府协助安置，这一问题原则上采取

---

① 《山西省文化局转发中华人民共和国文化部"关于对民间职业艺术团体和民间职业艺人进行救济和安排的指示"及有关事项的通知》，中国曲艺志全国编辑委员会、《中国曲艺志·山西卷》编辑委员会编《中国曲艺志·山西卷》，中国ISBN中心，2011，第565~568页。

② 山西省档案馆藏，太原市文教局编《呈送本市戏剧界剧改学习计划草案及曲艺界民主改革学习计划草案》，1951年10月27日，档案号：C76—10—6。

③ 文化部：《关于私营剧团登记和奖励工作的指示》，1953年12月12日。

"就地安置、上级补助"的办法。①

通过文化管理部门对民间职业艺人的一系列管理举措，盲艺人宣传队在艺术传承和演出生计方面得到了有效的保障。1950年前后，政府重新组织冬学、夜校等活动，还针对扫盲运动编印了课本。这些活动提高了民间艺人的文化水平，也为政府改造民间艺人的思想奠定了坚实基础。1956年《文化部关于开展戏曲、说唱艺人中间的扫盲工作的指示》：

> 各级文化主管部门……完成在各类剧团中和杂技、皮影等班社中以及零散的说唱艺人中的扫盲工作。扫盲的具体目标，就是能够认识2000字左右，能够大体看懂浅近通俗的书报，学会浅易的算术，能够写简单的便条。②

1950年，文化部召开全国戏曲工作会议明确规定以"历史主义和爱国主义"观点作为审查剧目的标准。传统书目整理以尊重民众的意愿为核心，从"较完整、较易整理的、较受群众欢迎的"作品开始。书目改造从内容着手，逐步改造旧形式，使内容与形式统一起来，作品以"不违背历史的真实与对人民的教育的效果"为标准。③在曲艺管理与宣传政策背景下，1951年阳城鼓书队组织会议，讨论如何开展爱国主义宣传和支援抗美援朝问题，会上统一意见，批判了少数鼓书人员仍然靠算卦谋生，从事封建迷信活动，说黄色书的不良风气，并讨论制定了《鼓书艺人爱国公约》。具体内容有：站稳宣传的立场，坚决不搞迷信；不随便说未经审核批准的书；保证把所发的宣传材料，及时传播到群众中去。

---

① 《山西省文化局转发中华人民共和国文化部"关于对民间职业艺术团体和民间职业艺人进行救济和安排的指示"及有关事项的通知》，中国曲艺志全国编辑委员会、《中国曲艺志·山西卷》编辑委员会编《中国曲艺志·山西卷》，中国ISBN中心，2011，第566页。

② 《文化部关于开展戏曲、说唱艺人中间的扫盲工作的指示》，《中华人民共和国国务院公报》1956年23期。

③ 中央人民政府政务院《关于戏曲改革工作的指示》，1951年5月5日。

他们时常结合中心工作集体编写小段做开场宣传，……他们的分工很明确，有负责领导学习的，有专到群众中收集意见与反映的。至于收集材料编写问题大部分是靠报上来的，群众干部觉得宣传很起作用，有了要表扬与批评的材料就去告诉他们，经过他们研究与干部讨论可编的就编唱出来。[1]

曲艺队宣传有了明确的政治方向，艺人组织管理形式也进行了重新调整。各县相继组建了职业曲艺队，对流散鼓书人员实行了分片管理。1950年阳城县按照籍贯划分将全县流散鼓书人员编为一队五组，每年农历九月初九日组织集会一次。[2]文化管理部门组建曲艺队在经济上采取行政管理，业务放权的方式，激发宣传活力。县曲艺队的组织性质转换为计划内集体所有制编制，给艺人转城镇户口提供供应粮，行政上归文化部门领导，业务上由文化馆管理。实行自负盈亏，台清月结。[3]1957年，阳城县两个职业曲艺队每队分包两片，结合下乡演出，规定每季召开一次例会，每年举行一次大集训。对集结成队的流散鼓书队，实行售票演出，每场每人5分钱，由文化馆统一印制票券，以队为单位领取，每季按演出登记场次和票券存根回馆结算一次，文化馆抽取所得收入5%的管理费，用作演唱资料印发、培训和会议开支。[4]

政府通过组织制度的形式整合流散艺人，解决了民间曲艺队无序流动等问题，保障了民间艺人的权益。同时，建立集体财务制度保障艺人生活，通过统一的文化市场政策，规范曲艺演出市场。说唱艺人收入分配最初由政府资费补助，采取的是定薪金，剩余的部分作为公用积金，

① 刘希璋：《1953年阳城鼓书队工作汇报》，阳城县文化馆志编纂委员会编《阳城县文化馆志(1949—2012)》，内部资料，2013，第518—521页。

② 阳城县文化馆志编纂委员会编《阳城县文化馆志(1949—2012)》，内部资料，2013，第369—372页。

③ 阳城县文化馆志编纂委员会编《阳城县文化馆志(1949—2012)》，内部资料，2013，第375页。

④ 阳城县文化馆志编纂委员会编《阳城县文化馆志(1949—2012)》，内部资料，2013，第374页。

这种分配制度明确了艺人的最低薪酬，保证艺人的人均收入，但因过于平均化，影响了艺人的积极性。在此基础上，曲艺队对收入分配制度进行了调整，分配方式以技术水平、思想政治觉悟、工作态度表现为决定项，以从艺年限为参考项，共同作为评定分配的标准。曲艺队成员的收入扣除15%公积金、5%公益金和公杂费（每场不超3元）外，剩余部分按个人薪金评定的分数分配。①

从曲艺宣传的政策背景以及曲艺队的具体实践看，旧时民间说书人身份发生变化，转变为社会主义文化建设的文艺工作者。曲艺宣传和艺人管理同步纳入国家文化宣传的话语体系中。文化管理部门在经济上、组织化程度上加强对曲艺艺人的日常管理，并且在称谓、社会地位上维护曲艺艺人的尊严。新中国成立后，党政文件、报刊书籍取消了"旧艺人"之类的带有歧义的称呼，改为采用"传统曲艺""曲艺演员""曲艺表演艺术家"等词汇。再次，政府组织艺人演出活动，通过评比的方式，选出优秀的曲艺人员，增加艺人的"荣誉感"。

20世纪五六十年代，未进入曲艺队的盲艺人主要社会身份是"流散曲艺艺人"，即以从事曲艺、杂技艺术活动维持生活，不论是个体演出或自行组成小组演出的职业艺人。从山西省文化局管理办法看，1964年流散职业艺人开始登记、持证，由省文化局发给巡回演出介绍信，统一安排规定的演出路线和演出时间。20世纪五六十年代曲艺宣传形成了以巡回演出介绍信为主的"划片下乡"演出制度。

> 什么是流散职业艺人？凡未正式参加专业艺术表演团体，而以从事曲艺、杂技艺术活动维持生活，不论是个体演出或自行组成小组演出的职业艺人，统称为流散职业艺人。……流散职业艺人登记条件，专门从事曲艺、杂技艺术活动，具有五年以上的艺龄，并有一定表演能力……凡持有流散职业艺人登记证的流散艺人，可以单独或由几个人临时组成小组进行演出活动，但不得成立固定的专业艺术表演

① 访谈对象：常惠斌，男，1965年生，武乡县曲艺队队长；访谈人：叶蕾、卫才华；访谈时间：2018年8月12日；访谈方式：微信访谈。

团体，也不得邀请没有持登记证的流散职业艺人参加演出活动。^①

"艺人登记证"是加强对盲艺人人员资格和演出的具体管理措施。管理办法还充分强调了曲艺表演的思想性，管理办法中规定："流散职业艺人要坚持为政治、为工农兵、为社会主义服务的文艺方向，贯彻执行党的'百花齐放、推陈出新'的方针，积极演出反映现代生活的节目和其他优秀节目，坚决禁演有害的或不健康的节目，并且应自觉地遵守国家的政策法令。"^②对盲艺人的改造和管理，还体现在业务水平的考核分类上。1959年山西省文化局处理黎城县鼓词宣传队问题时，提及当时各县盲人宣传队出现盲而不艺的人，降低演出质量。要在组织上进行整顿，把其中业务水平太低的人安置从事力所能及的劳动，水平较高能维持生活者，组织起来，进行专业的演唱。培养曲艺后代方面，应以培养农村俱乐部爱曲艺的青年为主，不必再组织青年盲人学习说唱艺术。^③由此看，鼓词说唱传承方面，面向更广泛的有曲艺爱好的农村青年，而不仅仅是盲艺人了。

1961年到1964年曲艺工作主要集中在加强戏曲曲艺传统剧目、曲目的挖掘与整理，加强对流散曲艺艺人的管理等方面。^④值得注意的是，晋

---

① 《山西省文化局关于流散曲艺、杂技职业艺人管理试行办法》，中国曲艺志全国编辑委员会、《中国曲艺志·山西卷》编辑委员会编《中国曲艺志·山西卷》，中国ISBN中心，2011，第575页。

② 《山西省文化局关于流散曲艺、杂技职业艺人管理试行办法》，中国曲艺志全国编辑委员会、《中国曲艺志·山西卷》编辑委员会编《中国曲艺志·山西卷》，中国ISBN中心，2011，第574—576页。

③ 《山西省文化局关于处理盲人鼓词宣传队问题的函》，中国曲艺志全国编辑委员会、《中国曲艺志·山西卷》编辑委员会编《中国曲艺志·山西卷》，中国ISBN中心，2011，第572页。

④ 《山西省文化局关于转发"文化部关于加强戏曲、曲艺传统剧目、曲目的挖掘工作的通知"的通知》《山西省文化局关于流散曲艺、杂技职业艺人管理试行办法的通知》《山西省文化局关于建议加强对河南省曲艺艺人领导管理的函》，中国曲艺志全国编辑委员会、《中国曲艺志·山西卷》编辑委员会编《中国曲艺志·山西卷》，中国ISBN中心，2011，第572—578页。

东南太行山曲艺人员的巡回演出，还涉及相邻各省的艺人流动问题，为此山西省文化局专门发文。1964年晋南专员公署文教局关于河南等地流散艺人管理问题，如下：

> 我区共接受了河南、山东流散曲艺艺人的活动近百人次。……这些人员来我区活动，有的持公社的证明，还有的凭艺人登记证。……在说唱内容上，绝大部分系侠、义、案、传、记、计及旧段子，新书几乎没有。这些节目，未经加工整理，带有毒素。还有个别的不执行党的政策，群众关系不好。……直接地违反了我区表演艺术团体巡回演出制度。①

从材料看，当时对书目的思想性仍是宣传工作管理的重点。所谓"带有毒素"的书目，相对于新编书目而言，就是指未经加工整理的传统书段，即：侠、义、案、传、记、计等旧段子。此外，盲艺人私下收徒、违反巡回演出制度等问题也较为突出。总体看，20世纪五六十年代，戏改和艺人管理成为新时期曲艺组织化重要的内容，一方面在书目内容上挖掘整理旧书目，创编新书目，改革曲艺的艺术特点；另一方面，通过曲艺宣传队人员体制化、流散艺人的巡演登记制度，规范曲艺市场，使得艺人和曲艺宣传逐步深入到国家文化宣传的话语体系中。

1980年，中国曲艺家协会山西分会总结了繁荣曲艺事业的任务："组建曲艺队伍；创作人们喜爱的作品；发掘、整理传统曲目，供盲艺人演唱；关心职工业余生活；组织学习思想文化知识。"②同年，申请举办了"山西省曲艺会演大会"。这时期的曲艺宣传以培训学习、会演比赛、书词编创为主。

20世纪60年代，太行山曲艺演出团体大多被取消，一些曲艺队成为

---

① 《山西省晋南专署文教局报告》，中国曲艺志全国编辑委员会、《中国曲艺志·山西卷》编辑委员会编《中国曲艺志·山西卷》，中国ISBN中心，2011，第577页。

② 中国曲艺志全国编辑委员会、《中国曲艺志·山西卷》编辑委员会编《中国曲艺志·山西卷》，中国ISBN中心，2011，第580—583页。

政府文化部门下设的"宣传队"或"毛泽东思想宣传队"。20世纪七八十年代，根据"百花齐放""推陈出新"的方针，很多曾被禁演的传统曲艺书目开始被重新整理。1978年，《山西省文化局关于加强剧目管理的意见》①，首先由山西省文化部门下发通知，规定可恢复的曲目演出。其次，曲艺队演出的作品必须上报相关文化部门，经过审核验证后，才被允许演唱，突出革命现代戏的主导地位。

　　　恢复上演的优秀传统剧目要适当控制，不宜过分集中；突出革命
　　现代戏的主导地位；获批上演的剧目需获得所属市文化局书面意见。②

曲艺艺人需要在相关部门办理演出工作证，取得巡演证件后才准许演出。文化部门严格规范了曲艺说唱内容。如1983年《阳城县专业曲艺队管理章程》中规定："传统古书必须加工整理。积极演唱内容健康、语言文明的大本古书和传统书帽。坚决禁止说唱那些内容反动、思想腐朽，散布封建迷信、色情恐怖等坏书目。积极提倡编说现代书。鼓励表彰反映时代特色的新书目，并要积极扩大现代书目的说唱比例。每场书中必须有现代书目，逐步增加现代书目的比重。"③1983年，阳城县召开了曲艺队全体人员会议，审查核准了26本说唱书目，其中传统书目19本，现代书目7本（包括连本大书15本），书帽小段十余个；同时明令禁演了《五女兴唐传》《七侠五义》《呼延庆打擂》等3本书目；停演加工《蜜蜂记》《罗纱记》《刘京平告状》《碧罗带》等4本传统书目和《尿床大嫂》《吃喝大嫂》《屁大嫂》《偷油糕》等8个书帽。1990年阳城曲艺队还排演

<hr/>

① 中国戏曲志全国编辑委员会、《中国戏曲志·山西卷》编辑委员会编《中国戏曲志·山西卷》，文化艺术出版社，1990，第793页。
②《山西省文化局关于加强剧目管理的意见》，中国戏曲志全国编辑委员会、《中国戏曲志·山西卷》编辑委员会编《中国戏曲志·山西卷》，文化艺术出版社，1990，第793页。
③《1983年阳城县专业曲艺队管理章程》（试行），阳城县文化馆志编纂委员会编《阳城县文化馆志(1949—2012)》，内部资料，2013，第530页。

了《小分家》《杨臭嘴相亲》《搬花九》等4个现代书目。①可以看出，这一阶段的曲艺剧目演出仍然是以革命现代戏为主。20世纪80年代后曲艺说唱相对自由，作品内容须符合时代主旋律要求，反对涉及封建迷信等消极思想的书目，并提倡创编新作品。

这一时期审核曲艺书目的内容性和思想性是曲艺管理的重点。1980年山西省成立曲艺协会，围绕曲艺创作取向，提出以下一些问题：

> 从神话传说到历史题材的也行，只要是歌颂正义的，对社会起到良好效果的都可以。反对简单地把散文改成韵文，用韵脚去遮丑、卖水词；纯娱乐的作品也要，但它必须是内容健康、语言流畅、俏皮，声韵和谐，节奏活泼，让人一听有痛快的感觉。发掘、整理传统曲目，供应盲艺人演唱节目。我省有不少的曲种，据说属于金戈铁马、悲欢离合、奇冤公案等题材的书目都有一些。整理、改编这样的传统曲目，我们应当和艺人合作，应当改编出地方曲种的特色。……我省现在演唱的多是短篇曲目，农村说长书似乎不太多。今后应该多写些中长篇书目。……可以举办太原市评书观摩会，……将长书推广到农村去。②

从内容上看，这种长篇书目的创作讨论和书目审核，严格规定了曲艺演出的思想性，明确了曲艺宣传的政治性和方向性。这一时期文化管理加强了对艺人从业要求的管理，并通过曲艺书目的"会演"，逐渐丰富了曲艺形式和演出内容。1980年山西省曲艺会演明确要求：节目时间表演不超过一小时；曲目、书目以反映现代生活为主；要有强烈的时代精神。要注意青年演员的比例；有弦乐伴唱的曲种要有字幕，各代表队自

---

① 阳城县文化馆志编纂委员会编《阳城县文化馆志(1949—2012)》,内部资料,2013,第378页。

② 《团结起来,繁荣我省曲艺事业——在中国曲艺家协会山西分会第一次会员代表大会上的报告》,中国曲艺志全国编辑委员会、《中国曲艺志·山西卷》编辑委员会编《中国曲艺志·山西卷》,中国ISBN中心,2011,第580—583页;《关于举行全省曲艺会演的通知》,《中国曲艺志·山西卷》,中国ISBN中心,2011,第585页。

备服装道具。这样使得舞台化的说书表演，时间压缩为一小时，与传统说书演出发生了较大的变化。这一时期书目的编创、修改、审核，一部分根据史实和现实生活创作，另一部分是根据作家作品改编。曲艺剧目改编要求有：注重反映时代特色的新书目，将其他作品改编成说唱形式；注重说和唱的比重；有弦乐伴唱的曲种，需备有字幕；着重改编长篇鼓书作品。①

从太行山农村曲艺宣传队1930—1990年代的历史变化来看，其主要特点：一是配合政府文化宣传工作。对旧书、旧艺人、旧组织进行社会主义改造，包括书目的审核，对一些旧思想、不健康的节目及时更新改造。核心精神是"改人、改戏、改制"，即改造说书人，改编新剧目，进一步紧密围绕乡村文化改造的宣传任务，让艺人从非正式性、流动性组织形式进入文化体制化管理，依托文化馆、群艺馆，进行剧团化、市场化的运营方式，变为新型曲艺队和宣传队。从此，旧时流浪的说书人被改造成为"曲艺工作者"或"人民艺术家"。

二是政府对说唱曲艺宣传的组织与管理。1983年阳城县曲艺队的业务管理中明确指出：

县里每年组织一次培训会，对所有说唱人员，尤其是青年人员及徒弟要进行文化考试和业务考核，连续两次不合格者，予以辞退。青年演唱人员及徒弟人人要做到一专多能，能打能拉，能说能唱，既会说书帽，也会说大本书。对于录为正式徒弟一年以上者，经考核只会说书帽，不会说大本书，只有一专没有多能者予以辞退。发展多种形式的曲艺说唱，如快板书、道情、数来宝、相声、潞安鼓书等。曲艺队不准搞算命、卜卦、看风水、顶神上爷等活动和带有任何封建迷信色彩的东西。②

①《关于举行全省曲艺会演的补充通知》，中国曲艺志全国编辑委员会、《中国曲艺志·山西卷》编辑委员会编《中国曲艺志·山西卷》，中国ISBN中心，2011，第586页。

②《1983年阳城县专业曲艺队管理章程》(试行)，阳城县文化馆志编纂委员会编《阳城县文化馆志(1949—2012)》，内部资料，2013，第531页。

这一时期的曲艺宣传的焦点仍然是反对说书敬神的"封建迷信"，弘扬新时期社会主义文艺题材的主题创作。培训会和业务考核成为曲艺审核选拔机制的首要环节。为应对实际宣传市场需求，培训考核、编创新书和文艺演出同时进行，曲艺艺术形式上要求丰富多样，青年曲艺工作者要成为"全面手"。这种直面市场和生活的曲艺发展要求，真正锻炼了艺人的演出本领，尤其是在市场经济条件下"文化巡演"受到冲击后，艺人仍然能在政府公共文化建设、演艺市场和民俗需求中，找到传统曲艺的良性传承路径。

三是曲艺团体的组织化、市场化与经济管理。说书人宣传队经历了20世纪五六十年代一段时期的半体制化后，八九十年代又迎来了新的"市场化"进程。盲艺人宣传队开始实行经济承包，自主经营，自负盈亏，说书人曲艺队开始了新的市场化演艺活力。如1983年《阳城县专业曲艺队管理章程》规定：

> 阳城曲艺宣传队集体提取总收入的5%。每个小队只保留公杂费和业务费。说唱人员实行记分制。标准是工资占50%，现有技术水平占50%。正式学徒每月按天发15元固定工资，学徒只发生活费，每月不超过12元。每月出满勤为28天，一般事假少一天扣除分红底分1.5厘，一般病假扣除分红底分1厘，病假在一个月以上不发给工资。无故缺勤、旷工，旷一个勤扣除分红底分5厘，旷工满一个月或以上者，按其底分平摊二倍的本月工资上交积累费。旷工36天，解除演员资格。所有徒弟病事假不扣工资。旷工者旷一个勤扣一天本人工资。领取了《独生子女证》的可享受产假四至六个月。婚产假期间发给生活费21元。对计划生第二胎者，扣除其当年每月艺术分红底分的50%。正式说唱人员女年满50岁、男年满55岁及以上者，工龄在20年以上。根据其贡献及工龄退休后每月补给一定的生活费用。①

---

① 《1983年阳城县专业曲艺队管理章程》(试行)，阳城县文化馆志编纂委员会编《阳城县文化馆志(1949—2012)》，内部资料，2013，第531—532页。

这份说书人宣传队章程可以看出，这一时期曲艺队的经济管理逐步放权，给予各曲艺小组更多的市场自由度。"记分制"是这一时期太行山各县曲艺队保留下来的独特的薪酬分配体系，其亮点是区分说唱人员、正式学徒和学徒三类曲艺队成员身份，将基本收入、演出资历和实际出勤相结合进行奖惩分明的收入分配。

书目审核、曲艺会演和长篇书词等现代书目的创编，主要考量书目是否正面，是否与主旋律契合。禁止说未经审核批准的书目，如《尿床大嫂》《屁大嫂》等书词，很明显带有插科打诨，嬉笑怒骂的戏谑元素，与社会主义主旋律的文化政策宣传相冲突，被禁止演出。不过这些传统古书，却迎合了长久以来乡村曲艺市场形成的民俗审美习惯。说书曲艺宣传队的组织化恰好承担了平衡民间与主流认同的角色，衔接了文化互通的社会生活关系。

自20世纪三四十年代起，太行山农民曲艺队就承载了革命、宣传、动员、思想改造等多重社会话语。50年代配合政府文化宣传工作，在戏曲"三改"背景下，对传统书目、鼓书艺人进行社会主义文化改造，包括书目的审核解禁、改革旧书目、编创新书目等具体内容。从此，流散的说书人被改造成为"曲艺工作者"或"人民艺术家"。60年代开始重视挖掘传统曲艺书目，开展了救济和管理流散曲艺职业艺人的办法和扫盲运动，通过培训学习的形式，贯彻落实社会主义文艺方针政策。七八十年代以来，文化部门恢复成立曲艺团，曲艺团体行政上属于自负盈亏的集体所有制的专业文艺团体，适度面向市场，业务上由地方文化馆领导。通过"曲艺会演"的形式，发掘、整理、改编传统曲目，鼓励创作现代书目，特别是中长篇书目的创作和改编，加强书目审核制度。文化管理部门在曲艺管理上，坚持传统书、新编历史故事书和现代书三者并举的编创原则，大量编说反映现代题材的书目。虽然组织化程度逐步弱化，但曲艺艺人在政府公共文化建设和文艺市场的双重需求中，重新获得地方曲艺发展的平衡。就目前太行山各县曲艺队而言，虽然仍存有"曲艺队"名称和政府扶持的下乡文化巡演市场，但其宣传作用已大不如前。从革命文艺、乡村文艺、民间文艺、社会主义文艺到"人民文艺"，太行山农民曲艺队、宣传队近80年的发展历程，让我们重新反思"人民文艺"的历史特征，积极关注文艺回应社会时代发展的重大问题。

第二章　行艺习俗与书词文本的表演

　　说书，也叫说唱，是一种民间口头表演的曲艺形式，历史久远，主要包括鼓书、弦书、琴书、道情、牌子曲等五大类。一般鼓书的表演形式是：艺人独自表演，一手打鼓板，一手操鼓槌，有的还会用双脚敲小鼓和拍小镲，伴着乐器节奏配合说唱，也有两人合作的表演唱。说书人是民间礼俗社会中重要的音乐艺人，也是仪式生活中主要的参与者，仪式性和艺术性是这类群体的重要特征，他们大都有清晰的师承关系，常年活跃在乡村，说唱是其主要的谋生手段。

　　说书人角色的历史演变是怎样呢？为什么会有如此多的盲说书艺人呢？音乐史学者讨论了先秦"瞽史""瞽矇""瞽师"的发展流变，指出早期盲人音乐活动和宫廷活动的内容，即：制乐、奏乐；宗教祭祀；口诵传史；受咨询、予规劝等。[1]也就是说历史上盲人主要从事宫廷音乐的编创，多为乐官，同时记录史实，执掌皇宫的宗教祭祀仪式，并且诵诗以规劝做人做事的道理。汉时刘向的《列女传·第一卷·母仪传》"周室三母"条，内容是："古者妇人妊子，寝不侧，坐不边，立不跸，不食邪味，割不正不食，席不正不坐，目不视于邪色，耳不听于淫声。夜则令瞽诵诗，道正事。如此则生子形容端正，才德必过人矣。"[2]刘向的"传"

---

　　① 刘向：《列女传》，刘晓东校点，辽宁教育出版社，1998，第14页。另见冯丽娜：《盲人说书的调查与研究》，中国文史出版社，2013，第13—48页。

　　② 刘向：《列女传》，刘晓东校点，辽宁教育出版社，1998，第4页。

是一部杂抄周秦以来旧闻的书。这篇叙述周室三母（太姜、太任、太姒）之一的太任在怀孕文王时谨守胎教的情形，特别注意的是，远在周初，已有瞽人向民间妇女"诵诗、道正事"的记录。瞽人们除吟诵有韵的诗篇外，还能讲一些妇德的故事给妇女听。可见盲人说书已经有上千年的历史了。①《国语·周语上》记载："使公卿至于列士献诗，瞽献曲，史献书，师箴，瞍赋，矇诵，百工谏，庶人传语，近臣尽规，亲戚补察，瞽、史教诲，耆、艾修之，而后王斟酌焉，是以事行而不悖。"②这里"瞽献曲""瞍赋""矇诵"这几种"献谏"方式，都是指盲人以歌颂生活补察王政，其内容多来自采风。《汉书·食货志》载："孟春三月，群居者将散，行人振木铎徇于路以采诗，献于太师，比其音律，以闻于天子，故曰王者不出户而知天下也！"③从采风到"上献"，历史上的盲艺人无疑发挥了重要的作用。

晋东南太行山的说书人，其艺术形式以鼓书、钢板书、弦子书为主。鼓书，又称"鼓儿词"，由宋金鼓子词衍变而成。演唱时由一人自击鼓、板、击节演唱，另有一至数人用三弦等乐器伴奏。由于流行区域不同，伴奏乐器、唱腔等也有所不同。关于鼓词的历史，郑振铎在《中国俗文学史》中指出："鼓词的来源亦始于变文，至宋变文之名消灭而鼓词以起。赵德麟《商调蝶恋花鼓子词》为最早的鼓词之祖。"④张鸿懿认为："鼓词源于明代，鼓词与宋代鼓子词不同，但与近代大鼓是同一类说唱形式。鼓词更侧重其文学唱本的称谓，大鼓则侧重其演唱形式的称谓。从其发展看，鼓词常指进入大城市之前的长篇大书形式，大鼓则常指进入大城市后发展成'摘唱'的形式。但自从有了大鼓的称谓以后，农村中仍以长篇大书形式存在的鼓词也称大鼓了。"⑤当然，也有人认为鼓书起源于农事秧歌，是古时秧歌和民歌发展而来的。不过综合来看，鼓书说

① 陈汝衡:《说书史话》,作家出版社,1958,第7—8页。

② 左丘明:《国语》,焦杰校点,辽宁教育出版社,1997,第2页。

③ 班固:《汉书》,谢秉洪注评,凤凰出版社,2011,第90页。

④ 郑振铎:《中国俗文学史》,上海书店出版社,1984,第384页。

⑤ 张鸿懿:《鼓词探源》,《中国音乐》1984年第1期。

唱的兴起应从说唱文学、表演艺术、讲述仪式等多方面考察，比如宝卷宣卷、佛经俗讲、神书仪式、地方特殊的社会历史等原因，都是促成各地说书盛行的重要文化因素。说书人群体通过一系列行业规矩、行业传说、祖师信仰等元素，激活了说唱艺术的历史内涵，也同时构建了书词文本内在的传承体系。

第一节　拜师学艺与说书人的习俗

　　说书人是一个以说唱谋生的、师承谱系非常清晰的艺人群体。在太行山区村庄里，说书人大都是男性盲艺人，为了谋生，多从事曲艺说唱，常常处于社会底层和边缘。说书人有时被尊称为"说书先生"，有时候叫"瞎子说书"，他们自称为"说书的"，其他乐器伴奏艺人被称为"弦师""琴师""弹弦的"，这里统称为"说书人"，既包括盲艺人，也包括明眼人。很多说书人由于家庭困苦，子女较多，生活拮据，父母将孩子送去学说书，为的是可以学到一门手艺，将来能维持生计。一般的说书艺人都是十岁左右就拜师学艺，随曲艺队师傅走村串巷，在长年的乡村鼓书市场中摸爬滚打，慢慢地成长为独挑大梁的角色，构成了一代代以曲艺为生的说书群体。

　　"三年投师，五年学艺。"艺人只有拜师标明自己的"师门"，日后才可以去社会上说书圈子里闯荡，依靠说书谋生。在说书艺人中，如果师出无门的话，同行同门师兄弟之间缺少互相帮衬，难以入行谋生，打开说书的市场。

　　拜师学艺，要经中人，立字据，学期为三年，第四年跟师傅再说一年书，没有工钱，第五年出师另立门户开始从艺；在立字据时要写学艺三年不挣工资，学徒期间，不准偷跑，不准中途不干，意外事故或一切事故与师傅无关。①旧时拜师一般都是请熟识的亲戚朋友介绍，师傅有意收徒，双方才约定吉日，举行收徒仪式，学徒父母、中间人到场见证，签字画押。拜师帖一式三份，本人、师傅和中间人各执一份。如以下拜师契约：

契 约②

　　拜×××为师，学徒×年，每年供师傅费用麦子×石，银子×两，炭×斤。在学艺期间投崖、跳井或其他伤亡事故与师无关，恐后无凭，立字为证。

父 ××× 押

师傅 ×× 押

徒弟 × 押

中间人 × 押

××年×月×日立

　　从拜师帖材料中可以看出曲艺行业内"尊师重道"的传统。首先，艺人拜师需敬祖师，旧时大鼓艺人收徒多供奉周庄王牌位，将弦子、鼓、醒木都摆在神桌之上。放弦子的同时，口中还要念一套词赞："丝与竹来乃八音，三皇治世他为尊。师旷留下十六个字，五音六律定君臣。位按那宫商角徵羽，后有文武弦两根。祖师留下文武艺，弟子学艺入了门。老祖留下为有宝，虽然应手又称心。四海朋友把弦供，如要有艺论古今。"与弦子一样，在供放鼓和醒木时，同样各有一套词赞儿。在把"字儿"（门生帖）写好后，当众给祖师爷磕头。新入门的徒弟跪地磕头，口念："盘古辟地与开天，伏羲始有八卦传。坎水离火坤为地，震雷巽风艮为山。兑泽中央戊巳土，八卦西北乾为天。白黑碧绿黄赤紫，行藏至引圣神仙。宝顶呈祥结瑞彩，香烟缭绕半空悬。庄王祖师上边坐，弟子进

　　① 柴粉香主编《沁水鼓儿词志》，内部资料，2010，第23页。

　　② 卫凌：《山西河津说书艺人的师承传统》，《交响——西安音乐学院学报（季刊）》2009年第2期。

香到面前。"①

按说书人的行规，一般请徒弟与引人、保师、代笔签字画押，保证拜师帖的有效性。据鼓书艺人张成聚回忆，1942年作为担保人，他给鼓词艺人白猫（艺名）介绍徒弟。拜师这一天，徒弟在家里置一桌酒席，把他和白猫请去，还请了一个写帖的。开席前，徒弟头顶大帖，双膝跪地。他以担保人的身份，接过帖子，当着白猫师傅和徒弟及其父母的面，把帖子上写的条件重申一遍后，师徒双方各留一份。然后徒弟给师傅磕头，师傅亲手将徒弟扶起，随手给徒弟几个磕头钱，就此正式建立师徒关系。②拜师仪式中的引、保、代三师多是与师傅平辈或关系特别亲近的艺人。③通过正式的拜师仪式，引人、保师、代笔一方面保证了徒弟行业身份的合法性，同时也增加了师傅授艺的权威性。一般讲，师傅如若不能履行带徒任务，会转由保师来代替，直到徒弟出师。从某种意义上看，引人与保师一方面对师徒关系的建立起到了监督作用；另一方面也规避了师徒制的风险，平衡双方权益关系。

还有一类拜师合同是口头协议，由中人介绍，师徒双方互相协调。孝义三弦书艺人宋长生回忆，1957年投师于介休三弦书艺人侯大英门下，双方约定教学半年，学费每月12元，按月付清。学艺期间，徒弟自带米面，吃住在师傅家，米面按1天1斤计，一月合30斤，由家人按月送到。④在曲艺行内流传一首赞辞："世人传艺兼传德，德艺二字难分割。有德无艺难糊口，有艺无德人笑责。德艺双馨成杰俊，江湖中人但难得。先师开创张口饭，徒辈传承留艺德。"⑤说书艺人群体很重视"艺德"的培养和传承。

说书艺人要规定字辈与门户。所谓"无宗不立，无师不传，无徒不承"，河南坠子艺人字辈继承了全真教的道号，每位艺人在入行后都有自

---

① 云游客：《江湖丛谈》（第一集），北平时亩报社，1936，第125页。

② 新野县文化局编《新野县曲艺志（第2稿）》，内部资料，1989，第205页。

③ 岳永逸：《空间、自我与社会——天桥街头艺人的生成与系谱》，中央编译出版社，2007，第60页。

④ 乔志亮：《三弦书名艺人宋长生学艺述略》，《曲艺》2015年第12期。

⑤ 炜熠：《有感而发话拜师》，《曲艺》2015年第5期。

己的艺名。这类艺名通常具有固定格式："本姓+本门字辈+后缀名"，如单田芳，家名传忠，由其师李庆海赐名"田芳"，"田"是门户辈分的排字，"芳"是后缀名。①字辈与门户的确立，使艺人与组织成员形成拟血缘关系的共同体，这种行业组织通过"师徒""同门"等关系维持，增强了群体内部凝聚力与认同感。

在行艺过程中，同辈艺人之间也会分享经验，建立行业内的人际关系。1951年，襄垣鼓书艺人王俊川在屯留说书，与潞城艺人李群则相识。由于王俊川年龄尚小，无法携带过多的行李，只带了一条被子。李群则拿出自己的一条毯子赠给他，并传授了行李打包的方法。②"河神庙学打背包"成为艺人之间友谊的起点。在此后很长时间里，双方有活就会搭班子。艺人学艺除了艰苦的训练外，还需要培养团队协作能力。这种能力在艺人口中称为"义"。它是说书艺人的行艺准则与处世原则，行艺搭班出于师恩和艺德，也源于说书圈艺人之间相互帮衬的"义"举。

说书艺人常年四处奔走行艺，很少有时间专门学习，所以，师徒往往在一起"搭班行艺"，边演边学，大多为师徒班社。一般一本书只传一个徒弟，徒弟们各有各的拿手好书。徒弟入门大都在师傅家里同吃住，如家人般照料师傅生活起居，也要懂得学艺规矩。旧时将师徒关系与"天地君亲"并列为五伦之一。武乡艺人说："学艺时，需伺候师傅。帮师母做家务，脏活、累活都要抢着干。吃饭时第一碗饭要先给师傅端上，然后再给师兄师姐端饭，最后才是自己的。师傅传授小书段，学不会，还要挨打。"③

襄垣鼓书国家级非遗传承人王俊川回忆师傅教他学说河南坠子。师傅崔进学，河南内黄县人，当时30多岁，1942年逃荒来到山西襄垣，以说河南坠子维持生活，后在襄垣崔家庄落户，曾任襄垣盲人曲艺宣传队

① 陈雪冰：《北方书曲艺人的拜师行为与职业资格——基于清末及民国相关资料的考察》，《常熟理工学院学报》2019年第3期。

② 王俊川：《曲艺生涯六十年——王俊川口述史》，内部资料，2011，第14~15页。

③ 访谈对象：霍秀堂，男，1961年生，武乡县韩北乡早洼坪人；访谈人：卫才华、陈宛妮、刘重麟；访谈时间：2019年8月15日上午；访谈地点：武乡县文化馆。

队长。崔师傅能拉能唱，技术全面，嗓音特别好，演唱板眼规整，唱腔圆润，宛转悠扬，道白声音洪亮，吐字清晰，韵味十足，特别擅长说连本长篇大书，群众称其艺名"火车头"。学艺的细节主要有：

学徒时，第一天师傅教了一个快板，第二天师傅便问："快板学的（得）①怎样了？"我告诉他："《选良种》这个快板不太顺口，还不很熟。我在家时学有一个。"师傅说："你说说看。"我给师傅说了一遍叫《增产节约》的快板。师傅听了后说："这个快板很好，但那个快板还得继续学习。如果上场大家听完，再请你说一个，你还能继续说。"接着师傅给了我一副简板，给我作了示范，让我练习。要领基本掌握，只是功夫不到，打的（得）时间长了，胳膊酸困。第三天，师傅看了看我练习简板的情况，对我说："今天晚上你就打着简板说一段快板。"

当天晚上，师傅们说书中间休息时，让我说快板。正式演出，那么多的观众在看，我心情十分紧张。打起简板时，心情反而平静下来。我放大嗓门，抑扬顿挫、有板有眼按快板的节奏把《增产节约》的快板一口气说完时，迎来了一阵热烈的掌声。我就把《选良种》又说了一遍。这是我第一次登台演出，是我迈向曲艺舞台的第一步。60年过去了，当时的情景至今记忆犹新。

当晚师傅都夸我快板说的（得）不错，给我讲起了河南坠子的来历：河南坠子的前身是流行于河南的道情和"莺歌柳"两种艺术形式。从清代末年开始，这两个曲种的艺人逐渐合流，在音乐和唱腔方面互相吸收融合。特别是莺歌柳的伴奏乐器小鼓、三弦被改制成坠胡，改弹拨乐器为弓弦乐器后，伴奏的旋律发生了根本性的变化，唱腔音乐发生了重大改革。"溜腔"的使用，就是咱们起腔前的哼弦，就是河南坠子形成的标志。

坠子形成以后，吸引了不少三弦书和山东大鼓艺人参加进来，使河南坠子增加了大量的曲目，迅速流传到邻近的山东、安徽。民

---

① 口述史资料按照原文格式摘录，部分字词的正确用法作标注。

国初年传入北京，后来越传越广。师傅语重心长地对我说："孩子，河南坠子已由我们几个传入襄垣。在城南乡已深受群众欢迎。西北乡现在虽然还不太爱听，但慢慢也会习惯的。我希望你一定要好好学习河南坠子，把河南坠子这种优美的艺术形式在襄垣普及。"听了师傅的话，我开始热爱河南坠子了。

河南坠子演唱之前，不像咱们襄垣鼓书一样要用打击乐闹台，而是用坠胡演奏一段"闹台曲"，该曲节奏热烈火爆，能起到吸引观众的作用。河南坠子的乐器不多，演唱时一人打简板说唱，一人拉坠胡伴奏就行。除了简板和坠胡之外，还有一个醒木，供演唱到情节紧张时拍打，还有一个脚打的梆子，拉琴者就可兼顾踩打。如有三人，可以弹拨一个三弦。

师傅看我会打简板之后，就开始教我唱腔。河南坠子的唱腔也不像襄垣鼓书的复杂。基本上可以归纳为起腔、平腔、送腔、尾腔四部分。师傅一有空就叫我学唱。学会一种，就再教一种。唱腔学会之后，师傅根据唱词中不同句式的格律，如三字崩、五字嵌、七字韵、巧十字、拙十字、寒韵、滚口白等，教我如何运用唱腔，如何根据节奏和旋律的变异，表现不同的感情。

一天，师傅拉起坠胡，让我把这个小段练习着说了一遍。师傅听完后说："你唱的韵调对，唱词也记得准，这都很好。但道白和唱词中的字音都不是河南口音，没有河南韵味，让人听了感觉不像河南坠子。从今天开始，你必须学说河南话。说话，一律使用河南腔调。"经过半年多的努力，我基本上掌握了说唱坠子书的技巧。每逢开正本之前，配合中心工作的新书都由我来说。崔老师又给我传授了《卖油郎独占花魁》《西厢记》《春香盼夫》等几个传统坠子书。

过了一段，师傅见我坠子书说的（得）合格了，就让我学拉弦。他说："光会说唱，不会伴奏，只是一个'半把刀'。学会拉坠胡，才算一个全把式。"他拿起坠胡向我介绍起来："坠胡是由小三弦改制成的。河南人叫它坠琴、坠子。相传在前清康熙年间，皇帝御旨，撤掉戏班。艺人们只有流落到民间卖艺。有一天，一个艺人的小三弦被老鼠咬坏了蒙皮，可马上就要演出了，情急之间，这位艺人就用薄薄的桐木板代替，又把胡琴的弓夹在两根弦中间拉奏。这样，一个既可演奏乐曲，又能近似人声的乐器就诞生了，这就是坠胡。这种乐器既能合奏又能独奏，它的音域宽，声音也柔和，音量也大。它还能模仿人声、唱歌、讲话、鸟兽的叫声。河南坠子、山东琴书、吕剧都用它作主要伴奏乐器。"

　　他还拉着我的手摸着坠胡的各个部位，向我介绍说："坠胡由琴杆、琴轴、琴筒、琴弓、琴弦、琴马几个部分组成。下边这个圆筒叫琴筒，一般由硬木、红木、黄杨木制作，前口蒙的是蛇皮，后口有镂空的边框。圆筒上安的这根长杆叫琴杆，样子和三弦差不多，只是短一点，约有三尺，也是指板。上边张着一粗一细两根丝弦，粗的叫母弦，细的叫子弦。两弦架在琴马上。这个张着马尾的竹弓就是琴弓，弓在弦内拉动，就能发声。琴杆上边安的这两个是琴轴，管弦的松紧，定弦就用它。"让我认识坠胡之后，师傅告诉我："不管世上哪一首美妙动听的曲调，都是有十个音节构成的。这十个音节是：合、四、一、上、尺、工、凡、六、五、乙。"说着拉着坠胡告诉我那（哪）个字在那（哪）个部位，并拉一下，让我听听这个音节的高低。然后他教了我一段曲谱，让我先把曲谱背熟，再用坠胡学着拉。学会一段，再教一段。坠胡的琴杆比较长，音节高低变化较大时，需要倒把，比较难学，师傅就把他的诀窍教给我。并说："熟能生巧。只有多练，才能掌握技巧。"经过练习，坠子书的曲谱全部背熟，也基本能拉下来了，但在起承转合、强弱快慢上还掌握的（得）不够。

　　师傅告诉我，拉坠胡要讲究力度控制。由于坠胡的弦绷的（得）非常紧，如掌握不好力度，在柔性方面很难表达。要想使二弦的发音达到柔润、甜美，除了运用吟弦、压弦、滑弦、揉弦等技法外，还必须注意指和弓的力度配合。按弦要保持一定指力，手腕不能僵硬，按弦要紧中带松，松紧自如，运指运弓要紧密配合。坠胡的弓毛长而粗，需要用按力、腕力，运弓的力度要控制得当，只有把弓和指力的力度配合好，坠胡才能拉出好的音色。我慢慢有了一些体会：弦如果按的（得）轻了，发音就有漂浮无肉的感觉，按的（得）

太重了，发出来的声音又是急促而嚓嚓的颤抖声。①

通过王俊川学习河南坠子书的回忆细节可以发现，学徒大都从简单的快板学起，掌握节奏感和现场表演能力，有了第一次舞台演出经验后，师傅传授河南坠子的来龙去脉，便于整体上了解其艺术特点。熟悉打简板后就开始学唱腔，然后进一步根据唱词的句式格律表现情感。当表演韵调和唱词精准后，尤其注意河南方言在坠子腔调上的重要性。随后开始学一些大本书，如《卖油郎独占花魁》《西厢记》《春香盼夫》等传统坠子书。仅会说唱，不会伴奏，说书只是一个"半把刀"。学会拉坠胡，才算一个全把式。熟练掌握乐器"坠胡"才是坠子书的核心技艺特别是力度控制、指弓配合等方面。从学艺细节看，说书艺人是在乐器、唱腔、书词、舞台演出、情感表达之间反复锤炼，并通过长期表演实践而逐步成长的。

从调查来看，说书人男女徒弟都会传授，一般学习时间为三年，三年之内挣的报酬要交给师傅。第一年挣的钱叫谢师。最后要有出师仪式，出师后要给老师买礼物表示感谢，意味着未来可以独立靠说书谋生。说书人有"三年投师，五年学艺"的规矩，师傅一般在三年内只传授一些基础性的手艺，等到第四年、第五年才会教一些拿手的本领，比如大本头书目、说神书等。师傅主要担心徒弟忘恩负义，不服管教。另外同行之间也有竞争，民间常言道"教会徒弟，饿死师傅"。徒弟独立门户，师傅一方面会流失一个多年合作的好搭档；另一方面从经济上讲，每场演出有一部分收入是从徒弟报酬中抽取的，因此徒弟的离开意味着师傅的演出收入也会有损失，所以有时也会有意拖延出师时间。没出师的徒弟跟着师傅学艺，不挣工资；出了师的徒弟，师傅拿一半收入，两个徒弟分一半，音乐伴奏的乐师收入平半分。外出表演一般是按人数分成几份，师傅统筹分配，按照徒弟们把式的好坏打分，进行报酬分配。

师徒之间的关系，无论将来徒弟名声成就有多大，师傅的角色和辈分是说书圈里的"谱系"身份，这是老辈子传下的规矩。断绝师徒关系，

---

① 王俊川:《曲艺生涯六十年——王俊川口述史》,内部资料,2011,第12页。

逐出师门，是对艺人严重的惩罚，意味着对说书人人品、艺品的怀疑。沁水鼓儿词艺人田巴旦的大徒弟赵高升，有一次被人请去说书，在路上他骑着毛驴，头戴礼帽，身穿大布衫，戴着眼镜，挎着水烟袋。路上正好让师傅田巴旦碰上，当时师傅就训斥赵高升说："你是榜元吗？我这里都没有你这副样，以后不许这样，要不就断绝师徒关系。"赵高升连赔不是，以后出去说书再也不敢如此趾高气扬的模样了。①

晋东南太行山一带说书人学艺，首先学的书帽是《猛虎学艺》，教育徒弟为人谦虚，勤奋学习，不能忘恩负义。

猛虎学艺

人要熬，井要淘。小树阔砍成材料，井淘三遍吃甜水，人授教导武艺高。深山猛虎来学艺，胆大狸猫把虎教。穿山过林都教会，猛虎回头吃狸猫。狸猫一见心害怕，急急忙忙爬树上。猛虎跪到溜平地，口称师傅听我表。穿山过林都教会，为何不教爬树梢。狸猫一见心恼恨，骂声猛虎太可笑。没有上杆搬梯子，没有过河拆断桥。要教教个真君子，忘恩负义我不教。我要把上树教给你，你要把世上狸猫吃断了。说了个猛虎归山走，狸猫下树朝回跑。②

高平、阳城、沁水、陵川、泽州等地的艺人学徒时都是如此，教育徒弟先树立良好的艺德。首先是天地君亲师的道德伦理，其次是为人处世要谦逊。说书人"出门三辈小，以善为本"，到了陌生地方，逢人要尊称哥嫂。有的名艺人还得主家亲自去请，被官府轿子请去说书，甚至有"说过三年书，不想坐知府"的说法；另一方面，说书人地位低下，学艺历程非常艰苦，有时候收入高，有时候半年也出不了活，因此经常处于颠沛流离的不稳定状态，所以说书人用"一半甜一半苦"来戏谑自己的行当。

说书人必须要注重仪表，讲究个人形象。因为出去表演，终究还是

① 柴粉香主编《沁水鼓儿词志》，内部资料，2010，第22页。

② 秦瑞苗：《朱弦鼓简上的歌》，北岳文艺出版社，2011，第20页。

艺人，要保持最佳的表演状态，赢得好感。所以举止要端庄大方，穿衣打扮要干净利落，避免给主家留下差印象。表演时要入戏，盲艺人不仅要通过曲折生动的故事情节吸引观众，还要用丰富的表情、神态、动作引起观众注意。

鼓书的学习主要靠口耳相传，很多盲艺人学艺主要是靠背记。背唱词、背曲调，师傅教一句背一句，教一段背一段。刚开始学乐器和一些简单书帽，然后再学正本书。一些简单的书帽，如"一女贤良是孟姜，二老爷担山赶太阳，三人哭活紫荆树，四马投唐小亲王，五虎上将刘关张，六书请出诸葛亮，七郎哭死芭蕉树，八郎探母回雁门，九里山上活埋母，十面埋伏楚霸王，十一长枪花关索，十二征西杨满堂"，等等。这些小书帽主要是培养说书人的语言组织能力。学书的要领是书的内容要吃透，从头至尾看一遍，牢记内容情节，然后组织语言，大多时候是即兴发挥，所以同一个本子不同情境讲唱，艺术效果也会不同，主要取决于说书人的说唱风格。说书有时候要凭倒叙来回忆内容，以便记忆。"先紧后松越说越不中；先松后紧越说越好听"，意思是同样一个本子，情节安排要恰到好处，内容要先铺垫，慢慢转入情节冲突，才能引人入胜。俗话说"说书唱戏能加能去，关键时刻必须注意"。晋城鼓书艺人张守瑜曾搜集到一部旧书，叫《丝罗带》，也称作《龙关宝女大王大闹贤观镇》，大致内容和《五女兴唐传》类似。当时他在阳城鼓书队召集了12个人，把书目改编成大本头书目，再加入舞蹈、动作等元素，获得观众好评。为了平衡各县曲艺队的下乡演出市场，政府文化管理部门负责发演出证，各曲艺队凭证演出，每年向上级部门交纳一定的管理费。

俗话说"九冬十八夏，才能和木头说了话"[1]，说书人只有经过长时间的摸索练习，才能成为乐师当中的好把式。登台表演时，刚开始是和师傅临时搭戏，主要负责乐器伴奏，说些简单的"垫话"，演个"小书帽"，慢慢登台表演机会多了，需要背记的内容就增多了。刚开始一般会出演"大本"的书目。初次上场如果紧张忘词，师傅会及时接上唱词，观众是很难听出状况的，只有师徒间的长期磨合，才会有这种默契。在

---

[1] 木头指的是三弦、简板等乐器。

正式表演时，说书艺人要和乐师配合好，不能突出自己，还要给观众把道白内容交代清楚，不能"连吃带咽"等等。①说书的时候还要注意现场的发挥，不能只凭着书本的内容来表演。盲艺人讲究要把握现场情况，要仔细观察现场的观众是哪类型群体多一点，比如儿童多就多讲笑话；妇女多就多说媳妇孝顺；老人多就多说一些历史典故；小伙子们就要多说才子佳人书词。

由于说书艺人常年四处奔走行艺，生活比较困苦而又不能挤出时间专门教习，所以，带徒学艺和实际演出往往合二为一，师徒共同"搭班行艺"。也有的徒弟出师后还留在师傅的班社里，继续学习。师傅收徒后，先教几个小书段，让徒弟背会记诵，随时可上台演出。徒弟实际锻炼一两年以后，就具备和师傅对书的表演能力了。在没有本子的情况下，师傅可以随机考察。鼓书队一般由三到五人配合着进行表演，领队的师傅统领整个鼓书表演，手拿简板和鼓槌，这是鼓书表演的核心乐器。

卫凌在调研河津说书人的师承传统时总结出做人、做艺、行艺的要素：

> 师傅如果只传授书目和腔调，不传授风格、经验、知识、体会等和说书有关的内容，那就等于说的是"死书"，和背书一样，很难体现出"师傅"的表演风格、艺术特点。徒弟如果掌握不了间接传承的内容，实际上就没有学会说书，成不了一名好的说书艺人。直接师承的内容容易，只要用心苦练，很快就可以掌握。而掌握间接传承的内容就比较困难了，怎样能从"会"到"精"再到"巧"，除了本身的灵气外，还需要狠下一番功夫。同时，也需要得到师傅的"真传"才可以。
>
> 做人。说书艺人很重视"艺德"的培养和传承。"艺"与"德"是相辅相成的，没有"德"的人是做不了艺人的。首先，艺人要品行端正，作风正派，尊敬老艺人。河津说书的艺人一直保持着非常

---

① 卫凌：《山西河津说书艺人的师承传统》，《交响——西安音乐学院学报（季刊）》2009年第2期。

好的传统，说书所挣得的报酬，要抽出一部分交给"三皇庙"，用于赡养年老的艺人。如果师傅的徒弟非常多，师傅年纪大不能说的时候，徒弟会一起给师傅养老。

做艺。艺人们说，在台上说书，不能光追求金钱利益而践踏艺术，要尊重观众，对观众负责，用心去说，否则就损害了这门艺术。追求"句句字正腔圆，形韵得体"。要有好的台风，坐有坐相，这才是一个合格的说书人的形象。

行艺。师傅会重点传授自己的表演经验、演出技巧。杨赵管先生集三位师傅的技艺于一身，说、唱、吹、打、拉样样精通。他能熟记近百个中、长篇书目和说唱小段，把每个唱本中的唱词、白语、乐点全部装在心里，还可扮演各个行当的角色。在说书过程中，徒弟与他同台演出，他会把自己的说书技术发挥得淋漓尽致，徒弟全凭耳朵听辨，提高演出技巧，积累演出经验。[1]

要成为优秀的说书人，需要靠长期的积累摸索，苦练说功、唱功和做功，日后才能靠艺谋生。泽州四弦书有一首《西江月》说道："百般生意好做，唯有说书难习。渔鼓简板非容易，千言万语须记，一要声音洪亮，二要头坐相宜。装文装武我自己，一人一台大戏。"[2]说书的两个关键之处，一是声音要清亮，二是坐唱要有型，要会表现多种人物角色。

泽州四弦书的说功要求艺人做到吐字清晰、快慢有致、男女有别、高低自如。唱功要委婉缠绵、韵味浓郁、抑扬顿挫、切合节拍。小钹的演奏是四弦书独具特色的乐器，剧情发展或情绪激烈时，快速颤动腿板、猛击小钹，渲染书场紧张气氛，增强演出效果。书的收场一般在剧情发展的关键时刻，给听众留下悬念。[3]

泽州鼓书艺人王同生最初学说唱时，师傅会一句一句教，先从小段

---

① 卫凌:《山西河津说书艺人的师承传统》,《交响——西安音乐学院学报(季刊)》2009年第2期。

② 史小军主编《泽州曲艺》,内部资料,2007,第21页。

③ 史小军主编《泽州曲艺》,内部资料,2007,第15页。

开始学起，之后开始学正本，学习时主要以四弦书为主，同时也说鼓书，但相对来说鼓书比较少。鼓书和四弦书是有区别的，鼓书依靠打简板说书，节奏方面比较快，而四弦书是打腿板，乐器方面是胡胡、三弦、二把。比较有名的四弦书书目是《吕蒙正讨饭》《三洪传》《宝莲传》《还魂传》《贤良记》等等，王同生当时学艺时，说的第一部书就是《吕蒙正讨饭》。

《阳城曲艺志》中将鼓书的表演技法分为说功、唱功、做功三种。说唱艺人讲究说功，特别是干板鼓儿词更有"千斤说白四两唱"之说，加入三弦伴奏后说白尤为重要。鼓词是讲究说白的，每到中心段、过渡段和开场白，说唱要求节奏鲜明，字清句明，交代故事情节的转折和中心人物、事件，全凭一副好口功。俗语道"说书的嘴，唱戏的腿。看戏看穿戴，听书听交代。走马观大花，坐下听说书""说字不清好比软刀子伤人，交代不明是拜师没学成""七分道白三分唱""讲说代言两分明，出进人物一瞬间""苦练吐字缓急硬功，说的能比唱的好听"，这些艺术经验表明，说书艺人的说功和人物情节的交代很关键。

说功主要是配合唱本，交代故事情节、塑造人物角色，推进情节发展，主要有以下几种：（1）"韵白"是指合辙押韵的道白，说唱声调抑扬顿挫，节奏性强，且语气沉稳缓慢，多用于开书前的提纲或书中诗词的吟诵，也有在处理人物的对话，独白，交代主要事件的启承时运用。（2）"散白"是指说唱时交代叙述情节内容，推进内容发展。描述书词中的角色和模拟人物语言的白口。说时要字正音圆、口齿清楚，情真意切，交代明了，语气上要抑扬顿挫，节奏鲜明。（3）"衬白"是表演时以艺人的口吻对故事中某一情节进行解释或旁征博引评论性的说白。说时直接与观众交流，语调平缓而亲切。（4）"滚白"又称"滚口"，似半唱半说，节奏自由，还有一种是每说一句，击鼓数下。如鼓儿词场白中的一段滚口道：人常说酒能穿肠过骨，色是刮骨钢刀，财能损人害己，气嘛——是惹祸根苗，刚才说到……（5）"贯口"也叫"串口""顺口溜"，语言节奏性强。说时由慢到快，由弱渐强，由低到高，合辙押韵，说到高潮处，字字似连珠，一气呵成贯穿到底，起到渲染书情的作用，是吸引观众和调动观众情绪的重要艺术手段。（6）"变口"又叫"倒口"。根据鼓书讲唱的情节需要，说表时采用各种方言，模拟人物形象，来表示其身份、籍贯，河南人说河南腔，本地人说本地腔，运用变口可以使说唱活泼自然、趣味盎然，最能体现说书人的说唱风格。（7）"二话"是说唱故事中的插话，起衔接故事情节，推进故事发展和插科打诨的作用，带有很大的趣味性。如鼓儿词《拜寿》中王二的一段话："听说二老爷做寿"。（插话）"咋？二老爷吃揍？"王二说："别打岔，叫里面听见叫你好受。"（插话）"对、对、对，吃肉、吃肉，做寿哪能不吃肉。"王二说："不管是做寿，还是吃肉。咱先进去串串门。"这种表现手段在阳城各曲种、各场合的说唱中，均从故事情节需要，按人物的性格，说书艺人随口而生。（8）"开相"是指说长篇鼓书的艺人，对书中的男女老少、文武丑俊等人物，均有生动形象又朗朗上口的一段白描。公子落魄遇难，小姐花园赏月等情节也创作了一整套的赞、赋。将"战马""兵刃""头带""身穿""足蹬""手提"高度概括，一气呵成，不但口齿利落且愈说愈快，说起来节奏感很强。

唱功是说书人基础的艺术功底，主要考验艺人的嗓子和韵味。讲究字正腔圆，出声归韵、落音自如。行腔字断音不断，高而不竭、低而不咽、急而不喘、慢而不断、快而不乱，虎音响、炸音爆、重音实、轻音俏等。巧妙利用本腔、润腔、卧嗓、假嗓和炸音来表达人物的性格；运用慢唱、紧唱、哭唱、巧唱和脆唱等唱法来表达人物动态，以至更好地为书词的情节内容服务。有以下几种：（1）"本腔"也就是说艺人表演时的"真嗓子"，是表演者依本人嗓音高低自然发声的唱法。其特点是韵味醇厚，朴实无华，是演唱艺人的基本唱法。（2）"假嗓"是一种演唱技法，主要是丹田气经喉腔，控制气息，喉腔缩小，声带微闭，喉腔、鼻腔、头腔产生共鸣所发出的声音。其音色清脆甜润，俏丽乖巧。男说唱艺人演唱女角或特殊角色时惯用假嗓。（3）"炸音"指发音开口型，演唱时气息控制用真嗓和假嗓结合的方法。炸音洪亮、高亢，多用于恐吓、受惊、气恼、激奋（愤）的感情，一般说唱勇猛刚健，莽撞粗野之人物贯（惯）用此音。（4）"卧嗓"是指运气、发音、口型同真嗓，多为男艺人所用，大部分流散盲艺人贯（惯）用卧嗓，发出的声音低沉沙哑，沉闷浑厚，柔中见刚。（5）"慢唱"是曲目开始和叙事抒情时多用慢唱，演唱时一字一句、一板一眼、节奏缓慢、旋律性强，也有在人物心情哀痛、自叹自悲时采用慢调唱。如常月季演唱的鼓书《梁祝姻缘》的［二板］"黄叶不落青叶落，白头人送黑头人，只说是养儿能防老，谁知道竹篮打水一场空"等唱腔。（6）"紧唱"演唱时要求节奏要快，拖音要短，强弱分明，表现激越豪放、高昂粗犷的情绪或刀光剑影、金戈铁马的战斗场景或用于落腔时的［紧板］。如何成福演唱的阳城鼓儿词《呼延庆打擂》中的［紧板］"上山虎遇见下山虎，出水龙遇见入水龙。猛虎遇见金钱豹，好汉遇上真英雄"等。（7）"哭腔"是指在唱腔中揉进哭泣声。拖音长，哭声浓。大口大腔，音沉字重。有时也用鼻音加颤音。鼓儿词中的［哭板］就是自悲自叹，沉痛哀怨时的专用曲。阳城鼓书中的［反调］和阳城道情的［皂调］揉进哭泣声，亦可表达悲哀情绪。（8）关于巧唱和脆唱。全凭演艺人的天赋与功力。巧唱衬字多，嘴头利，吐字俏，闪板多。脆唱吞吐清脆，清爽流畅，旋律悠扬，多表现欢乐情绪。

　　做功是曲艺人用来配合说唱的表演手段，主要以"手、眼、身、步"和心神意念的结合，来辅助书词的讲唱达到艺术地传情之意。演员通过手势指示空间方位，远近高低，比拟事物形状的大小，形容书中人物形体，性格和情绪，比如拱手、晃手、翻手、单划手、双划手、小云手、掐指、弹指、英雄指、引路指、立掌、倒掌、推山掌等"手势"的基本套路。"眼势"是指表演中眼神的运用，讲究"神到意到"，运用眼神的变化达到替心说话的目的，塑造形形色色的人物，描绘千姿百态的场景，制造不同的环境气氛。喜、怒、哀、乐、惊、吓、愣、呆、凝视、期盼等眼神的运用，是曲艺艺人传情达意的重要手段。喜眼是：眉随目动，眉梢上挑，嘴角微翘。哀眼是：眼帘下垂，散光乏神、嘴角俏缩、惊吓愣呆，凝视、期盼。除运用不同的眼法外，在不同的场合或不同的人物中，还采用对眼来表示其感情。"身段"是由曲艺艺人多年在实践运用中创作出来的带有模拟性的套路。主要身段有：弯弓射箭、斧劈刀砍、稳鞍上马、泰山压顶、海底捞月、回头望月、风摆荷叶、金鸡独立、仙人指路、童子拜月、霸王举鼎、二郎担山、老君封门、苏秦背剑等套路和抖袖、捋须、梳妆、净鬓、上楼、下楼、走路、让座等不同人物的不同套路。[1]

俗话说"三四人能说俩月书，五六人难演一台戏"，"戏台上演人间沧桑需要演员一大堆，书场里说人情世故只用艺人嘴一张"。[2]这些俗语概括了说书艺人"说唱"的艺术特点。四弦书艺人陈栓发，泽州县高都镇大兴村人，1952年出生。1974年经舅舅介绍，跟着泽州曲艺队老艺人袁小迷学艺，先学小书帽，之后学大本头书目，正式说的第一部书是《三洪传》[3]。他认为学艺时最难学的是拉丝弦。因为四弦书的音乐讲究分角色合韵，老生是老生的韵，公子是公子的韵，小姐是小姐的韵，丫鬟是丫鬟的韵，所以比较难。当时最怕的就是上台表演，一上舞台他就心慌，内心紧张又不敢向师傅说明。当然，一般情况下，师傅也不教这么细致，比如说如何适应舞台表演，主要就是在实践中锻炼。在徒弟们内部流传着这样一句话："访师不如访友，访友不如访自己"，说的就是艺人自己要勤奋练习，主动学习。

高平鼓书盲艺人李治明回忆刚开始学习鼓书时，最难的就是记书词。师傅传授背书时不要多记，记住三五十句，晚上睡觉前不要出声，默背十遍，第二天就可以回忆起来。刚学艺的时候演出会忘词，表演场上老师会即兴接词，避免尴尬。他记得学习二胡的时候，每天早晨五点就起

① 李呆庆：《阳城县曲艺志》（手写稿），内部资料，1985。资料按原文格式摘录，个别字词的正确用法作了标注。另可参见《中国曲艺志·山西卷》中"表演技巧"一节，中国ISBN中心，2011，第458—460页。

② 赵喜胜编《陵川曲艺志》，内部资料，2003，第196页。

③ 因为剧目中三个主人公的名字都带"洪"，因此取名为《三洪传》。

床开始练习，把冻僵了的手指练得发热才能学成技艺。^①学艺艰辛，需要在实践中反复锤炼，才能成为优秀的说唱艺人。陵川钢板书艺人侯松锁自编鼓书《学艺难》，概括了鼓书学艺的要诀与盲艺人的苦难。

> 日从东升落西方，万物靠它来生长。
> 万物之灵数人能，人生价值不一样。
> 人间的奇迹人创造，人间的苦难人担当。
> 身残就要减才能，特残生命难保障。
> 全盲不能自求生，爹娘看见也失望。
> 投师学艺选生路，勤学苦练早晚忙。（送板）
>
> 一难学鼓板节奏不一样，二难学打鼓手摇青铜钢。
> 三难学说唱分清上下韵，四难学喜怒哀乐表情上。
> 五难学字清板稳普通语，六难学表白交代要清亮。
> 七难学装文装武剧中人，八难学腹喉口音韵调腔。
> 九难学男女角色言形象，十难学大街说唱口难张。（送板）
>
> 十难学左右犯思想，韵调腔十字路口来站岗。
> 往北走难学北方十八调，往南行难学南方九大腔。
> 往东走难学四大韵来八小韵，往西走难学投师访友成内行。
> 东西南北无出路，把我困在正中央。
> 上天无路入地无门，我的生命谁保障。
> 怕死无路也得死，就这样死了太窝囊。
> 想起老师对我讲，苦难面前促自强。
> 死在眼前还怕什么，临死我也要干一场。
> 敢字当头有胆量，有了决心和自强。
> 走东屋来到西房，家人小姐进厨房。

---

① 访谈对象：李治明，男，1964年生，高平市河西镇常乐村人；访谈人：张小丁、郑月、苗贤君；访谈时间：2014年12月29日上午；访谈地点：高平市河西镇李治明家中。

学会了四大韵来八小韵，实践访友成内行。

四围困换来四条路，十难学换来八方受赞扬。

又学会征东征西和小八义，也学会走南闯北忠良将。

手打鼓板口说唱，十人听了九夸奖。（送板）

鼓书虽然成内行，配比音乐是外行。

常言道七分音乐三分唱，音乐领路能包腔。

又学习琵琶三弦弹拨乐，苦练吹拉早晚忙。

又学会各种打击乐，拉打说唱都在了行。（送板）

去演出拉打说唱都要应用，还得请内行来帮忙。

想一想求人不如求自己，想法一人来担当。

四肢苦练心里想，练会一桩再练一桩。

能操作脚打铜器鼓板梆，双手伴奏口说唱。

会中取巧靠熟练，时刻钻研信心强。

艺术求精无昼夜，才换来演出场上受赞扬。

江湖路上人来往，不称师傅称内行。

顾客按号接送忙，爹娘看见也舒畅。

传承学生和学徒，师德教方情难忘。

好不容易听一声，苦练创新是方向。

自己的命运靠自己，千锤百炼能成钢。

这就叫学艺难的一小段，听书再把整本讲。

总体看，学习说书要掌握一些表演技能，如：鼓板敲击的节奏感，钢板和鼓板的相互配合，唱腔的上下韵和四大韵八小韵、喜怒哀乐的表情、惟妙惟肖的文武扮相和男女角色，唱白交代清晰响亮，鼓板稳重吐字清晰，等等，"投师访友成内行"，当然还要保持"常学常新"和"转益多师"的心态。

上台演出还得看艺人嗓子的天生条件，优秀的说书艺人必须得唱、记、乐器俱佳才行。

一般鼓书表演开始时都要先敲三声鼓，提醒演出要开始了。俗话说"说书不说书，先敲三声鼓，一敬天二敬地三敬人。"高平喜迁新居、祝寿，或者庙会说书时的开场白是："香在炉中，花在瓶中，敬在坛中。打打鼓板敬天地，拉拉丝弦敬三皇。"说书演出上还有一些行业规矩。首先是说书人的乐器不能随意乱动，这是艺人吃饭谋生的本事，特别忌讳陌生人随意摆弄。鼓书艺人忌讳别人随意摆弄自己的乐器家伙，如简板、惊堂木、腿板等，担心影响表演，尤其是在给乐器定音时，场上定音要快速准确，不能拖拉。一方面是艺人对自己弹奏技艺的娴熟和自信，另一方面也是提醒盲艺人在台下要勤学苦练，熟悉技艺，不能在台上出丑。

盲艺人忌讳饭后将碗筷叠摆在一起，谐音是指"摞了饭碗了"，担心书场生意。还有一些讲究，如太阳不出来不能说"梦""桥""羊"；过路时不能说"没路""过不去"。对盲艺人来说，对"瞎子"一词极其敏感，这些行业禁忌语，是说书人心知肚明的规矩。在给主家说书时，也有讲究。"打人不打脸，揭人不揭短"，家户说书时要了解这个家庭的状况。比如，某家户有媳妇不孝顺，就不能说关于这个话题的内容，以免对号入座，造成误会。在乡村进行说书表演时，通常由曲艺队内年龄偏小的健全人给盲人领路，盲人们一个肩膀搭一个肩膀，排成一列走。遇到陡坡时，肩膀有意地抬高或降低，表示要上坡或下坡。再比如上下台阶时，在不方便说话的情况下，先在台阶处停顿一下，然后再上或者下台阶，这样盲艺人心里就会有预判，知道该上还是该下台阶了。如果你不顾及这个细节，直接上或者直接下，盲艺人就很容易摔倒。说书艺人在演出时有很多尴尬的事情。在调查采访时了解到，有艺人害怕的是"冒调"，唱词忘了可以编，弦断了可以通过唱词来过渡，留下时间弦师可以接弦续弦，而冒调则是调门、唱腔和伴奏不合拍，也就是常说的调门过高或过低，这种情况就意味着表演失败了。还有的担心说书时没有听众或者忘词，一般来讲，出现忘词的情况时，可以临时用说书的套语，比如用"说的是……"这样的词语过渡来恢复记忆，再把词给续上。说书人下乡演出时，也有遇到闹事故意捣乱的人，有些喝醉酒的年轻人不许收场，一直让加书，就会产生矛盾，一般会通过村干部解决。有的艺人在说书时，最怕的是别人去踢台，"看戏看穿戴，听书听交代"，这是观察一个艺人说书水平的行业语，一听交代就知道这个艺人对书本的熟悉程度。所以为了避免别人踢台的情况发生，他们对于没有本子的书目不唱，别人口传的也不唱，只唱有本子的。本子就是指有文字记录的鼓书抄本或刻本。因为观众都很熟悉这些唱词，一旦唱错听众马上就能发现，直接影响艺人的声誉甚至市场。

此外，在晋东南泽州、阳城、沁水的盲说书艺人中，仍然流传着一种叫"徽宗语"的特殊用语，主要受河南鼓书说唱艺人的讲唱影响，有的也把它称为"黑话""行话"，明眼说书人大都不懂这种特殊的"江湖"言语。唐宋金元时期，皇帝和都城都同太行山古上党地区有着密切的关系，唐玄宗李隆基曾做过潞州别驾，现在当地还有戏神庙供奉李隆基，俗话讲唱戏的供的是高郎爷，说书的供的妙庄王。盲艺人群体内部使用的特殊语言，叫"徽宗语"。关于徽宗语的产生，一种说法是，传说宋徽宗赵佶生活放荡不羁，常在宫中与宫女打情骂俏，说荤话，多用隐语，形成徽宗语。还有一种说法认为"徽钦二帝被俘，岳飞受害被囚，金人入侵……人民群众联络，街谈巷议，当着敌人的面，皆用此语"。徽宗语流传于中原地区，即河南、河北、山东、陕西、苏北、皖北等地区，特别是河南古怀庆府一带，回汉民族交融地区，懂"茶言"的人比比皆是。淮河两岸的回民，大都会讲这种隐语，他们把这种隐语叫作"塞挖子"，认为这是回民特有的语言。音韵学将此种语言现象称为"反切语"，赵元任在《反切语八种》曾指出这种"mai-ga"式反切语解读具体在徽宗语中，将"一"，说成"也基"，将"九"说成"爷九"等。①河南一带的说书人大都会讲这种徽宗语，与之相邻的晋城阳城、泽州一带的鼓书艺人经常到河南往来演出，于是自然而然地将这种特殊的行业隐语带到了晋东南地区。

据泽州四弦书传承人马莉讲，关于"徽宗语"的来源，一种说法是，宋金对峙时，徽宗被困，派秘密组织送机密情报时产生了徽宗语。另一种说法是，孔三传创造了徽宗语。宋徽宗时，土生土长的泽州县说书艺人孔三传，国难当头，去东京汴梁送信，产生了徽宗语。马莉认为徽宗

---

① 张天堡：《徽宗语解读》，中国戏剧出版社，2009，第4—5页。

语是说书人的专用语，她记得师爷曾经说过"这是咱说书的祖祖辈辈传下来的，只有我们说书人懂这种话"。说书人的行话中还有"老鸹语"和"野雀语"，通常是把"漏八分"和"徽宗语"反过来说。

襄垣鼓书艺人王俊川回忆盲艺人的专用语"调角儿话"。

史海亮师傅说：襄垣鼓书形成之后，从事说唱的绝大多数都是盲人。整天走村串户，互相之间商量一些不愿让外人知道的事情时，但看不见旁边是否有外人。为了解决这个困难，盲人们就借鉴《康熙字典》反切注音的办法，发明了一种暗语，我们把他叫"调角儿话"。旧社会，从事说书、算卦的盲人都要学会这种话。比如在书场上徒弟定的子弦高了，师傅就说"窝盖些建阁老哇。"徒弟就赶快降一降。听众们都不知道是啥意思。这种话有四种方式构成：一是两个字组一个字。这是最基本的方式。用它什么都可以说，比如'媳妇'说成"写集反固"，"小孩"说成"写交喊盖"。二是一个字组一个字，只限于一些常用词汇。比如把"媳妇"说成"新风"，把"捞饭"说成"楞风"。三是对一些专用词规定代号，比如把"吃饭"说成"抿散"，把"抽烟"说成"抿训"，把"几个人"说成"几股点"，把"挣多钱"说成"魁多处"，把"饭好不好"说成"散作不作"等等。如果涉及数字，可以用"刘、月、王、哲、中、申、新、张、爱、聚"这十个字来代替。比如，"王聚"就是三十。

听了海亮师傅的讲解，我终于弄明白了盲人的暗语是怎么回事了，经过一段时间的练习，我也能用暗语和同行们交流了。后来我学习了盲文之后，对拼音有了认识，才知道"调角话"其实很简单，第一种方法就是用两个字拼一个字，用第一个字的声母，用第二个字的韵母和声调，一拼就是所要表达的字。第二种方法类似于英文缩写，每个字只读出声母。第三、四种方法，没有规律，必须死记硬背。盲人使用这种语言说话，外界人听不懂说的是什么。①

---

① 王俊川:《曲艺生涯六十年——王俊川口述史》,内部资料,2011,第9页。

一般来讲唱戏的、剃头的、说书的都有自己的行话，每到一处同行之间交流，局外人是很难明白的。说唱艺人的行话和剃头匠一样，"钱为杆，要为筷，饭为伞，多为海，少为尖，止为泊，师傅为山，姓为碗，书为辙，帽头为尖辙，大本头为海辙。一二三四五六七八九十，分别为刘、月、王、哲、中、申、新、张、爱、聚。"比如说"要多少钱？"行话说"筷海尖杆"，答曰"中聚哲"，意思是五十四块，书说到一个段落该收场了，就说"念辙"，如问"你师傅姓啥？"行话答"你山啥碗？"现在说书人行话交流得很少，很多四十多岁的鼓书艺人基本不会讲行话了。[1]

说书艺人的"隐语"是艺人的一大特点，"隐语"也称"黑话"，各方面的"黑话"都有，如气象方面，说"下雨"就是"谢龙宫"。"沁水鼓儿词"的说书艺人所说的"黑话"称作"四明春黑话"，唱戏的人和有的公安人员也懂一些这种"黑话"。例如：某说书队到某村联系说书，联系人回曲艺队时，如有外人在场，他们就用"黑话"交流，例如这个联系人进村找支书，支书正巧不在村，只有村长、会计和保管。这样，在说"黑话"时，他们把"支书"称为"一流"，把"村长"称为"二月"，把"会计"称作"三温"，把"保管"称作"四折"，说起黑话来就形成了："一流割乃，二月现，三温现，四折现"，也就是说支书不在，村长在，会计在，保管在，"现"为"在"，"割乃"为"不在"的意思。此外，说书价格也有"黑话"，从一百元到一千元的几个数字都能用黑话代替，如"一百"说成"一流"，"二百"说成"二月"，"三百"说成"三温"，"四百"说成"四折"，"五百"说成"五中"，"六百"说成"六成"，"七百"说成"七星"，"八百"说成"八张"，"九百"说成"九爱"，"一千"说成"十足"。再例如传口信时也用"黑话"，比如曲艺队里姓张的母亲让姓王的一人给他儿子捎信，"弓人湾，母古了，你得现客了。"意思就是说姓张的父亲病了，让姓张的赶快回去。又如气象方面，比如说"今天天不好，不敢走远路"。用"黑话"说，就是"今日古的要摆龙宫，不敢扯得现海了，剪些！"说书艺人从事说书活动有一些非常重

---

[1] 李呆庆：《阳城县曲艺志》（手写稿），内部资料，1985。

要的规矩，比如"黑、教、永、明、清、阴、阳、来、福、本"，主要体现说书人之间的师承关系，大小关系，辈分关系，常用于两个曲艺队正好遇上，两队的就互用这"十个字"对话，按先后分大小，如对方为大，在听其说书时，另一方只能坐在侧面听其说书，如对方属小，才可以坐到其正面听其说书。

第二节　乐户祭祀赞词和宝卷宣卷

戏剧史学者廖奔认为：近年晋东南发现的一批乐户祭祀用"前行赞词"，系当地传统祭祀代代沿袭下来的东西，其渊源古远。其中有《百花头盏》一种，为说唱百花名的底本。其词如："尊花是当今皇帝，桂花是龙子龙孙。牡丹花正宫皇后，地县花六院三宫。海棠花三千美女，茉莉花八百娇容。十样景花花宫殿，芍药花景遍长安。""迎春花正月开放，插金花头上显针。夏荷花漂漂荡荡，石榴花艳而花生。海棠花娇娇滴滴，菊花开好似黄金。款冬花冬季开放，蜡梅花雪里藏身。"七字句，隔句韵，为民间说唱一般形式。这种说唱形式有可能是从金元时期的院本演出演变而来，一直保存到近代。"院本名目·诸杂院爨"里的同类者还有《讲百禽爨》《讲百果爨》等。理解了《讲百花爨》的表演形式，就为剖析金元院本里的许多同类剧目提供了钥匙。再联系到唐代敦煌变文里的《百鸟名》，其词如："白鹤身为宰相，山鹛鹋直谏忠臣。翠碧鸟为执坛侍御，鹞子为游弋将军。苍鹰作六军神策，孔雀王专知禁门。"院本《讲百禽爨》的情形大约应该与变文《百鸟名》相接近，这一支说唱形式的演变脉络就稍见清晰了。[1]

实际调查中，我们发现很多相似的说书文本，应该也是晋东南太行山区域金元时期院本演出的历史遗留。如说书前四句提纲："胡说话话说

---

[1] 王宁:《宋元乐妓与戏剧·序言》，中国戏剧出版社，2003，第1页。

胡，花椒树上结葫芦，撒了一地油菜籽，结出来满地红萝卜。东瓜国进贡西瓜登殿，白萝卜红蔓菁站两边，灰黄瓜写状纸告上金殿，告的是芥疙瘩光辣不甜。"这些唱词和乐户祭祀的前行赞词很相似。如上党鼓书《蔬菜造反》：

咱说的是，小鼓的不响皮的潮，住房的不胜住上窑，冬天暖和夏天凉哨。

小孩子耍火也烧不了，三句哈哈两句笑话倒过不提，且听俺慢慢道来一回：

这个丝弦鼓板定准音，咱们说上一个书段注意听，天对地云对风，明月竟对满天星，伴瓜的离不开二百五，水萝卜离不开韭菜葱。

我的走南京串北京，路过喽山东莱州城，咱见过的多少稀罕的事，什么大喽作怪它也成了精。

红萝卜为王坐天下，白菜娘娘掌正宫，菌大菜分了个东宫院，西宫就把茄子分。

青菜白萝卜豆芽的坐了偏妃院，大杨须（芫荽）不了倒个戏耍宫。

掌朝太师紫皮葱，专本御事杨家葱，地瓜蛋种了个状元位，招了个皇姑叫菜根。

南瓜就挂喽个招讨印，北瓜马前为先行，黄瓜来做的个兵部位，西瓜就把个吏部分，粉皮的金牌忙上印，红萝卜立即就把殿登。

红萝卜做了个萝头殿，倒来了些的满朝文武臣，吓坏吓坏那一颗，一颗的芝麻报进京。

他报到山东辣的就造了反，一心想吃你的红朝廷，红萝卜的金殿传圣旨。

打发跑路的去搬兵，搬来了螃蟹横地走，这个鱼肚鱼翅陪海参，猴头燕窝来好快。

马赶驴飞来得凶，放喽三声东瓜炮，把个西瓜气成个满肚的红，韭菜就耍开双武剑。

小葱拉开了枪一根，急得个黄瓜一身刺，豆角的挎起个腰刀出了大营。

杨须吓得乱咚咚，白菜娘娘抱住心，苣菜吓得就发喽苦，菌大菜吓得成一扑棱。

　　地瓜蛋的就地里滚，急得一个茄子耍流星，饸饹和挂面都上喽吊，把海带气成黑皮的青。

　　急得个火烧上喽油，烧饼气成个满脸红，枣糕的气得大瞪眼，把团的小脸吓成个黄生生。

　　包子在笼里嗤嘴笑，扁食在案板直耳听，气得个烧卖圪嘟嘴，点心上来丁对丁。

　　这鱿鱼随后也来到，连鱿鱼走进北京城，在北京城里安营寨，玉食宫里动刀兵。

　　几个厨的把眼瞪，帮忙的来了伙毛后生，开刀先斩老南瓜，再切这棵杨家葱。

　　抓住黄瓜不挓了刺，按住豆角的抽了它的筋，油麻糖不知犯了什么错，噔噔噔干了它三刀下油秆。

　　烧肉上来不来醋，麻糖上来一烧青，一伙的蔬菜造了反，倒来了两个愣头青。

　　在头前走的一个吃和尚，后边跟的个肚总兵，这两人太狠心，一肚子吃了个清又清。

　　这就叫蔬菜造反一个小段，说到这里算完成。[1]

　　这类鼓书词和金元院本书目中的《讲百禽爨》《讲百果爨》在艺术手法上非常相似。再如《百鸟朝凤·鹦哥吊孝》和唐代敦煌变文里的《百鸟名》也非常接近，可以看出金元院本戏的影子。很显然，说书艺人吸取了这些艺术元素，将宝卷俗讲故事化，改编创造了传统书目。《鹦哥吊孝》是一个充满道德教育意义的寓言故事。内容讲的是，庐州山前有一窝鹦哥，公鹦哥被人用弹弓击毙，母鹦哥悲伤成疾，小鹦哥勇敢担起奉养母亲的重担，在觅食时误入张三的罗网。小鹦哥向张三妻子袒露了其父被杀、母病危的悲惨遭遇，恳请回去看一看母亲后再来就擒。张三妻

---

　　[1] 秦瑞苗：《朱弦鼓简上的歌》，北岳文艺出版社，2011，第18页。

子被其孝心所感动，将其释放。返回时鹦哥母亲已死，尸体被蚂蚁蛀空，仅剩羽毛和骨头。小鹦哥悲愤顿足，哀声感天动地。凤凰闻讯赶来，召集天下百鸟为母鹦哥吊孝送葬。南海观音被小鹦哥的孝心感动，收到身边，常随伺佛前。在内容方面，《鹦哥吊孝》的鼓书讲唱情感充沛、委婉动人，具有丰富的文学意味和审美意蕴。根据泽州四弦书艺人回忆《鹦哥吊孝》书词内容：

夜观南山一点高，密密百鸟把凤朝；
有两个绿毛鹦哥生得好，庐州山前有窝巢。
只因为老天爷下一场连阴雨，把它母子困住了。
小鹦哥有语开言道，尊一声母亲听分晓：
老天爷下了一场连阴雨，把咱母子困住了。
你到窝中把儿等，待孩儿出窝打食走一遭；
老鹦哥两眼泪号啕，叫声我儿小虫鸟。
不提起打食倒还罢，提起打食娘烦恼；
说为娘昨夜晚做了一个不成梦，梦见我儿入笼牢；
劝我儿出窝打食不去的好，咱母子苦苦窝中熬……
映山红破土来到了；
屎壳郎虫儿把墓打，粪壳郎虫儿把墓淘。
带鸣鸡卷成一口砖砌墓，葛拉鸡（野鸡）来来往往把石灰抄。
呛树巴巴（啄木鸟）扯成一副板，合住棺材是坐山雕；
俊俊鸟只把材来绘（油画棺材），油漆彩画是黑老雕；
田鸦鸡取来米五斗，烧黄二酒是喜鹊烧。
大小燕取来麦两袋，水鸰鸰井上把水绞；
水鸰鸰井上挑来了水，水老鹳上前把麦淘。
火鸡火燕把麦晒，磣鸡捡磣捡净了；
饿老雕推磨在空中转，小磨坊箩面是大鹏雕。
黄 deng 蜡虫（方言：鸟名）起上面，巧鸟蒸馍来到了；
一对画眉抬笼栅（笼屉），擦洗笼布是鱼雕。
柴火虫（火鸟）打来柴两担，寒火虫（寒号鸟）冷哆把火烧；

槐虫大街割来豆腐，芦 tong 鸡盛盐打醋把香油捎。

置买干菜有我花宝（花大姐），买了些金针木耳和粉皮条；

红嘴牙儿（方言：鸟名）管食房，白象把门把得怪牢。

野雀帮厨也来到，切蚜虫切菜手提着刀；

马卜罗虫（方言：虫名）缝孝衣，家鸡领着把孝表。

八一虫儿（方言：虫名）把棚打，一对鹅儿扛沙篙；

萤火虫只把灯笼点，麻鸟（麻雀）里里外外把客瞧。

孤雁只把更来寻，黄莺四处去巡哨。

请上白鹤把烛点，黄蜡虫唱礼语音高；一对鸽子陪灵祭，一对仙鹤把纸烧。

小鹦哥哭哭啼啼把祭转，有一个巧嘴八哥哭了一声哎哎苦死了我的寡妇嫂嫂；

种谷拔草把鼓擂，sao bu hu（方言：鸟名）锵唧锵唧把锣敲。

卖油虫儿敲钵盂，天鹅鸡来了把小锣敲；

一对秋鸟把唢呐吹，二尾巴灰堆（方言：鸟名）吹笙箫。

沙和尚虫儿（方言：虫名）把经念，chi ba chong（方言：虫名）嘭嘭嚓嚓拍小铙。

杨画眉送来三出闹丧戏，在庐州山前好热闹；

凤凰只在首席坐，鸳鸯孔雀都坐下了。

麻野雀吃醉了酒叽叽喳喳喳喳叽叽说闲话，恨得 tu hu（方言：鸟名）把皮拳搞；

白脖子老 wa（方言：鸟名）来解劝，鱼鹰说大哥大哥不要不要快不要；

地 mang niu 鸣咚咚吹了三声号，小地蜂抬过丧缨与棺罩。

lin chi 虫儿（方言：虫名）把柴移，xin hu（方言：鸟名）过来圪垃上罩；

鹅 zhuang（方言：鸟名）一对打路鬼，lu zi（方言：鸟名）轻装把幡棍挑。

山雀野雀围着送，麻雀送殡叽叽喳喳闹个吵吵。

小鹦哥拉灵车在头前走，有一个 cuo duo 虫儿跟在后面 ge gu

ge gu 气死了；

食鸡前面打路祭，水鸡河边降下桥；偶遇见老天爷下大雪，各个虫鸟都戴上孝。

每路行程来好快，坟台不远来到了；小鹦哥哭哭啼啼把葬下，泥水鸡把门封好。

家鸡刨土埋殡了，尾喳喳 ge di bing ba（声响）放鞭炮；野鸡吊孝来得迟，凤凰恼吩咐把野鸡窝烧；

当年野鸡都有窝，现如今却没窝巢。

朋友们不信说书的话，都去那地后塄看，野鸡下蛋来回跑。

鹌鹑吊孝来得迟，凤凰恼把它的尾巴打掉了；斗鸡吊孝来得迟，凤凰恼劈头摘它一圪撮毛。

唯有 tu qiu（猫头鹰）不懂礼，劈头给安一颗毛圪垯，为什么安一颗毛圪垯，是因为人家哭来它不该笑。

夜蝙蝠吊孝越发来得迟，凤凰恼 chi cha 拔得它身上没有一根毛。

朋友们不信我说书的话，逮住它夜蝙蝠瞧一瞧：

看看它身上有没有毛。

凤凰传下旨一道，众虫鸟各回各窝巢；鹦哥叩头把恩谢，谢过了众位虫鸟都受劳；

众位虫鸟不怠慢，各自点头各自走，一个一个地飞去了。

不说众鸟通漫散，凤凰王者回了巢；不说凤凰回巢去，再说鹦哥把纸烧。

鹦哥去烧复三（习俗：去世后三天要烧纸祭祀）纸，跪在坟台哭号啕；

小鹦哥哭了三天并三夜，东山哭到西山去。南山哭到北山沟，四向八山哭个遍，只哭得观音老母好心焦。

老母正在莲台坐，耳热眼跳为哪条；莫非是哪里出下忠良将，再莫非哪里天旱被水浇；

老母掐指一算就知道，出下了鹦哥孝道小虫鸟。

老母传下旨一道，把小小鹦哥宣上朝；小小鹦哥双膝跪，老母开口说分晓：

你是鸟中一大孝，王不会把你亏负了；望着鹦哥吹口气，浑身绿色变白毛。

同志们不信说书的话，观音头上瞧一瞧；

公约先生懂得鸟鹦话，才把此书传下了。

鹦哥孩子把母孝，为人不晓得这一条；为人不把父母孝，还不如鹦哥小虫鸟。

贤良听了说书的话，说俺说书说得好；不贤良听了说书的话，说俺说书的是瞎圪搅。

既骂不要把说书的骂，这都是过去的才人编就了，这就是鹦哥吊孝书一段，从头到尾说完了。①

宝卷是介于民间宗教和具有教化功能的说唱文本之间。《鹦哥吊孝》是由"贤孝"类的劝善宝卷发展而来，最早记载鹦哥故事的是《杂宝藏经》，突出鹦哥的孝母之心，明代有《新刊全相鹦哥孝义传》，故事表现了鹦哥的机灵、孝顺，以及和猎人之间斗争的故事。《鹦哥宝卷》的故事则以劝孝成道为主。②正如郑振铎所说："民间的故事在宝卷里也占着很大的一个成分……这一类的故事，有的还带些'劝化'的色彩，有的简直是完全在说故事，离开了宝卷的劝善的本旨很远。今所见到的，有《鹦儿宝卷》《鹦哥宝卷》，这二卷情节略同，是一个故事的异本。写的是一只灵鸟——白鹦鹉的成道故事。"③

车锡伦认为民间教团人士也编辑、刊印宝卷，其中有民间宝卷的整理本和根据民间传统故事改编的宝卷，并且在这些宝卷中，加入宗教宣

---

① 泽州四弦书艺人陈拴发、王同生共同回忆了《百鸟朝凤 鹦哥吊孝》片段,有些方言用拼音标出,基本可以理解该书目的面貌。访谈对象:王同生,男,1946年生,泽州县金村镇东六庄王疙瘩村四弦书艺人;访谈人:卫才华、张小丁、郑月、苗贤君。访谈时间:2014年10月20日。

② 雷逢春、孔占芳:《"白鹦哥吊孝"创作管窥》,《青海师范大学民族师范学院学报》2009年第1期。

③ 郑振铎:《中国俗文学史》,上海书店出版社,1984,第6页。

传的内容。如流传很广的《鹦儿宝卷》（又名《鹦哥宝卷》，清光绪七年，常郡乐善堂书庄刊），这本宝卷的故事源于佛教《杂宝藏经》（卷一）所载"鹦鹉孝养"，明代初年已被改编成民间词话演唱。[①]可见，鼓书《鹦哥吊孝》的故事和宝卷宣卷也有深刻的关系，既有从民间故事改编成宝卷的情形，也有从佛典故事中改编成鼓书说唱文本的，这些俗文学体裁之间相互影响。以"鹦鹉行孝"为主题的文本体裁就有明代刊本词话、西宁贤孝曲、三弦书、民间故事、童话等等。

《中国曲艺志·河南卷》"曲（书）目"中，录有"鹦哥殡母"，其下叙录云：三弦书短篇传统曲目，韵文体，遥条辙，一百六十二行。《河南曲艺志》中记载，唐河县胡清章、南阳县王国栋皆擅演。胡清章自幼随父胡明堂学唱三弦书，每到一地必唱此曲目。唱到小鹦哥求情、殡母时，凄切哀痛，催人泪下。1983年河南省戏曲工作室内部编印的《河南传统曲目汇编》（三弦书）第一集中，收有此曲目的口述本。三弦书演唱方式是自弹自唱，基本唱词为七字句及十字句，演唱者主要为男性盲人，行艺中也与人算命卜卦。河南省戏曲工作室《河南传统曲目汇编》（三弦书）《鹦哥殡母》，侯书凡口述，阎天民记录。全篇以七言为主，间有十字，二百句，押苗条辙。在中国俗文学发展史上，宝卷与词话、弹词等俗文学体裁在形式体制上与内容题材上相互影响。我们可从《鹦哥宝卷》的流行与说唱"鹦哥孝母"故事明成化刊本《新刊全相莺哥行孝义传》及上海协成书局印行的《新出莺哥孝母全传》鼓词，福州平话的《白莺哥》乃至河南三弦书的《鹦哥殡母》可窥见其一斑。[②]

这里可以看出，《鹦哥吊孝》是民间宝卷中的贤孝类宝卷，在河南、甘肃、山西等地的说书艺人中，此类讲唱书目较为常见。在具体的说唱表演中，方言土音不同，各种鸟名也因当地方言发音而有别，民间劝善

---

① 车锡伦：《非遗民间宝卷的范围和宝卷的"秘本"发掘出版等问题——影印〈常州宝卷〉序》，《河南教育学院学报》2011年第1期。今存明成化年间刊印的词话唱本《新刊全相莺哥行孝义传》。1967年在上海嘉定县宣姓墓中出土，由上海图书馆装裱收藏，1973年影印出版。

② 郑阿财：《史语所藏：〈鹦哥宝卷〉研究——兼论同一题材在各类俗文学的运用》，（台湾）《成大中文学报》2008年第23期。

书、民间宝卷与地方信仰的融合，加速扩大了这类说唱题材的传播，渗透进当地的礼俗生活中，如旧时《鹦哥吊孝》一般会在白事仪式上表演，不过现在这些传统也在悄然发生变化，实际演出中这些长篇的传统书词越来越少，一些新编的生活小段逐渐增多。

第三节　书词讲唱的类型与改编创作

根据书目总体特征，说书艺人一般将书分为"文书""武书""神书""孝书""贤良书"，无论古今书词其主题大都为"讲说今古劝善良"。以下是陵川钢板书艺人侯松锁介绍的书目小帽和开场白，大致说明了鼓书的内容分类。

> 文书武书，酸甜苦辣雷保童，半文半武《兴唐传》，文书《包公案》，武书《响马传》《水浒传》。爱听奸说个告国太，爱听忠说个老刘墉，有心叫大家点一会，大家意见难集中。不用你说我也知道，说书人能猜透听书人的心。年老人爱听包公案，年少人爱听动刀兵，老婆们爱听贤良女，忤逆媳妇爱听个打婆骂公公。啥公子爱听啥小姐，啥女子爱听啥相公。一旁边过来个老聋子，想叫我说书的喊高声，二百五好听半吊子，坐半夜好听熬干灯。小孩子不会把书听，他就爱听个说书的咕咚咚（敲鼓声）。一人难称十人意，一杆枪难挡百万兵。众位乡亲不要点戏，说出哪方你听哪方，听说书不要光听腔大小，字清板稳交代明。说书人同样书说得不一样，十人说得九不同，说动人心方为贵，说不动人心白搭工。①

---

① 访谈对象：侯松锁，男，1929年生，陵川县东壁村人，陵川盲人曲艺队原队长；访谈人：卫才华、张小丁；访谈时间：2014年6月30日；访谈地点：陵川县盲人曲艺队排练厅。

在这段开场白中，说书人大致道出了说书传统书目的主旨和题材内容。不外乎"文武""忠奸""贤良忤逆"历史人物形象，当然，也有儿女姻缘故事等内容。从具体内容上看，以在史实的基础上加工创作的"历史故事""侠义故事""公案故事"居多，这些故事通过制造一系列矛盾冲突串联表演，情节多为好人美满幸福，坏人受到惩罚改恶向善，寓教于乐，赋予了说书的教化娱乐功能。按照题材来看现在太行山说书人传唱的书词内容主要有以下四类。

　　英雄侠义。说书中的英雄侠义故事大多出自小说等通俗文学作品，习惯性称为"武书"，从现存传统书目来看，以"将""传""义"故事居多。"将"系列有：《杨家将》《呼家将》《水浒将》等；"传"系列有《响马传》《水浒传》《岳飞传》《武松传》等；"义"系列有《大八义》《小八义》《三侠五义》等，还有一些如《呼延庆打擂》《打登州》等书目也很受群众欢迎。

　　公案故事。公案故事以《包公案》为主要书目，故事原型亦见于小说《龙图公案》《三侠五义》等戏剧、鼓词作品，以包拯审案除奸为主题，包括《断乌盆》《仁宗认母传》《包龙图曹国舅公安传》《包龙图陈州放粮》《包待制出身传》等内容。其他"公案"系列还有《施公案》《彭公案》《刘公案》《徐公案》《海公案》等，这类题材都以传奇公案故事为主，情节大同小异，人名、地名略有区别。公案故事大多为长篇，适合在庙会上演出，整本书表演需要数月时间，民众常以能否说好此类大本头书目来检验艺人的水平。

　　姻缘和行孝题材书词。姻缘类书目大多是"投亲"的婚姻故事，如《方公子投亲》《安公子投亲》《杨宝童投亲》等，也有反面教育民众的故事，例如"休妻"系列，代表书目有《王员外休妻》《朱买臣休妻》，此外，还有《樊梨花招亲》《金镯玉环记》《相亲》，这类书都是文书，主要说小人物的爱情婚姻故事。行孝故事多取于"二十四孝"的故事情节，如《王祥卧冰》《郭巨埋儿》《割肝救母》等给人以启示的书目，情节稍有改编，教育晚辈要懂得孝顺长辈。这类文书多数为短篇，通常在家户办红白事请书活动中演出。例如《王祥卧冰》开篇：

听俺与大家慢慢道来一回。

说的是，回文书表单哪一个，

咱就把王祥卧冰说给大家明。

小王祥自幼多灾殃，

他一生两岁就丧了娘。

三生四岁遇继母，

他心灵深处受创伤。

小王祥长到七岁上，

没想到他父亲得病又身亡。

这真是屋漏偏逢连阴雨，

他母子相依为命度时光。①

    这是陵川钢板书短篇传统曲目，取材于传统二十四孝题材，略作改编。故事一开始，说书人并没有先入为主把王祥继母塑造成一个虐待儿子的形象，而是叙述一个善良的母亲形象，这与"二十四孝"的内容稍有不同。内容上，全文叙述王祥自幼丧母，在继母抚养下长至七岁，父亲也病故，他与继母相依为命，十六岁时，继母生病卧床，茶饭不思，滴水不进。继母说她很想喝鲜鱼汤，王祥不顾寒冬腊月江面的严寒，行至江边，用身体融化冰冻，打捞鲤鱼奉母。此举感动了龙王，于是龙王变成一条鲤鱼，让王祥捉回家中，正当他要将鱼下锅熬汤时，鲤鱼说明身份，并嘱咐他在躯体旁各刮一块鳞片熬汤可治好母病，王祥便照做，果然母亲痊愈，王祥将事情经过告诉母亲，母亲大喜，与王祥一起将鱼放回江中，叩拜谢恩。

    再如《郭巨埋儿》书段中说河北承德闹灾荒，郭巨每日砍柴为生，日子过得清苦，好不容易"一担柴换来半碗米"，郭巨第一时间想到的是侍奉给母亲，奶奶疼孙子，"见孙甜如蜜，把饭喂给小郭琴。小郭琴吃了个白又胖，把老婆饿成个干菜根。"在这个故事中儿媳刘氏的表现是"骂声我儿小郭琴：'为娘不嫌你生得丑，不嫌你磨鞋费衣襟，只怨你吃了你

---

① 赵喜胜：《陵川曲艺志》，内部资料，2003，第276页。

奶奶的饭，饿死你奶奶我叫谁母亲？'越说越恼心有气，上前拷打小郭琴"。并和丈夫说："只因为咱儿吃了咱娘的饭，我才拷打小郭琴。依我说埋了吧来埋了吧，埋了咱儿小郭琴。"赡养老人、孝顺长辈是书词表现家庭生活的主题，这类题材深受广大民众喜爱，至今仍在家户隔七、圆十五、做周年的仪式中进行传唱。还有些书目以劝善弃恶、洗冤清白、公平正义为内容，如《乌盆案》《罗成算卦》《韩信算卦》《汉高祖斩蛇》《李太后还朝》等。

与传统书词不同，现代书词的内容主要有两类，一是贴近现代群众生活，记述普通百姓的经历，这类书词表现了父母子女，公婆媳妇、女婿之间的生活故事，也塑造了很多生动的恶婆婆、坏媳妇、不孝子形象。代表书目有《劝闺女》《十八个闺女》《小两口回娘家》《二公夸子》《坏妈妈哭闺女》等。其中书目最多的是表现婚姻生活的小段，如《贤良女劝丈夫》《拙老婆缝袍》《十二个丈夫》《夫妻争灯》《骂媒婆》《寡妇相亲》，也有表现婆婆和儿媳矛盾冲突的书目，如《婆媳孙孙》。

《劝闺女》是以母亲的口吻表演对出嫁闺女的嘱咐，书词内容真挚深情。唱的虽是母女情，但其内容指向的是婆家与媳妇的相处之道。如其中唱段：

> 到了你婆家要稳当，第一要学会裁和剪，二要学会做衣裳，三要学人情知礼仪，四要学做事别慌张，五要学孝顺公婆娘，六要学夜磨坊李三娘，七要学娇女出了眉，八要学东汉时的小黄香，九要学哭倒长城孟姜女，十要学煎汤熬药赵五娘，你二十四孝都学会。再说你出嫁的后一晌。头后晌你别吃饱，你多吃馍来少喝汤。为什么不叫你把汤用？就恐怕婆家里解手去茅房。我说的话儿你牢牢记，千万别当风吹耳旁。过了三天早早起，早早起来就到上房，上房内跪拜你公婆娘。上房以内走出来，你围上围裙进厨房，大锅刷它个明似镜，小锅刷它个明晃晃。不管婆母做什么饭，千万别把家来当。婆娘要说随便做，厨房以内别慌张，篦子上放上白馒头，锅底下你好熬米汤，小锅里炒上猪羊肉，千万别忘记把盐放，花椒茴香都摆对，锅里放盐要量一量，你要是想尝尝猪羊肉，千万别张嘴来尝，

嘴要是一尝不要紧，还恐怕婆母说你多肮脏。①

传统书词当中也不乏表现夫妻家庭生活的书段。如《夫妻争灯》讲述了天黑掌灯以后夫妻二人争抢一盏灯的故事。其中夫妻二人的对话十分有趣。

……小伙灯下写文字，佳人灯下缝衣衫。小佳人只因看不见，伸手把灯挪到她面前。小伙说："一盏灯你占了多半盏，你还让我看不看？""相公呀，一张方桌你全占完，你让我咋样缝衣衫？"小伙说："你缝了衣裳有啥用？"佳人说："你读了诗书能顶吃穿？""我读通诗书是君王用！""我缝的衣裳是让娘娘穿！""京城皇王开科选，万岁点我为文状元！""我的针功绣得好，送到宫里娘娘穿，娘娘爱我针功好，收上我个干女在身边，天下人称我为皇姑，皇姑胜过你文状元！""做官都是男子汉，有几个女的能做官？""穆桂英领兵为元帅，樊梨花领兵平西藩！杨宗保、薛丁山，两个人倒是男子汉，老婆面前是个先行官。""坐江山都是男子汉，哪有这女人坐江山？""北国有个萧银宗，唐朝有个武则天，两个人都是女流辈，胜过男人坐江山！"小伙所（锁）了脸，埋怨媳妇真不贤："我说一句你犟两句，简直是和我胡难缠！""你看你堂堂男子汉，就连半句也不让俺！"……"先有男来先有女？""先有女来后有男。""没有男来哪有女？""没有女的哪有男？""男人就把老婆娶，女的倒把男的看，先有男来先有男！""不管你说得天花转，男的都在俺女孩的肚里钻。"②

夫妻二人一问一答，生动活泼，将家庭生活中的夫妻关系、男女角色分工描述得淋漓尽致。这类书词紧扣家庭生活，表现了活灵活现的普通人物性格，语言通俗有趣，具有强烈的艺术感染力。

---

① 李照楠主编《长子鼓书传统小段选》，三晋出版社，2014，第24—25页。

② 李照楠主编《长子鼓书传统小段选》，三晋出版社，2014，第20—23页。

二是宣传党和国家的方针政策，表现出鲜明的时代特征。创作者有针对性地创作宣传现代书词，一般是将党的方针政策及国家法律法规等改编成说唱文本，如《庆祝新中国成立六十周年》《十七届三中全会政策好》《十唱科学发展观》等，这类书词题材内容宣传性、政治性强，具有现实意义。如现代书词《习总书记总结报告是指路灯》中的一段内容。

党中央政策真英明，十八大精神指航程。

党的群众路线教育结硕果，保持加强党的战斗堡垒纯洁性。

习总书记总结会上作报告，五个方面讲得清。

要认真学习认真用，聚精会神见行动。

第一是党员干部受到马克思主义群众观点的教育，增强了贯彻党的群众路线的自觉性和坚定性。

第二是除"四风"整治有力见成效，群众反映强烈的突出问题认真解决方向明。

第三是恢复发扬了批评与自我批评的好传统，探索了党内政治生活的好途径。

第四是以转作风、改作风的制度体系更完善，执行制度有保证。

现代书词的创作体现出鲜明的政治性和时代性，说书表演参加庙会还是以传统大本头书目为主，但是一般在"隔七"和做周年的家户书时，只说传统短篇书目。农村文化宣传则以现代书目为主，以新带旧，新书词穿插旧书词。家户请书时，则是以旧带新，主要是传统书段，偶尔有现代书词。

太行山说书讲唱一般由五部分构成，即开书——用四句提纲引出书词；帽头——即开书后首先说的小段节目；正本——即当时要说唱的主要节目或长篇节目；关书——即正本书里所说唱的一个大段落，同长篇小说里章回小说一样，说书人在说唱时需要休息一阵，这一段书叫"关书"；杀书——即演出结束时，叫"杀书"。

首先是四句闲言，也叫四句提纲，语言合辙押韵，内容有谚语、笑话、增广闲言，也有现实感受，还有的即兴发挥、烘托气氛、吸引听众，或者提示书本内容、风趣活泼。如"百般生意好做，唯有说书难习，渔鼓简板非容易，千言万语牢记。""墙上画马不能骑，骆驼拉磨不如驴，要亲还是亲生子，娶媳妇不如娶闺女。"①这些四句提纲是每本书前必讲的，概括书词内容，总结乡村生活中的民众知识，主要是教育民众领悟生活道理，如同一句句生活箴言，充满了人生智慧。如以下一些常用的四句提纲：

山上青松山下花，花笑青松不如它；
有朝一日夜霜打，只显青松不显花。

从小念书不用心，不知书中有黄金；
早知书中有黄金，夜掌明灯下苦心。

一砖一瓦难盖房，孤雁单飞不成行；
单人独马难创业，团结才能有力量。

人生一世总由天，争名夺利是枉然；
能守金银积满柜，临死难带半文钱。

从来世事莫强求，未必在人天不由；
本欲害人反害己，岂知天理在心头。

从来欺人如欺天，天理循环在眼前；
作恶行霸天不保，济困扶危得安然。

假是假来真是真，真真假假分不清；
一天能卖三担假，三天难卖一担真。

① 秦瑞苗:《朱弦鼓简上的歌》,北岳文艺出版社,2011,第18页。

天上星多月不明，地上人多心不平；
河里流水有深浅，树木林中有高低。

从来富贵由天定，无论干啥不由人；
生来只有八个两，想求一升万不行。

小小鲤鱼未成龙，困在温麻小池中；
老天若助三场雨，跳出龙门万万层。

一轮明月照九州，几人欢乐几人愁；
几人高楼吃美酒，几人他乡在外头。

君子失事把头低，凤凰落架不如鸡；
石狮无毛猴也笑，虎落平阳被犬欺。

一轮明月照千秋，埋没英雄不出头；
一朝得遂青云志，风卷浮云现斗牛。

时运不通好怪哉，乌云遮住栋梁材；
怀抱一棵珊瑚树，走遍天下无处栽。

有心求名名不至，有心求利利不来；
有朝一日凌云转，定把乾坤翻过来。

一面小鼓圆又圆，两张牛皮在两边，
若要落到说书人的手，打它个珍珠倒卷帘。①

其次是书帽，就是正本书前表演的一个小段，有"听书不听书帽，

---

① 根据原阳城县曲艺队队员、阳城县演礼乡献义村王锁荣鼓书手抄本摘录。

不如回家睡觉"，"开书先把帽头讲，不讲帽头不顺当"等俗语。最后才是正本书，也就是长篇的鼓词。一个长篇鼓书由"贯"组成，书目内容长短章节按贯分隔，一贯书两小时左右。正本又叫大贯书目，比如泽州四弦书《回文屏》三十二贯、《三洪传》二十四贯、《列女传》十三贯等。"正本"书完整说完，往往少则三五天，多则一两个月，俗语道"说书人的肚是杂货铺，又能增来又能补"。说书人在讲唱时，大多用乡音土语，合辙押韵，节奏明快，运用家常话、歇后语，模拟人物动作表情，表演幽默滑稽。书词凝结着民众的生活和情感，蕴含着人生哲理，深受观众的喜爱。所以说书艺人的"说"是重点，要能够抓住观众的兴趣，引人入胜地进入作品。书帽非常重要，能不能抓住观众，关键看这个亮相。因此俗语道"说书的嘴，唱戏的腿。看戏看穿戴，听书听交代。走马观大花，坐下听说书。"说书的交代是观察一个艺人说书水平的行业语，一听交代就知道这个艺人对书本的熟悉程度。

这些书帽小段内容主要有一些类型特点：

一是生活哲理型，如泽州四弦书艺人马莉曾表演过一个传统书段，表演时根据内容临时起名叫《劝世人篇》，书词内容如下：

国正天心顺，官清民自安，妻贤夫祸少，子孝父心宽。
这本是上得场来四句诗词送过，同志们稳坐听我慢慢道来：
说的是——
天为宝盖地为池，人都是阳间浑水的鱼，
阎王爷他好比是扶楼的汉，二小鬼好比两个拉楼的驴。
人生下来注定是楼中的籽，摇来摇去都入到土里。
三十年前都是人吃土，三十年以后土要吃人的。
人吃土来，土能常在。土要是开口都哭哭啼啼。
穿白戴孝都是阳间的理，号啕痛哭还得亲生儿女。
不要总拿着自己和别人去比，只看见别人坐车自己骑驴，
回头看看那推车的汉，比上不足比下还有余。
人生就像一场戏，因为有缘才来相聚。
相依为命到老不容易，是不是咱更应该去珍惜。

夫妻们和好是鱼帮助水，妯娌们和好是水来帮助鱼。

在世时总有金银财宝摆满了库，临死你也带不走半分厘。

别看在灵前给你摆满了供，再也不能坐起来去尝尝味气。

纵然你得上一口好棺材，临死你也穿不上一件干净的衣。

今天脱衣把觉睡，到明天还不知道起呀不起，同志们不信打开棺材去看，全都是两手空空把这双眼挤，人活一世真真不容易，劝大家好好地去珍惜。

这就是一个小段送下去，从头至尾说到底。[①]

这是一篇说书小帽，书词一开始就点出主题"国正天心顺，官清民自安，妻贤夫祸少，子孝父心宽"。接着用人和土地的关系说明人生，比喻用到耧和籽，人吃土、土吃人等，生动形象，充满了农村生活的气息。

一种是生活知识和家庭故事型，有的书帽是十字相接的形式，穿插一些历史故事和日常知识，如：

大十字倒接联

一字好比一架梁，二字上短底平长。

三字分开是川字，四字有口嘴难张。

五字猛虎圈腿顺，六字三点一平常。

七字高跷一条腿，八字好像眉一双。

九字好像辘轳把，十字横顺一般长。

十字上加一撇是千字，赵匡胤千里送军粮。

九字里一条沟是力字，力大担山杨二郎。

八字双碰头是人字，任堂惠一擂冲钢枪。

七字上带白毛是皂字，灶君爷二十三日上天朝玉皇。

① 访谈对象：马莉，女，1969年生，山西省泽州四弦书省级非物质文化遗产传承人；访谈人：卫才华、苗贤君；访谈时间：2014年10月19日；访谈地点：泽州群众艺术馆排练厅。

六字打通笔是大字，孙大圣大闹天宫称过王。

五字加立人还是伍字，伍子胥怀抱小主立柴窗。

四字下骑马是骂字，赵娘娘金殿椅上骂君王。

三字加一竖念王字，王莽拆朝谋汉王。

二字加一竖念干字，干罗十二岁为宰相。

一字加一竖念丁字，丁兰刻木孝敬娘。

丁郎原来忤逆子，后来改为孝敬郎。

干罗十二为宰相，……

王莽拆朝谋害主，二十八宿剐王莽。

赵娘娘金殿骂君王，赵德云碰头金殿死，赵德芳是宋朝的八大王。

伍子胥怀抱小主立柴窗，伍子胥怀抱小主把江过，扑江死了女贤良。

孙大圣大闹天宫称过王，孙悟空大闹天宫称王位，他是老天爷的外甥郎。

灶王爷二十三上天朝玉皇，灶君爷本姓张，灶君奶奶郭丁香。

任堂惠一擂冲钢枪

力大担山杨二郎，二郎担山赶太阳，十三家太保压了十一，只留下一阴一阳朝玉皇

赵匡胤千里迢迢把送军粮送，金簪赐死一命亡。

这就是十字倒接联一个小段，谁要会说不是我的师傅也是同行。[1]

这种十字接连的书词比较常见，难得的是它用形象生动的叙述，教人识字的同时，还加入历史故事，将寓教于乐和生活知识结合起来，体现了乡土生活的智慧。再如沁水鼓儿词艺人张帮炉讲唱的《十字书》。

---

[1] 访谈对象：侯松锁，男，1929年生，陵川县东壁村人，陵川盲人曲艺队原队长；访谈人：卫才华、张小丁；访谈时间：2014年6月30日；访谈地点：陵川县盲人曲艺队排练厅。

十字书

一字好比一道河，二字两画单摆着，
三字好像王字样，四字仅把门关严，
五字盘腿而坐地，六字三点起风波，
七字往上盘着腿，八字两眉斜放着，
九字金钩福前挂，十字穿心两道河。

十字头上加一撇，千岁国公在朝歌。
九字中间加一点，丸药治病不在多。
八字下面架刀子，分家不如同家乐。
七字头上加白字，皂龙皂虎皂山河。
六字下面打个叉，交通交友弟子多。
五字旁加木下加口，梧桐树上凤凰落。
四字下面加马字，骂上曹操表山河。
三字中间降一竖，王孙公子早登科。
二字中间加人字，夫妻同窗夜夜乐。
一字中间加了字，子子孙孙在朝歌。①

  这些书词现在看来都是优秀的儿童启蒙教育素材，具有历史知识的教育意义。还有如侯松锁自编的《陵川乡镇村庄名》，通过鼓书的形式串联了整个陵川的村镇名，用当地方言唱起来又有趣，又能吸引当地观众。当然说书人的表演还是很灵活多样的，有时会有即兴创作，如自己编创的一些"开书文"，这其实相当于开正本书之前的小书段。如侯松锁自编小段，内容主要是维护书场秩序，言说说书给人带来的精神生活的享受。
  新编十句开书文　三三四十字韵：

---

① 访谈对象：侯松锁，男，1929年生，陵川县东壁村人，陵川县盲人曲艺队原队长；访谈人：卫才华、张小丁；访谈时间：2014年6月30日；访谈地点：陵川县盲人曲艺队排练厅。

未开书，先请到，众位乡亲。

坐书场，禁吵闹，高声乱言。

人为本，有劳逸，娱乐健身。

静心听，书中的，来历根源。

听说书，能消愁，也能解闷。听说书，解疲劳，也能开心。

书文中，有营养，身心健康。书文中，有食粮，生精提神。

书中有，治病药，疗效显著。书中有，德才能，智慧无限。

开书文，说到此，书归正传。论听书，唱一段，说古道今。①

还有一种帽头是插科打诨形，这种小书帽以生活素材为主，幽默风趣，夸张讽喻，大多将生活中有趣的插曲串联成篇，有时也带有一些反讽人生的蕴意，类似于现代媒体的"脱口秀"笑话。如《两头忙》：

说南乡，道南乡，南乡有个王家庄。王家庄有个王员外，王员外有个好姑娘。就因为姑娘长得好，一心想找个好对象。正月说媒二月娶，三月生下了小儿郎，四月爬来五月走，六月里会叫叠合（爹和）娘，七月送进难学去，八月提笔写文章，九月上京去赶考，十月的（得）中状元郎，十一月领圣旨去上任，十二月告老还了乡，三十晚上得了个紧症病，不到初一五更死他娘，说他忙真正忙，临死没喝一口饺子汤。我说此话你不信，你去那土地庙里问周仓，为什么周仓塑在了土地庙，这本是老母猪生下了两只羊，这本是两头忙小书一段，流落在民间把笑话讲。②

再如夸张奇特的鼓书《尿床》，更是典型的笑话段子，加上说书人的现场演绎，表情、动作、语气，姿势、手势的变化，活灵活现，观众们经常乐得开怀大笑，这种书段特别受欢迎。

---

① 访谈对象：侯松锁，男，1929年生，陵川县东壁村人，陵川县盲人曲艺队原队长；访谈人：卫才华、张小丁；访谈时间：2014年6月30日；访谈地点：陵川县盲人曲艺队排练厅。

② 秦瑞苗：《朱弦鼓简上的歌》，北岳文艺出版社，2011，第18页。

有位大姐本姓黄，又秃又瘸带尿床。一更天尿湿红绫被，二更天尿湿象牙床，三更天尿湿男人的背，骑着男人当茅梁。鼓打四更还在尿，床底尿成一道江。

老公公咳嗽把河过，老婆婆床下洗衣裳。二十几的小伙子来了三十六个，给床底下了一条大鱼网。

一打打了一条老鳝鱼，总有那碌碡粗来扁担长。

三十六个小伙子心欢喜，拖上鳝鱼进了厨房。

扒了肚，抽了肠，把油盐调料都下上，三十六个小伙吃鱼肉，人人说这鱼肉吃得不香。

小伙子吃鱼心欢喜，尿床大嫂没吃上，没吃上鱼肉心头恼，背上铺盖走他乡。

走到太原尿一泡，冲了榆次、太谷、襄垣、平顺带武乡。

下到长治尿一泡，冲了长子、高平、陵川、巴公、东西两大阳。

走到晋城尿一泡，又冲了南村、大箕、梨川、土河圪拐到铺上。

晋庙铺一见害了怕，大街上赶紧献猪羊，吃了个猪，吃了个羊，跑到大口碗城上，大口岭上尿一泡，冲了博爱、济源和沁阳。

河南人民害了怕，集合乡兵捉尿床。尿床的一见有人抓，一心到郑州去躲藏。

为什么要到郑州去？她知道郑州铁路通得广。

来到郑州因为火车晚点了，只觉得小肚憋得慌，蹲在十字铁路尿一泡，

只冲了安徽、江苏、湖南、湖北、浙江、福建、云南、贵州和两广。

那时崇祯皇帝坐天下，一见水情着了慌。

拨下兵将拿尿床，把尿床拿到金殿上。

万岁一见把话讲，胆大女子敢尿床！

冲了东西不要紧，冲了土地没人交粮。

从今后改正不准尿，寡人封你个尿床王。

让你住到后宫院，宫女太监把你养。

人都说尿床没好处，看人家尿床封成王。

有些大嫂听上俺说书话，天天在家学尿床，

虽然她把全中国冲了个遍，咱有咱崔河（村还）没冲上。

为什么咱村没冲上？多亏俺几个说书的把书唱。①

实际演出的时候，说书人表演形式会随着场合环境变化而灵活调整。老年人群体爱听大本头书目，年轻人和女性爱听笑话小段，说书场上有专门的笑话书。高平鼓书艺人巩元儿讲到一些笑话段子。②如"往东走腿肚朝西，吃饱饭肚子不饥。老丈母碰到女婿，不吭气也是正经亲戚。""天上下雨是阴天，两个五百是一千。四十五天是一个半月，冬天没有夏天热。"笑话小段一般不单独说，是在大本头书目说的中间，穿插演出，调节气氛。比如描写女人容貌俊俏形象的笑话小段："头发黑丁丁，小脸白生生，两只眼睛水灵灵，鼻子不歪不斜恰好长在正当中。"描写穿着滑稽的笑话小段："袖子短胳膊长，穿的衣服露肩膀。你们看看伤不伤。"描写老汉长相的笑话小段："疙瘩瘩脸，圪洞洞眼，黑顶顶胡子三个叉。"这些形容人物形象的口语表现力强，逼真传神，用"接地气"的表达方式展现了说唱艺术独特的艺术魅力。

美国学者欧达伟在研究定县秧歌时讲到"乡村戏曲如此具有魅力，原因之一，恐怕是它是容许农民参与一种戏剧式的游戏。这种戏剧游戏与社会现实的距离适当，给人以安全感。游戏的内容，含有令人神往而又有危险性的思想、愿望、性冲动、道德怀疑和造反空想，以及诸如此类的颠覆或威胁乡村社区的意念等。"③结合泽州四弦书书帽看，夸张的情节、冲荡一切的想象力，这正是说书的乡土艺术特色，源于生活，又超越生活，深刻地反映了民众喜怒哀乐的生活态度，尤其是书词背后隐

---

① 秦瑞苗：《朱弦鼓简上的歌》，北岳文艺出版社，2011，第18页。

② 访谈对象：巩元儿，男，1945年生，高平市东城办事处店上村人；访谈人：张小丁、郑月、苗贤君；访谈时间：2014年12月28日下午；访谈地点：高平市东城巩元儿家中。

③ [美]欧达伟（R.David Arkush）：《中国民众思想史论》，董晓萍译，中央民族大学出版社，1995，第2—3页。

含的性冲动、道德怀疑甚至反抗的野性、身体娱乐的快感。这种介于戏剧与现实的生活关系，基于民众生活中诗意的想象，使得鼓书逐渐形成一套饱含农民文化特色的民间曲艺话语体系，因此特别受欢迎。

在晋东南太行山的一些偏远山区，比如一些煤矿、炼铁厂等地方邀请说书时，工人们会在夜深人静的时候让说书人说唱荤段子。有一次附近村上说书，有位老师傅是盲艺人，这个师傅在村里有个亲戚，他母亲是这村上嫁出去的闺女，他的表弟让说荤段子，人们也谎称没有妇女在场，于是他就说了《爬灰》《捏脚》。说完之后，在场的妇女哈哈大笑，让这个师傅羞愧不已。一般这类书词师傅是不会教的，大多是徒弟们道听途说，在师兄弟们之间私下相互流传得来的。俗语讲"山场窑坡放羊的，不让女人过去"，意思是说这些地方偏僻，多是男性聚集之所，会流传很多低俗的书段，因此女性不便参加。

在偏远的山区，说书是群众重要的精神文化娱乐活动。曲艺队到很多小山村时，有些村庄观众热情非常高，有时一连四小时的演出，大家聚精会神地听书，仍不散场。有个说法叫"宁叫看死，不能叫闷死"，当地民众极力要求曲艺队增加演出时间。所以曲艺队的演出往往是通宵达旦，往往应观众的要求一延再延，增加节目内容。

现在以沁水、泽州、阳城为例，大概保存的书目有近300篇，包括传统书目、新编书目。据1985年《阳城曲艺志》记载，阳城艺人能够演唱的曲目共360种。其中传统曲目200多个，现代曲目共有80多个。新编古代书目30多种。只能演唱一小时以内的曲目为短篇曲目，当地人称"帽头"或"书帽"。能够演唱二至六小时的为中篇书目，故事曲折、枝蔓相连，情节感人、有说有唱。连续演唱六个小时以上的为长篇书目，当地人昵称"大本头"。从体裁上划分，阳城曲目可分为韵文体和韵散相间体。韵文体为三、六、五、七、十等不同长短句的句格，合辙押韵地进行演唱。如《阳城道情》的传统曲目和阳城鼓儿词等曲种的曲目，散韵相间体是自由句式的演唱和合辙押韵的演唱交替进行的曲目。[1]如以下《阳城曲艺志》中搜集整理的鼓书书目表。如表2-1、2-2、2-3。

_____

① 李呆庆:《阳城县曲艺志》(手写稿),内部资料,1985。

表 2-1

（一）传统曲（书）目表

曲（书）目名称	别称	传授口述笔录	所属曲种	篇幅
包公案			阳城鼓书 鼓儿词	长
施公案			阳城鼓书 鼓儿词	长
彭公案			阳城鼓书 鼓儿词	长
金鞭案			阳城鼓儿词	长
丝绒记			阳城鼓书	长
三洪传			阳城鼓书 鼓儿词	长
罗沙记			阳城鼓书	长
大八义			鼓儿词鼓书	长
小八义			鼓儿词鼓书	长
隋唐演义	说唐		鼓儿词	长
大明英烈			鼓儿词	长
回龙传			阳城鼓书	长
访松江			阳城鼓书	长
访江南			阳城鼓书	长
刘公案			阳城鼓书	长
蜜蜂记			阳城鼓书	长

曲（书）目名称	别称	传授口述笔录	所属曲种	篇幅
乌巾记			阳城鼓书	长
五女兴唐传			阳城鼓书 鼓儿词	长
小货郎翻箱			阳城鼓书	中
金镯玉环记	雷公子投亲		阳城鼓书	长
拷打追湘			阳城道情	短
七仙点化			阳城道情	短
相十八救母			阳城道情	短
尼姑思凡		笔录	阳城道情	短
何金龙算卦			阳城道情	短
唐王游地狱			阳城道情	短
对金钗			阳城道情	短
五行山			阳城道情	短
猪八戒招亲			阳城道情	短
拉老汉		笔录	阳城道情	短
烧灶			阳城道情	短
百花四季	盼四季	笔录	阳城道情	短
渡林英		笔录	阳城道情	长
王祥卧冰		口述	阳城鼓儿词	短
原小拖把		口述	阳城鼓儿词	短
于二姐求子		笔录	阳城道情	短
九子十成		笔录	阳城道情	短

表2–2

（二）整理改编的传统曲（书）目及现代书目

曲(书)目名称	原名	整理改编者	整理改编时间	所属曲目	篇幅
杨家将			1980年		
呼家将	呼杨合兵		1980年		
岳飞传			1979年		
拷红		张萍	1959年		
高文举夜宿花亭		常月季	1983年	阳城鼓书	
梁山伯与祝英台		常月季	1980年	阳城鼓书	
三侠五义	包公案	张萍	1977年	阳城鼓儿词	
秦颖征西		何成福	1980年	阳城鼓书	
昭君和番		常月季	1989年	阳城鼓书	
唐王探病		常月季	1989年	阳城鼓书	
王员外休妻		何成福	1989年	阳城鼓书	
小女婿		张萍	1981年	阳城鼓书	
走亲戚			1981年	阳城鼓书	
包公赔情		常月季	1979年	阳城鼓书	
杨宁英赶金娥					
小两口争灯					
两情愿					
访昆山					
双锁柜					
桂乡转变					

续表2-2

曲(书)目名称	原名	整理改编者	整理改编时间	所属曲目	篇幅
红军回乡					
石不烂赶车					
小二黑结婚					
考神婆		赵树理	1963年	阳城鼓书	短
烈火金刚		韩军	1965年	阳城鼓儿词	长
吕梁英雄传			1957年	阳城鼓儿词 阳城鼓词	长

表2-3

（三）新编及创作曲（书）目表

名称	作者	所属曲种	发表出版情况	篇幅	首演时间
捉妖记	卫钦之	阳城鼓儿词		中	1963年
斗魔记	殷士肤	阳城鼓书		长	1965年
求神与求医	王建业	阳城鼓书		短	1981年
宝宝落网记	王建业	阳城鼓书		短	1982年
李玉巧斗胡半仙	常月季 杨廷贤	阳城鼓书		短	1964年
桥头相会	常月季				
小家	常月季				
相亲	常月季				
计划生育好	常月季				
孩子多了累坏娘	常月季				

名称	作者	所属曲种	发表出版情况	篇幅	首演时间
夜明珠李银保	刘金棠	阳城鼓儿词			1943年
汪精卫十大罪状	刘金棠	阳城鼓儿词			1943年
史桂英劝夫参军	刘金棠	阳城鼓儿词			1944年
人民功臣焦五保	刘金棠	阳城鼓儿词			1947年
反内战卖国	刘金棠	阳城鼓儿词			1946年
荆轲刺秦王	赵培库	盘亭鼓词			1961年
群英会上挑女婿	张天林	阳城道情			1979年
六大嫂赶集	张天林	阳城道情			1980年
新婚之夜	韩石多	阳城道情		短	1983年
找水		盘亭鼓词		短	1974年
放风筝	李晓晚	阳城道情		短	1985年

　　说书的内容有程式化的特点，例如书词一般格式为"二二三"的七字句等。在实际的表演场景中，主要靠艺人本身的语言、神态、动作、造型等综合表现书词艺术。俗话讲"听旧书，不是奸臣作乱，明公巧断，就是公子遭难，小姐养汉。"在传统书目中，很多内容是公案小说、历史演义、才子佳人等。因此有的艺人在学书时，时间长了，就会记住许多专用的套词，描写女性角色的发饰，形容前梳"昭君抱琵琶"，后梳"霸王乱点兵"，中间梳了个"童子拜观音"。如《金镯玉环记》《五女兴唐传》这些长篇书目中，关于小姑娘丫鬟的打扮、人物描写、上楼下楼等动作，非常细致，说书人能熟练掌握这些书词，其他鼓书本子也就比较容易记住了。

　　同样一个书目，艺人能够在演出中根据客观时间、听众、角色身份等众多因素，决定内容长短，每一次表演的唱词也会有相应的改变。所以说书人口中的文本时刻处于开放的状态，每一次的表演都是一次再创作的过程。事实上民间艺人活跃在城乡礼俗社会中，在实际的表演过程中往往不会以艺术种类来划分，他们大多精通多种说唱艺术，乐器方面吹拉弹唱，说唱时既会鼓书、三弦书、快板，也会道情、琴书等，甚至还可以表演上党梆子戏。现实生活中，很多说书艺人没有单独的演出团体，临时组合演出，会跟着八音会跑场子参加红白喜事，在其中串演小节目，或说段鼓书，或者临时当乐师。在具体说书活动中，大本头书目完全可以简化成几个小段来讲唱，一般艺人会按"贯"说书，一贯大概就是两小时。说唱文本的长短，根据表演需要，增减内容和细节，进行有效的情节伸缩处理。说书的艺术特点主要有：其一，灵活性。多数中长篇书目都是"活口""活词"。艺人只凭主要故事情节，顺着"书路"临场发挥，即兴创作。多数中长篇书目主要"书路"一致，故事情节略同，而其中的"书趣"都大不一样，充分显示了艺人们的聪明才智及其创造性。其二，程式化。在说唱过程中，艺人们演唱的精彩唱段，逐步由"活口"到"死口"，被固定下来。如"歌赋""服饰赋""兵赋""战马赋"和表现"武器""住宅""面目"等，都具有程式化的特点。其三，有浓郁的农民文化特色，艺人多是来自农村，所以能够紧紧抓住农民的心理，常以风趣逗乐来引起听众的共鸣。[1]

书词的底本来源和题材选择是太行山说书人能动的艺术表现方式。从太行山南端的陵川说书人来看，陵川书词历史悠久，数量繁多，留存书目篇数却难统计。主要因为说书灵活轻便的特点，使其充满了不确定性，艺人不会照本宣科，每次表演都会有变化，甚至现编现演，所以大多数说书活动都是口传心授，缺少或不需要文本记录。从内容看，主要有传统书词和现代书词，现在的实际表演中以现代书词居多，具体有80余篇传统书目，200余篇现代书目，其中有近20篇整理和改编的书目。[2]

从演唱时间划分，书词又可分为短篇、中篇、长篇。能演唱一小时以内的书词为短篇，习惯上称为"小段"；能够连续演唱一至三场的，为

---

① 李呆庆：《阳城县曲艺志》(手写稿)，内部资料，1985。

② 赵喜胜：《陵川曲艺志》，内部资料，2003，第61页。

中篇①；能够连续演唱三场以上的，为长篇，俗称"大本头"。小段一般为韵文体，有个别曲种的短篇曲目是散韵相间体，中长篇的故事情节曲折婉转，有说有唱，现存影响较大的小段有上百篇，中篇近20篇，长篇50余篇。如表2-4、2-5、2-6。

表2-4

陵川传统曲（书）目表②

曲（书）目名称	别称	所属曲种	篇幅	备注
包公案		陵川钢板书	长篇	
刘公案		陵川钢板书	长篇	
徐公案		陵川钢板书	长篇	
彭公案		陵川钢板书	长篇	
施公案		陵川钢板书	长篇	
海公案		陵川钢板书	长篇	
九头案		陵川钢板书	长篇	
响马传		陵川钢板书	长篇	
香灵传		陵川钢板书	长篇	
五虎传		陵川钢板书	长篇	
列女传		陵川钢板书	长篇	
新国传		陵川钢板书	长篇	
水浒传		陵川钢板书	长篇	
岳飞传		陵川钢板书	长篇	失传

---

① 陵川说书时间以"场"为基本单位，一场为两小时。

② 这些书目表根据2003年《陵川曲艺志》中搜集整理的部分书目编制而成，多数书目传唱至今。整理改编的传统书目现代书目、新编书目根据2003年《陵川曲艺志》中搜集整理的部分书目编制而成，因篇数较多，未能全部列出。

续表2-4

曲（书）目名称	别称	所属曲种	篇幅	备注
武松传		陵川钢板书	长篇	
回龙传		陵川钢板书	长篇	
三洪传		陵川钢板书	长篇	
三龙二虎传		陵川钢板书	长篇	
五女兴唐传		陵川钢板书	长篇	
割肝救母		陵川钢板书	中篇	
朱买臣休妻		陵川钢板书	中篇	
樊梨花招亲		陵川钢板书	中篇	
打登州		陵川钢板书	中篇	
郭巨埋儿		陵川钢板书	短篇	
摘豆角		打权	短篇	
十二个月对花		十不闲	短篇	

表2-5

整理改编的传统曲（书）目及现代书目

曲（书）目名称	原名	整理改编者	整理改编时	所属曲种	篇幅	备注
打倒汉奸		焦存福整理	1945年	快板	短篇	
小日本滚蛋了		李五云整理	1945年	陵川丝弦书	短篇	
参军上前线		魏永安整理	1946年	快板	短篇	
担着小米下河南		司江沄整理	1947年	小演唱	短篇	
夫妻上夜校		王长发整理	1952年	表演唱	短篇	
喜唱丰收		焦存福整理	1958年	鼓乐坐唱	短篇	

诚则灵治牙疼	治牙先生	侯松锁改编	1964年	陵川钢板书	短篇	
赶会		王长发整理	1965年	顺口溜	短篇	
七块八		侯松锁 侯安凤整理	1971年	陵川丝弦书	短篇	
仨女婿		侯松锁 侯安凤整理	1972年	陵川丝弦书	短篇	
两头难	当儿难	赵喜胜改编	1980年	潞安鼓书	短篇	
退指标		侯松锁 侯安凤整理	1983年	陵川琴书	短篇	
王祥卧冰		赵喜胜整理	1979年	陵川钢板书	短篇	传统曲目
王员外休妻		赵喜胜整理	1980年	陵川钢板书	短篇	传统曲目
盼十八		赵喜胜整理	1980年	苏村道情	短篇	传统曲目
闹五更		赵喜胜整理	1980年	苏村道情	短篇	传统曲目

表2-6

新编及创作曲（书）目表

曲（书）目名称	作者	所属曲种	发表出版情况	篇幅	首演时间
模范教师赵景保	韩文洲 杨德进 焦存福	陵川钢板书	《山西文艺》 1950年第5期发表	短篇	1950年
王小英离婚	魏永安	陵川钢板书	《山西文艺》 1950年发表	短篇	1950年
李保川担炭	王长发	陵川钢板书	《山西文艺》 1951年第12期发表	短篇	1951年
会道门信不得	魏永安	陵川钢板书	《山西文艺》 1951年发表	短篇	1951年
李秀英募书	王长发	陵川钢板书	《山西日报》 1951年11月24日发表	短篇	1951年

快板二首： 学文化 宣传模范秦昌锁	王长发	快板	《山西日报》 1951年11月发表	短篇	1951年
秋耕好	王垦	陵川钢板书	省《宣传手册》1951年发表	短篇	1951年
放火案	焦存福	陵川钢板书	《山西文艺》 1951年发表	短篇	1951年
贵梅学文化	王长发	陵川钢板书	省《宣传手册》1951年 第13期发表	短篇	1952年
赵俊山护林	王垦	陵川钢板书	《说说唱唱》1952年发表	短篇	1952年
夜斗东山岗	司江沄	陵川钢板书	《山西文艺》 1955年发表	短篇	1955年

　　陵川县盲人曲艺队老队长侯松锁介绍说："现在这些书词来源不固定，来自全国各地。有的书是老师口传，有的书是同行口传，或者借用书本，健全人念一句，盲人记一句。哪里有书词，就到哪里学。但是口传的本子最终也来源于书本，比如小说、散文、山东快书、评书等，最早上溯到哪里，我也不太清楚。"①这不仅说明书词来源广泛，通过同书目文本内容比较，这类传统书词和其他口传文化一样并非盲人独立创作，很多书目是经过文人改编、整理的书面文本共同影响定型的。

　　这些传统书词是怎样进入说书艺人的表演艺术呢？现在乡村流传的长篇故事多为明清传统故事。这些"故事"与文学体裁中的"小说"或戏剧的题材相重合。"章回体小说"的结构和"说书"中独立的故事表演单元相同，如长篇书目《包公案》《刘公案》《西游记》，这些经典故事传播范围广，还发行了很多刊行本，这些素材成为说唱艺术重要的底本来源，同样的脚本可以套用多样的曲调演唱，如既有河南坠子的《包公案》，也有陵川钢板书的《包公案》。说唱文本更多的是口头流传，随着

　　① 访谈对象：侯松锁，男，1929年生，陵川县东壁村人，陵川县盲人曲艺队原队长；访谈人：岑建如、刘国臣；访谈时间：2016年7月7日下午3:50；访谈地点：陵川县盲人曲艺队排练厅。

口传途径和艺人演出方式不同，故事的细节及演唱文本也形态各异。另一方面，这些书词也会受到外来曲种如评书、山东快书的影响，像《岳飞传》《武松传》这样的长篇书词非常丰富，艺人把这些脚本吸收过来用陵川钢板书的本地曲调进行表演，从而形成自己的书词。

在曲艺说唱表演中，也有一些改编创作书词的"艺人"，主要创作现代书词。据调查传统书词几乎已成型，很少进行再创作，现代书词则因为其时效性会被不断编创成为新作品。创作者在"编材料"时提前不预设用哪种体裁来表演，因为无论是鼓书还是小戏都可以用共同的书词来呈现，只是曲调不同，表演的效果也不尽相同。

> 编书首先得有材料，就像《棋迷》，起码得先有材料，这个作品内容源于有一次我去厂里宣传，工人出事了，他们的主任却不管不顾还沉迷于下棋，很不重视工人的生命安全，我看见了就把这个写出来编成现代书词，暗讽这一类人。还比如《核心价值观》这个作品，2003年《中国作品集》提到这个，我就把其中的内容也编进去。其次，写作要有灵感，有故事情节的合理安排，人物，时间，地点，情节的发展等。最后，在字句上，上下要和韵，上下字数对称，讲究押韵。有的长有的短，还要注重排比，点出关键要害。有时候说完四句提纲还要说三个字，就是书帽头，起引下的作用。字数上具体问题具体分析，有七个字藏头诗，还有别的格式。①

书词生活题材有些是亲身经历、感同身受，有些则是根据书面材料或者电视广播。如果是宣传典型人和事，则需要实地考察当地的特色，把这些内容编成作品融入演出，才会显得切实可信。其次，面对纷繁复杂的材料该如何筛选呢？陵川县盲人曲艺队队长靳文莲介绍说，拿到宣传材料后，开始编创鼓书。比如去土地局演出，先查阅与土地局相关的资料，结合宣传单，把重要的、有特色的内容标记出来，以便创作，在

---

① 访谈对象：王松臣，男，1952年生，陵川县盲人曲艺队退休队员；访谈人：岑建如、卫才华；访谈时间：2015年11月2日晚；访谈地点：陵川县盲人曲艺队员工宿舍。

脑海中形成作品框架后，再去构思故事细节，这是最费心思的地方，比如人物的设计、情节波澜、矛盾冲突等。①

鼓书编创的具体手法，有开头、中间和结尾。开始把要表达的意思唱进去，多用四句诗的形式作为开头，也叫四句提纲，语言合辙押韵，内容有谚语、笑话、增广闲言，也有现实感受，还有的即兴发挥、烘托气氛、吸引听众，或者提示书本内容、风趣活泼。如"百般生意好做，唯有说书难习，渔鼓简板非容易，千言万语牢记。""墙上画马不能骑，骆驼拉磨不如驴，要亲还是亲生子，娶媳妇不如娶闺女"②。四句诗道罢开正文，在唱词方面，要特别注意押韵，俗话说："说书不懂韵不是好把式"③。说书人在说书时尤其要注重押韵，北方戏曲、曲艺界通行的十三道大辙基本相同。这十三道大辙是：发花辙（韵母为a、ia、ua）、波梭辙（韵母为o、uo、e）、一七辙（韵母为i、ü）、灰堆辙（韵母为ei、ui）、怀来辙（韵母为ai、uai）、夭条辙（韵母为ao、iao）、油求辙（韵母为ou、iu）、姑苏辙（韵母为u）、乜斜辙（韵母为ie、üe）、言前辙（韵母为an、ian、uan、üan）、江阳辙（韵母为ang、iang、uang）、中东辙（韵母为eng、ing、ong、iong）、人辰韵（韵母为en、in、ün）④。具体内化到艺人创作材料时，会转化为地地道道适合自己的押韵法则，即十三韵："走东卧，到西房，二八佳人进厨房"，这是艺人口传的十三韵法则，每个字都代表着相应的韵母，其中还有"四大韵，八小韵"的说法。四大韵：工声韵（传统书常用）、苍浪韵（小书段常用）、招老韵、揣百韵。⑤鼓书编创经常用四大韵，八小韵比较少用。而且创作鼓书用的工声韵比较多，编短篇书苍浪韵比较多⑥。那到底如何押韵呢？一般押下

---

① 访谈对象:靳文莲,女,1974年生,陵川县盲人曲艺队队长;访谈人:岑建如、卫才华;访谈时间:2016年7月5日晚;访谈地点:陵川县盲人曲艺队排练厅。

② 秦瑞苗:《朱弦鼓简上的歌》,北岳文艺出版社,2011,第18页。

③"好把式"指精于说书技艺的人。

④ 赵喜胜:《陵川曲艺志》,内部资料,2003,第89页。

⑤ 此处为笔者音译,不代表全部韵调的标准化标注。

⑥ 访谈对象:靳文莲,女,1974年生,陵川县盲人曲艺队队长;访谈人:岑建如、卫才华;访谈时间:2016年7月5日晚;访谈地点:陵川县盲人曲艺队排练厅。

句最后一个字不押上句，下句最后一个字必须同韵，上句可以不同，比如二、四、六、八、十句等偶数句都得押韵。如果上句最后一个字也用一个韵更好，说明创作者的功底很深厚。一个作品最好是一韵到底，在内容上，上句和下句基本是补充的。如根据"三严三实"创作的《严实就是宝中宝》开头是顺口溜："打起竹板响铃声，我说快板请你听。"这就是押下韵"听"，押"ing"，属于工声韵。再比如书词中有："当今国兴民强盛，'两学一做'方向明。十三亿人民紧跟党，同心共筑中国梦。"这也是工声韵，合"ing"韵。现代书词创作对素材有限制，创作时必须严格遵循原政策材料内容，还要注意押韵，句长要适当，要求能说能唱，所以押韵也考验书词编创者的能力。

除押韵以外，句式也有很多讲究，唱词一般有七、九、十、十二字句，左右出入两个字。根据材料内容决定使用哪个字句，七字韵是最常用也是最容易唱的句式，说唱较为顺口。政治宣传材料字句较长，一般有十几个字，没有固定的格式。如果定为七字句，创作者一般只考虑押韵，较少考虑如何去唱，不过也有前三后四的讲究，也就是三字头四字尾的形式，这样唱起来娓娓动听，很有律动感。与之对应的是，九字句的词格①通常是"三三三"三个字节，十字句"三三四"三个字节。也有三四三、四三三之说，艺人在表演时，自己调整节拍和节奏，如"朱洪武/坐南京/风调/雨顺"，这是四拍，前三个字是一拍，最后四个字是两拍。还有"迈大步/急急忙忙/往/前行"这是四拍，最后三字也要两拍完成，如果是一拍，调和韵就不合拍，需要协调乐器伴奏。编书也要讲究对称，一个书目编好就都是三字头，如"三三四"的句式。"三字头，四字尾"无论在哪个句式中的运用都很普遍，如："急匆匆，返还家乡""坐南京，风调雨顺"。

在说唱的安排上，说白一般不多于唱词，以唱为主。押韵和句式的安排是创作好书词的关键所在。相比大本头书目，小书与文字书词的关系更为密切一些，虽然盲艺人之间也有一些抄本流传，通常由明眼人帮助盲人记忆，更多的是由师傅口头传授，盲艺人心记，也就是"口传心

---

① 即句子中各音节之间连与断的组合模式。

记"的方式。由于小书多是七言句等格式整齐的韵文体，适于背诵，所以小书的书词传承很严格，艺人在学会小书后才进一步学习中、长篇书目。就学习方法而言，有艺人作了以下介绍：

学小书之前还要先学书帽，因为先说书帽，才能开书。七字句居多，最少有十句，最多一百句左右，大约十分钟，也可称为小段，基本是一个人说。与大本头不同的是可以有头有尾地唱完，就是一个完整的小故事，内容以逗笑或者是有教育意义的小故事，逗笑的居多。那时候我们看不见，都是师傅口传，说一句我跟着念一句，没有抄本，师傅先带我们熟悉内容，刚开始是一句一句教，后来熟悉了就四句四句教，再后来就是十句十句教。教完后，我就每天白天自己记，忘了就和同伴交流，两三天后书帽学会了，开始学小书，有两百句以上，比如《王祥卧冰》《朱买臣休妻》《王员外休妻》。小书长的话也得学上把月才能学成。之后才开大本头，但是大本头更长，想一次性学完更费时间，由于每个大本头里面还有很多小故事，我们就先学其中的小故事，其实也算中篇，比如《刘公案》头一段，刘大人出京，一开始遇到左连成告状，这就是《左连成告状》，之后出来京城，又遇见旋风告状，他就要给他断案了，又叫《旋风案》，之后还有《黄爱玉上坟》等小段书目。能完整说几个大本头就很优秀了。①

我们都是（由）老师傅的老师口传教授，我能看见，师傅说一句，我就抄一句，学剧本的词我都抄下来，那时候我白天抄，晚上背。我学《三洪传》就是拆开学的，这个太长，一个人说不下来，老传统的学得比较少，新的比较多。《刘公案》中的故事也都有联系，我学的里面的《左连成告状》，大概唱十个小时，三天五场。还有《黄爱玉上坟》也能唱五六个小时，配上小段就能说五六场，基

---

① 访谈对象:侯松锁男,1929年生,陵川县东壁村人,陵川县盲人曲艺队原队长;访谈人:岑建如、刘国臣;访谈时间:2016年7月7日下午;访谈地点:陵川县盲人曲艺队排练厅。

本上是三到四天。具体学多长时间要看个人能力。学得时间长了，看看老本头大体一背就行，它有固定的程式，记住人物、地点、名字，朝代，其他故事情节都几乎一样。主题一样，老本头"工声"韵多。比如"姑娘观花"，不管哪个姑娘都是那样观花，或者说姑娘长得好看，都有一套词描绘她，都一样，学会这段，到哪个书也能用，都是通用的。在相当熟悉的时候或者资历深了还可以加入现场情景来描述姑娘长得好看。①

综上所述，无论过去还是现在学习说书，学习大本头书目，必须从小书段、书帽开始学，那么面对如此纷繁复杂的书目，要背诵的书词内容很多，还要完成表演，艺人又是怎么处理的，在背诵的过程中有什么规律和技巧吗？这里可以借鉴口头诗学理论方法来阐释说书人的这一"创作"特征。

"口头诗学"理论认为程式是"在相同的格律条件下，为表达一种特定的基本观念而经常使用的一组词"②。程式由说书人群体共享和传承，并反复出现在艺人的文本中。首先，书词说唱中有表现故事人物姓名和常见事物的程式，如书词中的男主人公的姓名大都是"×宝童"，如杨宝童（《杨宝童投亲》）、魏宝童（《魏宝童投亲》）等，还有表示行为发生的时间、地点，代表性的时间程式有"一眨眼""霎时"等，地点程式则为"××城""××村"，它们在说书人的表演中反复出现。其次，在句式和韵律上也有体现，说书的唱词是七字和十字句为基本句式，而且句型多是"三字头，四字尾"而且长篇书词多为"工声韵"，偶数句押韵，正是这一固定的程式，使得创作者和学习者找到了很多技巧去编创或者记忆。另一方面，在书目叙述模式上也表现出一定的程式，书目一般都以四句诗开头，四句诗道罢就说正文，正文一般都用"说的是"三

---

① 访谈对象：靳文莲，女，1974年生，陵川县盲人曲艺队队长；访谈人：岑建如、贾志杰、刘国臣；访谈时间：2016年7月7日上午；访谈地点：陵川县盲人曲艺队特教班。

② [美]阿尔伯特·贝茨·洛德（Albert B.lord）:《故事的歌手》，尹虎彬译，中华书局，2004，第30页。

个字引出，这就是程式，这些程式是基本的类型。说书人熟悉这些书词表演的艺术程式，因此也可以灵活自由地即兴发挥。

程式作为一个完整的单元反复出现，最终固定下来成为唱段，这就是"主题或典型场景"，与程式不同，程式表现为词或语言单元，主题则是完整的唱段，书词中有很多重复出现的唱段，如："梳妆段""打杀段""点兵段"等，这些唱段在艺人学艺过程中非常宝贵，而且很灵活，只有学会这些段子，才能丰富说书内容，易于牢记书词。如对各种角色的描写，通过容貌、服饰、动作等，比如形容"小姐梳头"：

> 架子上摘下花汗巾，
> 桂花胰子苏州粉。
> 象牙梳子杭州造，
> 雕花座镜子放光明。
> 左边梳个盘龙髻，
> 右边又梳水磨云。
> 盘龙髻上扎了个灵芝草，
> 水磨云旁垂了个玉麒麟。
> 前梳昭君抱琵琶，
> 后梳秦王乱点兵。
> 当头上梳起两盘龙，
> 鬓角上插了一朵海棠红。①

这些唱段是稳定的，传统艺人仅"小姐梳头"就可以说一个小时。②事实上，这些唱段在当地也被称为"包袱"，说书人经常表演"抖包袱"。还有形容"美食"的包袱，比如丈母娘招待女婿时要摆很多美食，说书

---

① 访谈对象：靳文莲，女，1974年生，陵川县盲人曲艺队队长；访谈人：岑建如、贾志杰、刘国臣；访谈时间：2016年7月7日上午；访谈地点：陵川县盲人曲艺队特教班。

② 访谈对象：靳文莲，女，1974年生，陵川县盲人曲艺队队长；访谈人：岑建如；访谈时间：2016年7月5日晚；访谈地点：陵川县盲人曲艺队排练厅。

人要具体细致描述：仙居的"八大碗"有钟离翻碗肉、仙姑肉皮泡、国舅泡鲞、采荷莲子、湘子海参、铁拐敲肉、洞宾大鱼、国老豆腐，还有山珍海味等，应有尽有。像这类形容事物的"包袱"有很多，比如《左连成告状》里就有一段描写寺院的唱段："走进大寺院，看到前面摆了一张八仙桌，桌上放了两个花瓶，正墙上贴了一幅佛像，左边挂着八仙过海，右边是姜太公钓鱼"。学艺期间的书词积累丰富以后，表演新书时可以把之前积累的"包袱"用到新书中，如再说寺院时也可用这些词语描述，内容要符合情理，符合场景，还要注意押韵。

　　说书人维持表演文本内容的程式性，并不断重复讲述同一故事类型的基本主题和核心内容。如果说书人不遵守模式就演出某一叙事文本，那么受众就认为这位说书人不会说书。对听众而言，相对稳定的模式是一种"预期"，对说书人而言，模式是"标准和依据"[1]。

　　说书人在口头讲唱时，彼此享有同类型的故事，这些故事不仅内容相似，情节发展也表现出高度模式化和程式化的特征。同时，唱段积累丰富的时候，就可以发挥灵活的舞台表现力。"口头艺术和书面艺术的区别只能在表演的层面上才能理解，口头艺术是口头演唱的，书面艺术也可以口头演唱，但重要的不是表演，而是表演中的创作。"[2]表演的多样性恰恰在于它的"即时性和创造性"。

　　说唱表演时可以随机应变地"创造"，但是故事的整体框架不能变，只可以增删具体的细节内容，比如书词字句的变化。如《割肉还娘》的现场表演和书词记录就稍有不同（见表2-7）。

---

　　① 万建中：《民间文学本体特征的再认识》，《北京师范大学学报》（社会科学版）2004年第6期。

　　② 溥特乐图：《表演、文本、语境、传承：蒙古族音乐的口传性研究》，上海音乐学院出版社，2012，第26页。

表 2-7

《割肉还娘》书词与演出文本的对照①

原书词	演出文本
三个人来到吴家堡	三个人路过吴家堡
问大娘,朗朗乾坤千条路	老太太,朗朗乾坤千条路
你为何自暴自弃犯糊涂	你为什么这样自暴自弃犯糊涂
一听说他是官家到	一见他是官家到
我无路可走到穷途	走投无路我就到穷途
如何逃过这一难	如何躲过这一难
我娘养我到十七岁	我娘养我一十七年
判不公,草民我还不服输	判不公道我不服
两眼望着生身母	两眼看着生身母
累弯脊梁累断骨	累弯了脊梁累断骨
往事桩桩件件眼前浮	往事一桩桩一件件眼前浮
双手冰冷浑身枯	浑身枯双手冰冷
铁石心肠又复苏	铁石心肠他复了苏
吴小虎痛心疾首放声哭	吴小虎痛心疾首放声哭、放声哭

说书人的表演灵活自由,可以依据现场情况和表现力控制表演文本的重点和长短。在故事情节基础上,替换语句,用自己的语言编织文本,在个别程式中做了替换,如用"躲过"代替了"逃过","路过"代替了"来到",如"我无路可走到穷途"变为"走投无路我就到穷途","双手冰冷浑身枯"唱为"浑身枯双手冰冷",语序的运用也很灵活。很显然的是,说书人将书词的书面语变成了通俗的口语,如将"望着"改成"看

---

① 这里将书面文本的书词和艺人现场演出文本相比较,汇总整理。

着"，"为何"变成"为什么这样"，"铁石心肠又复苏"变成"铁石心肠他复了苏"，还有在词中主动加入人称代词的情况，这些表明说书人在民俗语境中的表演不是孤立的行为，而是在与观众共同建立的互动交流中完成"二次"艺术作品。

第三章　说神书：
太行山说书艺人的仪式性特征

　　神书是一种在太行山区域民间信仰活动中特殊的曲艺说唱形式，常见于乡村庙会的酬神仪式与家户请书的还愿仪式中。神书艺人是指围绕"祭神还愿"的仪式过程而进行书词表演的艺人群体，一般说书人都会掌握"说神书"的核心本领，因此神书艺人群体其实也是指说书人的一种仪式性身份，实际生活中很少有单一从事说神书的艺人，大都身兼文娱表演和仪式说书的双重身份，这类书词表现出突出的"仪式性"特点。无论红白喜事，还是节日庙会，当地百姓都要请艺人说书，酬谢神灵庇佑。[1]

　　广义上以"酬神"为目的的说书就是"神书"，一般分为庙会书与家书。庙会书一般是指在庙会期间、神灵诞辰日或者神庙开光时，由村庄或者个人集资说书讲唱，作为庙会祭祀仪式活动的部分；家书具体指因家户许愿而形成的请神送神的仪式书活动。

　　神书展演在演艺市场中占有重要比重。无论是个人、家庭还是跨村落集体的信仰祭祀活动，都有神书表演的参与。虽然不同情境对神书功能的需求不同，但是总体上看神书表演在太行山区域的乡村祭祀仪式上存在着普遍性。另外，由于一场完整的神书表演需要经历订书、表演、仪式等具体过

---

　　[1] 本章节的相关讨论，另见刘重麟：《说书与敬神：太行山神书艺人的调查研究》，山西大学2020届民俗学硕士学位论文，指导教师：卫才华。

程，可以充分体现村落参与主体的分工、合作与联系，说书作为祭祀。

第一节　神书、做功与艺人生活

神书又称"口愿书""神戏""神棚书"，它通常在个人或群体围绕许愿而形成的仪式活动中表演。目前，学者们对神书进行了不同的分类。孙鸿亮从曲艺的表演形式出发，将说书分为"坐场书"与"走场书"。"坐场书"是指盲艺人怀抱三弦或琵琶，腿绑甩板，独自坐场说书。"走场书"是两人或多人组合表演的形式。[①]

有学者从仪式功能出发，将神书分为"喜庆书"与"还愿书"。喜庆书多指给老人祝寿、婴儿过满月、盖房开工竣工之时，说书也含有托神灵保佑之意。还愿书是还愿酬神性质的，即家中有人患病或为了求子孙而向神许愿，病人痊愈、媳妇分娩后，以报答神灵而请人说书。此外，有些乡村会在每年正月十五至清明之间，举行"禳瘟神"仪式，其内容主要由艺人说"神书"，以求消疾免病，人畜安康。晋东南太行山区主要有两种形式的神书，一种是在"春祈秋报"时所说的神书，酬谢的对象不同，其中以酬谢"五谷神"最为普遍。另一种主要是应家户需求，以说书还愿，所谓"出口为愿""有愿必还"，这时所说唱的书目称作"愿书"，也是神书的一种形式。

在太行山地区的农村，神书艺人大都是男性盲艺人，生活上难以从事其他行业，为了谋生多会从事曲艺说唱，常常处于社会底层和边缘。一般来说神书艺人先要拜师学艺，出师时师傅才会传授神书要诀。在具体调查中，部分艺人也将自己的从业经历总结为"仙人神授"。神书艺人往往家庭困苦，生活拮据，遭遇怪病，但通过"仙人"指点战胜病魔，此后一直从事曲艺表演。他们与民间师婆、阴阳合作，为农村家户"过事"酬神表

---

① 孙鸿亮：《陕北说书研究》，天津人民出版社，2011，第18—20页。

123

演，这类演出又被称为"做功"。

一、祖师爷传艺：入行前的苦难遭遇

太行山区的神书艺人分为两类：一是出于现实目的，学一门技艺维持生计；二是出于信仰，将学艺视为神灵的旨意，以四方游艺作为谋生本领。在民间信仰活动中，神书表演的艺术性并不是主家关心的焦点，请书能否使愿望更加灵验才是仪式展演的重点。如果说灵验与否是以结果来评价仪式行为，那么在此之前主家又是如何评价艺人好坏呢？在具体调研中，艺人的"名声"对其市场的影响力有很大的关系。这里的"名声"不仅仅包括艺人的表演能力，还包括艺人人品、传奇经历与通神能力。艺人的神圣的仪式身份也取决于世俗生活的个人名声。换句话说，艺人在日常生活中人际关系、处事方式都是衡量说唱市场的重要因素。若是艺人想在行业内拥有更高的权威与信服力，大都要塑造自我"苦难又神奇"的入行经历。

襄垣县鼓书艺人王俊川现为襄垣鼓书国家级非物质文化遗产代表性传承人，[①]出身清贫，生父在外从事吹鼓表演养家，从小被送进了养生堂。一岁时被家境殷实的养父收养，成为家族中的独子。一场大病让他危在旦夕，养父请到一位神医治疗，病愈后却双目失明。后来家中遭遇变故，养父去世，与姐姐、母亲相依为命。由于家里缺少劳动力，经济十分困难，为了谋生拜盲艺人为师学习曲艺。他在《曲艺生涯六十年》回忆录里也谈及自己的入行经历：

> 1938年农历七月二十六，我出生于一个长工家庭，家里五个孩子，生活拮据。姐姐病逝后，父亲为了能多赚点钱养活家人，辞掉固

---

① 王俊川(1938—   )，襄垣鼓书盲艺人，襄垣县城关镇西关村人。山西省曲艺家协会会员，襄垣鼓书国家级非物质文化遗产代表性传承人。8岁时双目失明，13岁参加襄垣县曲艺宣传队，曾师从河南籍师傅崔进学学唱河南坠子，后来跟随董才元学唱襄垣鼓书，17岁出师。他不仅掌握多种乐器,还能编会唱多种传统书目。

定的长工工作，干起了打短工当小贩的营生。父亲天生有音乐细胞，虽然不懂乐谱也没拜师学过吹奏，但能把整本大戏哼唱下来。因此，在农闲时候，父亲经常出去当吹鼓手。旧社会当吹鼓手人称"王八"，社会地位很低，但为养家父亲还是经常揽活。"七七事变"后，工厂停工，商店关门，父亲打短工的营生也没有了。再加上家里没有土地，日子变得相当困难。无奈之下，父母把我送进了县城衙道街的养生堂。那时候也没有奶粉，都是雇佣穷人妈妈寄养，有时候雇不到只能喂些米糊糊。由于条件较差，也有不少孩子夭折在养生堂里。

我的养父叫王富林，生于清光绪二十五年，兄弟二人，家住襄垣西关街。由于祖父是一位享有盛誉的厨师，收入可观，陆续攒钱在县城买下十九亩土地与一座院落。"七七事变"前，养父在夏店鼎恒裕商号管账。兄弟二人在外挣钱，家里的土地雇佣短工耕种。俗话说，人不得全，瓜不得圆。兄弟二人虽然衣食无忧但都没儿子。无奈之下，养父母到养生堂办理了领养手续。养父母看我没人管穿戴褴褛但眉目清秀，双眼有神就把我领回了家。1939年，日本占领白晋线后，夏店变成了日军的据点，兵荒马乱，日伪横行。鼎恒裕商号无法营业只好关门，父亲失去工作只能在家种地。

1942年大旱，庄稼收成不好，经常有人饿死街头。大灾之后，瘟疫流行。我也染上这种汗病，一连几个月高烧不退，昏迷不醒。父母着急到处求医问药。一直到了农历七月，北关赵福清先生给我诊脉后开了一服中药，第二天烧就退了。我醒过来后，看见父母亲正在摆供烧香感谢老天爷的恩典。谁知好景不长，汗病好了可眼睛看东西一天比一天模糊。过了几天，我彻底地失明了，走路辨不清方向，吃饭摸不着碗筷。8岁那年，父亲去世，家里只剩下母亲、姐姐和我三人，没有一个劳动力，家里生活产生了很大的困难。但我并不知忧愁，整天无忧无虑地和小伙伴们一起玩耍。孩子们在土台上唱戏，我敲铁桶为他们伴奏；孩子们捉迷藏，我为他们捂眼睛。解放后，政府鼓励大家进校园学习文化知识，在小伙伴的照应下，我也有机会在西关小学上了两年学。这两年的学习经历对我日后学习鼓书起到了很大的帮助。

1948年冬天，盲人宣传队在西关西酒坊院培训庆祝淮海战役胜利的节目。我每天都去那里听。宣传队里的学徒还让我摸了他们的锣鼓丝弦。此后，我对说书的热爱愈发不可收拾。第二年夏天，董财源、侯义到我们村上进行下乡演出，宣传时政。这次说书让我大开眼界，同时使我当说书人的决心更加坚定了。母亲见我无法从事体力劳动，也觉得应该让我去拜个师傅，以后也有个谋生之道。那时候交通不便，信息不灵，盲人宣传队几个月也不来一次，所以好长时间没有给我联系上一个师傅。1948年终于找上邱聚金师傅愿意带我，可是他说要上潞城说书，我就畏难不愿意去了。1951年正月，舅父来我家走亲戚，说有个河南崔进学师傅愿意带徒弟，问我想不想学，这次我二话没说就答应了。舅父对我说，你让师傅摸摸你，我走过去，师傅浑身上下把我摸了个遍。问我多大年纪，愿不愿意学说书。师傅对母亲说，你们准备一下行李，盲人出门离不了棍子，你要准备一根。随便在树上砍的可不行，要实心竹棍或山里产的棍才行。让我试唱了一个小段，觉得不错便带我去民教馆找领导登记。此后，我便跟随着师傅下乡，开始了我的曲艺生涯。[1]

神书艺人的身体缺陷一方面导致无法正常耕种土地；另一方面长期的背井离乡，使其长处于"礼法之外"。晋东南流传一句俗语"说书唱戏不算人，死了不能进祖坟"，讲的是一旦选择了戏子或说书人的行业，就被排除在男系宗族之外，无法继承家业更不能与家族有任何联系。乔建先生将这类"化外"与"法外"的贱业从事者称为"底边阶级"。他们不得不选择一些经济收入可观的"贱业"来维持生计。与王俊川的经历类似，大多数神书艺人身世凄凉，经济拮据，经历种种苦难。孝义三弦书艺人宋长生不仅双目失明还因事故丧失了右手臂。晋城鼓书艺人原落孩因意外事故导致双眼失明，左腿残疾。在具体的调研中，艺人谈及自己的人生经历有说不完道不尽的苦痛。生活中的困窘和不适体现为贫穷之苦、婚姻家庭之苦、身体残障之苦、地位低下之苦。艺人的"苦"表现在生活的各个方

---

① 王俊川:《曲艺生涯六十年——王俊川口述史》，内部资料，2011，第7页。

面，有的生在养生堂，从小缺少家庭关爱；有的因眼疾不能从事农业生产，难以娶妻生子；等等。

患有眼疾的神书艺人不断凝聚自己的苦难意识，使其穿越日常生活与仪式场景中的"人神沟通者"的身份相关联。因此，艺人在面对各种苦难时有着一套应对方式和解释原则。他们常常将个人的苦难归结于"考验"。长子鼓书艺人冀先果就讲述了干女儿苗苗学艺的经历：

> 有一年我去屯留说书，村里的领导找到我说能不能认个干亲，有户人家的小孩难养，老是生病。家里老人将她"寄养"在奶奶庙的神坛上，还是不顶事。找师傅算了一卦，说是命格苦，没有福气，需要找个吃百家饭的人收养。我去的时候那丫头生病，瘦得皮包骨头了，每天躺床上一句话也不说。村里的神婆来了几次，让我留下几件贴身物件，给小娃娃认个干亲。我也不好意思拒绝，就留了副简板。突然有一天演出回家，苗苗居然活蹦乱跳，并且嘴里碎碎地唱着《赵州桥》，手里拿着简板打节奏。当时所有人都震惊了，白天我在外面演出，根本没有人可以教她，她怎么自己学会而且病也好了。后来仔细询问才知道，苗苗生病时做了一个梦，梦里她遇上坏人在追她，她用力地逃跑到一条河边，遇到一位白衣仙人给了她两块木头当船板渡河，临走时还告诉她以后可以靠着两块板生活，并且把这份福泽传下去。梦醒之后，她自然而然就会唱这些故事了。后来，苗苗正式跟我学了说书，在屯留搭档了多年。你说说这些事情奇不奇怪，她从小受苦，后来跟着我学了说书，日子稍微好过点。这些也许都是神灵对我们的考验吧。①

有些神书艺人的入行原因是出于信仰因素，将偶然的梦境与现实生活相对照，把自我超高的学艺天赋视为神灵的旨意。这类故事往往是对具体事件进行夸张化处理，目的是突出神奇的学艺经历，强化艺人的仪式能

---

① 访谈对象：冀先果，女，1950年生，长子县城南乡人；访谈人：陈宛妮、刘重麟；访谈时间：2019年8月17日上午；访谈地点：长子县丹朱镇冀先果家。

力。一般来说，神书艺人会将身体残疾理解成神奇的考验。为什么说书人需要塑造神奇经历，背后有怎样的文化逻辑？神奇传闻利用了日常生活中普通人身边发生的事件，具有强烈的真实性与可信性，容易让讲者与听者产生心灵的共鸣与情感的认同。①

神奇与神书艺人仪式身份的构建也有着密切的联系。为了保证人神中介的角色地位的不可或缺，艺人往往需要对苦难的经历神奇化，确保自己在民间仪式中的权威性。虽然这类先赋性和宿命论解释常常被批判为民俗的愚昧与落后。但从现实意义上看，行艺谋生的说书人群体，需要建立一个广泛意义的"舆论市场"，从而通过仪式角色营造民俗社会的生存法则。②

对于神奇传闻功能的理解仅仅停留于艺人身份的构建是片面的。在乡土社会的礼俗生活中，神书艺人不仅仅是艺术主体，还是民俗主体，艺术和民俗相互交织，彼此在具体情境中互为要素。这就决定了来自经验的艺术知识并不是个性化的产物，而是生活实践的产物。在具体的调研中，我们发现神书艺人并没有明晰的信仰特征，但是随着说书展演的不同场景，会在长期的仪式环境下，呈现出"神灵与说书"之间的自我联系。武乡琴书艺人石乃福讲述了外出演出时遭遇的神奇经历，具体如下：

2014年，我去庙会说书，自己开着车拉着音响设备。那天刚下完雨，山上有一些落石，路上很滑，车很不好开。在出门的时候，我特意把音响绑了好几遍，以防路上出差错。车子经过一个上坡，我怎么加油，车子就是上不去。当时我就心慌了，我拉的设备太重，车子马力不够，马上就会往下滑，车子很有可能失控。我赶快打开双闪寻求过路车的帮助。好在有路人出现，帮我搬了几块大石头抵住做阻力物。车子向后滑了一段距离，停住了。车子故障，这庙会上的活是赶不上了，我只有打道回府。但很奇怪的是车子开回去的时候并没有出现什么问题。后来我才听人说，那条路上落石，一辆大车正好路过，为了躲避冲出了山路，出了车祸。看来我是有仙人庇佑，因祸得福

---

① 安德明:《神奇传闻:事件与功能》,《西北民族研究》2006年第2期。
② 彭兆荣:《人类学仪式的理论与实践》,民族出版社,2007,第250页。

啊。虽然没挣上那份说书的钱，但保住了小命啊。这种东西你说它奇不奇怪。后来，我出门演出之前都要去村里的庙上炷香，今年买了设备还去五道庙义演了几天。有些事情可能冥冥之中自有安排，神仙都在上头把着关呢。①

可以看出，这些说书活动的漂泊经历，逐渐积累成艺人内心的某些"行艺"观念，从而形成"说书谋生"的心意信仰。虽然大多数艺人否认自己的神灵信仰，但在个人经历的讲述中又不断重复信仰的重要性。旧时艺人在演出结束后，都需要向祖师爷和行业保护神还愿，感谢他们在冥冥之中保佑演出的顺利。这种祭祀活动所表达的民俗心理，往往被人们理解为一种精神上的自我安慰以及"祖师爷传艺"的自我解释。

二、夫妇搭班子：男人说书女人引路

俗语有"宁做要饭花子妻，不跟戏子名声低"的说法。艺人自入行开始就意识到婚姻选择的局限性。乔健在考察晋东南乐户婚姻关系时，发现乐户通婚均在同行内部进行，也称"行亲"。那是什么原因导致乐户只能在同行之间建立姻亲关系？这与传统的"贱籍"制度有很大的联系。如《唐律疏义》记载："人各有耦，色类须同，良贱既殊，何宜配合。规定禁止乐户等贱民娶良人为妻妾，违犯者杖一百，知情之家长同罪，若良人娶乐户为妻妾，庶人不坐，官员有辱体统，故杖六十。"乐户只能与同行者家庭联姻。长子县的乐户邹安云解释："行里沟通方便，有共同语言，遵守同一套规矩。"②

与伶人乐户不同的是，太行山区域的神书艺人多数为患有眼疾的男性，并未普遍有从事曲艺活动的家世，很少有女性从业者。大多数男性盲

---

① 访谈对象：石乃福，男，1968年生，武乡县下型塘村人；访谈人：卫才华、陈宛妮、刘重麟；访谈时间：2019年8月14日下午；访谈地点：武乡县下型塘村五道庙。

② 乔健、刘贯文、李天生：《乐户：田野调查与历史追踪》，江西人民出版社，2002，第59页。

艺人独身，常年在外漂泊，从事走街串巷式的说书活动，相对于稳定的乡村生活来讲，艺人这种流动生计、身体障碍以及"行艺"的社会歧视，使得这个群体处于社会生活的边缘化，艺人的婚姻家庭呈现出碎片化、苦难化的特点。襄垣鼓书艺人马新平在外行艺多年，也是独身一人。他讲道：

> 小时候家里给我定下一门娃娃亲，姨奶奶家的侄女，两人青梅竹马一起长大。可是在4岁那年我因病眼睛失明，这桩婚事也不了了之。十五六岁学艺出道后，跟着师傅在各乡村演出，没把婚姻大事放在心上。27岁外婆去世，她希望我能结个婚守住老家。由于90年代说书事业不景气，我离开襄垣盲人宣传队，独立单干；同时我还拜托师姐王爱莲介绍合适的女性说书人。那时候河南艺人小柳经常与师姐爱莲搭班演出，我见过几次，对她挺有好感的。后来师姐嫁去河南，两人也没有机会再见面。①

在太行山地区，单身艺人不在少数，他们有着各自难以成家的原因。但总的来看，职业特点、经济收入、身体原因是艺人难以建立婚姻关系的重要因素。说书艺人的通婚圈是以其演艺圈（演艺活动的地域范围）为中心向外扩散。

艺人的演艺市场依赖于村落礼俗生活，艺人与演艺团体、家庭关系与民俗社会紧密相连。神书表演有严格仪轨程序，需要艺人具有良好的品格与声望。人品、艺品和民俗社会的良性关系，才能在行业群体内部生成更多的合作机会。艺人婚姻情况大致呈现以下两种形式：一是名角艺人与农村女性的结合。名角艺人一般有稳定台口②或担任演艺团体班主，具有较好的经济实力，能够负担家庭生活的日常开销。婚后家庭分工多为男性外出演出，女性在家务农、照顾家庭，形成特殊的男女分工模式。女性承担

---

① 访谈对象：马新平，男，1968年生，襄垣县王村镇东坡村人；访谈人：刘重麟；访谈时间：2019年8月19日上午；访谈地点：襄垣县非遗中心。

②"台口"指戏班演出团体常用的词汇，指演出活动，有台口即为有演出，无台口就是没有演出。

家务，男性出外跑市场。艺人的妻子是极其辛苦的，要负责照顾子女，操持家务。值得注意的是，即使成名艺人在外演出的经济收入十分可观，在家的妻子仍然务农劳作。在田野调查中，艺人杨先印的妻子谈道："虽然家里男人在外挣钱，你在村里总不能把地荒着吧。大家都种地你不种，村里人会在背后说你。老杨出去说书，家里大大小小的事情都是我管，村里的人情世故都是我操办。不种地不行啊，哪家过事不得送点白面？出去买不划算。老杨眼睛看不见，家里的地我不种没人种。以前年轻的时候种得多收成好，还能拿出富余的去市场上卖。现在年纪大了，儿子们也不种地都出去谋生路去了，我种的也只够自家吃啦。"[1]可见说书艺人仍然和农村生活有着千丝万缕的联系，很多艺人大多是农忙时忙农活，农闲时说书谋生，这种身份的双重性也使得太行山区的说书艺人与职业说书艺人相比，流动性较强、仪式性较强，而艺术性较弱。

二是男性盲艺人与残疾女性、有婚史女性的结合。以左权盲宣队为例，大部分男性盲艺人都是独身，有的盲艺人与残疾妇女、寡妇结合的情况比较普遍。"运气好的也许能娶到寡妇，要不然就是找残疾者，不愿凑合的就得打一辈子光棍。上有父母的跟着父母过，没有父母的陪着哥姐过。"

艺人底边的社会身份与其经济收入、个人声望显然不成正比。换言之，神书艺人自我塑造的仪式身份往往带有情境性特征，离开特殊语境的艺人，难以接受现实生活卑微低下的社会身份。神书艺人两类角色的身份存在着巨大的张力。社会话语对盲人的刻板印象与歪曲解释，会导致盲人在心理上也产生社会缺失感。社会"污名"使男性盲艺人在择偶问题上处于进退两难的境地。新中国成立后，国家对说书艺人进行组织化管理，大量艺人家属也进入到各地的盲人曲艺宣传队之中。残疾妇女通常由丈夫教会某种乐器，跟随艺人下乡演出，呈现出"家中是夫妻，在外是师徒"的合作模式。

患有眼疾的神书艺人不断塑造自己的苦难遭遇，使其穿越日常层面与仪式场景中的"人神沟通者"的身份相关联。艺人常常将个人的苦难归结

---

[1] 访谈对象：郭香珍，女，1963年生，长子县南陈乡西堡头村人；访谈人：刘重麟；访谈时间：2019年8月19日上午；访谈地点：长子县香聚缘面馆。

于"考验",并塑造出仙人神授的神奇经历。而这种带有神秘论的解释体现了一种处理人际关系和释放内心焦虑的谋生态度。

第二节　神书仪式与唱本的表演

太行地区村村有庙,而每个寺庙都有固定的会期,说书艺人或班社经常主动赶会,自愿献艺。如二月廿八襄垣常隆"避瘟会"、三月初三长治关村古庙会、四月廿八长子大堡头尧王庙会以及五月初一屯留老爷山庙会等,都是说书艺人常去演出的庙会。①薛艺兵认为庙会型祭礼是以辐射面较广泛的区域性主神崇拜为特征的社会性音乐祭礼。祭祀的中心是一定范围的信仰圈区域内具有代表性的大型佛寺或道观。②

一、会书：赶会、还愿、祈雨

对于神书艺人而言,他们既是文艺活动的展演者,也是虔诚的信仰者。每到一处寺庙,他们常常会先上香磕头敬酒或捐赠功德,塑造仪式身份,再进行神书表演。小型庙会由庙主预约说唱团设坛公演,又称"订书",庙主主持整个仪式活动,并负责与艺人协商演出内容和时间。通常情况,演出三天,负责艺人食宿,收费8000—12000元不等;大型庙会多为撂地摊艺人独自表演,香客可以自主选择,进香时临时编吉祥话或说一个小段,收费10—100元不等。庙会书有旺季和淡季之分。每年农历三至

---

① 梁肇唐、李政行主编《山西庙会》,山西经济出版社,1995,第29页。
② 薛艺兵:《神圣的娱乐——中国民间祭祀仪式及其音乐的人类学研究》,方志出版社,2003,第458页。

十月为旺季；十月之后转入淡季。①据《中国曲艺志·陕西卷》记载："陕北说书艺人每逢一地有庙会，艺人们为了挣钱谋生，各个演出班社都千方百计地争取赶庙会。会间艺人吃住由会主安排。庙会演出有严格的规程。庙会书演出的书目须由会主圈定。开台必须演出的内容为迎神或庆贺的书（曲）目。庙会的正会日必须按会主的安排，要求演出内容吉祥、庆兴、欢乐的书（曲）目。其他时间可随意演出各种书（曲）目。除此，会主也需对艺人有奖励酬劳的表示，如披红、赠匾、设宴招待和支付演出费用等。"②由于庙会说书是为在祭祀仪式中愉悦神灵，因此有严格说唱程序。一般而言，庙会开书需要先请神，再开正本，最后送神交褙。请神段具有明显的流派特征与个人风格，介休艺人通常吟唱《观音藏经》、六字箴言。襄垣艺人表演小段《请神神》，新绛艺人说《平安经》等等。正本书除了庙主单独选定外，其余书目都与神仙相关，如《八姐游春》《天官赐福》《天仙送子》《白猴盗桃》《扇子记》《鸳鸯谱》《贤良传》，等等。由于神书传习的神秘性与封闭性，很多说书人即使从业多年也无法掌握说神书的秘诀。

太行山区民俗生活中形成了多样化的祈雨仪式，大体有三种形式：一种是礼牲，二是抬龙王并唱戏娱神，三是"朝山祈雨"。③从各类祈雨仪式中可见，祭祀雨神除血食外，多以戏剧飨之。百姓认为水神龙王喜欢听书看戏，只有让龙王爷高兴了，才会普降甘霖，惠泽百姓。而祈雨请戏耗费大量钱财，曾遭官府禁止。清《定襄县补志》中记载："迎神赛会，不干例禁，至于天旱祈雨为当竭诚以祷，果得降雨，亦惟牲醴告虔而已。乃襄俗，每年祈雨得雨，有装扮社火杂剧，以送神者，按户摊钱，所费不支不思旱至祈雨已属歉收，又枉耗民财，是歉之中又歉也。恶俗相沿，二人为之倡，而众莫敢违，是不可不禁也。"④

通常情况下，祈雨书一般会雇请本地的说唱团表演，演员一般是男性

① 孙鸿亮：《陕北农村庙会书调查与思考》，《社会科学论坛》（学术研究卷）2009年第2期。

② 中国曲艺志全国编辑委员会、《中国曲艺志·陕西卷》编辑委员会编《中国曲艺志·陕西卷》，中国ISBN中心，2009，第598页。

③ 张余、曹振武编《山西民俗》，甘肃人民出版社，2003，第280—281页。

④ 光绪六年刻本，郑继修，《定襄县补志·卷二（方舆）》。

或未婚女性。旧时人们认为结婚的女子唱祈雨戏不会灵验，有时还会带来危险。因此在订书之前，会头都会说明求雨演出女性艺人不允许上台。所唱书目也有明确的要求，一般以幸福圆满主题的书目为主，书词里不能出现武斗伤亡的情节，为期1—3天。求雨书的演出场地在龙王庙前的神亭或龙潭前的空地。五台地区的人们认为龙王庙只是龙王爷享供的地方，只有龙王爷牌位而不是龙王的正体，真身在它所居住的龙潭。所以真正请龙时，要带上香、裱、供到很远的龙潭请龙王瞧戏听书。①祈雨书演唱程序先参加龙王祭祀仪式，再说四句提纲，接上一段吉祥话说明情况，最后才开正本书。每天开书之前需要临时编几句韵白，对前一天举行的活动进行小结，才开始这一天的表演。求雨仪式结束后，需要送神，否则会引起涝灾。河曲榆泉老人张富歧回忆，有一年六月初二唱旱戏，艺人请神后忘记送龙王，村里连下三天冰雹，打坏了庄稼。演出期间，说书人住在龙王庙中，有专人负责一日三餐，饮食有严格限制，不能开荤，有的地方甚至连葱、姜、蒜一类的也禁止。虽然祈雨书由会头提前预订，支付定金，但书资的主要来源是村庄里家户集资。本着谁出钱谁受益的原则，往往受旱灾损失最严重的家户，捐赠的钱财最多，祈求收获更多的神恩。在一定程度上，请戏说书与其说是祭祀神灵获得庇佑，不如理解为媚神贿神的途径。人们祈求神灵，许下心愿，一旦现实出现转机，就还愿"神神"。在他们看来唱戏与受益具有明显的神秘关系。②

庙会书由一系列固定的仪式和若干演唱故事的"场"共同构成，演唱穿插于仪式程序之中。对于仪式规程执行人的神书艺人来说，他们依靠庙会各种法事活动维持生计，也成为流动的信仰群体。

二、家书：圆锁、升学、做周年

"家书"是指家户围绕许愿而形成的请神送神的仪式书活动，主要是

---

① 赵新平：《清末民初晋北庙会与地方社会——以忻州为中心的考察》，中国社会科学出版社，2018，第176—179页。

② 苑利：《华北雨戏研究》，《农业考古》2003年第1期。

针对家户个人，它是主家私密的酬神和谢神仪式的一部分。旧时有钱人家祝寿、满月还愿、盖房后谢土、结婚、做周年都要请书，一是彰显家族财力与声望，二是祈求神佑全家平安。近些年来，由于神书艺人的身体限制以及八音会、歌舞团等新团体的竞争，神书演艺市场逐渐萎缩，家户请书多在"圆锁""升学""做周年"等民俗活动中。

"圆锁"，也称"开锁""圆十五""圆辫"是集个人、家庭、社交网络于一体的人生礼俗仪式。据说孩子出生以后，年长一岁魂魄便会长一分，所以要用生肖锁护佑，直至十二岁魂魄健全。有些体弱多病的儿童讲究认干亲，一般是找刘姓（取"留"意）、陈姓（取"成"意）的盲艺人，离本村越远越好。人们觉得人身体残疾已是苦命，但能顽强生存下来，命格硬，所以会有找盲艺人认干亲的习俗。

圆锁请书所唱书目有一定的规矩，书目多为忠孝主题，如《婆媳孙孙》《娘们顶嘴》《十月怀胎》《五子夺魁》等。这些书词一方面教育步入成年的孩子要懂得孝顺长辈，另一方面体现出家族长辈对自身权威的维护。升学请书是指主家子女考上理想的学校，请一位神婆与两三名说书人，协助完成对神灵还愿等一系列活动，规模较小，又称"请功"[①]。升学请书既可以在家中举行，也可以上寺庙还愿。以长治观音堂升学请书为例，神婆负责请神，艺人说书酬神。开书的时间没有严格的限制，待神婆请功结束后便可以开书。说书人一般在神像的西南角进行表演，演出时长依据主家意愿，一般在半天以上。神婆首先要准备供品水果、糕点与花馍；祭祀物品有灯笼、蜡烛、一把香、三道黄裱、三块红布等。随后神婆带领主家敬香磕头，并向神灵请功，具体如下：

> 点起金香锦旗升，今天在观音这观音生。观音老母你瞧清，大堂上跪的是王府门。王府门上小秀英，今天来在这大庙中，是又磕头来又求情，求其这老爷保其功，求其这老爷您保其真。保住他家这都太

①"请功"是指主家烧香还愿时请神婆为自己向神灵叙说心愿和祝词。神婆会首先询问主家的基本情况与心愿，然后指导准备上香的供品，最后带领主家一起上香。上香时，请愿人跪在神像前的蒲团上，神婆站立于神像与主家之间，唱诵平安词与心愿。

平，保住他家这往高升，保住咱这小秀英，叫她学习有功成。学习上佳境升，心明眼亮往上升，各科科目都精通。叫她这学习要操心，不敢叫她都操耍心，科学这社会是往前行，没有这文化不兴行，没有这文凭以后办事要遇疙瘩。老奶奶你多操心，叫她这大学毕业研究生，步步上头往上升。老奶奶给咱多操心，保佑她家中的父母亲。一个个都精神，健健康康咱就行。老爷爷你知情，因为她还太年轻，有些事情她不懂。虽然她不懂甚，但她可是真心实意把庙登。带的都是这好点心，这盘缠都觉真，老爷你领上这些好香灯，保佑她平安无事情。家里通外头升，里里外外都说通。都是老爷你的功，说些话讲下情，保她人生大事要成功，你可给她多操心。特意请了说书班，唱个小段您开心。[①]

请功结束后艺人开始说书，又称"安神"。家户通过请书的仪式酬神、娱神，为的是达成祈福祛灾的心愿。泽州四弦书艺人说完神书之后要说一句"各位神仙听见我说书的话要保佑××全家平安"或是"一年四季保平安，保佑阖家得太平"。这时的说书作为仪式空间音声，被赋予了通神传递信息的职能，同时在唱词中描述神灵惩恶扬善，表达"善有善报恶有恶报"的道德诉求。诸如此类的神书说唱，使得民众在听说的过程中无形受到了道德教化。

"做周年"亦称"周年祭"。通常三年一"小烧"，十年、二十年、三十年为"大烧"。"小烧"形式简单，在家中烧纸纪念祖先即可；"大烧"隆重，会请阴阳先生主持，给逝者重新做衣服和铺盖。

武乡地区"小烧"是家人为亡者到坟头扫墓，程序一般为摆供品、泼饭汤、烧香、插香、作揖叩头、焚烧香纸冥钞。待香灰头掉下，即可拾祭品，并在坟头挂纸、填土。旧时，乡村一些老妇人还不时在墓前，头盖毛巾、席地而坐，悲声恸音，哭泣垂泪，少则十几分，多则半小时，口中还念念有词，深切追忆亲人。这种悼念形式被武乡鼓书艺人编成《五寡妇上坟》的小段。鼓书中描述五寡妇哭泣念叨地上坟："感冒时，就想起老姜

① 2019年8月17日长治观音堂现场采录"请功词"。

来了；喂猪时，就想起老康（糠）来了；天热时，就想起老梁（凉）来了；口渴时，就想起老汤来了；栽树时，就想起老杨来了。"①说书人以诙谐幽默的方式，以周年祭为背景编创了鼓书书段。可见，说书人参与祭祀仪式的程度非常普遍。

晋东南阳城地区做周年的前一天晚上10点后，主家会在离家近的十字路口为逝去的亲人烧"更纸"，代表着给亡者"捎信"，告知他周年祭祀时会请鼓书艺人表演。艺人按约定时间来到家户表演，说一个书帽和一段正本选段即可。说唱完毕，主家会要求艺人在家中每个房间奏乐一段，有为亡者送行，保佑后人兴旺发达之意。②

晋中介休"做周年"一般由艺人组织摆旗上供，设置神堂。神堂里摆放八仙桌一张，老人遗像置于正中央位置，前方放置五供。五供主要是主家用白面做的馍馍，大供时摆莲花、如意枣山山等形状的花馍。五杆五色旗插在"斗"里，斗里放置当年新产的五谷。五色旗插放的位置按照周易八卦，南方火，东方木，西方金，北方水，中间土，各自对应颜色。但是由于房间正面悬挂镜子，所以旗子的位置变化为东北、西北、东南、西南、正中。供品前方放置两支蜡签，中间设置香炉。供桌摆置完成后，烧纸鸣炮，主家需手捧灵位在十字路口招亡，即招逝去的亡灵回家团聚的意思。其他亲属拿祭奠的衣物、铺盖、食品依次到招亡处祭祀，然后再回到院中，化纸上香，然后把供品放在旁边。艺人提前准备三道黄表纸写有书目放进碟子中，用香夹选中哪个就开哪本书。选中后的黄表纸帖与"斗"上，剩下两道则装盘子里烧掉。艺人坐在神堂旁表演，三弦为上位，扬琴为下位，其余乐器位置可随意置换。开书之后，艺人先念一段《观音经》，保佑主家全家平安。有些主家会在第一天上午请艺人去坟头唱一小段，报酬另算。艺人在表演结束时需要说段吉祥话收口，如"一本古书敬祖先，各位前来收香裱，收了香裱保佑人，保佑全家大小都安宁。保佑老的增福

① 武乡县文史资料委员会编《武乡文史资料第九辑——武乡乡俗民情》，内部资料，2011，第163页。

② 元园：《阳城鼓书调查与研究》，硕士学位论文，山西师范大学，2018。

寿，保佑少的交好运，保佑他全家和美外又顺"。①表演结束后，烧黄裱化灰不能乱散，只能倒进家中火炉之中，意味着被火神爷收走。整场仪式持续三天，期间艺人食宿由主家负责，演出报酬由演员人数与名气决定，大致5000—8000元不等。

李艺指出："音乐体现于民俗活动，主要表现为行动的民俗和语言的民俗。语言的民俗即通过声乐在一个相对固定的曲调中演唱出来民俗形式。行动的民俗是指音乐伴随着特定的行为、活动来表达人们心理、情绪的文化形式。"②从各类神书表演的场合可以看出，无论是庙会书还是家书，作为仪式文化构成的一环，已经远远超越了艺术本身的意义。各类仪式活动为神书提供了演艺市场，同时神书演出也强化了礼俗在日常生活的作用。

请神

通常来说，神书说唱程序由"请神""安神""酬神""送神"四部分组成。请神由主家立上老爷的牌位，烧香跪拜，说书人手拿铜器，跪在牌位前，有节奏地打铜器。主家和说书人都要洗手净面、正衣冠。请神由大到小，长短十六句，每请到一位神灵，就响一下铜器。此外，演出场景的变化也会影响请神书段的基本内容。如沁县艺人在庙会上请神：

一上香，一请神，叫声大神阿弥陀佛。二上香，二请神，要风得风阿弥陀佛。三上香，三请神，三清圣母阿弥陀佛。四上香，四请神，四海龙王阿弥陀佛。五上香，五请神，五岳大帝阿弥陀佛。六上香，六请神，六畜平安阿弥陀佛。七上香，七请神，恭请众神阿弥陀佛。八上香，八请神，八卦老君阿弥陀佛。九上香，九请神，九九归一阿弥陀佛。十上香，十请神，十大天王阿弥陀佛。十一上香，十一请神，玉皇大帝阿弥陀佛。十二上香，十二请神，二郎上将阿弥陀

---

① 钮子霞:《山西汾州三弦书调查研究》,硕士学位论文,山西师范大学,2019。
② 李艺:《浅论礼俗音乐在民俗活动中的功用》,《音乐创作》2013年第7期。

佛。十三上香，十三请神，三岳大帝阿弥陀佛。十四上香，十四请神，四通八达阿弥陀佛。十五上香，十五请神，各路上将阿弥陀佛。十六上香，十六请神，观音菩萨阿弥陀佛。十七上香，十七请神，众神都来阿弥陀佛。十八上香，十八请神，八仙过海阿弥陀佛。十九上香，十九请神，九霄青天阿弥陀佛。二十上香，二十请神，各路神仙都下凡来，南无阿弥陀佛。

从书词中可以看出，请神段基本上沿用了串十字的形式，从一唱到二十，并且每句词头字相同，采用"上香，请神，神灵"句式。书词中的神灵谱系包含儒、释、道三教神灵与封神榜人物，但整体上侧重佛教神灵。说书人所念的请神经，大都是从佛教、道教的经本里借鉴而来，或是从神婆口里加以改进的。再如"观音老母从南来，头顶手巾敞着怀。手提竹篮放宝贝，仙足底下倒趿鞋。我问老母哪里去，她言讲善人门前送子来。送个女孩是娘娘，送个男孩坐八抬。送个男孩当朝廷，送个女孩是官太太。为啥男女都主贵，结子为善人好结赞"。①整体来说，请神的内容相对稳定，但也会根据实际情况做出相应的调整。若请书的庙会以观音为主，神书词内容便会现场调整。如河南巩义、荥阳、偃师流行的《五上香观音经》：

　　一上香来香头沉，恭心整意来拜神，上拜南海观世音，下拜五方五全神。二上香、香头高，全心全意把香烧，香烟起、空中飘，人苦自有天知道。三上香、香头白，观音老母坐莲台，观音老母莲台坐，下跪着弟子把头磕。四上香、香头红，奉请满堂众神灵。天地全神都请到，神台后边受香荣。五上香、香烧完，千祖万母都落凡，落凡不到别处去，神笼后面受香烟。②

这段神书同样也采用了"数字串"的句式结构，除了特别奉请观音老母，还恭拜五方全神，体现出民间泛神信仰的特点。除了说书人掌握此经

---

① 李晓林主编《卢氏县曲艺志》，内部资料，1989，第149页。
② 周加申、吕武成：《河洛大鼓》，军事谊文出版社，2008，第32页。

外，当地神婆也谙熟此经，常用于请客还愿上香时说唱。可见部分说书人的请神书段来源于当地神婆法事之中，两者在某些场景下可以相互替代。

除了神灵崇拜对神书书段的影响，现场的突发状况也在一定程度上也限制了请神书段的表演形式，如在陕北庙会书中，因高音喇叭电线被风吹断，演唱意外中断，重新开始后说书人再次参神。参神内容如下：

> 左手打起朝香鼓，右手敲起敬神钟。钟鼓三响神赴会，看茶的美女你再把壶提，香烟滚滚朝北渡，作了凡神的歇马亭。歇马亭前献真香，参起来满堂众神王。七十二位灵神都参动，参了大神参小神。把大神参到龙凤台，小神你老应该都赴宴来。爱吃酒的酒三杯，好饮茶的茶四盅。你不吃酒掠掠味，不喝茶来你再抿过嘴。年年月月保平稳，保了娃娃再保大人。免得他们会里人没灾星，再免得弟子我好论古人。[①]

从书词内容可以看出，二次参神形式十分简单，未出现具体神灵的称呼，呈现出笼统的神灵概念。在说唱句式上也没有严格的限制。在农民的观念中，演出中的意外情况与神灵情绪息息相关，若是发生状况，许愿也不会得到灵验。因此，在常规的仪式程序上需要二次参神。参神的意义一方面化解了突发状况的尴尬境遇，保证了表演的完整性；另一方面将意外之事神奇化，再次强化神书表演的灵验性。

安神

请神完毕，接着就是安神仪式。"安神"即请神安置于家中之意。若是在庙会上表演这项程序可以省略。安神仪式全锣全鼓，唢呐吹奏曲牌一段，艺人说唱几句"吉祥词"，再开安神段。安神段的表演时间各不一致，长治地区安神紧接敬神仪式，第一天上午表演；晋城一带安神以特殊的"打八仙"形式呈现，在第二天下午表演。

---

① 孙宏亮：《弹起三弦定准音——陕北说书考察》，陕西师范大学出版社，2017，第54页。

与请神内容不同的是，安神段中安置了上下东西南北各方神灵，但都没有具体指出安置的是哪些神灵。从形式与内容上看，安神较请神而言相对简单模糊，只需围绕主神说出祭祀规格，再加上酬神的吉祥话便可。安神表演时，主家会给说书先生"封礼儿"，"封儿"是用红纸或红布包着的钱币，数目多少不等，少则五块十块，多则三百五百。如果说书人说得精彩或是主家满意，还要另加"封儿"，三天书下来"封儿"的价钱甚至能超过书价。

　　沁水鼓儿词艺人"请八仙"的具体过程则是：在主人家里置一方桌，桌上供奉二十四洞（上、中、下各八洞）神仙的牌位，上八洞神仙即太上老君、老寿星、游天大圣等；中八洞即汉钟离、吕洞宾、铁拐李等；下八洞即刘成、阮赵、天仙娘娘等。供奉牌位后，桌上放一大斗，斗内放谷、麦、玉米等粮食，将燃香插在粮斗里。说书人跪拜后开始请神，请神时双脚并齐，右手敲小鼓，左手敲小镲，按二十四洞神仙的二十四个牌位，一个牌位一个牌位地请，口中念念有词："下有八卦、上有椽顶、左青龙、右白虎、前朱雀、后玄武……"请一位神仙，立一位神牌，演奏一遍音乐，请完后才开始说书。①

　　此外，安神表演对艺人的装束与乐器有特殊的要求，甚至有些地方还有时间限制。长子县一带安神时要使用扇鼓。一人在门外说唱表演，边敲击扇鼓边说唱一些安神内容，以求吉利。如《安门神》：

　　　　安罢一尊又一尊，我与香主安门神。左门神，右门神，左右门神两位神。前晌把门收香烟，晚上把门加小心。逮住大鬼剥了皮，逮住小鬼抽了筋。凶神恶煞都拦住，别拦住进宅的大财神。②

　　山西芮城县有说书安神不过午的讲究，即安神不能超过中午12点。每年正月说第一台书时，艺人还要从庙院里扯下软裱（红布）绑在自己挑道

---

　　①董郑峰：《阳城鼓书调查研究》，《当代音乐》2016年第2期。
　　②《中国曲艺音乐集成》全国编辑委员会、《中国曲艺音乐集成·山西卷》编辑委员会编《中国曲艺音乐集成·山西卷》，中国ISBN中心，2004，第497—498页。

具的扁担上，以图吉利。翼城琴书艺人安神时，均身穿黑色、蓝色或灰色长袍，先由一位艺人在供桌前手弹三弦，口念请神词，请神入位；接着请事主将还愿的缘由当众叙述，恳请神灵保佑；再由主家和演出班社的班主燃香化裱，当事人磕头礼拜，然后方可开演正书。

酬神

"酬神"又称开正本书，一般在请神或安神之后表演。正本演出也有一定的程式，开场先说四句提纲，也称定场诗，内容不限，可以是古代诗词，也可以是艺人即兴创作的诗体韵文。定场诗对于表演的进程而言，主要功能是吸引观众的注意力。

传统定场诗是由老师傅教授或别的曲种借鉴过来的，褒贬历代帝王，颂扬古今贤良之类。如"山上青松松在山，三藏古洞洞朝仙。神仙自有神仙度。哪有凡人度神仙。""国正天兴顺，官清民自安；妻贤夫祸少，子孝父心宽。"由秦腔《天河配》改编的定场诗"龙戏千江水，虎登万里山。君子不得时，开口告人难。"劝学诗改编的"斗大黄金印，天高白玉堂。不因书万卷，哪能拜君王。"[1]从上述四则材料可以看出，传统型定场诗多以教化感人，劝人为善为主题，内涵了传统社会的道德原则，但内容上与正书情节并不存在关联。场景型是指根据神灵类型与还愿性质选择不同的定场诗表演。如洪洞县一带生子还愿演出的开场诗为"一轮明月照宝堂，家有梧桐落凤凰。接连生下三贵子，状元榜眼探花郎。"生女还愿时一般说"一树梨花一树梅，梨花梅花紧相随。梨花压住梅花架，压得梅花颤巍巍。"逗趣型开场诗是指根据社会事件或自身经历临时编唱的四句提纲，用于集中观众注意力，减轻艺人嗓音的负担。此处用真实的同行人物或者事件作为组织新生性文本的材料，更容易产生现场效果与观众认同。

定场诗结束后，还需根据演出背景与环境"垫话"，又称"带帽"。

---

① 访谈对象：马新平，男，1968年生，襄垣县王村镇东坡村人；访谈人：刘重麟；访谈时间：2019年8月19日上午；访谈地点：襄垣县非遗中心。

"垫话"体裁形式没有严格限制，书词不固定，大致四五句话。它的作用主要有三点：一是吸引听众，稳定书场；二是引起兴趣，活跃书场气氛，使听众集中精力，好开正本；三是为了酝酿情绪，说书人先说一个书帽，可以调整琴弦，酝酿说唱正本的情绪。大部分垫话有即兴编排、切时应景的特点，主要内容是交代演出的具体书目等或主家心愿。①由于垫话多是艺人即兴表演。如襄垣艺人霍秀堂在奶奶庙还愿唱道："说罢提纲归了正，说段神书奶奶听。奶奶岭上奶奶庙，奶奶庙上保佑人。虽然不是龙华会，也是主家一片心。说书弟子在台下，说段神书仙家听。咱说的是……"庙会求平安烧香时的垫话为："说罢提纲归了正，唱回神书神家听。李府来到庙上把香敬，为的是全家的太平。一年四季运气好，保佑他全家大小生安宁。道在哪里哪里送，菜园茂盛满堂红。"②与普通的说书不同，神书表演中垫话的主要目的是说明主家心愿。因此在说书之前，艺人需要大致了解主家的基本情况，才能现编说唱的素材。

"垫话"之后便可开正本书，多为长篇的鼓词。书目内容长短章节按贯分隔，一贯书两小时左右。一个长篇鼓书由"贯"组成，正本又叫大贯书目，比如泽州四弦书《回文屏》三十二贯、《三洪传》二十四贯、《列女传》十三贯等。完整地说完"正本"书，往往少则三五天，多则一两个月，俗语道"说书人的肚是杂货铺，又能增来又能补"。通常来说，与神仙相关的书段就可在神书场合中演出。但神书艺人会根据场景特点选择表演书目。甚至在特定语境下，某些书目是禁止说唱的。如喜庆场合禁忌出现凶杀、哭泣情节的书目；寿礼和满月的场合禁止说不孝情节的书段，而还愿说书则不唱有荤段戏谑的书段。有经验的艺人对这些基本原则谙熟于心。这里统计了太行山区域内流传的神书小段，并按照演出场景进行分类，具体如表3-1：

---

① 姜彬主编《中国民间文学大辞典》，上海文艺出版社，1992，第35页。
② 访谈对象：霍秀堂，男，1961年生，武乡县韩北乡早洼坪人；访谈人：卫才华、陈宛妮、刘重麟；访谈时间：2019年8月15日上午；访谈地点：武乡县文化馆。

表 3-1

仪式说唱的书目分类①

表演场合书目	书目名称	书目类别
丧葬	《老寡妇上坟》《檀香哭瓜》《割肝孝母》《劈山救母》《王兰英抱灵牌》	文书、苦书
祝寿	《龙三姐拜寿》《徐公子拜寿》《八仙上寿》《十八女拜寿》《孙宾拜寿》《打尿床》《二妇人拉娄》《二堂上寿》《郭子仪拜寿》	文书、神书
圆锁	《天仙送子》《三度林英》《三姐落凡》《劈山救母》《二老夸子》《五子登科》《兄弟让贤》《训子》	文书、神书
赶会	《吕洞宾抓药》《两个老汉去烧香》《纣王降香》《苗庄王访贤》《寿阳山修仙》《武松赶会》《刘方舍子》《观音老母下凡》《香山寺还愿》	文书、神书
升学	《包家夸桑》《包家落凡》《猛虎学艺》《庄王访贤》《王祥卧冰》《五子登科》《朱洪武登殿》《公子赶考》《永庆升平》《尧访舜》《张四姐下凡》	文书、神书
谢五谷	《斧劈华山》《游天台》《鸟莺对话》《百鸟朝凤》《八八栽瓜》《吃黄杏》《反莱园》《偷南瓜》《王婆骂鸡》《龙江颂》《百花四季》	神书
婚嫁	《梁祝下山》《西厢记》《仙姬临凡》《天仙配》《新婚变》《张四姐闹东京》《吕洞宾戏牡丹》《刘全进瓜》《高老庄》《张生戏莺莺》《小姑贤》《拙妇人缝衣》《好亲家》《会亲家》	粉书、神书
求雨	《关爷磨刀》《关公挑袍》《龙江颂》《九虎归宋》《两口子抗旱比着干》《酒色财气》《包公夸桑》《昭君和白凡》《八姐游春》《龙王算卦》	武书、神书

① 根据2016—2019年课题组对太行山区各县的部分说书艺人访谈调查结果,将实际书目资料汇总整理。

传统书目分为文书、武书、神书、苦书、粉书。文书多以民间德孝、贤人断案故事为主；武书多以英雄侠义故事为主；神书是与神灵故事相关的书目；苦书是表现人物命运悲苦的剧目；粉书是表现男女感情和两性婚姻的书目。仪式场合决定了演出书目的形式和意义，而特定的书目内容彰显了仪式活动的主题，烘托了仪式氛围，二者在一定程度上形成同构关系。

送神

　　"送神"是神书演出的结束环节，即送诸神归庙。各地仪式与表演时间不同，但神书表演的程式化唱词大致相同。河南上蔡一带，一般为下午送神，俗称"神不搭黑走"。平顶山、禹县、唐河等地，则在晚上送神。送神时，主家给艺人封礼。灵宝锣鼓书艺人送神时，先吟诗"天为盖州，地为驮州。日为影州，话为心州，四大宾州，万国九州"。念白："天门开，地门开，玉帝便把神童差。差得神童下天堂，迎接尊神赴天台。"[①]除了表演送神段，艺人还需说送神词与送神文，具体如："大炮不停震山川，三天喜愿算还完，鞭炮齐放香不断，敬送各位灵神仙。请您仙体扶正位，把富贵荣华降人间。"送神文书格式如："某县某乡村，信士某人，因某事由曾对某神许愿，如若其事已愿事由，愿唱书三天答谢神灵。今逢盛世，百事亨通，遂于某月某日至某月某日，唱书三天，已经了却心愿，当下言明，一了百了。祈神灵今后多多降福，保佑平安，吉祥如意。再次感谢神灵。"随后，拆去神棚，取下神灵牌位，用火焚烧。撒食供果，谓之"破盘"。[②]
　　此外，由于师承派系的影响与表演风格的稳定，有些地方送神成为独立的小段鼓书。如襄垣艺人在庙会上表演的《送神》：

　　　　天怕浮云地怕荒，人怕老病物怕伤。老臣最怕君不正，孝子又怕父不良。贤妻怕了夫拐代，衰苦孩儿怕后娘。行舟怕了打头风，上发

---

① 灵宝县文化局编、王建业主编《灵宝县曲艺志》，内部资料，1989，第156页。
② 中国曲艺志全国编辑委员会、《中国曲艺志·河南卷》编辑委员会编《中国曲艺志·河南卷》，中国ISBN中心，1995，第499页。

人家怕灾殃。上场来示八句提纲表过，说一段小书送神灵。光武十二争南阳，打到芳县赶时荒。赵州石桥迷了路，一个石人站路旁。问他十言九不语，马上怒恼汉小皇。腰中抽出青铜剑，剑斩石人死路旁。自从石人死过了，明朗朗现出路两行。一条路通往南阳地，一条路通往鬼兴庄（鬼神庄）。南阳寻来姚期将，鬼兴庄访来马子章。姚期马武双救驾，扶起光武坐洛阳。光武酒醉宫院上，马娘娘传旨害忠良。贬邓禹、斩姚将，午门外碰死马子章。这都是前朝忠良将，不必叫忠良无下场。

香主说书用了功，一日三餐把香焚。自古常言讲得好，善恶极应靠神灵。早起焚香盼清净，为了早早得儿孙。五谷丰登人孕寿，中天光明又敬神。晚上焚香盼神安，子夜焚年泣安宁。香主用功真不小，为了大发财得安宁。说书人为吃渔家一口饭，为争阳世几文铜。挣得江湖钱几个，奉养老小一家人。香主家沐手焚香把神敬，潜心千心并烛（虔心秉烛）报神恩。你子民坛前离去了，丢下俺说书人儿送神灵。

一炉金香送得紧，鸿钧老祖起在空。驾定五色祥云去，老祖返回碧霄宫。二炉金香送得快，西天佛祖离神台。大乘妙典法门开，送上莲花清净台。三炉金香送得欢，通天教祖离凡间。五色祥云随空去，送往碧游坐蒲团。四炉金香送得早，送别玉帝把香烧。金童玉女头引路，驾定祥云回灵霄。五炉金香送得紧，送别太上老君仙。驾定青牛空中去，送上三十三天离恨天。六炉金香送得欢，六部五斗把身安。各驾风云随空起，送往斗牛空中去站班。七炉金香送得快，水瘟豆糠离神台。各驾祥云回天去，只降福来莫降灾。八炉金香送得快，八洞神仙把路开。各显手能归仙界，送别人仙赴棚来（蓬莱）。九炉金香送得紧，送别水土地众王神。常来人间受香火，保小民谷丰登得太平。十炉金香送得紧，送别十殿众阎君，阴界死生两条路，阳间贫富两种人。几家生了又还死，多少富了又还贫。小民盼生不盼死，黎民盼富不盼贫。众神各驾阴风去，归还人民一座城。金决消灵仙掌动，玉阶时听倍环声。十路众仙都送去，记住小民一片心。送别众神各归

146

位，小民说书算完成。①

从书词内容与结构上看，《送神》小段由定场诗，书帽，送神词组成，内容与请神互相呼应。定场诗采用了传统型，以劝谏化人，道德教化为主题。书帽是单独小段，内容讲述了刘秀斩石人的忠良故事。送神词以串十字的形式描述了儒释道三界神灵。送神词的主要目的是将各路神仙按请来的顺序一一送归原位。在送神的时候，雇主一般都要给说书艺人一些小费，让他们尽心将神送走。若神送得不尽心则会对主家不利，所以主家十分看重。艺人们在送神时格外小心，尽量说唱熟练的送神段，避免出现遗漏的情况。因此，说唱形式的稳定与内容的普遍适用，使得书词在几代师徒的传承之下逐渐固定，形成独立的送神书目和演唱风格。

这里以长子县做周年仪式为例，详细记录鼓书表演的参与过程。

农历七月十五晚，长子县岚水乡杨家岭村一户村民为父母做十周年祭祀仪式期间，邀请长子县神农晋风说唱团在村里进行为期三天的表演。正式的演出是在晚上8点，下午5点，鼓书演出团按照主家要求去坟头唱一段《罗成算卦》。主家特意选定了七月十五做周年仪式，本家族的亲属和邻近的村民都来参加，鼓书舞台设在村中古槐树下，这棵古槐被奉为"神树"，村民家中有喜事或白事时都要在古槐树前进行祭拜。下面是详细的仪式过程：

上午6点45分，主家准备祭祀的供品与招待亲戚们的饭菜。杨女士是儿媳妇，因丈夫去世，所以她代替丈夫给公婆做十周年。因为做十周年比较隆重，她提前通知亲戚七月十五要做周年，所以本家外甥、外甥女、媳妇、女婿都早早来到户主家。包括公婆家亲属也都来参加说唱团是一周前预定的，七月十五烧纸做周年家户非常多，所以很难找到价格合适的班社。双方协商后达成协议，说书表演三天，共九场演出，有六名演员，一个司机，一个搭台师傅。每天自行往返，主家提供一日三餐。仪式主持另请人负责。先付定金，表演结束再付余款。

---

① 访谈对象：史汉民，男，1967年生，襄垣县虒亭镇土落村人；访谈人：刘重麟；访谈时间：2019年8月21日中午；访谈地点：沁县二郎山无生老母庙。

8点，说唱团到达主家，搭台师傅与司机两人一起搬运车上的舞台设备，准备搭建舞台。主家请了阴阳先生，他负责指导安排布置供台供品。阴阳师傅安排艺人们先把响器敲起来，在家中进行招亡仪式。期间主家给每位说书人一条长方形的红布，有的将其系在鼓上，有的将其盖在电子琴上，有的放在自己兜里，称为"利身"。招亡仪式中一人敲大锣在前面走，后面依次是敲小锣和镲的，阴阳先生拿着八角小鼓和执铛紧随其后。户主手捧公公婆婆的照片与牌位，边走边哭，哭声很大。走到户外约几十米外的十字路口下，阴阳先生示意响器停下来，在此十字路口招亡。

8点15分，阴阳先生手持串珠，在槐树下开始念经。传说村里人去世后的灵魂会寄居在槐树上，保佑全村人平安。因此每逢村祭或家祭，全村人都要在古槐树前上香，祷告心愿。主家跪地，朝向东面，每念到停顿处会意磕头。约15分钟后，鸣炮后招亡仪式结束。依旧是照原路响器伴奏返回家里。在院子门口，主家亲戚在院内面向大门迎接。

8点半，阴阳先生安经10分钟，自用碰铃击打节奏，说唱团不用伴奏。念经结束后，阴阳先生在供台前指导主家烧掉准备的黄裱供品，并向祖先祈愿，保佑全家太平。随后亲属拿祭奠的衣物、铺盖、食品依次到招亡处祭祀，然后再回到院中，化纸上香，然后把供品放在旁边，称"迎供"。供品有六碗供、四种面食、果品油食，酒杯和主食共放一盘，再放上汤、酒、茶。还要糊些家用电器、家具用品、摇钱树、聚宝盆、米山、面山一类的纸扎。祭祀点在家中布置有供桌、牌位、供品，院落中央布置了一处较为正式的祭桌，背景是红布，桌子上是供品、香炉，下面有一个化纸盆。另外在院子的四周，分别有四个小型简单的祭祀处，每个点大都相同，焚三炷香，前面设有一些供品。

9点，女性亲属开始烧供献的衣物，上午烧衣物，下午烧铺盖。男性在院外生火搭锅准备饭菜。由于十周年是大祭，全家准备工作做得较为充足，献祭的衣服铺盖都为实物。在焚烧之前，主家要说明献祭的缘由，并祈愿先人能保佑全家平安。期间说唱团开始表演，演奏了上党梆子《朝天子》《大开门》两则曲牌。乐器主要有板胡、唢呐、鼓、锣、镲、电子琴等。

9点半，节目结束，乐队休息。其间祭祀处要不断续香，院子外烧完衣物要鸣炮，几乎每个仪式结束后，都要化纸烧香磕头。期间主家提出要去坟头敬酒烧香，请艺人去说个小段。因为此事没有提前协商，艺人们都不愿意去上坟。最后只好由班主夫妇俩前去表演，费用另算。上坟前，阴阳先生给了主家以外的人，每人一条红布。据说因为参加白事对外人而言会有忌讳，给红布意为让说书人全身而退，保佑他们吉利。这条红布用完之后不可随意丢弃，最好压在床铺之下，保佑平安。主家上坟的目的一是缅怀先人，二是帮祖坟除去杂草，查看墓地周围是否有损坏的问题。

10点半，上坟结束，主家返回家中，开始准备午餐。午餐菜谱十分丰富，有花卷、馍馍、八宝粥、面片汤、焖面、炒土豆丝、炖西葫芦等。家中女性洗菜择菜，做面食，男人们则负责掌勺。期间阴阳先生念诵了一段平安经，大致30分钟，说唱团乐师伴奏。

11点20分，中餐开始之前，先要为祖先"献饭"。主要是将饭菜盛出来后，放置在桌前，请先人前来用餐。期间要为亡者烧纸敬酒，迎接他们的到来。10分钟之后，待香纸燃烧殆尽，大家便可用餐。由于第一天来的亲戚朋友众多，主家没有足够的椅子供大家坐，除了长辈与小孩围坐在饭桌前，大部分人蹲坐在屋前的石墩前吃午餐。午餐结束后，阴阳先生手拿串珠与燃香，在各个房间转了一圈，保证家内没有污秽之物，得到祖先庇佑。结束之后，阴阳先生先行离开主家。

12点半，说唱团师傅开始搭建舞台，选址在村里的一块空地上，离主家500米距离，侧面是槐树。舞台前，摆放着主家先人的遗像与供品，香炉上插三炷香。两个小时之后，舞台搭建完成，调试了音像设备后，主家在舞台上挂上了对联一副。下午说书表演正式开始。

下午3点，周年书的表演正式开始。说唱程序由提纲、书帽、正书、结束语组成。表演时长两天半，表演场次七场。结束时，主家等铺盖烧完后，撤下供品和祭祀所用物品，户主再捧上牌位去招亡处送亡。家中布置的祭祀点一直保留，到第二天方可撤去。说唱团在送亡时只需伴奏即可。演出结束后主家用红布包裹酬劳，支付演艺余款。

从整个仪式过程看，说唱团艺人与仪式专家阴阳先生，各司其职。对阴阳所念经文，大多人不了解唱诵的内容。主家请书的目的主要是纪念亡灵，全家团聚，强调长幼秩序与家族联系。祭祀仪式由专门的仪式专家或阴阳先生主持，艺人只需要负责说唱表演即可。

第三节　神书市场与社会礼俗

晋东南太行山区庙会种类众多，功能各异，庙会大部分按照各种节日和各神"诞日"来举行，如正月十八长治塔岭山奶奶庙会、三月初一长子悬空山九天圣母庙会、六月十三潞城石窟村土地庙会，等等。庙会献戏时间有长有短，短的演一天，长的三五天，但是遵守"唱单不唱双"的旧俗。献戏班社大多是以说书为主的地方说唱团。这类说唱团较歌舞团而言，遵循一套完整固定的仪式程序，收费价格便宜，演出剧目丰富，演出班子灵活，受到庙主的青睐。从表演形式看，庙会书大致可以分为地摊书、搭棚书、舞台书三类。

一、地摊书：画锅唱门

地摊书是神书表演的基本形式之一，又称"撂地摊"，是指艺人在人口集中的农村场院、集市市场、街道两旁的空地上，用白沙子①划出演出场地。这种露天画场的行为俗称为"画锅"，有画出"吃饭之锅"的含义。撂地摊演出的场地选择一般为过往行人多的地方。内行艺人通常选择靠墙的场地，利用墙的回音，使声音更加集中洪亮。②俗话说："说书不靠墙，必定是外行。"

撂地摊艺人文化程度不高，走街串巷流动性强，但都会随身携带牌帖。牌帖，又称招牌，来源有三类：一类是师承，这意味着徒弟接管师傅

---

① 白沙子是用砸石磨掉下来的细末掺上沙土制成。

② 高梓梅：《河南民俗与地方曲艺》，郑州大学出版社，2007，第259页。

的"划片"①，得到演出资格的认可。说书场上有句俗话："一个人是孤独，二个人并相连，三个人图红火，四个人不挣钱。"意思是说书人学成之后，与师傅成为同行，不能去师傅的"饭圈"下乡赶会，得独立单干开拓市场。艺人感慨：以前河南坠子师傅有块牌帖，大概是：

　　三皇下凡来传令，世间多个说书人，千秋事业凭口道，百代人物对面生。②

　　牌帖对艺人而言不仅仅是招徕生意、划分演出范围的凭证，还是民间社会对说书艺人"合法"身份的认可。牌帖分为两类，一类是观众赠送，这代表主家愿望达成后的感谢与对说书演出的偏爱。艺人杨先印回忆：1995年去沁县丁家山村奶奶庙演出，有妇女求子还愿时赠送了一副牌帖"无目却知千古事，有口能传万事言。不借衣冠传古事，全凭腔口摊奇文"。此后，这个村里有人办事基本上都会请咱来说书。③牌帖作为公共演艺活动的展示物，承载着民众对艺人人神沟通角色的信赖。另一类是艺人自制牌帖，一般是自己想好招牌语，再请村上识字的老师题字。这类招牌不专用于说书，而是将个人所长全部写上，如"说书算卦，生日开锁，谢土安宅，庙宇开光，姓名地址"。④自制牌帖既具个性化又体现实用功能，这类艺人身兼说书先生、算卦师傅、民间仪式专家等多重身份。
　　襄垣艺人王俊川在谈到说书与算卦的渊源关系，认为艺人对两种技艺的结合往往是出于生计考虑，如何组合话术与说辞能使职业角色更具有灵

　　①"划片"是指艺人从事演艺活动的范围或固定的演出合作关系。艺人彼此之间不能恶性竞争，跨越自己的"划片"去别人的"划片"内抢活，否则会引起行内人的抵制与反感。
　　②访谈对象：马新平，男，1968年生，襄垣县王村镇东坡村人；访谈人：刘重麟。访谈时间：2019年8月19日上午；访谈地点：襄垣县非遗中心。
　　③访谈对象：杨先印，男，1949年生，长子大堡头村人；访谈人：刘重麟、陈宛妮；访谈时间：2019年8月17日中午；访谈地点：长子县滋味源面馆。
　　④访谈对象：王爱华，男，1961年生，襄垣县王桥镇普头村人；访谈人：刘重麟；访谈时间：2019年8月20日晚上；访谈地点：襄垣盲人曲艺队（襄垣县上寺北路11号）。

验性与权威性。具体内容如下：

从时间先后来讲，应当是先有盲人算卦，后有襄垣说书。民间流行一句俗话"聋子会打岔，瞎子会算卦。"据老师傅们传说，在明末清初，襄垣的盲人算卦已经成为一种行业，有了特定的标志。盲人学会算卦之后，经"三皇会"考核成绩合格者，授予卦板一副，走村串巷，敲打卦板，人们就知道是算卦的来了。成绩优秀的授予小铜锣一面，进村敲打铜锣，人们就知道来了一位技艺较高的算卦者。这就是盲人算卦真实的起源。但是，盲人师傅们为了增加算卦的神秘性，用天干地支推算时辰，还编造了一个刘星赶月的故事。

很久以前，苏州城里有一位算卦先生叫刘星。他的卦术十分高明，人们都叫他神算先生，他算出苏州城正月十五要被天火烧灭。他想出了一个解决的办法，告诉人们，到正月十五这一天天黑，家家在门口点一堆火，越旺越好。人们都按他的办法去做。正月十五傍晚，玉皇大帝派火帝真君下界苏州放火。火帝拨开云头一看，见苏州城里火光冲天，烈焰通红，认定苏州已被大火烧毁，便回宫交旨，玉帝大喜。事后，玉帝才知道上了凡人刘星的当，决定剜去刘星双眼以示惩罚。刘星掐指一算，胸有成竹，临到行刑时刻，假推有事离开，让旁边卖砂锅的赶月替他看会儿摊。赶月刚坐到刘星的卦摊上，玉帝所派的行刑天神从天而降，看到卦摊上坐着个人，认定必是刘星无疑，二话不说，剜下赶月双眼上天交旨。刘星返回看到赶月替自己失去双眼，断绝了生路，懊悔不已。为报答赶月替他受刑之恩，刘星将自己平生算卦绝术全部传与赶月。赶月也成了有名的神算先生。赶月失去双眼后，深感盲人求生不易，就决定从此卦术只传盲人。

盲人算卦初步形成一种职业之后，为了让人们好懂易记，就把卦辞编成顺口溜或七字词，人们听了很感兴趣。比如求财的卦辞是这样的："有等头，有盼头，荣华富贵在后头。由于小人太不良，经常打算把你伤。明里跟你说好话，暗里给你使黑枪。你要不小心，过后要悲伤。"如果算卦者是属于那种能挣也能花的人，卦辞是："周易八卦仔细算，你也是个挣钱汉。前晌挣了一大串，后晌花了一大半。日落西山回头看，只留一根捆钱线。"如果是一个家好大富的老人，为了多得几个赏钱，卦辞是："你的寿命比泰山，阳寿能活九十三。五黄六月魂不走，离世就在秋冬天。病魔不侵你贵体，梦中一命阴阳间。"如果是一个无依无靠、独自一人生活的光棍，卦辞是："你是空中一只鸡，从小到大靠自己。你的命运就不好，自己打食自充饥。你要一时不动腿，肚无食来身无衣。好比井台来打水，住了辘辘干了溪。"如果是一个穷人求卦，卦辞一般为："费心劳神倒不小，临老落得太不好。今日省，明日攒，存的铜钱买把伞。一阵狂风伞刮烂，只落一根空竹竿。"根据不同的对象编的这些卦辞，通俗易懂、适合人意，不但算卦的人爱听，而且其他群众也爱听。后来又把说变为用民间小调唱，爱听的人就更多了。于是盲人们把能和卦辞挂钩的民间故事、神话传说编在一起说唱，逐渐形成了一种固定的腔调，就是最初的鼓儿词。①

摺地摊艺人一般独自或夫妻搭班出演。他们走街串巷，登门唱戏，这种演出方式也称为"逛夹道"或"唱门子"②。大多数说书艺人出师考核就是"唱门"。一为练胆，二为打开情面，俗称"破脸"。唱门者，进村入镇，挨门演唱。自带三弦或简板，连献带拉，引出主家，说唱几句吉利话，主家明白来意，给些吃食或米面、小钱儿。唱门时间多在饭时，因饭时家中有人在，便于随手拿食物打发艺人。唱门时要站于主家大门右侧，身稍偏，不迎正门唱，不能口出粗言秽语。主家打发时要双手接，只要生粮不要熟食。如主家待饭，不能在屋内进餐。③《山西通志·文化艺术志》记载：

---

① 王俊川:《曲艺生涯六十年——王俊川口述史》,内部资料,2011,第92-93页。

② "逛夹道"在春秋两季盛行,多为盲艺人。盲艺人逛夹道,习以简板相互联络,流传下"来三去四不来五"的暗号。"唱门子"又名站门、坐门。年老艺衰的盲艺人多行此道。他们为糊口谋生,挨门卖唱,借以讨得一些食物,俗称"巧要饭"。

③ 访谈对象:马新平,男,1968年生,襄垣县王村镇东坡村人;访谈人:刘重麟、陈宛妮;访谈时间:2018年11月11日上午;访谈地点:襄垣县非遗中心。

沁县老州调的盲艺人每到一村，先到富裕家户大门上坐下，敲打卦板或吹笛报信，主人闻声得知，出来查看人数，即准备饭食，饭后说唱书段。这称为"坐门"。在"坐门"说唱过程中，村里可能有人出面请艺人说唱长篇本书，商定说唱书目与报酬数额，订立口头合同。这称为"包书"。说唱过程中艺人的食宿及说唱地点均由出头包书者安排，一般是各个家户轮流管饭。书价报酬也由他们逐户传募，俗称"传头"。①

这种流浪式的卖艺形式将娱乐表演与乡村礼俗生活紧密联系起来。颠簸的人生经历使艺人体验人间苦暖，为即兴小段提供了丰富的素材，也成为乡民历史记忆和生活观念的表达形式。书段中的神话故事赋予艺人媒介真实可感的灵性，为信仰者塑造神圣秩序。

二、搭棚书：亮艺卖书

"搭棚书"也称"唱书棚"，是庙会书演出的方式之一。乐棚是民间演艺活动的空间载体。而现代意义上的"搭棚书"是由师傅带队的说唱团，在庙会上定点搭棚说书。晋东南太行山村庄正月十五至清明期间，普遍要"禳瘟神"请先生说神书。表演之前需在院内北房檐下设神棚、神堂，立柱用蓝布缠裹，前排两根竿子，呈八字形，用白布交叉扎起，贴纸花，上挂五色旗，在竿子的交叉处挂镜子，中间是剪糊的神龛，前面是软门，吊四盏灯，供桌中间摆设粮斗，放入五谷杂粮，备插香用。在神棚对面南房或南墙的前边搭一小台，约两丈见方，台上放一张八仙桌，主说神书人站在桌后，两旁为伴奏人员，说书的小台或平地也要搭棚，棚是八字门式，搭棚的竿子也用布缠起来贴花，前面有檐，搭着帘子，上面吊穗子，穗子下边吊着四盏用纸张糊成的莲花灯，备天黑后照明，这是比较讲究的设置。一般人家就在正房檐下放一张桌子，桌上供一神牌和供品，南面也放

---

① 山西省地方志全国编纂委员会编《山西通志·文化艺术志》，中华书局，1996，第273页。

一张桌子供说书人使用。①艺人先拜祖师爷像，如拜历代曲艺艺人亡灵（又称"望空"），同行互拜和宣布认徒规约等，然后亮相卖艺。②"搭棚书"遵循一定行规，若有人先到已扎好场子，后来者不得在附近扎场。新到的艺人要向先来各书棚演唱的艺人拜访，谓之"行客拜坐客"，目的是求得关照，否则被认为是不懂规矩想抢生意，造成同行之间不和。新到的艺人若要和先在书棚内的艺人搭班演出，得先试演一段（行话"打炮"），看技艺优劣，然后决定合作与否。如三月初一长子悬空山九天圣母庙会，鼓书艺人纷纷"亮艺卖书"。一方面完成景区文化宣传的任务，一方面招揽户主"订书"③。户主"订书"除娱乐外，大多数是为了"还愿"。俗语道："口愿口愿还了无怨，不还口愿总是搁惦④。""还愿书"的表演场地既可以在庙会也可以在家户之中。（见表3-4）

表3-4

庙会还愿书与家户还愿书比较表⑤

表演场地	庙会	家户
表演设备	搭棚表演	就地表演
演员人数	1—3人	5—7人
订书流程	临时选择，多家竞争	事先协议，熟人推荐

---

① 桑爱平：《秧歌鼓书》，北京燕山出版社，2010，第235页。

②［美］欧达伟（R.David Arkush）、董晓萍：《华北民间文化》，河北教育出版社，1995，第52页。

③"订书"即让各村来人观看说书技艺，以便约请到村里或家里说书。凡与主家约好日期，便要立即收摊，不准再演，以免影响同行生意。"订书"一般都是三天六场，称为"正路"；但也根据主家的经济水平可以加场或者减场。演出费用根据表演场次计算，若连续演出，书价较低。

④搁惦，山西方言，意为惦记。

⑤根据襄垣鼓书艺人申润兰口述整理而得，其中"行好者"是指围绕庙会信仰常做功德或做善事人们的代称。

续表表3-4

表演场地	庙会	家户
演出酬劳	随心意,10—200元不等	500—2000元,吉利钱,香烟
食宿条件	不供食宿,自行解决	提供食宿,专人负责
演出时间	10分钟	1—3天不等
说唱内容	神仙小段、河南坠子、民歌	主家点书或正本选段
还愿过程	安神、小段、吉祥话	敬神、请神、安神、正本、送神
艺人角色	行好者、表演者	表演者、仪式专家

整体来看,庙会还愿对象并非个人,这要求说书艺人追求"粗喉咙,大嗓门儿,鸣锣开道大故事儿"的说唱风格,具备现场编话的能力。一方面,说书表演不明码标价,自由随心,因此这类演出报酬又称"功德钱"。对于还愿者而言,大多希望神灵福佑,"功德钱"宁愿多给也不会少缺。另一方面,庙会还愿的公共性表演将作为内隐"福报"观念传递给更多的信众。因此艺人在表演时不断强调"做功行好,不求回报"的"许愿还愿"逻辑,吸引更多的善男信女请书还愿。

三、舞台书:专业分工

"舞台书"是庙会书演出的基本形式之一,具体指在庙会期间临时搭建舞台的说唱表演活动。该类演出由村委会集资筹办,表演的目的不限于酬神请愿,还注重公共演出的娱乐性。

中华人民共和国成立后,庙会仍会邀请"草台班"或说唱团临时搭台演出。该类演员专业分角,上妆表演。舞台由专人负责搭建,仿制古代戏台的形制,增加了现代音响灯光设备,设置前后台区域,这类演出一般由村委会出资,临时组建庙会工作小组,专门负责演出事宜。据《潞城市志》记载:1949年前,农村唱戏多在庙中。遇到庙会,则选择宽敞的场地临时搭台。1950年后,演员阵容逐渐扩大,增设现代灯光、道具、音响等设备。搭建舞台用较粗的木杆做架，用铁丝捆绑，各木杆横竖连接，形成一个戏台的框架，台左右18米，前后13米，高12米。框架搭成后，将木板铺在离地面2米高处，再用红、白、蓝、黄各色布料缠裹木架。台架上分前、后台，前台为演出场地，后台为置放行头和演员化妆处。台前四根柱上端挂大灯，下面张贴对联。台顶部为二层楼式，上有四个挑角，均装饰有象征性的动物模型，如狮子、凤凰等，脊角装饰有屋脊兽。大型舞台前面两侧还贴对联，如"说好就好说歹就歹好歹只演四天，愿听者听愿看者看听看自取两便"。①

说唱团舞台布置图　　　　　　　　观众席位布置图

虽然"舞台书"不要求艺人参与仪式程序，但在舞台选址方面吸收了传统风水观念，纳入了村落生活秩序。表演舞台一般搭建于庙门之外的空地，与主殿相对。舞台下设置香炉，由专人续香，保证香火不断。香炉后置有三把红布包裹的椅子，代表殿内三位主神。舞台书是家户仪式说书的重要部分组成，在所谓"敬神如在"的理念下，音声技艺被作为供养之物奉献在神灵面前，成为仪式的"兴奋剂"和"黏合剂"，功能性的意义是显而易见的。②

①　山西省潞城市志编纂委员会编《潞城市志》，中华书局，1999，第728页。
②　项阳：《民间礼俗——传统音声技艺形式的文化生存空间》，《中国音乐》2008年第3期。

四、还愿交换：神书演出的市场关系

从艺人角度出发，庙会书不仅是娱神做功的善举，还是关乎团体生计的经济活动。他们关注的核心问题是哪个庙有会，什么时间演出，演出价格，食宿条件等等。而庙会请书并不完全以技艺优劣、价格高低为标准。考察庙会书的市场关系，分析民间社会经济交往的"隐性规则"是反思艺人与家户、庙宇、村落之间互动关系的重要视角。

"地摊书"是一种艺人自发参加庙会并表演神仙小段以赚取报酬的演艺方式，主要的请书对象是庙上还愿者。大部分还愿者因家中有人患病或为求子嗣而向神灵许愿，以报答神灵而请艺人说书。这类演出以民间信仰活动为依托，艺人在家中供奉"三皇像"或"邱祖牌位"，将自己与圣人先贤建立历史联系，塑造"做功者"的角色身份，让讲唱更具神圣性。同时，也借"赶会"与同行、香客、明人[1]、执事建立人际交往关系，为以后的合作打下基础。在整个庙会还愿的体系中，艺人说书表演呈现三角互动关系。具体详见下图：

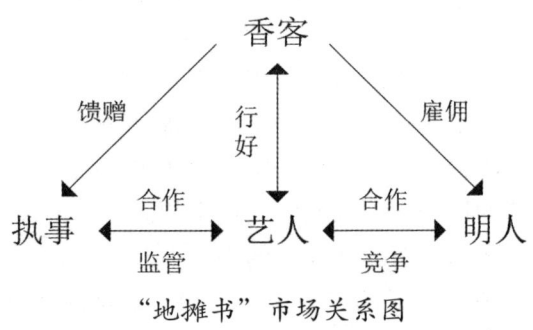

"地摊书"市场关系图

由图[2]可以看出，整个还愿市场是围绕香客而展开的。庙宇、说书艺

---

① "明人"是当地方言，是指神婆、灵媒等通神的仪式专家，民间称为给神灵传令的人或者顶神者。

② 示意图根据实际考察长治潞城农历七月十五卢医山庙会书绘制。

人、明人主要的经济来源是还愿者的香火钱与行好钱。执事作为庙宇秩序的管理者，与艺人、明人之间存在着上下级的监管关系，但是这种松散的监管常常因为人情或红包转变为合作关系。常年赶会的艺人一般与执事保持良好的关系，因为这种关系的维持体现在既得的现实利益中。如获得更显眼的地摊、更好的食宿条件或介绍香客请书等等。艺人也会根据客人的多少以香烟或红包的形式回馈执事的帮助。而艺人与明人既是合作对象又是竞争对手。太行山庙会还愿一般会请明人为其表功①，从功能上看，明人表功与艺人说书都是将香客的心愿传达给神灵，因此在还愿市场中处于竞争关系。但是两者的区别在于艺人说唱不仅是个体单纯的表演行为，更是凸显香客虔诚与知恩图报的公共性表演。因此，明人往往与艺人分工合作，创造出一套民间还愿解释框架，"明人只是给神仙搭个话，事儿不一定能办，只有说书人把老爷哄开心了，事儿自然就能办了"。②对还愿香客而言，虽然明人和艺人有类似的功能，但是两者的态度截然不同。明人表功明码标价，只需要达成协议就能建立雇佣关系。说书艺人表演报酬没有明确标准，往往"随心意"，因此这种经济交换行为被赋予"做功"的特殊含义。

黄宗智认为：与西方契约化的市场经济不同，东方社会的经济关系与社会关系，或者说经济交往与人际交往，是一个难分彼此的整体，它们被传统的价值体系赋予不同的性质。③民俗社会价值观念将各类事物交换划定不同的界限。有的可以在市场上明码标价，有些则不能以金钱作为衡量标准，长子艺人郭香珍就提到返还行好钱使愿望灵验的事例：

①"表功"是指明人向神灵诉说人间事情的行为。表功有一套固定说辞，是有节奏或带唱腔的七言押韵语句，明人在此基础上即兴发挥，根据实际情况添加、调整功词。表功的大致套路是先说明表功者的姓名，然后讲清本人或委托人表功的意图或心愿，恭请各方神灵前来保佑，最后，表功者将做功者的布施金额向神灵表明。如此这般神灵便可知道香客的心愿并收到其供奉的香火钱。

②访谈对象：曹四喜，男，1971年生，河南省安阳市马家乡人；访谈人：刘重麟；访谈时间：2019年8月16日上午；访谈地点：长治市潞城区卢医山庙。

③[美]黄宗智：《华北的小农经济与社会变迁》，中华书局，2000，第270页。

前几年，有个妇女来卢医庙上香，请我给她说一段书。但因没带现钱，没法支付表演费用，因此欠下，许诺明年再还。第二年，她来庙里进香又遇到了我，再次请了段"老爷书"，返还了当年功德钱。第三年，她又来上香，病就痊愈了。后来她送锦旗，介绍活儿给我表示感谢。其实我们说书的只是给仙家递个话，关键是老爷给她操了心啊。①

　　在特定情境下的说唱被赋予了神圣的含义，通过艺人媒介传达出神灵的权威，因此欠下表演报酬等同于亏欠老爷的恩情，愿望自然不能灵验。民间社会认为，涉及神灵、祖先相关的民俗活动，钱只能是为目的服务，而不能作为服务的目的。②说书报酬——"功德钱"虽是人神交换的物化载体，但更是香客与艺人信任关系的体现。这种信任关系包含着民间社会对金钱、人情、义务、服务的理解，关系到整个还愿关系中馈赠者与接受者的尊严与身份。

　　庙会"地摊书"市场的良性运作是香客、执事、艺人、明人互相协调合作的结果，其中艺人与香客之间的信任关系是整个民俗市场的核心动力。而"搭棚书"是由庙主"精打细算"后选择半职业性的说唱团③，约定演出时间，临时搭建书棚的演艺形式。这类说唱团以班主为核心，先根据演出报酬决定团队的人数，再利用师徒关系、夫妻关系、同事关系临时组建。由于演出形式与队伍的灵活可变性，此类说唱市场受到更为复杂因素的影响。

　　乡村生活若要举办一些集体性的庙会进香活动，大都依靠信仰者自愿性捐赠人力、物力与财力，因而说唱团也是庙宇经济生态圈的重要组成部分。寺庙以收取布施的名义从信仰者手中"买进"资本，继而在艺人的说

---

① 访谈对象：郭香珍，女，1963年生，长子县南陈乡西堡兴村人；访谈人：刘重麟；访谈时间：2019年8月16日上午；访谈地点：长治市潞城区卢医山庙。

② 张振涛：《冀中乡村礼俗中的鼓吹乐社——音乐会》，山东文艺出版社，2002，第161页。

③ 半职业性说唱团是在"班主"或"老板"组织下，由一个或两个相对较为固定的弦师（乐师），有事即办事，无事即务农的说唱演艺组织。

唱之中"交换"它的灵验与信誉。①从沁县二郎山无生老母庙前公布的功德榜可以看出,说唱团的报酬表面是由庙宇管理者结算,但实际上是由信徒善人集体供养。具体账目如下:

善人布施总计:59602元,上年结余3774元
今年支出总计:47697元,上年欠款4800元

明细:②
塑像三尊:24000元
庙宇修缮:18947元(粟秀文捐赠预制板、水泥等材料;王春仙赞助电工材料)
请戏费用:3000元(襄垣王桥村韩府赠戏一场)
工人工资:1500元
伙食费用:200元

从收入明细看,艺人演出报酬在整个庙会支出中占比不大,但具有一定的灵活性。庙主与班主事先商定的演出费只是实际收入的基数,临时加戏或点书会获得额外的报酬。这种临时加演往往更考验说书艺人即兴编词的功底,需要将请书人的个人情况与心愿编成七言韵句,在表演之前说出。此外,表演的小段要与请书人许愿内容相符合。如主家体弱多病求神灵保佑健康,一般唱《包文正投胎》《韩湘子讨封》,寓意孩子以后文武双全。③从侧面看,加书场数也是衡量说唱团在该庙受欢迎程度的重要指标。"搭棚书"演出是由庙宇与班主双向选择的结果,越是能满足信众的趣味与期待的说唱,越能维持在该信仰中心的台口。

尽管说唱团酬金来源是庙宇善人集体供养,但庙宇管理者还是会在考

---

① 吴凡:《秩序空间中的仪式性乐班》,博士学位论文,中国艺术研究院,2006。

② 资料来源,2019年8月20日下午,刘重麟于沁县二郎山无生老母庙拍摄。

③ 访谈对象:史汉民,男,1967年生,襄垣县虒亭镇土落村人;访谈人:刘重麟、陈宛妮;访谈时间:2019年8月20日中午;访谈地点:沁县二郎山无生老母庙。

虑成本和收益后选择出合适的说唱团。从利益最大化的角度看，这种选择在经济上并不理性，但民间社会有自己的人情标准与解释逻辑。在表演酬金、技艺商定的情况下，"搭棚书"演出的选择往往受到信仰关系、通婚关系、文化下乡、同行推荐等因素的影响，具体详见下图①：

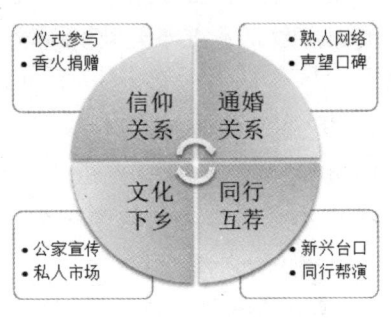

"搭棚书"市场关系图

从整个市场看，庙宇请书往往受到乡土社会熟人网络的影响，与说唱团形成互惠型的经济共同体。说唱团对庙宇神灵的信仰成为能否表演的首要条件。这不仅体现在艺人表演请神小段能吸引更多的信众，还意味着艺人能以香火捐赠的名义将部分酬金返还于庙宇。如艺人史汉民因表演"烧香段"而获得香烟一条、茶叶一盒的额外收入，同时他也向庙宇布施150元的香火钱。费孝通指出："在亲密的血缘社会中商业是不能存在的。这并非是说这种社会不发生交易，而是说他们的交易是以人情来维持的，是相互馈赠的方式。实际上馈赠和贸易是有无相通，只是在清算方式上有差别。"②

事实上，庙宇请书时常会考虑有相同信仰的说书艺人，即使他们演出费用较高，但是以另一种交换方式馈赠于庙宇。通婚关系也是影响说唱团演出范围的重要因素。如艺人申润兰为沁县石沟村人，因外出表演与丈夫相识，加入襄垣县曲艺说唱团。她通过本地人际关系拓展了襄垣说唱团在

---

① 根据沁县二郎山农历七月二十二庙会考察绘制。

② 费孝通：《乡土中国》，生活·读书·新知三联书店，1991，第118页。

沁县的市场。同时，庙会书一般以本地方言演唱，相近区域语言差别较大，因此人际交往打破了说唱团语言上的限制。说书艺人往往既是县宣传队成员又是私营说唱团成员，他们经常往返于各个乡镇之间完成政治宣传任务，结识各村村委干部与文艺爱好者，培养未来演艺活动的潜在合作者。庙会书市场虽然竞争激烈，但各说唱团之间通过师徒或师门关系保持合作。若遇台口临时加戏无法按时赶到下个台口，说唱团之间经常会互相帮演。这种同行之间的互荐，一方面解决了紧急突发的情况，避免毁约的信用问题，另一方面说唱团也会以介绍费的形式补偿同行的损失。即使是同行之间相互介绍，也很少出现两家说唱团抢一个台口的情况。艺人任小平解释："买卖不在仁义在。今天我帮了人家的忙，赚了这份钱，就不能抢人家的台口啊。这行说大不大，说小不小。你做出这样的事以后别人也不敢请你了。"[①]对演员来说，说唱生意固然重要，但他们更在乎的是自己的面子与行内的口碑。无形的行业道德与人际交往规则时刻提醒着他们不能"唯利是图"。因此，"搭棚书"演艺市场并不以经济交换作为规则，而是以社会"人情往来"作为交换筹码。

如果说"地摊书"与"搭棚书"体现了艺人与信众、庙宇的人际互动，那么"舞台书"则展现出艺人与村落共同体的交往规则。太行山区庙宇前表演的"舞台书"是一种由村委会出资，因特定目的聘请专业说唱团的演艺形式。这类演出常常由经纪人推荐，拟定纸质合同，规定说书书目与演出场次。在许多场合，经纪人又称"戏头"，主要负责村庄与艺人之间的沟通，安排艺人的食宿，设计祭祀活动的仪式程序，调节演出纠纷等等。若一个说唱团想获得稳定台口必须依赖经纪人。即使名誉极好的说唱团，能够依靠艺人的名气和人际关系获得更多的演出机会，仍然难免出现演出的空档，不得不依靠经纪人的推荐。说唱团会在报酬中抽取相应部分作为经纪人的回扣。

艺人与经纪人之间的合作非常脆弱，他们常常因为互相不信任，而导致演出"流产"，双方没有固定的合作关系。在保证演出行程不冲突的情

---

① 访谈对象：任小平，女，1971年生，长治市长子县人；访谈人：卫才华、陈宛妮、刘重麟；访谈时间：2019年8月15日晚上；访谈地点：长子县岚水乡杨家岭村杨家。

况下，艺人与多位经纪人合作，保证获得更多的台口。经纪人会与多个说唱团保持联系，把台口分别介绍给不同的说唱团，保持艺人与当地村民的距离，确保自己在本地的话语权威与生存空间。经纪人的生存之道，除了利用种种方式与村委会保持良好的联系外，更重要的是掌握丰富的信息，时刻关注演出市场的整体状况。①比如哪个村里什么时间有庙会，村委会希望请什么档次的说唱团，能不能给演员提供食宿等等。总体来看，"舞台书"的演出市场呈现出村委会、经纪人、说唱团的层级关系网络。②

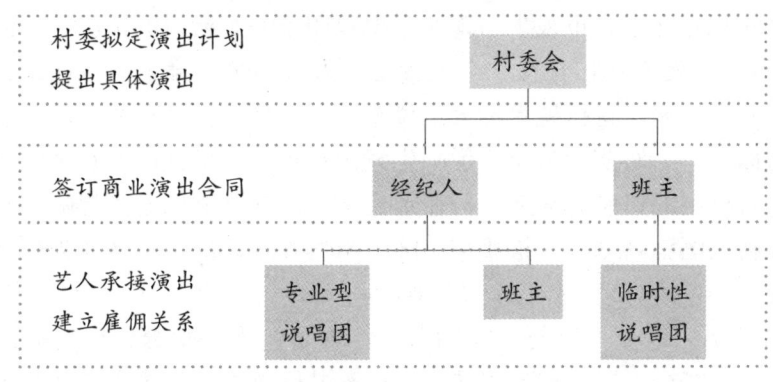

"舞台书"市场关系图

"舞台书"市场呈现"买方""卖方""专业经纪"三种社会角色。村委会首先根据今年收成情况制定演出计划，具体包括演出时间、演出规模、演出预算等等。随后，再向经纪人或班主约戏，商量具体演出事宜，规定双方责任与义务，并签订演出合同。

除了书面合同外，在订书过程中更常见的是口头合同。如襄垣县磁窑头村请书，先由村干部联系班主，约定农历六月十九为龙王说书，祈求下雨，保佑庄稼丰收。若班主有时间空当，允诺表演，再商定演出天数、场

---

① 傅谨：《草根的力量——台州戏班的田野调查与研究》，广西人民出版社，2001，第191页。

②根据太行山说书艺人口述资料，整理绘制。

次与价格。在具体的调研中，这类说书表演一般要求班主参与整个仪式活动，编排特殊神仙小段，这些内容一般并不写进演出合同之中。演出合同仅仅规定艺人作为表演者的义务。在特定场合，艺人自愿演出，组织祭祀仪式，捐赠香火修缮庙宇等等，这些行为多为义务，并没有回报。用艺人的逻辑解释："给老爷说书是积德行好，哪能什么事情都精打细算。我懂就帮村里给说说。"①表面上看，艺人与村落的演艺活动被当作商品写进合同，但是在具体实践中，艺人往往将部分收入以"做功"名义返回村落。这种流通渠道，构成了乡村说书市场的契约关系。

庙会书演出形式的多样化反映了市场多元化的需求，也意味着选择合适艺人演出不仅仅是个体"精打细算"后理性选择，更是民间社会关系网络的集中展现。对于说唱艺人来说，除了利用各种途径与资源建立稳定的合作关系，还需要关注说唱团本身的运作机制。比如：如何增加说唱表演的额外收入、如何使说唱团内部的经济分配更加公平、如何建立与潜在客户群的联系等等。这些与艺人实际利益息息相关的问题，在演出实践中不断被探索，达成共识，形成新的行业准则与运行模式。

比较"地摊书""搭棚书""舞台书"三类演出酬金发现，艺人个人收入的高低并不受演出形式的影响，反而由庙会人数，台口熟悉程度，演员口碑等因素决定。无论哪种艺人都愿意在有限的时间内表演更多场次，尽可能增加个人演出收入。因此，在演出中艺人运用各种策略，创造表演机会。一般来说，说书表演拥有相对固定的、程式化的说唱程序。开场押座，先说书帽，再开正本。这类"垫话"②与正书内容无关，通常为吉祥套语，古人名言或带有劝世意义的套语。有经验的艺人，在表演书帽时即兴编排与主家相关的"吉利话"，以获得额外奖励。具体包括红包、香烟、茶叶甚至口碑、牌帖等。如2018年7月，襄垣鼓书艺人李杞于古韩镇庙会表演，因开书"垫话"精彩，而收获主家香烟一条，具体内容如下：

---

① 访谈对象:闫小平,女,1971年生,长子县北刘丹朱镇人;访谈人:陈宛妮、刘重麟;访谈时间:2019年8月17日上午;访谈地点:襄垣县西河底村甘罗寺。

② "垫话"指开书前的开场白,也称"带帽"。通常在四句提纲后,由艺人即兴编排一段与主家相关的吉祥话。

不说西不道东，专门把郭师傅道一道。郭师傅老家住在湖口村，从小坏了两眼睛。别看毁了两眼睛，从小省了脑筋灵。庆耀长到十五岁，念书都在太原城，太原盲校毕业后，回到古韩当医生。医生技术把式好，治好不少疑难症。襄垣娶上好对象，闹起自己小家庭。楼房修得格正正，老婆生了两孩童。庆耀他一代更比一代好，一代更比一代红。两个儿子脑筋好，都是大学毕业生。如今大儿和儿媳公安局把班上，两个都是共产党员正式工。二儿子襄矿集团把班上，二媳妇她当老师教学生。庆耀他一代更比一代好，一代更比一代红。庆耀哥你听我说得对不对，庆耀哥你听我说得通不通。要是兄弟说得对，拿几条纸烟行不行。光说好话不顶正，定准四弦开正本。①

从书词的基本内容可以看出，艺人将请书人的个人经历、家庭关系、社会背景编成小段，夸赞其在家庭事业上的成就。在中国农村社会的熟人网络中，虽然邻里间对彼此家事较为熟悉，但是主家也乐意通过请书表演的"口彩"，提升声望，展示家庭和谐美满。从说唱艺人角度看，公共性的即兴演出一方面主家为了面子很少会拒绝艺人的要求；另一方面此类演出展现出说唱团个性化风格与现场演出能力，因此可能招揽到更多的"书场活"。

除了吉祥话，"地摊书"艺人还会在表演中使用"扣子"，即唱到热闹的地方，突然停下来，向观众收钱。艺人"钢口"的选择决定了"扣子"收入的多少。"小段的选择要从易到难，故事人物要爱憎分明。你说才子佳人私奔的故事就一定要在私奔前留个口，这样大家对你说的故事才感兴趣。"②因此，演员的表演经验与观众现场反馈是影响"钢口"选择的核心因素。

---

① 访谈对象：李杞，男，1961年生，襄垣县东关村人；访谈人：陈宛妮、刘重麟；访谈时间：2019年8月19日上午；访谈地点：襄垣县"非遗"中心。

② 访谈对象：王爱华，男，1961年生，襄垣县王桥镇普头村人；访谈人：刘重麟；访谈时间：2019年8月20日晚上；访谈地点：襄垣县盲人曲艺队。

但在具体调研中，庙会书艺人对于"开杵门子"①行为表示反感，认为此类变相乞讨的行为破坏了艺人与观众之间的关系。事实上，民间艺人更愿意依靠无偿的庙会仪式、经文吟诵、功德捐赠来增加自身的"神圣性"，以此获得更多的演出机会。那么，为什么香客更乐意请那些参与仪式的艺人说书呢？薛艺兵认为，仪式情境中的几乎所有可感知形式，包括音乐在内都可能具有象征符号的性质。仪式中音乐的表演是以"诗学"形式为特征的"动人的展示"，所以它是仪式中超越言语解释的一种象征符号。②从他的论述中发现，仪式情境将娱乐性的说唱表演神圣化，香客将其当作信仰体系中可感的象征符号，说书艺人的身份因仪式空间的属性而发生改变。参与仪式或吟诵经文的艺人被纳入"做功者"的信仰认同之中。

　　说唱团内部组织结构松散，因台口而临时组合，搭班形式多为夫妻关系、师门关系、同事关系三类。班主一般是当地家喻户晓的"名角"，说唱团的牌帖直接以艺人的姓名命名。但团队内班主位置并不固定，"谁谈下的台口谁就是班主"，由班主掌握经济收入的控制权与分配权。以"襄垣史汉民说唱团"为例，说唱团的搭班模式正由亲缘组合转变为业缘组合，行业合作关系拓展了艺人的市场范围，使演出内容更趋多元化。另外，班主轮动制度将艺人收入最大化，在演出空档也能参与其他"班社"的演出。说唱团成员组成的临时性和灵活性，导致出现以市场需求为导向的竞争机制，③因此说唱团内部的"模糊性分配制度"逐渐被约定俗成的分配原则所取代。

　　乡村草根乐班的分配原则大致有平均型、分档型、固定型、提成型四类。④由于"搭棚书""舞台书"需要音响舞台设备，存在耗材与人工因素，所以这些说唱团通常采用混合式的分配原则，核心演员通常按出资比

---

　　①"开杵门子"是说书界的行话，指演出中敛钱的技巧。

　　②薛艺兵：《仪式音乐的符号特征》，《中国音乐学》2003年第2期。

　　③吴艳：《从"门图"到"搭班"：上海民俗音乐传统的变迁研究》，博士学位论文，上海音乐学院，2011。

　　④赵宴会：《论乡村草根乐班的经济运作——基于20世纪苏北"唢呐班"经济运作习俗变迁的调查分析》，《民族艺术》2015年第5期。

例分配，舞台师、音响师按固定工资结算。以武乡石乃福说唱团演出收入分配为例，舞台师固定工资每天200元；租赁音响设备每天180元；弦师按演出场次计算，每场100元；除去经纪人抽成，核心演员按酬金高低比例分配，平均每人900—1200元。①尽管"班主"在酬金方面享有决定权，但是酬劳分配也遵行约定俗成的行业标准。艺人们也会暗自比较哪位班主分配比例较高，这会影响到下次合作关系的建立。"如果老板心太黑，独吞了大头，大家总是会知道的，这样就没人跟他合作了。即使他说得再好，一个人也撑不起一台戏。"②在收入分配上，业内默许老板拉台口的辛苦，一般会有较大的分配比例。但一旦班主比例损害了艺人心理预期收入，就会引来抱怨与反感。因此如何平衡班内每位合作者的利益分配也是每位班主需要慎重考虑。

艺人和班主是商业上的合作伙伴，双方可以自由双向选择。但是在具体的调研中，艺人往往因师徒关系而选择合作。班主乐意带徒是因为教徒三年期间可以不用支付徒弟工资，因而节省了部分开销。而对于徒弟而言，师徒双方熟悉，在酬金方面也相对公平。

说书作为取悦神灵的"供品"串联起以供养者、庙宇、艺人为核心的"圣物流动链"，这种特殊物的交换依赖于乡土社会人际网络，形成功德施受、业报转换的神圣与世俗共生体系。神书艺人的演艺市场不再仅仅依靠业缘、亲缘、地缘，也通过微信社交媒介将仪式情境转化为虚拟空间个人交往的新社群，以此发掘新的潜在客户。

日常生活中，艺人常常通过微信朋友圈或"快手"直播展示演出经历，表达个人观点与态度，以此获得新社群的关注与认同。艺人史汉民指出："现在微信里面多半都是不认识的人，表演时随便发个朋友圈，大家耍手机的时候点个赞，知道你是干吗以后有需要就想到你了啊。"③朋友圈

---

① 访谈对象：石乃福，男，1968年生，武乡县下型塘村人；访谈人：卫才华、陈宛妮、刘重麟；访谈时间：2019年8月14日下午；访谈地点：下型塘村五道庙。

② 访谈对象：赵晓燕，女，1968年生，襄垣县虒亭镇人；访谈人：刘重麟；访谈时间：2019年8月21日下午；访谈地点：沁县七天连锁酒店。

③ 访谈对象：史汉民，男，1967年生，襄垣县虒亭镇土落村人；访谈人：刘重麟、陈宛妮；访谈时间：2019年8月21日中午；访谈地点：沁县二郎山无生老母庙。

除了塑造说书人的角色身份外，还经常会展示有关文化部门组织的技艺培训与比赛获奖的内容。这类内容不但代表着同行权威的认可，个人在行业内的成就与地位，还从某种程度上影响主家请书的选择与判断，艺人之间建立合作关系等。

这些年，"快手""抖音"等直播平台也成为乡村艺人普遍使用的交流方式。对于说唱艺人而言，经济回报与个人声誉是网络直播的核心动力。艺人直播账号常常以个人姓名与联系电话构成，直播前将表演时间在粉丝群中发布，演出空隙向送礼物的网友表示感谢，并在粉丝群散发红包。而艺人线上收入大部分来源于熟人打赏。

太行山说书艺人大都有苦难的人生遭遇、四方游艺与婚姻生活，促成了艺人群体内部独特的"苦难又神圣"的叙事特点，通过这些传奇经历，艺人具备了主导人神沟通的仪式能力，仪式音声的艺术性参与，使得"说神书"成为艺人重要的"书场"。说书艺人通过行业神信仰、灵验故事、吟诵经文等强化了信仰解释的权威性，使"神圣性"成为艺人的标识。庙会书市场中，艺人分别与香客、庙宇、村落建立互惠合作关系，艺人的"书市市场"，嵌合于复杂的社会关系中，"吉祥话""扣子"的技巧不仅是为了讨好户主，也是通过"仪式性"书场提升影响力的话语策略。艺人合作模式不仅出于单纯获利的目的，而且也关乎人情交往、行业道义的责任，形成说唱艺人间相互帮扶的合作关系。

第四章　说唱传统与地方礼俗生活的构建

　　当下太行山区的说书人基本分为两类，一类是演出团体，以曲艺队和歌舞团为主的团体比较普遍，演员临时组合，在农村红白喜事、开业庆典等各种仪式场合演出，节目多为八音会演奏、相声、小品、歌舞、鼓书、上党梆子戏，等等。这类型团体大都有稳定的核心艺人和节目，有演出活动时再临时搭配一些专业演员和节目。这些演出团体在当地有广泛的演艺市场，他们有时候代表地方文化部门参加各地曲艺演出和比赛，平时则活跃在民俗生活中的礼俗书场。另一类叫"走家的"说书人，主要是应家户的需求说口愿书、神书。这种传统书词多应民俗生活需求，如当地隔七、做周年、祝寿等家户书场。当然大多说唱艺人既能排演节目组织演出，也能到家户打坛、做仪式，说家书、神书。2000年以后，书市市场波折，盲艺人靠说书谋生计受到影响，有的盲艺人改行从事按摩保健，维持生计。总体上，说书人的收入来源以家户请书较多，尤其是在举行"圆辫"仪式和迁居、做仪式活动时，家户请书的比较多。[①]现在农村社会，听书人越来越少，所以艺人演出也以小书帽为主，很少讲唱大本头书目。家户请书时一般是三天五场书，一场书1000元左右，艺人可收入4000元左右。另外，过去有的家户养牲畜，也会请说书人说牛王书、马王书，现在已经很难见到了。近些年家户结婚等喜事多请军乐队或者八音会助兴，很多说书艺人都已集中在白事和神书的仪式表演场合中。

第一节 艺术性与神圣性：太行山说书人的民俗认同[②]

艺术性与神圣性之间的互动关系是太行山说唱曲艺传承的重要原因。太行山说书人通过一系列神圣性要素的构建，长期保持了说唱行业紧密的内部传承关系，并通过旧时的妙庄王、三皇等信仰，强化了艺人间的身份认同与行业规矩，绵延着盲艺人特有的生存智慧和文化感受。"神书"介于民间仪式生活和鼓书说唱之间，是传统时期和当下都非常有市场的说唱曲艺形式。太行山说书人在仪式信仰、礼俗生活，以及代际传承过程中表现出独特的社会互动意义和价值。这里的"艺术性"是指说书人说唱曲艺的艺术特点，比如"神书""口愿书"等特殊的文艺形式，

---

① 山西阳城、沁水一带"圆辫仪式，"就是13岁孩子的成年礼，山西各地叫法不一，有的地方叫"完十二"，有的叫"开锁"。辫子的意思就是男孩蓄发到13岁，可以结辫庆贺成人了，所以叫圆辫。圆辫的仪式是旧时男孩均蓄发，到13岁时头发长长，可以梳辫子，于是举行庆贺仪式，这个称呼一直流传至今。圆辫仪式是个小型的民俗活动，主要是邀请亲朋好友，孩子的姥姥、舅妈是仪式中的重要角色，不仅礼物重而且要带花馍祝贺。另外，还要用红毛线串十二枚铜钱和一把锁，戴在孩子脖子上，然后进香祭祀祖先。最后由姥姥将锁打开，这种通过仪礼寓意孩子可以健康地长大成人。

② 卫才华：《艺术性与神圣性：太行山说书人的民俗认同研究》，《民俗研究》2018年第2期。本章内容作为项目阶段性成果曾以论文发表。

既具有艺术表现特质，又是一种特殊的民俗文化现象。"神圣性"源于宗教学、哲学的分析范畴，涉及信仰神圣与世俗的精神追求问题，借用此概念，这里特指说书人区别于一般艺人所突出的文化感和仪式感，这种精神特质的延续，增强了说书人群体传承的意义和价值。

德国哲学家、现代哲学人类学创始人之一舍勒说："在神身上，人描述了自己。"因为，"人的生成与神的生成从一开始就是互为依存的"。[①]艺术或文化中所陈述的神圣性这一事实表明，神性之于人性乃是一种生存价值论的设定或象征。此一设定或象征标识出人之存在的全部可能性和丰富性。[②]艺术与宗教的文化哲学启发我们，人需要神圣性与艺术性的语境，来思考一种无限可能性和丰富性的生存哲理。这里集中讨论太行山说书人曲艺讲唱中"神圣性"的构建，思考这一传统如何为说书人这样一个充满苦难的艺人群体，找到文化传承的依据和意义。正是这种千百年的传唱，让这样的曲艺人扎根太行，并在政府公共文化建设和乡村民俗生活中，找到合理传承的路径。这种充满智慧的传承经验，是值得尊重和反思的。其中讲述的"神圣性"，让人们愿意以民俗的态度沿袭自己生活的过去和当下，形成一种深入人心的传统，因此神圣性使得说书人涉及更为广泛的礼俗生活，极富生命力，它与仪式的"生活审美"相连，与日常生活中"非常"意义的价值表述紧密联系在一起。所以我们需要认真辨析说书人何以具有"神圣性"讲述传统，它通过哪些具体的仪式细节、历史讲述，根植于民众生活中，成为具有文化意义的一部分。

太行山说书源起伴随着丰富的行业神传说和故事。如妙庄王、三皇会与东方朔，说书源起的神圣性，讨论说书从何而来，为什么会讲？这种追溯反映了历史进程中说书人话语的深刻变迁。太行山区泽州四弦书的起源据说和妙庄王有关。妙庄王，也叫苗庄王，从戏文《三皇姑出家》看，苗庄王应该指的是妙庄王，和观音信仰相关。泽州四弦书艺人认为祖辈传下的祖师爷主要是敬庄王爷。据老艺人讲，妙庄王有三个女儿，

---

① 刘小枫选编《舍勒选集》(下)，上海三联书店出版社，1999，第 1361 页。

② 宋一苇：《诗性、神圣性与人的无限敞开性——关于艺术与宗教的文化哲学研究》，《文学评论》2001 年第 6 期。

三女儿书清是位盲人，庄王会拉弦，不仅教女儿拉弦还给女儿做腿板。所以，说书人供的是书清娘娘，由于她是庄王的三女儿，所以也叫书清皇姑。通过故事情节看，"书清皇姑"的三女儿形象应该就是戏文中的"三皇姑"。

很多民间传说中都有大香山三皇姑出家的故事，三皇姑就是妙庄王的三女儿妙善公主，后来成为民间崇祀的观音。三皇姑出家和前面泽州四弦书艺人所讲的书清皇姑的故事，情节相似。说明了庄王和妙善传说以及鼓书说唱的内在关联。三皇姑就是观音，相关的故事在各类剧种中较为常见，有的叫《观音得道》《观音》，豫剧中又称为《大香山》。《搜神记》中视观音为神。记曰："妙庄王有三女，长妙音、次妙缘、三妙善，妙善即观音大士。王令赘婿不从，逐之御花园，居之白雀寺，苦以搬运，极所不堪，旁役鬼力代之。王怒，命焚白雀寺，寺僧俱毁于焰，大士无恙如初。命斩之，刀三折；命缢以白练，忽黑风遮天，一白虎背之去。至尸多林，青衣童侍立，遂历地府，过奈河桥，救诸苦难。还魂再至尸多林，遇一耆硕，指香山修行。后，庄王病急，剜目断臂救之，尔时道成。空中现千手眼，故曰，南无大慈大悲救苦救难灵感观世音菩萨。"[1]此记表明，当时的中原人士已把观音神化，而且有头有尾地编成故事广传民间。

唐宋佛教变文流行，普明禅师创作了《香山宝卷》，记录观音香山成道的故事。到明清时期，众多的观音戏中，影响较大的是陕西人罗茂登于万历二十六年（1598）撰写的《香山记》传奇。戏文中故事情节与《搜神记》的记载十分相似。[2]泽州四弦书所讲的三皇姑应该是源自观音妙善的相关传说。说书人将其改编传唱，巧妙地加入三皇姑的盲人形象和庄王制下四弦、腿板的情节，并作为行业神供祀，其核心是观音信仰的俗讲。调查看，鼓书书源分为南北两派，南派供的是妙庄王，北派敬的是三皇爷。由此看，同处晋东南太行山区，泽州四弦书艺人继承的是

---

① 《南无观世音菩萨》，《搜神记》卷三，载张继禹主编《中华道藏》第45册，华夏出版社，2004，第536页。

② 邓同德：《谈豫剧〈三皇姑出家〉》，《佛教文化》1999年第4期。

南派说书传统，与妙庄王相关，泽州鼓书艺人则属于北派传统，供祀三皇爷，相比而言，泽州四弦书的戏剧味道更浓。那么三皇姑和庄王究竟是谁呢？民俗学者发现：

在华北，有千年流传的女神三皇姑传说盛行不衰。这位女神的身份，以隋文帝女妙阳公主、隋炀帝女南阳公主、千手千眼佛三说最具代表。在碑志等地方文献中，隋文帝女和南阳公主说居于主流；在民众口耳相传的故事中，千手佛的传说流传更广。地方正史中以南阳公主说最为普遍。根据历史记载，南阳公主因国破家亡、儿子被杀等一系列变故，遂有出家之念。南阳公主之所以能够列入《列女传》，也是因为她刚烈节义。这一出家过程虽符合正统的儒家思想，但并不是民间最为流传的说法。在口头传统中，三皇姑是千手千眼菩萨的说法广为传布。华北信众一般认为千手千眼菩萨原为妙庄王的三女儿妙善。而妙庄王所处的时代，有多种不同的说法。有的说不可考，有的说春秋时期，有的说是北周，有的认为就是隋朝。由此可知，庄王所指代的国君形象可能是南阳公主的父亲隋炀帝，抑或就是佛教中一个虚拟的帝王身份。①

无论是正史中的君王，还是佛教中虚拟的菩萨，三皇姑形象的寻检，对于说书人历史传承的把握非常有意义。还有故事认为鼓书源起与三皇、孔子、庄王有关。据说孔夫子周游列国，孔子把三皇所授的三弦拿给周庄王看，认为三皇乐器可以奏唱歌曲教化民众。庄王深受感动，舍弃王位，自制三弦唱大鼓说教，遂成为南派三弦祖师爷。此外，1987年上海采录的民间故事《说书人的祖师爷》，讲到李庄王传下"锣鼓书"，通过说故事教育人们，成为"大书"。皇后娘娘也讲故事，不用锣鼓也不唱，后来称"娘娘书"或"小书"，就是评话书。这不仅说明南派三弦以庄王为祖师爷，而且以故事化的方式再次表现了"君王与百姓之间的教化关

---

① 赵倩、岳永逸：《华北三皇姑的传说体系与层累生成》，《民俗研究》2014年第6期。

系"①南派三弦比北派要短，不够三尺三，最长不过三尺，因为这不是三皇亲自所授的，所以要短三寸多。有的在三弦上还刻有"教化四方"的字样。不论是南派北派对弹弦的师傅来说都非常尊敬，称为"先生"。因为这个三弦是孔夫子传下的，所以到今天南派传下来的鼓书老段子还有周庄王的这段故事，过去老艺人都说周庄王击鼓化民，还有人讲苗庄王击鼓化民，究竟是周庄王还是苗庄王说法不一。据说醒木就是周庄王传下的，醒木醒人耳目，艺人说："此木周祖留，文武分龙虎，我辈上场用，其名曰醒木"。②霍州三弦书艺人使用的醒木为枣木雕成的坐猴形状。据艺人讲，镇物是师傅传下来的，坐猴的造型寓意为"齐天大圣"，能够降伏一切妖魔鬼怪，在家户请书还愿时，都会先把它放到书桌前，才开始演唱。③

霍州三弦书艺人使用的坐猴形醒木

①马锦梅主编《中国民间故事丛书·上海长宁卷》，知识产权出版社，2016，第117页。

②常人春：《旧艺人的传说》，http://blog.sina.com.cn/s/blog_4bb8c3e50100a842.html，2014年12月5日下载，根据FM107.3"茶余饭后话北京"整理。

③访谈对象：乔国平，男，1956年生，霍州市李曹镇张家楼村人，霍州三弦书盲艺人；访谈人：卫才华、高雅珍、张晓雯；访谈时间：2016年4月11日；访谈地点：霍州市李曹镇张家楼村乔国平家。

沁州三弦书中有《妙庄访贤》的书词，叙述得更为详细：

　　昔日里有个妙庄王，他生下三个女娥皇。大姐妙音天生俊，二姐妙玉也俊装。小三妙善人才好，如同仙女降下凡。大姐在朝阁招驸马，二姐许配状元郎。就数三姐人才好，修行学好入山岗。妙善主修行在香山寺，家撇下庄王不安康。一日想起三女子，一心访贤出朝纲。正行走在中途路，又遇见孔圣人周游列国转回乡。庄王曰：先敬有礼拜孔子。孔子曰：后敬依礼拜庄王。庄王曰：动问孔子你往何处？孔子曰：周游列国转回乡。庄王曰：你周游列国凭何艺？孔子曰：凭的道德和文章。庄王曰：你书留可有行多少？什么人家当头行。孔子曰：书留七十单二行，务农受苦当头行。庄王曰：有目人士农工商都能干，无目人该留在哪一行？孔子曰：虽然瞽者目不能识，他也能怀抱三弦串四方。一架三弦赐予他，四圪垯快板磨个光。一来叫顾身和口，二来叫讲述今古劝善良。庄王曰：三弦上边几个字？几个阴来几个阳？孔子曰：三弦上边是九个字，四个阴，五个阳。若问此字怎样翻？五六凡工尺乙合四上。妙庄王听了孔子训，不访贤女回朝纲，把三弦快板都置下，惊堂木磨了个光又光。三六九日王登殿，满朝文武站两厢。朝纲有事他不理，弹动三弦开了腔。王今日不谈别的事，为书者传艺走四方。让他们带着三弦走天下，讲说今古劝善良。说的是仁义礼智信，道的是三纲并五常。说书人本是庄王他留下，传于弟子串八方。这本是庄王访贤遇孔子，以理教化传世上。这本是庄王访贤一古段，流芳世上万古扬。

山西武乡瞽儿腔老艺人有从祖辈传下来《孔子分行》的传统小段：

　　庄王问："三皇济世万物昌，你给百家分行当，七十二行安排遍，无目之人分哪厢。"
　　孔子答："无目之人最恓惶，可背三弦走四方。赏给书板整四块，再赏一块做惊堂。"
　　庄王问："三弦上边几个字？"

孔子答："九个字里分阴阳。"

庄王问："谁为盲瞽老师祖?"

孔子答："盲瞽祖师苗庄王。"

庄王听了孔子话，回宫开设盲人堂。从此盲人有活法，四海之内为书场。

从上述的祖师传说可以看出，与孔子相关的另一个重要人物就是苗庄王。在具体调研中，太行说书艺人也很难清晰描述苗庄王到底为何人?但民间故事和曲艺小段存在不少有关苗庄王的故事。如襄垣鼓书小段《苗庄王访贤》中就讲述了庄王受孔子感化传习说书的故事。

休笑江湖浪荡，每日奔走东西。百般武艺精通，才敢人前卖艺。讲的三纲五常，道的仁义礼智。若问主师何朝君? 就是庄王皇帝。昔日里有个苗庄王，所生三女没儿郎。长女苗金次苗英，三皇姑家中守佛堂。长女京都招驸马，次女配了状元郎。三皇姑灯前把佛念，苗庄王访贤到山冈。荒郊遇见孔夫子，周游列国转回乡。庄王马上开言道，口称圣人听端详。世上有几教几流共几把? 还有几苗共几行? 为人生在三皇下? 可是什么为头行?

孔子有语开言道，庄王我主听端详。尘世上三教九流十八把，三十六苗七十二行。共留一百二十艺，只有庄王当头行。庄王说："读书人功不成来名不就，可凭什么过时光?"孔子说"读书人功不成来名不就"，可指说书过时光。三弦上面七个字，凡一五六工尺上。孔子说罢扬长去，庄王催马回朝纲。置下三弦买下板，惊堂太磨得溜又光。皇爷坐在昭阳院，先学弦子后学腔。讲些仁义礼智信，通的三纲并五常。三六九日登八宝，满朝文武站两旁。苗庄王怀抱三弦脚蹬板，龙口一张讲古章。讲些仁义礼智信，道些三纲并五常。满朝文武哈哈笑，我主果算有道王。苗庄王说书他为首，传留弟子江湖行。走遍天下游遍景，仁义君子把咱帮。只说说书无头祖，头祖本是苗庄王。走些州城共府县，过些镇店大村庄。这就是苗庄王访贤书一段，从头至尾都说光。①

　　一般认为，"苗庄王是本地的一个君王"这一说法，与梨花大鼓流传始祖为"庄王"的说法基本一致，都是指"周庄王"而言。盲艺人的这类故事，表明在很久以前，这个群体就考虑过自己的生存方式，依靠自己的口和手，背上乐器奔走四方说唱。②无论是《苗庄王访贤》还是《苗庄王》在人物设定、故事情节上都极为类似，显然存在一定的历史渊源关系，都以苗庄王与三位女儿为背景。在故事情节上通过苗庄王与孔子之间的对话强调君王对说书人谈古论今的重视。有学者推论"庄王访贤"的故事原型为优孟衣冠，这里的庄王指的是东周楚庄王熊侣。据说，楚庄王的乐人优孟知道故相孙叔敖之子非常贫困后，便假扮孙叔敖去见庄王。庄王以为孙叔敖复生，欲以为相，优孟劝谏，孙叔敖生为廉相，以致妻子贫困，相职不可为也。庄王醒悟，遂厚待孙叔敖子。说书艺人由此传说，庄王醒悟之后，要大臣多扮亡臣，对于想不起模样的功臣就命人配曲唱功臣事迹，从此庄王身边便有了专门演唱历史故事的艺人。③类似传说还流传于河南胡集书会艺人之中，他们供奉周庄王为祖师爷。传说周庄王时，不打仗不骂人，主张以理服人。周庄王打鼓传臣，让文武大臣按照他所主张的道理往下宣讲，称之为"文治"。而梅子青、清云风、胡广利、赵恒立是周庄王的四大丞相，周庄王打鼓传臣，四大丞相就往下宣讲，后来就演变成说书行的四大门。他们带着大鼓到处宣讲，具体食宿由民众负责。再到后来，他们又将各自宣讲技艺传给了弟子，并开始向民众收取费用，遂一步步成为说书艺人。④分析说书人祖师传说可以发现，这类叙事话语均突出了历史的久远，强调古老传统和祖师爷故事赋予说唱曲艺的神秘性和权威性。故事主题多是劝谏宣讲，也体现

---

① 襄垣县史志编纂委员会办公室编《史志资料汇编·襄垣县曲艺集》1983年第18期，内部资料，第51页。

② 李雪梅等:《中国鼓词文学发展史》，上海人民出版社，2012，第263页。

③ 李乔:《行业神崇拜——中国民众造神运动研究》，中国文联出版社，2000，第520页。

④ 周巍峙:《中国节日志——胡集书会》，光明日报出版社，2014，第53页。

了说书与社会道德宣讲的内在联系。简言之，说书人对"劝古今善良"的说书功能予以强化，其实是他们对于自身所从事职业的自我赋义，通过祖师传说的神圣性获得群体内部的文化认同和生存空间。

除了在鼓词唱段中流传有苗庄王的传说，民间故事也侧面印证了说书祖师是苗庄王与孔子。这类故事在背景介绍上更加完整，将圣人访贤内容加入妙善救父的情节，将说书的意义更加生活化。

相传古时候有个苗庄王，他有三个女儿，大女儿嫁给了个武状元；二女儿许配给了一个文状元；三女儿叫苗善姑姑，是个挺有心计的孩子，从小看破红尘，经常到佛堂里求神念经，对于富贵荣华一点也不放在心上。后来真的得道成仙，去云游四方了。庄王最喜爱三女儿，可三女儿成仙了，他既高兴又悲伤。高兴的是成仙得道是件好事情，一般人还都求之不得呢。悲伤的是，女儿不知去向，身旁再也没有了善姑的身影，父女不能相见，庄王感到太寂寞、太难受了。于是庄王就花了好些金银，给三女儿塑金身修庙堂，让人们都来朝拜女儿，给她磕头、烧香。庄王自己也是三天两头去庙里烧香磕头。可是，越是常去庙里，他就越是思念三女儿。慢慢地庄王得下了思儿病，卧床不起了。每天口中念叨着三女儿善姑的名字，尽说胡话。

一天，孔子路过这里，得知庄王得了病，就请求见见庄王。庄王也知道孔子的学问大，当然也想见见他，就请他到病床前谈话。孔子进到宫里，庄王和他寒暄几句后，就问："孔夫子，听说您的学问大，您说说人生在世，图的啥？"孔子说："那要看是什么人了，一般世俗之人，也不过图得一日三餐，有个温饱平安的日子也就罢了。""那么，读书人又图的啥呢？""读书人，求名逐利，贪图的无非是高官厚禄，荣华富贵。可他们哪里知道，世上的名和利也都属身外之物，并不是最重要的事啊。""那啥是最重要的事呢？""依我之见，读书人学到了知识，懂得了道理，并不必去追名逐利，倒是云游四方，讲经说道，遍历名山大川，教化人间愚贤才是正理啊！君不见那些得道成仙的人吗？他们弃世脱俗，清心寡欲，到处走走看看，给人们讲些道理，普度众生，难道不是最悠闲，最惬意的事吗？"孔子的这几句话，一下子开开了庄王的心窍。他想，自己的三女儿不也是这样走的吗？她一定比自己还快活呢！我何不也跟随女儿去呢？于是就客客气气地送走了孔子，随后自己用三根丝弦做了一把三弦，刻上"教化四方"四个字，就到处游历说书去了。直到现在，三弦书艺人还传唱着苗庄王和孔子的这段故事。其中有四句词是这样说的："庄王得下思儿病，孔子开导表衷肠。说书庄王他为首，怀抱三弦劝四方。"①

太行山说书艺人中关于苗庄王、妙善传说、说书人祖师三者之间的传说异文比较丰富，内容各有侧重。还有传说讲到和"三皇爷"的联系，古时人皇有一个儿子是盲人，非常担忧。天皇建议每人给盲人一根弦，用来弹唱生活，于是天皇给了一根老弦，地皇给了一根二弦，人皇给了一根子弦，于是制成了三弦，供盲艺人弹唱。还有关于"甩板来历的传说"，说书人绑在左小腿上说唱时打击节奏的甩板，也称阴阳板。沁州三弦书老艺人相传，此板是"三皇爷"所赐。传说三皇爷最爱说书、唱戏、玩灯、打秋千，他有七块阴阳板，将四块分给说书人，其余三块分给唱戏的和板鼓相配，称为"挂板"。②

至于说书人和孔子儒家思想融汇的历史，我们不得而知，不过可以理解的是三弦书重要的人文意义是"讲说今古劝善良"。这种道德劝化，应该是"三皇"与孔子传说相结合的重要动因。盲人说书的曲艺发展史表明，到元明时期，圣恩堂（清代叫"养济院"）收容流浪艺人、乞丐、盲人，传唱道情、莲花落等故事，一些算卦的盲艺人，精通乐器和风水知识，也通过说书演唱谋生，逐步将当地小调和戏曲结合，演变为一些板腔体的说书形式，并逐步定型。清黄士珣《北隅掌录》卷上"养济院"记载："院中瞽者，悉皆为三弦，唱南词（弹词）沿街觅食，谓之排门

---

① 任骋：《七十二行祖师爷的传说》，海燕出版社，1986，第227页。

② 中国曲艺志全国编辑委员会、《中国曲艺志·山西卷》编辑委员会编《中国曲艺志·山西卷》，中国ISBN中心，2011，第502—503页。

儿。按《西湖志余》：杭州男女瞽者，多学琵琶，唱古今小说平话以觅衣食，谓之陶真，大抵说宋时事，盖汴京遗俗也。"[1]清《陕州志》卷二"病旅寓 瞽目堂"载："乾隆七年十月间奉……政书中收养病旅教育瞽童诸事，堪可效法今捐银五十两，……善良名人贾质等董理，收养病旅，扶病而来医痊而去，所费药资饭食按季分发。又设立瞽目堂于城隍庙东，延请瞽师一名，每月给工银二两，撰成劝世良言数十篇，令瞽师在堂教习瞽童歌词，兼授星卜。"[2]可见历史时期官府就组织管理盲艺人，令其传播教化，说书劝世。那么宣扬孔孟的道德教育，很可能是盲艺人说书重要的文化依据。据关意宁的研究发现，陕北说书的艺人将自己的身份期望为出身地位崇高，或有别于常人，但意外遭难才成为说书艺人，这显示出艺人对自己身份定位上的矛盾，即出身高贵、地位低下。艺人为百姓尊重，但生活水平却相对较低，旧时艺人大多是以半乞讨的方式谋生的，说书艺人认为自己跟神鬼界有一种天然的联系，具有举行信仰性仪式的能力。因而在传说中，多数艺人乐于将自己的身份定位为皇子或文曲星下凡的状元。[3]由此，三皇、庄王、孔子、盲艺人融合在一起的故事情节是有共通的文化渊源的，盲艺人或许有意建构孔子、三皇与艺人群体的独特关系，营造讲唱艺术的庄严性和神圣性，强化盲艺人说唱是一种潜在的帝王宣教传统，讲述艺人生活的不平凡，通过神秘的鼓书说唱和仪式参与，展现出艺人群体独特的民俗互动能力。

俗话讲唱戏的供的是高郎爷，说书人供的是妙庄王。[4]从太行山说书人调研情况看，泽州四弦书属于南派书词，以妙庄王为祖师爷，太行山

① 黄士珣:《北隅掌录》卷上"养济院"，载孙忠焕主编《杭州运河文献集成（第2册）》，杭州出版社，2009，第307页。

② 超星地方志资源库藏《陕州志》卷二"病旅寓 瞽目堂"，清乾隆二十年（1755），第415—416页。

③ 关意宁:《在表演中创造——陕北说书音乐构成模式研究》，博士学位论文，上海音乐学院，2011年。

④ 唐玄宗李隆基被历代戏曲艺人尊为开山之祖，称为"老郎爷"。旧时晋东南的上党地区，每年农历四月二十四，戏曲班社都要举行隆重的祭祀活动,唱戏酬神,传说这一天是唐玄宗的生日。

区大部分鼓书艺人则属于北派，所供的行业神俗称"三皇爷"，也有的叫"三皇圣母"，因此还形成了广泛的说书艺人的行会组织"三皇会"。关于三皇，各地所指不尽相同，基本上都分为天皇、地皇、人皇，一般是指"天皇伏羲、地皇神农、人皇轩辕"。高平鼓书艺人则称三皇为"轩辕上帝、神农炎帝、伏羲黄帝"。潞安三皇会中的三皇是指"天皇玉皇大帝、地皇武帝老阎君、人皇三教佛祖爷"。沁水县三皇会供奉的是天皇玉皇大帝、地皇地下阎罗君王、人皇是当朝天子。一般来讲以"天皇伏羲氏、地皇神农氏、人皇轩辕氏"为盲人说书行业神的比较多。

一般讲"三皇"是指"传说中的远古帝王"。《庄子》《吕氏春秋》等文献中就有"三皇"一词的记载。"三皇"常与"五帝"一词连用，"三皇五帝"不仅指上古明君，而且成为后世景仰的一个君王时代。

"三皇会"作为盲说书艺人的行会组织，是盲艺人为维护自身的利益而自发建立的，普遍存在于山西、陕西、河南、山东等地的曲艺行业之中，大多以天皇、地皇、人皇为信仰对象，以行业祖师神的生日或"三月三""五月五"为会期，有严格的行规和仪式活动内容。三皇会还在丝织业及其相关的行业中出现，比如丝绸业、丝绵织、零布业等，传说轩辕教民缝衣，其妻嫘祖教民栽桑养蚕，染织五色衣。"每年农历九月十六日举办三皇会，祭祀丝织业奉为始祖的伏羲、神农、轩辕黄帝'三皇'。"①度量衡制造业和戥称业中的"三皇会"，传说度、量、衡器具是三皇首创，所以度、量、衡制造业的工匠、业主敬三皇为祖师。②医药行业中的"三皇会"，"三皇"是伏羲、神农、黄帝。传说伏羲制九针，神农尝百草，黄帝制医药。在四川省眉山县志中，三皇即为神农、扁鹊、孙思邈。遵义县草药医成立的行业组织"三皇会"，其"三皇"为天皇释迦佛、地皇李老君、人皇孔子。可见"三皇"作为行业神，较为普遍，多在行业工匠群体组织中出现。曲艺行业中的"三皇会"，比较典型，传说三皇为开创曲艺的祖神，轩辕时代，其臣仓颉造字，所以被说书卖唱者所供奉。三弦书艺人过去敬"三皇"：

① 四川省简阳县志编纂委员会编《简阳县志》，巴蜀书社，1996，第675页。

② 李乔：《行业神崇拜：中国民众造神史研究》，北京出版社，2013，第207页。

天皇怀抱日月，地皇足扎乾坤。

人皇手里置衣锦，分开中间两论。

先有尧舜禹汤，后有周公圣人。

教民稼穑费苦心，辈辈子弟奉君。①

　　不仅是在三弦书，在锣鼓书、相声、扬琴、评话等曲艺行业都设有
三皇会，其中普遍敬奉天皇、地皇、人皇（即伏羲、神农、黄帝）。扬州
评话的行会组织三皇会除了祭祀天皇、地皇、人皇之外，还要祭祀子贡、
柳敬亭、崔仲达三位祖师。山东省临沂市三弦平调的艺人在敬三皇的同
时供奉东方朔。

　　据说算卦行业中也有三皇会，算命的失目人多有三皇会。据传伏羲
善画八卦，所以被看相算命者所供奉，敬为行业神。在星相、杂耍、竹
篾②、会馆③、出卖劳力的工匠④等行业中亦存在三皇会。通过对三皇会所

---

　　① 严寄音、王宏景主编《马街书会》，河南美术出版社，2006，第55页。

　　② 泸州竹篾行业供奉三皇菩萨，以神农生日农历四月二十八为行业会期，称三皇会。
见《江阳文史资料（第8辑）》，内部资料，1994，第81页。

　　③ 陈良学：《明清大移民与川陕开发》，陕西人民出版社，2015，第588页。"据对安康、
蜀河口、瓦房店等地客民会馆的调查可知：河南怀庆府会馆自号本帮为'三皇会'，山陕会
馆奉祀关圣帝君（关羽），江南会馆崇祀朱文公朱熹等。各籍客民在自己的会馆里定期或
不定期地举行祭祀活动，以求得神灵对客居异乡者的庇护，同时也寄托对家乡故里的思
念之情。宁陕黄麻会馆碑文中所称'凡襄中人士莫不来此动桑梓之感，低回留之不忍去
之'，描述可谓入木三分。"

　　④ "出卖劳力的工人为争取权益，联合工友互相帮助，以行业结帮，也集资修建简朴
的行业会馆，供奉各自行业的祖师爷和庇护神。……搬运工人的三皇会。"见梁凌、梁平
汉：《巴蜀商道》，巴蜀书社，2010，第62页。挑抬工的三皇会，见吴晓东等：《文明的足迹·
神奇的四川井盐民俗》，巴蜀书社，2012，第153页。据史料载，清道光（1821—1850）年间
"重庆刺绣工人成立'三皇会'，从业人员甚多"。见重庆市渝中区人民政府地方志编纂委
员会编纂《重庆市市中区志》，重庆出版社，1997，第318页。抛丝、打线、织机的工匠成立
"三皇会"。见成都市地方志编纂委员会编纂《成都市志·总志》，成都时代出版社，2009，
第699页。

在行业的梳理，我们发现，三皇会普遍存在于丝织、医药、曲艺行业中，不同行业信仰的三皇虽有不同，但大体都以天皇、地皇、人皇，即伏羲、神农、轩辕为主。

旧时晋东南太行山沿线的盲艺人也有"三皇会"，会期为每年的三月初三、五月初五、九月初九。沁县、武乡、沁源三县因为同属沁州管辖，同为三弦伴奏，所唱曲调相同，所以把三县的三皇会统称为"老州会"。据说老州会始于清顺治十年（1653），①老州会的三皇会日期在五月端午。②

三皇会按地域和艺人活动范围划分，旧时武乡县有东西皇会，沁县有南北皇会，襄垣有东、南、西、北小北诸皇会。据老艺人回忆：清乾隆三年（1738），潞安府的路占元（以说唱鼓书驰名上党）、董祥五（以算卦闻名太行）二人召集上党八县，即襄垣、壶关、屯留、长子、平顺、黎城、长治、潞城四十七个皇会的133个盲人成立盲人队，后易名为三皇总会，选举正副会首，下选八县四十七个皇会负责人为分会会长。之前说唱技艺高强的盲艺人，常年有邀请者，特别是家户要请书的"神书"，车接车送，赠米赠面，生活有保障，而艺低的盲艺人，有的只会吹吹打打，经常挨饿受冻，这些穷艺人每到一村，常到财主家户门前强行演唱，从而解决吃饭和住宿困难。据说在清道光年间，武乡县有一组盲艺人，在端午节这天，赶到寨坪村一家姓张的财主门前说唱，结束后张家不招待茶饭，于是和盲艺人们争吵起来，张财主令手下人强撵盲人离村，被欺辱的盲艺人上告到三皇会。会首查明事实后，发出鸡毛信，召集盲艺人设坛抽签，抽到红签者生，抽到黑签者死，然后约定日期，齐集于张财主家，砸门拆炕，摔盆打碗，最后抽到黑签者在张家大门上投环自尽。百十名盲艺人群集县衙告状，经乡绅说情，县官公断，出抚恤费赔偿盲艺人的误工损失，并招待闹事的全体盲艺人好吃好喝，才算了事。

三皇会诸分会，传统为一年一次大集中。会址不定，凡在会者轮流

① 山西省沁县志编纂委员会编《沁县志》，中华书局，1999，第548页。

② 关于三皇信仰与三皇会组织的历史追溯与讨论，见冯丽娜：《盲人说书的调查与研究》，中国文史出版社，2013，第190—197页。

接会，接会者家住哪里，就在哪里开会。开会日期各分会不一。但各皇会会期历年固定。如襄垣是农历五月初五，武乡县是三月初三。皇会期到，所有在会盲人自带行李，粮食（米麦各五升），在头年提前指定的地址集拢。皇会期间，会首或掌教是由上年公众推选的，任期一年，可连选连任，在新的掌教未选出前，一年一度的皇会仍由原选出的掌教和副官主持。老百姓称"瞎官"，大都由有威望的师傅担任，另有掌教指定的两名礼生，一个总管，负责后勤事务和六个头目，衙役头目只管站堂，掌刑襄助其事。会期一般为三天，要办三件大事，即审案、考试、说书。十大行规宣读完毕，人员到齐，诵冠文"盘古开天辟地，三皇治世安民"云云，接着唱十大会规：一不可扰行乱利，二不可行恨行人，三不可错行偏路，四不可仗瞽行凶，五不可私传流星，六不可盗物藏身，七不可爱财见小，八不可背师忘情，九不可不走正路，十不可无浅无深。如有违反规矩者，奉命重责四十不容。正副掌教入场后，全体肃立，向三皇爷行香，行香毕，入座。然后掌教升堂，头戴七品顶戴，公案后设太师椅，掌教坐稳后，礼生先站左右，肩下排站六名头目，其余与会盲人肩挨肩排齐，手持燃香，静听掌教审理公案。一是问有无违反行规，是否将算命的诀窍告知外人。二是有无外界欺辱，然后决定如何斗争。第二件大事是考试，主要由师傅考核徒弟的算卦本领，按成绩排出状元、榜眼、探花等名次，并分别给徒弟带脐儿的挂锣、平面锣、挂板，以区别等级。还有一项就是比赛说唱技巧，这是皇会期间最红火热闹的活动，期间说唱一概免费。最后师傅领本门弟子拜见各门师长，以求同行们的照应，皇会年终推选下年度皇会的掌教，确定下届接会者等有关事项。[①]当时的三皇会有严格的行业规矩，管理说书艺人群体。如：

武乡县引路人李老汉状告会员李四孩，究其缘由，李四孩在沁源县行书入户吃饭开风门时，李老汉误撞李四孩，四孩不容分辩将老汉推下台阶碰伤。"三皇会"评断认为：李四孩不问青红皂白，仗

① 王怀德：《上党鼓曲界的三皇会》，载山西省长治市政协文史处编《长治文史资料（第5辑）》，1988，第142—147页。

势行凶，违犯了会规，应罚李四孩大洋三元或打三百小板，任其选择。李四孩认罚出了二洋元了事。

再如有人告会中人陈光宇在乡间偷了户家一条裤子，陈光宇承认确有此事，但那是三年前办的。"三皇会"评断认为：不管时间多长，凡入会以后办的坏事，只要有人揭发，就必须依照会规论处。陈犯盗物藏身之规，应罚大洋两元或打小板二百个。陈因没钱，甘愿挨打，以遵会规。①

每逢会期，盲人聚在一起祭祀"三皇"。清嘉庆年间翼城县的三皇会在泰山庙成立，祭祀时要把三弦琴（每根弦代表一皇）置放在供桌上，以示敬三皇。②关于三皇会与盲艺人的关系，大多是口传历史。近些年在山东文登发现的清代民间文献《三皇遗训》，为我们考察三皇会的历史提供了宝贵的文献线索。

正文第一行题曰"三皇遗训"。其内容第一部分，先简述盘古氏、有巢氏、燧人氏治历纪、构巢居、食草木等开拓事迹；次讲述三皇即伏羲、黄帝、神农掌天地，以及五帝即少昊、颛顼、高辛、唐尧、虞舜画八卦以辨阴阳、造书契代结绳之政、尝百草、植五谷教民稼穑、造舟楫以济不通、盖房舍以御风雨、造冠冕而制衣裳等历史功绩；次讲述文王作《周易》六十四卦、周公作彖辞、孔子演《文言》、老氏论旨意等文化贡献。

自"亘古三代"至"习礼仪之文"为第二部分。依次讲述"卖卜为生"之瞽者，有"天资惟善、心地忠诚"者，但也有"性禀愚顽、故违圣教者"。为防后者"积恶大，无由而治"，所以应遵从"汉子房公"所立规矩，集合瞽者，讲述三皇，温习历史；分齿序位，上行下效；道德超众者立为社官，违反会律者依规责罚；从而

---

① 马留堂、田兆文：《沁州三弦书》，河南文艺出版社，2007，第3—5页。

② 中国曲艺志全国编辑委员会、《中国曲艺志·山西卷》编辑委员会编《中国曲艺志·山西卷》，中国 ISBN 中心，2011，第486页。

组成"庶同一家"的瞽者会社，以图改变瞽者的社会地位。

自"每年三月三"至"凡丧亡事父母整赠重有丧者半之"为第三部分，讲社规、社法。其主要内容有二；其一，讲社官并职役人员的任职条件，主要侧重于道德和能力建设；其二，讲社规会律内容与处罚规则。

本文以下自"唐贞观三年清渎收执"至结尾，记《三皇遗训》原持有人姓名及历次抄录时间和主持抄录人的姓名。①

文章认为自上古至中古，瞽者社会地位发生变化，由持琴瑟陪王者祭祀的社会上层，降为持琴行乞的社会下层。瞽者的经济来源随春秋后期"礼崩乐坏"而失去保障，于是沦落为靠讲唱谋生的底层人群。《三皇遗训》记载从"汉子房公"起，就曾"奏准汉高圣上"，使"皇帝救诏颁行天下府州县诸司衙门"，让天下"诸术艺人供养三皇，聚集会社，谈论阴阳之机、吉凶消长之理"，让天下瞽者遵守会律。②这从民间传承的角度反映了汉时就已有瞽者讲述三皇的规矩，至唐代仍然有明确的瞽者会社的传统，并且有详细的结社规约和内容，其中的"十件"与三皇会的十条规矩很相似，从这点来看，我们能够看出太行盲艺人三皇会组织的历史，或许与这种汉唐以来就有的瞽者会社有重要的内在关联。

值得注意的是，盲艺人不仅敬三皇，而且还和东方朔有关。山西高平鼓书艺人巩元儿讲了一则东方朔传盲人算卦的故事。

古时候有个地方的人得罪了玉皇大帝，玉皇大帝要放火烧这个城市。东方朔算出来这个城市要失火，为了破火灾，让老百姓正月十五都挂上灯，玉皇大帝在当天派太白金星视察，从天上看那个城市一片火海，以为失火了，事后才知道是东方朔出招解救。玉皇大帝很生气，派一只大鸟，去啄他的眼，东方朔也算出来了，就叫来个盲人，让盲人帮着看卦摊，鸟过来看见盲人已经是没有眼了，就走了，东方朔为了感谢盲人，就把算卦的本领传给他了，后来东方

---

① ② 郑杰文:《新发现的〈三皇遗训〉与唐代瞽者会社》,《文献》2009年第3期。

朔就成了算卦的祖师爷了。[①]

　　现在山西很少见到盲艺人和东方朔信仰的历史遗迹，在新绛县三皇会盲艺人除了供奉三皇，还尊东方朔为师祖，设牌位祭奉。山东一些地区现在仍然还留有东方朔庙宇，每年三月三、九月九有盲艺人占卜聚会，举行祭祀。传说山东胶东大鼓书的祖师爷就是东方朔。他足智多谋，精通打卦占卜，皇帝让他教四个盲人学算命，大徒弟很用心，成了算命先生，二徒弟较差，学得不太好，东方朔便教他说大鼓书，三徒弟更差，东方朔说，你去学推磨吧，四徒弟最差，什么也不会，东方朔便说给你两把刀你去"叫街"吧。[②]东方朔传给盲艺人独特算卦手艺，让残疾人有生存的技艺，所以被称作算卦人的祖师爷。而三皇会和盲艺人的联系则突出三弦乐器与鼓书说唱的由来。

　　此外，长治沁县说书艺人还将范丹视为说书艺人的行业祖师，取其与乞丐行的历史联系。

　　　传说孔子周游列国时，被陈蔡两国围困，又恰逢下雨不停，孔子的粮食已用完，便派他的徒弟公冶长出去借粮。公冶长四处借粮无果，后孔圣人亲自与当地要饭花子首领范丹老祖借粮。

　　　范丹说："你师傅是有名的圣人，那我今天得出个题目考考你，如果你答得对，我就借粮给你……"范丹道："什么多来什么少？什么喜来什么恼？"孔圣人随即答道："小人多来君子少，借账喜来还账恼。"范丹听了非常满意，遂借粮给圣人……范丹拿着鹅毛翎筒往下倒，口袋满了，可鹅毛翎筒里的小米只少了一点点。孔圣人恍然大悟，范丹老祖原来是神仙。孔圣人心里一阵惊喜，忙叫众徒弟把所有的口袋拿过来，结果都装满了，鹅毛翎筒的小米才倒干净。

---

　　① 访谈对象：巩元儿，男，1945年生，高平市东城办事处店上村人；访谈人：张小丁、郑月、苗贤君；访谈时间：2014年12月28日下午；访谈地点：高平市东城办事处店上村巩元儿家。

　　② 林新忠、林炳义：《胶东大鼓战火中重生》，《烟台晚报》2008年7月4日。

第二年，孔圣人和徒弟们到范丹家还粮。孔圣人让徒弟们把所有的小米全部倒进鹅毛翎筒后，还不满半桶，圣人心里有点不乐意。范丹说："都怨我当初不应该借给您，看您恼了吧？当时我借给您的是一筒，今天您还我的还不到半筒就心痛了？"圣人忙赔笑说："你放心！这个账我早晚还清。"范丹说："您这辈子是还不清啦！"孔圣人说："那不要紧，我还不清，让我徒弟还。"范丹说："您徒弟是谁？"孔圣人回答说："凡是贴门联的都是我的徒弟！"范丹说："您徒弟代您还账，我让我徒弟去要账。"圣人问："您徒弟是谁？"范丹说："凡是要饭的人都是我的徒弟。"……①

传说叙事中的乞丐群体和说书行艺的盲艺人生存方式相似，主要依靠流浪乞讨的生存方式来谋生。现在沁州书会期间，当地的曲艺历史宣传将范丹老祖的画像和三皇爷都作为说书人的行业神讲述，形成了新时期独特的曲艺艺人的群体认知。可以推测的是，盲艺人的生存方式与旧时乞讨者的生活相似，所以盲艺人会将历史上的乞丐行的祖师爷范丹，也作为盲艺人说唱行的祖师爷。

山西武乡、长子一带的说书艺人还有邱祖信仰的相关传说。从太行山艺人各地的口述资料看，说书艺人的祖师崇拜也受到民间信仰和外来曲种的影响。河南《固始文史资料》记载：艺人相传大鼓书艺术的始祖是邱祖（邱处机）。邱祖的八大弟子中的高守若、柴少堂二人把道曲传了下来，所以至今鼓书艺人不是称自家是高门弟子，便是称自家是柴门弟子，以示是有正宗门户的。②

从曲艺史的角度看，华北地区的大鼓、评词、河南坠子、渔鼓艺人都信奉邱祖，旧称"唱仙曲"。邱祖道号为长春子，他首创了龙门派，唱鼓书劝人谕道，由王重阳传授"七真八派"。八派分别课徒授艺，徒弟一

百人，俗称"一百家"，又称"七真八派一百家"。八派为邱祖的八个徒弟，一百家为邱祖徒孙。从此，世世代代往下传，传至今天。[1]有关邱祖的传说故事反映了说唱艺术与全真道结合的情况。从艺人拜师学艺仪式出发，或许可以找到宗教活动与说唱曲艺之间的关系。河南蔡县发现的拜师帖说明了曲艺艺人在师承谱系中将邱祖奉为行业祖师，并严格遵循道家字辈，具体如下："邱祖龙门派长春老仙师，红君老先人，道门师派高师乐内有师弟子。长门李老敬，二门刘红疾，三门张半仙，四门杨义春。长门壹弟子赵陈过余，二门赵陈弟子程本恺杨乐子八。遴选三代张合奎弟子，杨教章郑文昌、陈凤停，程教章李永明、李永悦、刘元科、刘元举、孙元会，三人一同情愿拜李永明"。[2]上述拜师帖描述的是张元然、姚元金、李元顺、李元义、李元合五人拜李永明为师的事件，介绍了行业内师承字辈，并要求本支系的业内长辈到场作证。如《曲艺拜师帖溯源》中所收录的河南坠子艺人拜师帖。这份拜师帖共分五大内容：一是帖头，二是徒弟拜师正文，三是拜师规，四是艺人一百字辈，五是作保师、引进师、代笔签名和拜师年月日，具体如下：

　　丘（邱）阻（祖）龙门派长春老仙师红君老先人道门师派高师乐内有师弟子长门李老敬二门刘红疾三门张半仙四门杨义春长门壹弟子赵陈过余二门赵陈弟子程本恺杨乐子八甄选三代张合奎弟子杨教章郑文昌陈凤停程教章李永明李永悦刘元科刘元举孙元会三人壹（一）同情愿拜李永明

　　下为土（徒）学义（艺）手体四海交有（友）如有借义（艺）老师一面成（承）当乐（若）有为（违）命七（欺）师也有偶（掘）姚（窖）抓相沟（勾）卦（挂）彭（捧）楼（搂）非门几道不义训教愿打愿伐（罚）察（查）青（清）问名（明）送到当堂壹（一）

_____

① 中国曲艺志全国编辑委员会、《中国曲艺志·河南卷》编辑委员会编《中国曲艺志·河南卷》，中国ISBN中心，1995，第553页。

②《中国曲艺志》（河南卷）编辑部编《河南曲艺志史资料汇编》（第3辑），1990，第230页。

吕（律）问罪

　　道德通玄静真常守太清一阳来复本合教永元明至理宗诚信从高嗣法兴世景荣惟懋希微愆自宁未修镇仁义超升云会登大妙中黄贵圣体全用功虚空乾坤秀金木情相逢山海龙虎交莲开现宝征行端丹书诏月盈祥光生万古续仙号三界都是亲内有三教九流朱（诸）子百家

　　陈元恒情愿拜师程明德 程明然 韩明雷 赵明义

　　张元然 姚元金 李元顺 李元义 李元合 五人同心情愿于李永明门下为土（徒）学义（艺）防身手体四海交游（友）若有人借义（艺）张元然一面成（承）管乐（若）有期（欺）非门几道老师察（查）青（清）问名（明）愿打愿伐（罚）天地君亲师

坐（作）宝（保）师宁永礼 陈元恒

邻宝（保） 姚元陈 王元三 王明金

邻宝（保） 宋明法 牛元勤

代笔 李克勤 崔元财 李克成

中华民国五年八月廿四日立[1]

　　道教门派谱系成为曲艺艺人内部按资排辈的依据。正如董晓萍以说书班社的字辈谱为线索，指出全真道的宗教组织是维持马街书会的核心力量。艺人把所得到的"字辈"自称为"法号"，它的功能是建构一个准血缘家谱，把流散各地的说书艺人联结成一个道仙世家。说书业通过严格的字辈谱管理，维持了全真道传承的连续性；全真道依托说书业，扩大自身的宗教传众范围。但字辈谱的管理基础又是民俗的，对老百姓来说，它好像家常便饭，很容易被接受。入了这个字辈谱，还会被认为列入仙班，在精神上高人一等，书人对此很看重。[2]

---

　　[1]《中国曲艺志》(河南卷)编辑部编《河南曲艺志史资料汇编(第3辑)》，内部资料，1990，第230页。

　　[2] 董晓萍：《华北说唱经卷研究》，《北京师范大学学报》(人文社会科学版)2000年第6期，第33—41页。

在晋东南太行山区域，长子、武乡等地的神书艺人也奉邱处机为祖师爷。究其原因有三，一是受其他曲种师傅的影响，将河南坠子、道情的祖师信仰带入本地；二是受民间信仰的影响，将道家始祖奉为行业神，较大程度地保证了演出的合法性与"台口"演出市场的稳定性；三是由于本地名角艺人的个人信仰影响了其师承谱系内的其他艺人的信仰关系。总而言之，三种因素互相交融，导致长子、武乡等地神书艺人对邱祖的崇拜。从师承谱系看，两地较早出现的本地说书艺人大多师承河南坠子或道情艺人。《中国曲艺音乐集成·山西卷》记载：长子鼓书的本土艺人花小狗，长子县晋义乡花家坪村人，自幼学习河南坠子和评书。清末受钢板书影响，他与其他几位艺人始创了"木板书"。他与堂弟花晚狗均是20世纪20年代长子县的知名说书艺人。[1]田野调查发现，有的艺人家中还摆放着邱祖信仰的牌位。

长子县南陈乡说书艺人冀先果家中，拍摄时间：2019年8月21日[2]

此外，武乡东会师徒谱也证明了武乡三弦书受到外地曲种道情"莺歌柳"的影响。

---

① 《中国曲艺音乐集成》全国编辑委员会、《中国曲艺音乐集成·山西卷》编辑委员会编《中国曲艺音乐集成·山西卷》（上册），中国ISBN中心，2004，第244页。

② 访谈对象：冀先果，女，1950年生，长子县城南乡人；访谈人：陈宛妮、刘重麟；访谈时间：2019年8月17日上午；访谈地点：长子县丹朱镇冀先果家。

表 4-1

武乡东会师徒谱表 （第一代至第五代）[1]

代际关系	姓名	出生年月	擅长曲种	师承
第一代	张磨孩	1805	莺歌柳、訾调、八角鼓书	
第二代	张三元	1885	莺歌柳、河南坠子	张磨孩
	王炎	1880	河南坠子、訾调	张磨孩
第三代	魏富生	1920	西河大鼓、三弦书	王炎
	赵端书	1924	河南坠子、三弦书	王炎
第四代	张兆堂	1942	莺歌柳、三弦书、胡琴	赵端书
	张林忠	1931	三弦书	魏富生
	刘全珍	1934	三弦书、鼓儿腔	魏富生
	孟文华	1934	河南坠子、三弦书、莺歌柳	魏富生
	魏常义	1938	三弦书	魏富生
第五代	张晋堂	1949	三弦书	刘全珍
	武生旺	1953	二胡	刘全珍
	王书庆	1968	三弦书、鼓儿腔	刘全珍
	张中水	1964	河南坠子、三弦书	刘全珍
	杨雨生	1938	三弦书、莺歌柳	孟文华
	刘来云	1936	三弦书	孟文华
	段长花	1945	河南坠子、三弦书	孟文华

　　从武乡县东会的师徒谱可以看出，艺人往往掌握多种曲艺艺术，并不仅仅局限于本地三弦书，而习得的外来曲种多以河北、河南、山东等

---

[1] 王仲祥主编《武乡三弦书·武乡琴书音乐》,内部资料,1990,第177页。

华北、华东地区的民间曲艺为主，这或许与他们丰富的个人经历与走村串乡的表演方式有关。因此，艺人民间知识的传习并不只是单纯的艺术曲调的传授，还包含着个性化的人生感悟，这种个体经验在师承体系中表现得尤为明显。比如，武乡艺人王炎在外卖艺时与河南坠子艺人互相传艺，将外来曲种带回本地。此后，在传习徒弟时，不自觉地加入了坠子调唱法，导致赵端书、张兆堂等人的表演也具有坠子风格特点。上述材料证明了长子、武乡等地的鼓书受到外来曲种的影响，尤其是河南坠子由于方言相近、曲调简单成为艺人们模仿的对象。河南坠子艺人流传的邱祖传艺故事自然而然传播到太行山区域的说书艺人之中。

太行山很多盲艺人都会讲唱"神书"，涉及民间信仰的内在传播，因此这种盲艺人说书特点也和这一地区道教信仰的神秘性结合在一起，影响了说书人群体独特的民俗生活。"道家大师们的教授方式是神秘主义的，他们在陌生人面前总是保持缄默，而对于他们的门徒，他们重视的是其智慧上的进步，他们依靠寓言故事教学，掺杂历史掌故，从比较当中暗示一种普遍的思想。如果他们碰巧直接表达某种思想，那则是通过一种诗意的步骤，通过有音乐感并且具体的思路，以及通过只有圈内人才知道含义的术语来完成的。"①至今，陕北地区说书人在神书参神中时多采用闭口诀或者小声吟唱，以防技艺的秘密被盗取。在本派师承关系中，神书也并非每人可学，只有资质聪慧，才艺突出的艺人才能习得神书唱本。神书传习的内部性与表演的秘密性使其成为衡量一个说书人优秀与否的重要标准。

从河南曲艺志资料看，每年邱祖生辰（农历七月十九）和忌日（农历腊月十九）在开封南泰山的邱祖庙祭祀，各地曲艺艺人在邱祖庙义演，时称"长春游艺会"。新中国成立前曲艺艺人把"长春会"作为自己的行会组织，艺人在各地食宿、殡葬均由当地道观负担。俗话说"生在庙前，

---

① [法]葛兰言（Marcel Granet）：《中国人的宗教信仰》，程门译，贵州人民出版社，2010，第115页。

死在庙后"。①比较前文所述的盲艺人的行会组织"三皇会","长春会"所包含的人群更加广泛。如算卦相面的、打把式卖艺的、修脚的、卖刀创药的、变戏法的、耍猴的等等，只要是老合（江湖人）就得入这长春会。长春会是老合们自发组织的，不在当地官署立案，会中规矩都是自觉遵守，其范围大小要看生意多少而定。会中按照金、皮、彩、挂、平、团、调、柳八门生意划分，一门有一门的领袖。当领袖的人必须年岁高，本领过人，素有声望，熟知江湖规矩。长春会事务分对内、外两类。对内事务是没到会期须给各处江湖人安排住处，俗称"生意下处"。入住下处必须遵守江湖规矩。若是变戏法的开了"圆笼"（打包儿收拾家具）或是"挂托"（设置道具机关），同房之人不准偷看不准询问。若是江湖人在屋中"夹磨"（训练）徒弟，外人亦得躲开。若想借庙会之力兴隆本地，首先要请得江湖最有名望的艺人在本地成立长春会，并按照会期邀请各类生意。②无论是"三皇会"还是"长春会"，都是民间艺人或江湖人维护自身利益，规范行业市场的自发性组织。在艺人流动的过程中，这些组织的行业信仰也潜移默化地影响说书艺人的生活。

太行山说书艺人的邱祖信仰一方面契合了乡土社会对宗教信仰的想象，通过曲艺音乐将神灵符号物化为可感知的实体。这种深入乡村礼俗生活的方式为艺人演出提供了广阔的曲艺市场，并在"长春会"的行会组织之下变得更加组织化与制度化。另一方面大量关于道教人物书目的展演扩大了民间信仰活动的范围，也使艺人内部对邱祖信仰拓展到对八仙故事的附会。比如坠子艺人流传的祖师传说就加入了八仙的人物背景，将单纯的"邱祖传艺"拓展到"偶遇神人、点化成仙"的故事。晋东南地区还流传着邱祖摆渡张果老，制作简板，传唱坠子的故事：

　　　　邱祖小时候，母亲带着他去赶集，遇上一位看相的老者。老者预言，孩子嘴角上长了两条锁口纹。这纹为两条腾蛇，腾蛇入口，

---

①《中国曲艺志》（河南卷）编辑部编《河南曲艺志史资料汇编（第2辑）》，内部资料，1989，第253页。

② 刘平：《中国民俗通志》（江湖志），山东教育出版社，2005，第179页。

195

日后不进食，必定饿死。若要破此面相，须逃亡往河南，路上遇见旱河就在那儿安家，待涨水后撑船摆渡。且记，人过河好交情，驴过河不放行。只要孩子长过19岁就相安无事了。娘俩逃往河南搭房安家、扎筏、待水。转眼邱祖长到19岁，母亲病重。九月初三这一天，邱祖摆渡遇上个干瘦的老头儿，骑一头毛驴儿。邱祖将船停在河中，心里想着不能让驴过河。这时，那老头下了驴，扬手往驴头上一拍，那驴变成了一张纸，老头把纸一叠装了起来。邱祖一看，没驴了，把船划了过去，老头上了船。等到筏子撑到对岸，纸又变成了驴。老头骑上要下船，邱祖上前一步抓住了驴尾巴。驴一跳，只听"叭"一声两块檀木板掉到船上，断成四截，有两截掉在船帮，一头支在岸边。那老头顺着檀木板下了船，倒骑着毛驴，仰天一笑走了。母亲听完邱祖的经历后发觉摆渡的人是八仙张果老。邱祖用两块板子则做了一副唱曲击节用的简板，驴尾做成胡琴的弓子。从此，邱祖不再摆渡了，靠又拉又唱卖钱过生活。后来，邱祖唱到昆仑山上，又遇到了张果老，并拜他为师，修身养性，成了神仙。邱祖唱的曲调传下来，叫作"坠子"。直到现在坠子还是用坠琴和简板伴奏坠子。艺人过河不交摆渡钱就是因为坠子祖师曾经在船上留下了两块板。①

说书艺人与邱祖信仰的关联一方面显示了太行山区域曲艺种类之间的互动交流，另一方面也呈现出宗教信仰在民俗社会的传播范围。山西是全真道重要的活动区域。山西的道教分晋北、晋南两大道派。晋北属寇谦之创立"北天师道派"，又称"正一教"道派。道教活动基本与民间礼俗活动紧密联系，大部分道人转入民间，服务于民间礼仪。晋南属丘处机所创的"龙门派"，又称"全真教"道派。音乐班社为主观的"禅门士"，即"出家道"，保留了较强的宗教礼仪。②按照这样的源流关系，长子、武乡的说书艺人可能继承了"龙门派"的礼乐传统，保留了完整的

---

① 刘守华：《道教与中国民间文学》，台北文津出版社，1991，第173页。

② 杨晓鲁：《中国音乐与传统礼仪文化》，吉林教育出版社，1994，第171页。

仪式说唱程序。在具体的田野调查中，部分道情艺人都提及拜师帖上自诩邱祖龙门派的情况。在鼓书书段中还保留了大量的八仙戏，如《吕洞宾买药》《韩湘子渡林英》《八仙拜寿》等。

太行山说书艺人的祖师崇拜反映了官方祭祀、宗教信仰、文化交流对本地曲艺传统的构建。"三皇赐艺"与孔子宣教的行业传说，不仅传达出授艺者的地位尊贵，而且强调了曲艺"说古劝善"的合理性。说书人对苗庄王、邱祖的敬奉分别体现了佛教观音信仰与道教八仙信仰在太行山区域的流变轨迹。妙善修身成道的唱词与河南香山宝卷、大香山戏文在情节内容与书词唱本上呈现出高度的相似性，从而佐证了南派说书传统与佛教变文的深刻联系。一方面，各宗教门派"法号"快速把流散各地的说书艺人联结成一个道仙世家，成为互助自律的行业共同体；另一方面，寺庙道观的香火法事，为说书人提供了食宿条件与演艺市场。总而言之，梳理艺人祖师信仰与行业组织之间的关系发现，艺人群体内部的行业神崇拜使业缘性社会组织得以整合，也为其演艺活动的合理性提供了"艺术传承"之外较强的社会性联系。

除了太行山盲艺人群体独特的信仰关系，太行山神圣性传统的构建还表现为神书、口愿书等书词内容。无论是庄王、三皇姑，还是三皇爷、孔子、东方朔、邱祖信仰，说书人与上古圣贤的联系构建了一个具有文化渊源的历史，让盲艺人的讲唱更有来处，说明说书人在历史上曾经拥有显要的文化位置。然而传承性、延续性不仅仅停留在对说书业起源的信仰认同上，还必须时刻与实际需求相联系，创造一种更为现实感的、深入生活的讲唱形式，于是神书、口愿书就融入了这种讲述神圣性的社会互动需求。

神书就是这样外化的礼仪与艺术。神书，也称为"口愿书""神戏""神棚书"等，广义上讲，主要以"酬神"为目的说书就是神书，一般来讲主要针对家户个人，具体指家户围绕许愿而形成的请神送神的仪式书活动，也是主家私密的酬神和谢神仪式的一部分。

所谓神书，由于酬谢的对象不同，神书类别也不同，分别有"牛王书""马王书""蚕姑书""五谷神"等多种。还有一种是应家户生老病死、婚姻子嗣、仕途顺达的祈愿请书，称作"愿书"。"神书"主要给神灵祭祀还愿时讲唱，因为俗语常将供奉的神灵称作"老爷"，所以也叫"老爷书"。有的"老爷书"是在庙会期间、神灵生日或者神庙开光时，由村庄或者个人集资说书讲唱，作为庙会祭祀中的重要仪式活动。可以说神书是当前礼俗社会中非常有活力的说书活动，因此衡量一个说书人合格不合格，主要看是否会说神书。很多鼓书学徒只有在出师前，师傅才会口传心授其"神书"书目。

敬神书是将说唱和主持祭祀仪式的唱诵结合在一起，主要包括设坛、打八仙、还口愿、说吉利话、诵神经、说神书、谢神经等几部分。

山西阳城、泽州一带常见的神书形式叫"打八仙"。开始唱诵请神词（经）请神，内容由师傅传授，既不能公开也不能外传，主要是请天地人三界十方万灵一切众神。神书讲究"黑笔上账，红笔勾"，用红笔勾掉意味着还口愿的仪式结束。一般神书都在上午说唱，至迟不能超过十二点。祭祀用品有斗、谷子、尺秤、镜子、秆草，还要剪一个纸人贴在秆草上，然后插到斗里。"打八仙"说神书，当地也叫"打坛"，其实就是举行请神还愿的仪式。一般在家户院落中置一张方桌，神坛的布置在方桌上要放坛斗，斗后有神位，之前放置香炉，坛斗内盛米谷或麸皮，插二十五面15厘米高的谷子秆彩色纸旗。

说书人先上香磕头，户主再跟着上香磕头。说书人要敬三炷香，各家户不等。有的家户信仰佛教，燃十二炷香。有的信仰道教的，烧满炉香。主家办事设坛。打坛必须写神灵牌位，呈长条形，顶部三角形，下面是长条形黄纸条，写有"奉请天地三界十方万灵一切诸神在位"。这就是请神。艺人右手拿鼓槌，左手拿铜器，还有小镲，边敲打边口中唱诵请神词。念一遍口诀，打一通音乐，请一洞神仙。请神仪式结束后要说一些带有神话色彩的鼓书段子。如《天官赐福》《于爱香求子》《五猪孝母》等。[①]打八仙仪式大概需要40分钟时间，说书人通过讲唱把各路神仙请到坛前，全部八仙分为上中下二十四洞神仙。一般简单仪式就只请常见的八仙，复杂的打坛仪式就要请上八仙、中八仙、下八仙，共二十四位神仙。"上八洞"神仙即太上老君、元始天尊、彭祖老寿星、骊山老母

---

① 秦瑞苗:《朱弦鼓简上的歌》,北岳文艺出版社,2011,第50页。

198

等；"中八洞"即汉钟离、铁拐李、吕洞宾等八仙；"下八洞"即刘伶、王乔、焦风子、刘海蟾等。阳城鼓书艺人岳海东回忆了《打八仙》的具体唱词。①

　　黄花遍地满山开，个个道童下山来。金鼓不做连声响，八仙蟠桃赴会来。青牛老主化单蝉，四大明山任吾游，年年此地来吉庆，同到西池给早修，屋内青牛老主，屋内南极宫老人，屋内西池王母娘娘众大仙请了。今是佛门弟子刹下香烟大会，发起善心还起口愿，怎不见朝阳古洞大乐神仙出洞来也。眼观南天门上云雾变了，香烟四起，炮竹连声，想是大仙出洞来也。

　　众位大仙站在云桥，唱此奉曲等候八仙。如此一月，迎接上来请了。云雾漫漫从地起，南天门上化单蝉。打开南天门一座，请出朝阳大乐仙。头洞仙来了汉钟离，满络胡须打胸前。久在东土传流世，人笑吾仙世界贤。要知吾等修仙号，头洞仙来了汉钟离。二洞来了吕洞宾，岳阳楼上醉醺醺。喝过东海无名酒，醉倒童儿柳树精。要知吾等修仙号，二洞来了吕洞宾。三洞仙来了张果老，骑黑驴压折赵州桥。若不是鲁班来等到，四大明山难过桥。要知吾等修仙号，三洞来了张果老。四洞来了铁拐李，当初大闹东阳海。先姓郑后姓李，借尸还魂又回来。要知吾等修仙号，四洞仙来了铁拐李。五洞仙来了曹国舅，蟒袍玉带全不收。金殿闪了宋王虎头牌，一心终南把仙修。要知吾等修仙号，五洞仙来了曹国舅。六洞仙来了蓝采和，人笑采和是风波。说吾当疯吾不疯，风波上来笑呵呵。要知吾等修仙号，六洞仙来了蓝采和。七洞仙来了何仙姑，人笑仙姑有丈夫。说吾仙有来吾却无，未知有来未知无。要知吾等修仙号，七洞仙来了何仙姑。八洞仙来了韩湘子，手提百宝花篮子。种麻子来打胡子，等到来年秋结子，要知吾等修仙号，八洞仙来了韩湘子。众大仙来

在宝坛前，三拜九叩把王母贺。朝拜王母分班站，各带其宝献坛前。汉钟离手捧仙桃往上献，洞宾主又献丹九仙，张果老剥梨献凤老，李拐爷随心献龙丹。曹国舅献上灵芝草，蓝采和又献千叶莲。何仙姑献来长生酒，韩湘子又献不老丹。

咱不说大仙把宝献，随后又来了几洞仙，刘晨阮肇宝坛坐，后跟着刘海戏金蟾，刘海爷口中上上献，金蟾口内吐金钱。把金钱吐在宝坛上，能保佑荣华富贵万万年。杜康爷献上好美酒，后跟刘伶醉酒仙。张公爷金弓银弹打天狗，天仙娘麒麟贵子送凡间。王禅王敖双跨虎，李伯阳到坛前。寇官爷怀抱朝王笏，一杯美酒到坛前，背后又来了老南仙，又来了献茶麻姑仙。孙悟空手拿金箍棒，二郎爷背挎哮天犬。正然是大仙把宝献，随后边又来了天官爷，天官爷赐福把凡下，落在了凡门弟子中宫园。惊动惊动哪一个，惊动了满坛众八仙。诸位神灵来接驾，把天官让在福坛前，天官爷来到宝坛上，三拜九叩把王母贺。贺罢王母中间坐，赐福布儿抱胸前，唰拉啦啦打开赐福布，字字行行读一遍。一赐福父母双全人丁旺，二赐福夫妇恩爱至百年，三赐福后辈连把三元中，四赐福四季八节多安然，五赐福一门五福生贵子，六赐福骡马牛羊岁岁增，七赐福存粮万担金银座，八赐福富有百顷水旱田，九赐福久常多富贵，十赐福才华富贵万万年。天官赐福福满门，百丈金银放豪光。为长开宣□□道，魁星爷手提红笔状元，白（说白的意思）一点状元、二点占元、三点本元、连点三元。屋内西池王母娘娘，屋内南极宫老人，屋内青牛老祖，屋内赐福天官，众大仙赴罢香烟大会，赐罢福禄宝寿，红笔上账黑笔勾，还明口愿再不究，寿酒寿花寿石石，寿出千秋亲贤，福禄寿自双全，今是凡门弟子还了口愿，众大仙各归各洞走走，一通请了。

南极公老人当空走，归往终南去修仙，青牛老祖归南天。西池王母西池去，天官爷步儿起上天，咱不说大仙都去了，再名坛前众八仙。汉钟离手拿芭蕉扇，宝扇能扇妖和邪，一扇二扇人也好，三扇四扇得安然，宝扇扇在宝坛上，能保佑四季八节都平安。赴罢王母蟠桃会，悠悠荡荡回终南。咱不说汉钟离头前走，吕洞宾只在随后边。洞宾主背挎龙泉剑，宝剑能斩妖魔邪，把宝剑献在宝坛上，能保佑荣华富贵万万年。赴罢王母蟠桃会，悠悠荡荡归南天。咱不说洞宾前头走，张果老只在随后边，张果老怀中抱渔鼓，年长日久把道情玩，渔鼓见板叮咚响，能保佑四季八节都安然。赴罢王母蟠桃会，悠悠荡荡归终南。咱不说果老头里走，随后又走李拐仙，铁拐李背挎火圪芦，圪芦里边是百宝还阳丹，八卦炉中长长炼，能保佑荣华富贵万万年。赴罢王母蟠桃会，归往终南炼仙丹。不说李拐头前走，后面跟着国舅爷，曹国舅手打阴阳板，阴阳宝板能杀雾翻。阴阳板打得呼啪响，能保四季得平安，赴罢王母蟠桃会，悠悠荡荡归终南。不说国舅爷头里走，采和仙只在随后边，蓝采和吹起小玉箫，玲玲珑珑入耳边。玉箫吹得玲珑响，能保四季得安然。赴罢王母蟠桃会，归经终南去修仙。不说采和仙头里走，后面跟着仙姑爷。何仙姑背夸竹笊篱，笊篱能把海水添，挖去沙水露沙石，能保四季得安然。赴罢王母蟠桃会，悠悠荡荡归终南，不说仙姑头前走，湘子只在随后边，韩湘子手提小花篮，花篮里一年四季开牡丹，有事人看了当下好，无事人观了得安然。照着空中拍三把，能保男女老少春夏秋冬都平安。照着地画个双十字，云雾危危往上翻，上来朵红云红似火，上来黑云墨一般。上来蓝云蓝如翠，上来黄云黄似连，上来白云白似雪，五色祥云当空显，韩湘子切缺口念咒坐定云头回南天。

一展云头三千里，三展云头九千三，不说大仙都去了，再明坛前众神仙。刘晨软鞏驾空走，刘海金蟾往回返。杜康刘伶离宝坛，张弓爷金弓银弹回了天。天仙娘麒麟送子回天去，一洞一洞回南天。王强王武当空去，李伯阳归了天，走了一洞老南仙，又走了献茶麻姑仙。孙悟空二郎爷，一洞一洞归南天。上八洞归往天堂路，中八洞回往终南山。下八洞回往古洞去，都回到朝阳古洞炼仙丹。要得大仙重相会，单等来年三月三。一来与王母娘娘把寿上，二来到凡门弟子受香烟，众神灵听了八仙段，能保全家得安然。这是一段八仙段，一炉金香把神安。

家户说神书　　　　　　　　　请神书中的供桌祭祀

　　说家户书一般要设置神坛。右上图神坛正中的是主家所供奉的菩萨，在其四周插着各色纸旗，黄色代表的是玉皇大帝，蓝色代表的是如来佛，紫色代表的是老君爷，绿色代表的是财神爷，桃红色代表的是各位神仙奶奶。两面红色三角旗，左有金色的太阳，象征着天上的神仙；右边旗上有"令"字，象征着令箭。当地人称之为"全神堂"，意味着请来天地全神。桌子两侧装饰有两瓶花，是人们为了敬奉老奶（女性神），以求吉祥。献祭有金色纸张折叠的金山和元宝。神坛另外的桌上，还有供奉的家户的祖先牌位。灶台上供奉的是灶王爷，也叫"家神"，窗外设有三个小香炉和三杯酒，供奉的是天地全神。在说书过程中，主家要不停地续香、续烟和续酒，供品菜式上讲究"十全席"，要六个荤菜，四个素菜。在说书之前，主家还要放炮。说书之初，会先宣许多神仙的名号，谓之"请神"，就是通知各路神仙可以来听书了，至此请神这一步就完整完成了。所谓"还愿"主要就是指说神书的过程。主家说书还愿，同村其他信众也会赶来帮忙，一起折元宝以示敬意。在说书仪式结束后，主家要将折叠的元宝和插在堂上的旗子都烧掉。家户书以还愿书为主，还愿书包括求财书、求子书多种，一般来讲，求财拜财神爷，求子拜子孙老奶，生病了求药王爷和菩萨，开煤窑求老君爷，做买卖求五路财神，妇女病求白衣菩萨（白素贞），头疼求大仙爷（孙悟空），升学求文殊菩萨（孔圣人），木工求鲁班，手巧求巧姑姑，等等。结婚还愿一般唱《回龙传》，求子一般唱《王敖出师》《郭巨埋儿》《狸猫换太子》，拜寿会唱《王三姐

202

拜寿》《龙三姐拜寿》等。①

　　各地请书还愿的仪式也不尽相同，有的艺人在诵请神经前，要先报"轩辕上帝、神农炎帝、伏羲黄帝"，以示对三皇的敬意。有的还要在肩膀上披一块主家给的红布，取通神敬神之意。主家要拿红布绕香炉左右分别转三圈，然后给说书人披在身上，披上红布代表给神家说书。神书书目有：《八仙请寿》《哪吒闹海》《唐僧取经》《杨二郎降妖》《龙三姐拜寿》等。一般是说一段神仙书，之后便可以说一些传统书目，比如《刘公案》等大本头书目。时间较长的比如《八仙请寿》（一贯书）《天官赐福》（一贯书）《劈山救母》（一贯书）；时间较短的有《牛郎织女天河配》（十至二十分钟）《大二王子修仙》（十至二十分钟）。神书书目一旦开始，不论时间多长，都必须说完，不能随意停止。

　　其实有的地方请神书时比较简单，以说唱仙道类的鼓书为主要内容，敬神仪式由主家来操办，尤其是盲艺人说书时大多如此。明眼艺人还要主持相应的仪式过程，会唱诵请神经、安神经、送神经等。请神时口诵的有规律的祭祀祷词，属于请神送神仪式的一部分，叫作"请神经"，送神时唱诵的叫"送神经"。各地请神书仪式不同，繁简不一，唱诵内容也有别。不过大致过程如下：

　　第一步，请神仪式。请神是整个说神书活动的第一步，意在将要酬谢的各路神仙请到主家设的神坛以享香火。请神仪式一般都在上午举行，主家一早要在正房内烧香，并书写"老爷神灵"的牌位。说书艺人进正房之后，洗手净面正衣冠，手拿铜器，跪倒在牌位前，有节奏地打铜器。开始吟唱"请神经"，请神时按照神仙大小排序。如泽州县鼓书艺人吟唱的"请神经"内容为：

---

①访谈对象：高建英，女，1948年生，河北省邯郸市磁县人；乔国平，男，1956年生，山西霍州家户说书艺人；访谈人：卫才华、岑建如、高雅珍、张晓雯；访谈时间：2016年4月11日—12日；访谈地点：山西省霍州市王庄村。2016年，霍州市王庄村乔姓户主家准备了三天还愿书，一是为大儿子结婚成家还愿，二是为家中供奉的"子孙老奶"过农历三月初六的生日，当日村中其他十几户供神家户也带着鸡蛋、蛋糕、烟酒和折好的元宝等供品共同敬献。

香花奉请天地三界十方万灵玉皇大帝日月二郎尊神。

香花奉请三皇五帝三官大帝三禅圣母尊神。

香花奉请四海龙王南海观音尊神。

香花奉请五方五帝五雷神五谷财神福贵尊神。

香花奉请六丁六甲丁宫水草圈神马牛二王尊神。

香花奉请七星北斗七佛圣祖七佛圣女尊神。

香花奉请八死八佛八难观音菩萨尊神。

香花奉请九天玄女九佛圣祖九耀星官尊神。

香花奉请十帝阎君十大菩萨尊神。

香花奉请东方甲乙木西方庚辛金南方丙丁火北方壬癸水中央戊巳士阴阳徐茂公尊神。

香花奉请一年四季春夏秋冬年值月值日值时值功曹尊神。

香花奉请青龙白虎黑虎灵官土公土母土子土孙一千二百土孙尊神。①

泽州鼓书艺人崔小红将请神词称作"请神经"，内容为：

一炷香请下了天地神灵，二炷香请下了二十八宿，
三炷香又请下三官大帝，四炷香请下了四海龙王，
五炷香请下了五皇五帝，六炷香请下了救苦观音，
七炷香请下了北斗七星，八炷香请下了八宝罗汉，
九炷香请下了九天仙女，十炷香请下了一切全神。
请罢神还要请各庙神灵，拜我佛子拜母救苦观音。②

实际上，这些"请神经"的唱诵和宝卷的宣卷仪式相似，说书艺人的鼓词和民间流传的宝卷、劝善书，在家户仪式书中是交融在一起的。

---

① 史小军主编《泽州曲艺》，内部资料，2007，第156页。

② 访谈对象：崔小红，男，1940年生，山西省泽州县梨川镇鼓书艺人；访谈人：卫才华、苗贤君；访谈时间：2014年10月21日；访谈地点：泽州县梨川镇崔河村崔小红家。

以下为阳城鼓书艺人王锁荣手抄记录的详细的请神唱词内容：

请神

大炮三声铛铛响，惊动满坛诸神仙，今日今受今炉香，请天请地请三皇。奉请天皇地皇人皇、三皇五帝、十万八千云空过往神，一切诸神请自宝坛受香灯，清静无为一炉香，请天请地请三皇，上请三皇下请五帝，十万八千云空过往，一切诸神受香灯。

一请天上天门开，奉请天主离天台，金童玉女头前走，玉皇天主受香灯。二请地玄地门开，奉请地主离地台、牛头马面头前走，五帝阎罗受香灯。三请神昊广咸阳，一去能消不吉祥，七宝林中朝上帝，无名宫内礼虚皇、老府老君孔子仁，三教归一都一班，老府留下生老病死苦，金木水火土、老君治人留下仁义理智信，世上乾坤不周全，三人刚上西天路，一掉周朝百八年，长城百里有三口，每架青口变十方，至当自信归明理，鸾歌凤舞福坛长，西池王母头前去，九天仙女随后跟，四大名山，十大名师，尧舜禹汤，四大名君，老少二臣，请自宝坛受香灯。

一切无量主师护法韦驮，周公、桃花黑虎灵官、东西王母、南北二极、四大部洲、四值功曹、四大天王、八大金刚、十八罗汉、十六杰将、值年太岁请自宝坛受香灯。清风吹祸去，明月送福来，四时长有庆，八节永无灾，七十五世菩萨、三十六乙娘娘、京城隍省城隍本府城隍本县城隍、本方土地受香灯。

十炷金香一盏明灯，一炷香请北斗北斗星君、二炷香请关公关公二郎、三炷香请三官三官大帝、四炷香请四爷四爷真人、五炷香请五主五主天齐、六炷香请六禽六畜虫神、七炷香请七仙七仙圣母、八炷香请八罗八罗将军、九炷香请九曜九曜星君、十炷香请十地十地阎君，十方诸神受香灯。

香花奉请凤王、虫王、五王、六王、牛马二王、水草圈神、杂草同飞、引水将军、赶山代王、巡山将军、四山大王、五方将军、三蚕圣母、本敬山神受香灯。请东方甲乙木，木大将军受香灯；请南方丙丁火，火大将军受香灯；请西方庚辛金，金大将军受香灯。

请北方壬癸水，水大将军受香灯，请中央戊己土，土大将军受香灯，五方五地都请到，再请太白李金星，谁说不是蟠桃会，也是弟子发虔心，摘下良辰供吉日，奉请诸位一切神，诸位神灵都请到，各照其位受香灯。左请青龙、右请白虎、前请朱雀、后请玄武，东斗王曲，西斗五曲，南斗六郎，北斗七星，中元三星五斗星君，福得子贤、罗睺星君、日光、月光、太阳、太阴、满天星斗，十二元成，二十八宿，普天星斗一切星君受香灯；终南山上，上八洞神仙、中八洞神仙、下八洞神仙，三八二十四洞大乐神仙同受香灯；高禖娘娘、送子娘娘、汤孙、豆孙催生送生，种痘哥哥、看痘姐姐一堂高禖神受香灯；五神积德，四渠八口，五虫六虫，日游夜游，大郎二郎三郎众神，咽喉四爷同受香灯。天母娘娘、地母娘娘、水星娘娘、火星娘娘、桃花娘娘、九仙娘娘、七仙娘娘、三仙娘娘、林山、泰山、石山、香山娘娘、花果娘娘、柳全娘娘、十鸡娘娘、插花老母、仙姑仙母、仙子、仙孙受香灯。无极老主、太极老主、两□四祥，阴阳八卦、乾坤□□，往生老母、瑶池圣母、地王老母、观音菩萨、大悲菩萨、文殊菩萨、普贤菩萨、月王菩萨、月生菩萨、眼光菩萨、灯光菩萨、白衣菩萨、五爷财神、真神财神、进宝财神、全官库官、青苗土地、土夫、七十二太岁神、神一千二百众土王众神同受香灯，山前山后大小庙神同受香灯，左山土地右山土地土公土母、土子土孙、山前山后一切土神受香灯，天神龙王、地神龙王、阎罗善鬼龙王、莲花龙王、花园龙王、东海龙王、西海龙王、南海北海五湖四海、九江八河井泉龙王、河海黑海龙王、风伯雨师、雷公闪电龙公龙母龙子龙孙、水神夜叉一切龙神受香灯。

东方灶君、西方灶君、南方北方中央灶地、五方五地、五命灶君、广宅灶君爷宅灶君、公皇母皇儿皇孙皇同受香灯，中公太岁门神户发爷六神请自宝坛受香灯。爷宅六神都请到，再请先吾三代洞里门中一切爷，请西方口然大地，三十六步鬼王众神，一切杨柳树神受香灯。天神请出天堂路，地神请出地狱门，仙神请出神宝坛，庙神请出受香灯。天神地神云空神十方万灵三界神，天官地官水火三官，天官赐福，地官赦罪，水官减灾，火官消灭阳报月报日报时报善报，十字路口五道将军受香灯。上请三千供百万，下请百万供三千，请不尽接不完一切诸神受香灯，请神不知大供分，安神不知哪为进，高处来了高处坐，低处来的受香灯，一年十二月，月月保平安，昼夜十二时，时时保安宁，春保平安，夏保吉庆，秋灭三灾，冬降吉祥，诸神进门庭，全家保安宁，三灾全免过，逢凶代吉星，坛前叩头谢神，居爷□福尽心。

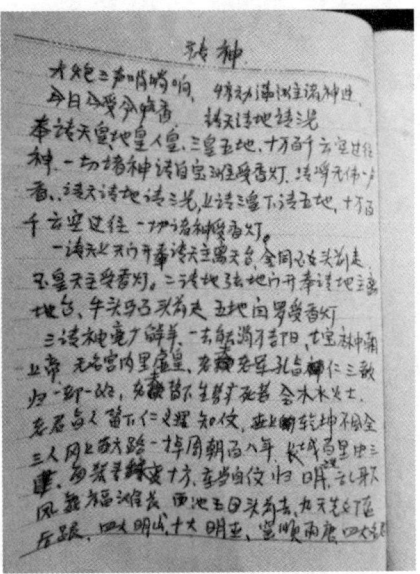

请神书的手抄本

第二步，酬神仪式。"请神经"吟诵完毕之后，便进入酬神阶段。酬神意即酬谢请来的各路神灵，主要是给所请的诸位神仙说神书书目，书目都为大贯书目。在大贯书目开始说唱之前，要先说与神有关的小段书，如《八仙上寿》《天仙送子》等。接着说"四句提纲"，暗示神书说唱即将开始。如"小鼓一声响，诸神下天堂，来受香灯会，请到宝坛上"。①

神书在正式说唱之前，还要先说"书帽"，是说书人在"正本"说唱前说的小段子，说书艺人通常称之为"帽头"，其作用有三：一是招徕听众；二是引起兴趣；三是为了酝酿情绪。说书人在说正本前，先说一个书帽，可以调整琴弦，酝酿说唱正本的情绪。据老艺人崔小红回忆的神书"帽头"为：

　　　　日出东来还转东，多行善来少行凶，

---

① 访谈对象：李永庭，男，1954年生，山西省泽州县梨川镇鼓书艺人；访谈人：卫才华、苗贤君；访谈时间：2014年10月21日；访谈地点：泽州县城李永庭家。

207

行善之人多好处，作恶之人天不容。

霸王作恶死在乌江河，韩信死在文阳宫。

有一个大户李存孝，临死时五牛分了身。

韩信活到三十二，罗成二十三岁命归阴。

还是行好终有好，作恶之人天不容。①

四句提纲与书帽说唱完毕之后，便是正式的神书书目。酬谢神灵对象不同，书目也不同。如：酬谢五谷神说唱《斧劈华山》，牲畜下驹说《游天台》。

第三步是送神仪式。送神仪式与请神仪式基本相同。由说书艺人净手漱口，主家烧香磕头，艺人开始吟唱送神词，请神词与送神词字数相同，不同的是在"请"与"送"二字上——请神时为"香花奉请"，送神时为"香花奉送"。吟唱送神词时，速度要稍快于请神词。如：

香花奉送梨门绽放开，满坛诸神下莲台。

张三执伞龙凤伞，四大金刚把轿来。

天神送，朝天走，地神送，归庙门。

哪方请来哪方送，送去坛中一切神。

家中六神归本位，还回本位受香灯。

一安门神供库房，二安家族供六神。

家族六神归本位，还回本位受香灯。

一年四季保平安，保佑合家得太平。②

吟毕送神词，艺人退场，主家叩头，燃放鞭炮，说神书活动结束。有的送神词也不同，如泽州鼓书艺人崔小红将送神词叫作"送神经"，唱词为：

---

① 访谈对象：崔小红，男，1940年生，山西省泽州县梨顺镇鼓书艺人；访谈人：卫才华、苗贤君；访谈时间：2014年10月21日；访谈地点：泽州县梨川镇崔河村崔小红家。

② 史小军主编《泽州曲艺》，内部资料，2007，第158页。

一句弥陀送祖神，金光闪闪起了身。
　　二句弥陀送师尊，各灶本位受香灯。
　　三句弥陀送吾神，千嘱万咐都起身。
　　天神喊鬼天空去，地神喊鬼掌教门。
　　龙归大海虎归山，菩萨还归四名山。
　　经书还回保佑宫，钥匙照旧挂金环。
　　千嘱万咐都送完，再请再来再会坛。①

　　主家非常重视请送神仪式，一般都要给说书艺人一些小费，保证说书人尽心将神送走，不然对主家不吉利，这也是神书的规矩。

　　"蚕姑书"和"谢土书"也是"神书"的一种具体称呼，特指在蚕茧收获和谢土仪式中着重表演的神书段子。给蚕姑说的书叫蚕姑书，牛马生了小驹，也要请书酬神，叫牛王书、马王书。陕北说书艺人关于牛王书、马王书的来历是：相传黄帝的一个儿子，先天目盲，被遗弃在深山中。王子在山洞中遇到蝎子精，将蝎子精打死后，用蝎子的尸体制成琵琶，开始沿途弹奏表演说书。途中遇到马员外和牛员外，请其说书，这两个员外死后成为牛头马面，因此艺人们说的书经常是给牛马许愿的口愿书。②牛王书、马王书演出时香火不能断，一般艺人会先唱"牛王爷听了我的书，六畜兴旺有公母。东家许书说三天，祈求牛王造百福……"再如：

　　牛王老爷坛前坐，落座坛上受香灯。
　　一请玉皇大老殿，二请五帝老阎君。
　　三请三教佛祖爷，四请三国老愚公。

---

　　① 访谈对象：崔小红，男，1940年生，山西省泽州县梨顺镇鼓书艺人；访谈人：卫才华、苗贤君；访谈时间：2014年10月21日；访谈地点：泽州县梨川镇崔河村崔小红家。
　　② 关意宁：《在表演中创造——陕北说书音乐构成模式研究》，博士学位论文，上海音乐学院，2011。

五请南海观音母，六请马王和财神。
七请水洋大老爷，八请土地和山神。
九请东海老龙王，十请五道和门神。
各位神仙坛前供，许下还愿来敬神。
保佑保佑多保佑，保佑全家无灾星。
财门开来福门敞，牛羊六畜堆满棚。
吉星高照年年好，五谷丰登好年景。
一年四季常平安，要给全家免祸根。
全家老少都安乐，赶到来年还敬心。①

之后说唱正本书，然后把神灵牌位烧掉。其实牛王书、马王书一方面是庆贺六畜兴旺，另一方面是给家户祈福驱邪，所以常常要加上一些吉利话，最后一定要有"十赐福"的书词。如：

一赐福父母双全人兴旺，二赐福父母和好二百年。
三赐福家庭生贵子，四赐福家中保平安。
五赐福后人又把三元中，六赐福队队骡马槽后拴。
七赐福存粮万担钱不断，八赐福家有百顷水旱田。
九赐福荣华久长达富贵，十赐福事事如意万事全。

一般在蚕茧丰收后，家户需要酬神还愿，要唱"蚕姑书"。根据主家经济情况有说三天的，也有说一天的，通常是下午两小时，晚上三小时。说书前烧三炷香，上供三小碗面、香米供或者五个馍，在黄表纸上写神位，奉请三蚕圣母，尊神诸位。如《包公夸桑》就是蚕姑书的主要书段：

太阳出来一盆花，照进东京帝王家。
正宫娘娘生太子，满朝文武戴金花。
唯有包公形体贵，他把桑花帽上插。

———————————
① 王俊川：《曲艺生涯六十年——王俊川口述史》，内部资料，2011，第95页。

210

宋王一看心不喜，包爱卿做事理上差。

正当得了皇太子，满朝文武戴金花。

满朝文武都把金花戴，你为何把桑花往帽上插。

包公闻声往上跪，尊神我主听我说。

他们戴京花做何用？你听我把桑花来夸一夸。

桑皮做纸文官用，桑木刻弓工匠拿。

蚕吃桑叶吐黄丝，冬做绫罗夏做纱。

正宫娘娘做荷包，我的主你穿的龙袍也是它。

宋王闻听龙心喜，包爱卿做事理不差。

殿前武士一声叫，用三声大炮送回南阳。

　　"谢土书"是酬谢土地的说唱书段。山西陵川县迁新居动土或者秋收酬神，都要举行谢土仪式，分为"大谢"和"小谢"。"大谢"指家里办大事，如新房竣工等，"小谢"是秋收以后，选择十月初十感谢土地赐予庄稼丰收。谢土也要请先生占卜时间，一般要和户主的属相相符。为什么会有此仪式呢？传说"玉皇爷四个儿子分家，分别管四季，又生了小儿子，所以在四季中每人匀十八天给幼子，立春、立夏、立秋、立冬前的十八天，共七十二天，前十八天土开了就开始要谢土。据说小儿子就是孔夫子"。①农历十月初十是庆祝一年的丰收，民间认为是"十全十美"的吉日，这天子女们须回家过节，包括出嫁的女儿也要和娘家人团聚。"谢土书"段中主要演唱《姜太公》：

　　周文王晚上做梦，渭水河前封太公，姓姜名牙，字太公。姜子要坐上金车辇，周文王拉着红绒绳。拉了八百单八步，累得文王两膀疼。周文王头上真龙出了现。姜子要解其中情，反身就把车辇下。尊神我祖万岁听，你可知你把力气用，脚下步儿你可记清。文王说

① 访谈对象：庞元喜，男，1937年生，陵川县秦家庄乡秦家庄村人；访谈人：卫才华、郭俊红、岑建如；访谈时间：2015年8月27日下午；访谈地点：陵川县秦家庄乡秦家庄村庞元喜家。

我只知我把力气用，哪有闲心数步步。子牙说你拉我八百零八步，
我保你八百零八冬。文王说转身爱卿上车辇，我舍身赔命拉进京。
子牙就说不中用，微臣说破就不行。到后来他拉他八百零八步，他
保他八百零八冬。八百八载周朝散，十八个王子到临潼。临潼会上
把宝斗，英雄还数子胥能。

　　山西稷山琴书，又名稷山书调、坐唱琴书、古琴书，主要伴奏乐器
是小扬琴。演唱者多为全盲或半盲的男艺人。琴书班子表演主要是以家
户还愿、谢土以及村里寺庙所供奉神仙诞辰等为主。还愿、谢土常说的
曲目有：《众神会》《关爷老母下凡》《全家福》等。说书人一般表演多半
天，从早上八点多持续到下午两三点，主家需要负责说书人的两餐。如
若是家户还愿，则家户在家里摆两次荤素搭配的菜，若是寺庙诞辰，村
里的寺庙由各居民组轮流负责，城郊或者县城的寺庙则两顿都安排在饭
店。说书的价格统一，寺庙敬神和家户还愿每次表演的内容也都大同小
异，唯一的区别在于表演人数的多少，由主家决定此次活动需几人参与，
最多四人，最少二人。稷山一带，一般人家很少专门单独举行谢土仪式
的习惯，谢土与还愿结合在一起。在还愿的基本流程上，中午磕头献祭
结束后，主人家将提前准备好的黄纸、半碗小米、一杯白酒、一杯开水、
一小坨猪瘦肉（或一颗鸡蛋）、捏好的面鱼拿出来，对着土神方向跪下，
一人烧纸，说书人跪着唱。大致内容为：这家修盖房屋，动土碰到了土
神，让土神不要见怪，他们会把土神（高土、低土、阴土、阳土）方方
面面都献祭好。说书人说书的过程中，主人家将面鱼放在盘子里进行献
祭，同时将开水倒入装有小米的碗内（以淹没小米为准），将猪瘦肉（鸡
蛋）放到碗内，再将开水从碗内沥出到另一个碗内，将白酒倒入开水碗
内。说书人说书完毕起身后，主人家一个人负责撒米，一个人负责洒水，
从院内四方开始延伸到院中心，再到房屋内的角落，从屋内出来一直延
伸到大门外面，最后将猪瘦肉（鸡蛋）埋在土里，整个谢土仪式才正式
结束。请送土地神内化于还愿流程的请众神和送众神中，不再重复进行。
　　说书敬神的意义在于"虽然人不可能真正达及或直面神性，但人却
可以借助内在的爱体悟神性，同时，人还可以借助外化的礼仪庆典盛邀

吁请神性的鉴照。也就是说，人能够借助某种中介来盛邀吁请神的莅临出场。艺术便是人盛邀吁请神性莅临出场的祈祷仪式"。[1]这些神书主要由乡村的一些仪式专家，诸如灵媒、阴阳先生等信仰群体积极地与说书人密切联系，保留有这类的"神书"形式。神书主要和民间信仰生活融合在一起，有些神书就是民间宝卷宣讲的内容。家户请书为的是达成祈福祛灾的心愿，因此结束时常说"各位神仙听见我说书的话要保佑某某全家平安""一年四季保平安，保佑合家得太平"。[2]神书着力表达"善恶有报"的观念。如《百鸟朝凤·鹦哥吊孝》突出劝善行孝的主题。神书《龙三姐拜寿》通过讲述龙王三女儿素贞替父报恩，使公爹延寿二百年的故事，劝诫人们要知恩图报。

当下很少有如旧时三皇会明确的信仰体系，但艺人个体普遍都直接参与地方仪式生活的建构，即包括烧香请供、神灵附体、巫术治疗等情境化的仪式过程。现在庙会说神书的艺人和庙内管事人都是常年联系的熟人，很多靠口头约定和常年的交往联系。说书人经常在各地庙会说书，形成较为稳定的说书圈子。除了还口愿的家户请书外，最多的就是各地乡村中"顶神者"，意为可以通神的人，也可以说是特殊的"居士"或灵媒，他们都熟悉信仰祭祀的各种礼俗程序，是各地重要的仪式专家，家中供奉神灵，通过祭神仪式形成特殊信仰群体。说书人和顶神者都非常熟悉请神送神的仪式过程，往往在一起合作，顶神者这类信仰群体是说书人最主要的"神书"市场。家户们坚信只有说书人的讲唱传颂，口愿才能被应验。神书其实在艺术性和表演上要求并不高，关键要熟悉还愿仪式的规矩。但民众似乎非常乐意沿袭这种传统的说书讲唱活动，他们更在乎的是说书作为仪式活动本身和祭神酬神的书词内容。在神书的表演语境中，说书行为的民俗内涵要远远大于唱腔、音乐、表演等艺术因素。

---

① 宋一苇：《诗性、神圣性与人的无限敞开性——关于艺术与宗教的文化哲学研究》，《文学评论》2001年第6期。

② 访谈对象：王同生，男，1946年生，泽州县金村镇四弦书艺人；访谈人：卫才华、张小丁；访谈时间：2014年10月20日；访谈地点：泽州县金村镇东六庄王疙瘩村王同生家。

庙会说书，也被称为"老爷书"。一般是在庙会期间、神灵生日或者神庙开光的公共场合进行。其作为庙会祭祀中的重要仪式活动，是在固定庙会日期内，村庄集体筹资的祈福酬神的神书活动。庙会演出通常由村中有威望的长者代表村民出资邀请艺人团体前来设坛公演，并主持整个仪式活动。演出地点在庙院或者舞台，庙会演出持续时间较长，一般演三四天，每天除了上下午各演一场外，晚上还会表演两三个小时。①

　　说书参与了庙会的整个仪式过程。上午，会长把香点燃，立上老爷的牌位，说书师傅拿上铜器，跪在牌位前，有节奏地打铜器。说书人须洗手、净面、正衣冠。仪式包含请神、送神的过程。请神由大到小，长短十六句，每请到一位神灵，就响一下铜器。请神是有规矩的，诸神在位的话，先请哪位神仙也不是固定不变的，要灵活看待。请来神之后，按书帽—小段—正本—结束语的顺序进行说书。书帽多为四句，如："小鼓一声响，诸神下天堂，来受香灯会，请到宝坛上。神灵在上。"之后再说正文，只要是和神仙相关的书目就可以说，庙会一般说整本书，篇幅较长，需要数场连说，直到庙会结束。如《两个老汉去烧香》：

　　　　两个老汉去庙里烧香，一个姓李，一个姓张。李老汉问：为什么来？张回答说："为孩子平安。"李也是为平安。李老汉十个儿子，没女儿，都很有本事，衙门的、饭店的，想干什么都有人，自己夸自己孩子好，说大话。张老汉九个儿子，还有女孩，还谦虚说不好，十个孩子都在朝里当大官，闺女当正宫娘娘。一个夸自己，一个谦虚，于是李老汉知道实情后悔自己夸海口了。②

　　这个书目借去庙里烧香发生的故事告诉人们做人做事不要张狂，要谦虚、低调，同时在知道自己行为过当的时候也要懂得悔改，实为传达民众的观念。此外，庙会敬神的书目还有《吕洞宾下山》《观音老母度化

　　① 太行山说书艺人以"场"为基本演唱单位，一场两个小时。

　　② 访谈对象：侯松锁，男，1929年生，陵川县东壁村人，陵川县盲人曲艺队原队长；访谈人：卫才华、岑建如；访谈时间：2015年8月26日晚上；访谈地点：陵川县曲艺队大院。

人》《吕洞宾抓药》等，都有教育民众的意义。说书在参与礼俗生活、与礼俗生活互动时，通过文本建构了礼俗生活，让民众树立了正确的道德观、价值观。

庙会活动结束前最后的仪式是送神，与请神相对应，形式与请神相同。要按顺序送，送不走就对谁都不利，所以要很恭敬地将诸神送走。代表燃香焚表，艺人闭口默唱，恭送诸神返回本位。

庙会的说书人大多常年或定时在各地庙会说书，形成较为稳定的说书市场圈子。请神、送神位于整个庙会活动的始末，一次庙会活动只请一次神，送一次神，一次完整的庙会神书就是由请神、送神和若干场说唱及其仪式共同构成。而说书人就扮演请神、送神人的角色，充当了人与神沟通的中介。他们都熟悉各种礼俗仪式的程序，鼓书音乐也为礼俗生活增添了特殊的文化因素。传统说书形式通过仪式、文本参与构建着地方礼俗生活，由此带来的民俗市场也在一定程度上赓续了说书内在的民俗活力。

神圣性与艺术性还表现在太行山区的"礼俗书"上，表现为仪式生活的神圣性，主要指说书人在什么样的语境中怎样去讲的过程意义。说书人神圣性的构建不仅在于讲述一个神圣的由来，凸显出"神书"艺术独特的信仰特征，更着眼于植入一种与生活密不可分的民俗传统，那就是"礼俗书"。它的重要性在于，将说书与普通家户的人生意义联系起来。"礼俗"特指中国传统社会中礼俗相交、以礼节俗的一种社会状态或文化特质。礼与俗的话语，在国家统治阶层是治国驭民之术，在文人精英群体是安身立命之本，在民众手中则是社会交往的工具，由此形成了一种所谓"礼俗社会"的文化认同，并内化为"局内人"操持生计、理解社会、运作政治的潜在规则。①因此"礼俗社会"所依循的乡村逻辑和文化认同，使得说唱具有了文艺与仪式生活的双重特点。尤其是沿袭至今的"礼俗用乐"观念，更使得岁时节庆、人生仪礼、婚丧嫁娶等人生悲欢的重要时段都与说书有了深刻的关联，由此构建出一种以仪式参与为主的、与世俗生活相关的"神圣感"。

---

① 张士闪:《礼俗互动与中国社会研究》,《民俗研究》2016年第6期。

所谓礼俗书，是在各种有纪念意义的礼俗过程中而举行的请书活动。说书人通过"礼俗书"参与民俗生活的构建。①太行山区比较有特色的礼俗书主要有喜庆类的，如满月礼、成年礼、婚礼、寿诞礼等"喜庆书"，还有以纪念仪式为主的，如隔七、周年烧纸、丧葬等"纪念书"。

山西太行山南段的陵川县有"圆十五"的风俗。孩子长到15虚岁时，家里要为孩子举行庆贺仪式，叫"圆十五"。这种成年礼俗活动中，家户一般都会请书，与口愿书相似。

当地认为，到15岁孩子灵魂才能长全，寓意长大成人。这个仪式中母亲和外祖母是重要角色。在仪式当天，亲朋好友都会祝贺孩子"圆十五"的仪式。孩子、母亲和外祖母要去庙里还愿，有的家户没有在庙里许愿，也要在家中烧香还愿，酬谢神灵保佑孩子健康成长。山西陵川西溪二仙庙就是一个重要的还愿地点。还愿时要拿带根和穗儿的谷秆。还要将纸叠成五角形状，外面裹上五色纸，叫"戴枷"，把枷顶到头上，手里拿一把香，跪在二仙庙大殿前，母亲要敬神，烧黄表纸，然后鸣炮。回家后举行仪式，在一个叫"拴驹石"的面塑上要穿红毛线，也是寓意保护孩子成长。"拴驹石"是姥姥用面蒸制而成的，中间有一孔，用红毛线栓，之后套在孩子的脖子上。姥姥用红毛线牵着，再把做满月的锁（一周岁、三周岁时姥姥家会给孩子圆锁），套在孩子脖子上，然后绕八仙桌走一圈。②外祖母要给外孙买衣服、鞋等，还会特意蒸上24个或者48个包有糖馅的大馍馍，送到闺女家，馍馍比平时吃得要大，上有红点，能够把馍馍蒸开花的，象征着日子蒸蒸日上，更是吉利。在"圆十五"仪式中，说书是必不可少的一部分。请书不仅仅是图热闹红火，书词中带有大量关于孝道的内容，教育孩子及其家庭成员要懂得孝顺长辈。

以纪念仪式为主的礼俗书，主要包括出殡、隔七、做周年等请书活动。安葬仪式叫"出殡"；人过世之后，每隔七天一祭，叫"隔七"；为

---

① 说书人通过参与礼俗生活融入地方民俗传统，"礼俗互动"是民间书市发展的重要途径。

② 访谈对象:庞元喜，男,1937年生,陵川县秦家庄乡秦家庄村人;访谈人:卫才华、郭俊红、岑建如;访谈时间:2015年8月27日;访谈地点:陵川县秦家庄乡秦家庄村庞元喜家。

陵川西溪二仙庙前"圆十五"时的戴枷仪式

了纪念过世的父母或祖父母,子孙要在父母或祖父母逝世的一、二、三周年,十周年,二十周年,三十周年等纪念日举行祭奠仪式,叫"做周年"。这时一般家户都会请书,所以也叫"周年书"。(见表4-2)1996年陵川曲艺队个体户预定宣传卡。[1]

表4-2

时间	订宣传者单位	与订户关系	订书者主户	被宣传事由	订宣传的日期	预交定额
9月29日	二轻局	是弟兄关系	平城镇北街村郭某	给家属烧一周年纸	农历八月二十九	10元
9月29日	城关镇	说书者直系主户	张某给爱人说书	为其妻出丧	阳历10月1日	
9月29日	农机局吕某	是订户女婿	城关镇云答图村	给岳母隔七	阳历10月1日	
9月29日	城关粮站张某	和姚某同行	城关镇东城村	给爱人隔七宣传	阳历10月2日	80元
10月1日	城关镇	和主户是亲属	城关镇北川村	烧纸	阳历10月2日	10元

上表可知,"隔七"、烧周年纸、出丧等是礼俗书的主要民俗市场。太行山南段陵川县一带的"隔七"仪式非常隆重而有特点,家户必请盲人曲艺队说书祭祀。"隔七"是人去世七天后的一种祭祀方式。"隔七"的讲究很多,儿子和女儿是分开隔七的,时间不同。家中有一个女儿的

___

① 陵川县盲人曲艺队档案室藏《陵川曲艺队个体户预定宣传卡》,内部资料,1996。

不隔头七，只隔二七、三七；家中有两个闺女的不隔二七，只隔一七、三七；同样家中有一个儿子的不隔一七，隔二七、三七；有两个儿子的不隔二七，隔一七、三七。以此类推，家中有几个子女不隔几七，谁"隔七"谁出钱请书，表示行孝。当地习俗认为"隔七"意为"发"的意思，为了后代兴旺。①为什么会"隔七"呢？当地传说与薛仁贵游地狱的鼓书故事有关，三死七还阳，三天死，七天回魂，所以叫"隔七"。②在陵川，"隔七"大部分都会请书，鸣炮祭祀后，说书就可以开始了。

做周年和"隔七"相似，也是祭祀亡灵的一种仪式，当地人也叫"烧纸"。自逝世之日算起一年为准，叫一周年，还有三年（三周年）、十年、二十年、三十年。所以做周年指做一、三、十、二十、三十周年。这些时间段会隆重举办祭祀仪式，也有的在清明、七月十五、十月初一做周年。做周年都会烧纸，一般三十年之后就不再专门举行做周年仪式了。做周年主要是纪念逝者，表示后继有人，子孙孝顺。一般没有男性子孙就不烧纸了，家中女性只简单烧香祭拜逝者。

做周年说礼俗书的情况比较多，有的不到二十年也可以叫二十周年。主家担心在有生之年等不到三十周年，有时候二十五年左右也按三十年办。还有的家户过世的父亲已经三十年了，但是母亲周年还不到，也会一起办周年祭祀活动。③通常三年是小烧，十年、二十年、三十年是大烧。有的人家"大烧"的时候还会给逝者烧花圈、铺盖、衣服等，为给逝者重新做衣服和铺盖。"小烧"在家里烧纸，一般没有衣服、铺盖、花圈等。

"大烧"周年时，前一天会搭好红色棚子。当天首先会"接亡"，朝向坟头方向选一个地方，捧些坟头土回来祭祀。然后举行请主仪式，请

① 访谈对象:侯松锁,男,1929年生,陵川县东壁村人,陵川县盲人曲艺队原队长;访谈人:卫才华,岑建如;访谈时间:2015年8月26日;访谈地点:陵川县曲艺队大院。

② 访谈对象:庞元喜,男,1937年生,陵川县秦家庄乡秦家庄村人;访谈人:卫才华、郭俊红、岑建如;访谈时间:2015年8月27日;访谈地点:陵川县秦家庄乡秦家庄村庞元喜家。

③ 访谈对象:宋学敏,男,1983年生,盲艺人,陵川县曲艺队骨干队员;访谈人:卫才华、岑建如;访谈时间:2015年8月27日;访谈地点:陵川县曲艺队大院。

主先拿牌位，然后烧纸。请的时候先写牌位，然后烧黄表纸。曲艺队跟着吹打伴奏迎供，亲戚朋友要祭奠供品。迎供时有饼干、馍馍、糕点、水果等东西，其中24个馍为半供，48个算大供。家人跟着鼓乐队伍在村庄绕一周，然后回到家里，这个仪式叫"迎供"。然后主家先给说书人一块红布，当地人称之为"利身"，据说因为参加白事对外人多少有点不吉利，主家给说书人红布意为让说书人全身而退，保佑吉利。之后艺人开始说书，时间约两个小时，一般上午说《包公案》《王祥卧冰》《郭巨埋儿》等二十四孝曲目，下午说《罗成算卦》《抢公爹》《傻瓜卖妈》等。说完书还会唱一段上党梆子戏，如《五福堂》等曲目。仪式结束和迎供仪式相同，把黄表纸写的牌位要烧掉，有的送到村外，有的送到坟地，一般在哪里"请亡"就在同一地点举行"送"的仪式。

2015年8月28日，农历七月十五（中元节），笔者跟随陵川县盲人曲艺队，在陵川崇文镇沙上头村，调查杨姓家户给母亲做二十周年情况。

早8点45分，主家开着农用三轮车到陵川盲人曲艺队去接队员做周年祭祀，半路上接上户主的姐姐和两个孩子，买了些凉粉和烟准备去祭祀。户主是独子，排行老二，还有四个姐妹。当天姐妹、外甥、外甥女、媳妇、女婿都早早来到户主家。包括母亲这边的舅舅家、姨妈家的亲属，还有父亲本家的堂亲也都到了，因为做二十周年比较隆重，杨师傅提前通知亲戚七月十五要做周年，所以本家亲戚都来祭祀。一方面是祭祀共同的亲属，另一方面也像个家庭聚会，大家互相问候，聚餐聊天。

这次请书是一周前到陵川县盲人曲艺队预定的，七月十五烧纸做周年家户非常多，曲艺队分六个小组给家户说书做周年。其中一个大组8人左右，价格约950元。其余五个小组，每小组约5人，价格约400元。每组有两三个骨干队员，主要是拉板胡和会唱鼓书的，同时每组还有一两个明眼人帮忙领路招呼，其他队员配合表演。

9点到主家后，主家请了斋公先生，把供台供品布置好。据说指导安排一次祭祀也需要100元。斋公安排曲艺队员把响器敲起来，先举行"招亡"仪式。曲艺队三个人，一人敲大锣最前面走，后面依次是小锣和镲，斋公拿着八角小鼓和执铙紧随。户主手捧父母亲的牌位，牌位为黄表纸折叠的，顶部为三角形，中间为长方形。走到户外约几十米外的十字路口，斋公示意响器停下来，就在此十字路口进行"招亡"仪式，意为招请逝去的亡灵回家团聚。

9点15分斋公开始念经，杨师傅跪地，面朝向东方，每念到停顿处，斋公音调停顿，鞠躬并且身体前倾，杨师傅便会意磕头。约8分钟鸣炮后，招亡仪式结束。依旧是照原路响器伴奏返回家里。在院门口，主家妻子，跪在院内面向大门迎接，斋公唱念一会儿，到院子中布置的供台前，杨师傅化纸祭祀，斋公再次念经唱诵。

所有参加的亲属都会拿祭奠的衣物、铺盖、食品依次到招亡处祭祀，然后再回到院中，放置在主供桌旁，然后化纸上香。据斋公介绍，供品有八大碗，四种面食，其中有一种面食，当地方言叫"栖"，栖是当地油炸的面塑食品，还有四种菜和茶水。①最前面摆放着主家列祖列宗的牌位，不过最中间的两个牌位是刚刚招亡回来，用黄表纸折成的，上写有父母名讳的牌位。所有的亲属供献完之后，儿子再跪拜磕头焚香。斋公在旁边念经，时间稍长，斋公安排妥当后，随即离开，主家相送。院子中央有主供桌，背景是红布，桌子上是祖宗牌位、供品、香炉，下面有一个化纸盆。另外在院子的四周，分别有四个小型简单的祭祀处，每个点大都相同，焚三炷香，前面摆有一个当地面食"栖"。

9点35分女性亲属

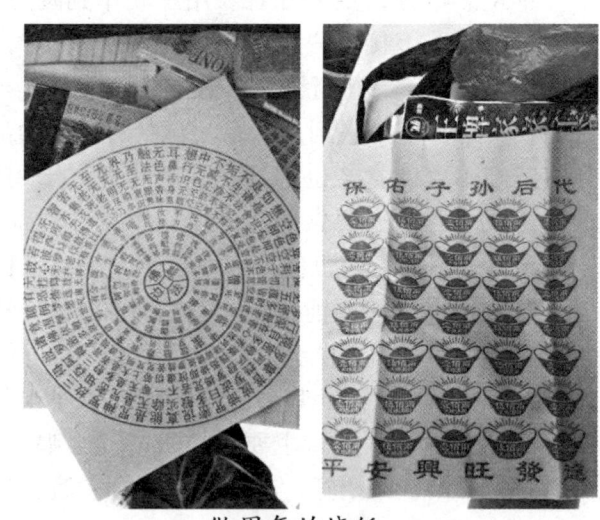

做周年的烧纸

---

① 这种方言发音叫"栖"的面食，山西晋城其他地方也叫"盘"，即把面和得如抻面一样，盘成一盘，揪住一个头往油锅里抽，炸熟了，捞出来是一大盘，吃着又香又脆，在当地也作为特色的祭祀供品。

开始烧供献的衣物，上午烧衣物，下午烧铺盖。男性在院外生火搭锅准备饭菜。由于是二十周年，比较隆重，烧的都是真衣物、真铺盖。期间曲艺队开始表演，先是音乐吹打，接着是上党梆子戏《坐宫》，也叫《四郎探母》。乐器主要有：板胡、唢呐、鼓、锣、镲、电子琴、笙、竹板等，乐队的两位骨干，主要是使用板胡和唢呐。10点25分节目结束，乐队休息。其间祭祀处要不断续香，院子外烧完衣物要放炮，几乎每个仪式结束后，主家都要化纸烧香磕头。

10点35分曲艺队员先唱了20分钟的鼓书小段《小两口抬水》，随后是鼓书《王祥卧冰》，乐器加上了演唱者手中的紧板，还有电子琴等乐器。到中午12点结束，开始和主家一起吃中午饭。随后表演书段《婆婆媳妇孙孙》，到下午2点结束，主家等铺盖烧完后，撤下供品和祭祀物品，户主再捧上牌位去招亡处送亡。家中布

十字路口请亡

家户院子四周祭祀的面食"栖"

置的祭祀点一直保留，到第二天方可撤去。这样整个做周年仪式就结束了。

期间曲艺队和仪式专家斋公，各司其职，对斋公所念经文，曲艺队员大都年轻，并不清楚唱诵的内容。主家请书的目的主要是给逝者热闹热闹，全家团聚的意思。至于书词内容很少有人细听。清明、中元节、十月初一是陵川家户请书最集中的时期，也有人家选择在逝者生日或其他时段举行。"做周年烧纸"仪式过程中请书的还是比较多。这种书市一年当中约有上百场，价格比较低，一般的约400元，价格高的有上千元。近些年家户也较少大操大办，基本上都是几百元请书比较常见。其实在

礼俗生活中也有请音乐队的，还有唱戏的，但价钱略高，不像鼓书这么实惠。在实际的生活中，说书参与到民间礼俗中，重复着这些礼俗仪式，维护家庭伦理关系，已经远远超越了艺术本身的意义。

晋东南太行山区一带白事仪式中也会有说书人的参与，特别是会有传统的书段表演。常年从事这行的，被称为"拱丧棚"的，主要和当地的八音会班社一起搭班演出。阳城、泽州县在白事上表演鼓书的要多一些，收入不等，一人参加演出能赚到200元左右。白事的时候主要在以下几个环节表演鼓书：首先是路祭时要唱，献戏的时候再唱，然后暖棚吊孝唱一个小时。节目有《天地好比一张簸》《天为宝盖地为池》。清明时候，当地有"做周年"的风俗，因此家户请书的非常多，鼓书市场比较红火，有的家户还会请说书人到坟头说书，还有的给逝者立碑的时候说书。

出殡前一天叫"开祭"，一般是户主花钱请书，也有八音会和现代歌舞表演。此时主家会搭棚，但不同于"做周年"，出殡的棚子是白色的。亲戚们都穿白衣，主家先迎亡，曲艺队跟着吹奏器乐，朝着坟地方向把逝者亡灵接回来，紧接着拱棚，先敲打乐器。晚上举行"转祭"仪式，讲究"三酒三转"，第一次给逝者祭奠酒水，转一圈返回，说书人开始唱鼓书，第二次进酒，转一圈回来，艺人第二次唱；第三次进酒，转一圈回来，艺人再唱。时间大概要8—20分钟。

第二天早7点开始"起丧"，所有亲戚（尤其是侄女、外甥）在这时都会点戏，而且会额外给"小礼钱"，一场戏10—20元。乐队上午"吹小

做周年鼓书说唱

戏"，唱完后起灵，再吹小段，然后说鼓书《节节高》，唱上党梆子戏，如《好人好事》《将军令》。半路会停下来举行"路祭"，路祭一般唱半个小时。由女儿付给乐队人员50—100元，唱半小时左右，亲朋好友也可以给逝者点戏，费用要自己出。有的乐队也去坟地，一般是一个敲小锣的，会给"小礼钱"（10—20元）。下午返回，要举行"安主"仪式，在家里器乐吹打一会儿。当地礼俗中，有逝者的亲朋好友会在仪式中"点戏"为再单独给逝者加个节目，表示"送行"的意义。一般点戏环节点流行歌的比较便宜，一首10元，如果点古代戏曲，比如《秦雪梅吊孝》，费用要高一点，大概20元。白事仪式中主家会给乐队人员烟和酒（4条或6条烟，2瓶酒）。主家还会给乐队成员每人一小块布，称为"利身"，因为是围在鼓周边所用的布，也叫"围鼓布"。乐队成员第一天晚上围鼓布是白色的，第二天早上是黑色的，路祭时则是红色的。现在白事请书的费用大概2000元，乐队请歌手要2500—4000元不等。丧礼请书多和乐队合在一起，作为其中一个节目，而做周年、烧纸、隔七单独请书的则非常普遍。

以仪式参与为特点的礼俗书，蕴含的神圣性因素，普遍地融合在日常生活之中。现在仪式书随着曲艺形式的丰富多样，进入各种表演组合环节中，纯粹的鼓书讲唱比较少。礼俗书的民俗内涵与鼓书讲唱的艺术性融会在一起，家户很少去仔细欣赏鼓书的表演，更多关心的是仪式的"程序感"和"重复感"，如家户所言，"请书就是听个响声，通过这个响声就能传达后辈的心意"，这种听觉的神圣性可能是民俗传承的重要方面，特别是对于盲艺人而言，听觉的神秘感被凸显，所以戏是用来看的，而书是用来听的。认知语言学者认为听觉互动对社会文化情感结构的构建和发展起着重要的作用。①因此，虽然民众一方面需要在艺术表现形式上多样化，另一方面也非常看重遵循传统"听书"的意义。从这个方面讲，说唱传统与现代曲艺表演交融互渗。今天的说书人身份已经发生很大的变化，参与仪式的途径变得多元化，通过具体仪式过程的参与，说书人巧妙地通过民众普通的日常生活，凸显出讲唱的神圣性和纪念性，强化了"礼俗"对于个体生命的意义。

神圣性与艺术性是太行山说书人保持民俗活力的重要源泉，说书人曾有的信仰记忆、文化认同、身份标识，通过这两个维度，被有效地编织进日常生活中。很大程度上，太行山说书人能够在曲艺与民俗生活中转换自如，时而适应主流文化的改造与建设，如太行山区作为革命根据地，说书人通过编创新节目宣传抗日斗争，展现出其曲艺艺术的一面；时而将隐匿的传统扎根生活，通过神书、礼俗书等仪式参与感，渗入民俗日常生活，构建讲述传统的神圣性，从而保持了太行山说唱传统的延续性与传承性。神书无论是在传统时期还是在当下，都和民间礼俗紧密结合，展现出艺人群体独特的民俗互动能力。太行山说书人丰富、细腻、鲜活的生活关系、信仰关系与仪式关系，给我们提供了一个深层次了解艺人生活的视角，即说书人群体是如何通过讲唱以及渗透交织的民俗关系，适应时代变迁，表现出独特的社会互动意义和价值。

---

① 如王馥芳：《听觉互动之于文化的建构性——基于"图像至上主义"潜在的文化破坏性》，《江西师范大学学报》(哲学社会科学版)2016年第2期。音乐学者较早发现声音的文化价值与仪式意义，如曹本冶：《思想——行为：仪式中音声的研究》，上海音乐学院出版社，2008。还有研究者将"听觉叙事"引入文学叙事学研究领域，如傅修延：《听觉叙事初探》，《江西社会科学》2013年第2期。民俗学者也在积极发现"听觉民俗"的重要性，如李牧：《被遗忘的声音：关于听觉民俗学的构想》，中国民俗学年会论文，2017年。这些研究表明，对"听觉和音声"的关注，正在呈现出跨学科、整体性的方法论意义。

第二节 礼俗互动、市场互动与社会互动：
陵川县盲艺人宣传队①

20世纪50年代，说书经历社会主义改造之后逐步被曲艺化、政治化，随之鼓书艺人的社会地位与待遇也得到提高，开始进入文化系统编制管理，各地隶属于文化馆的盲人曲艺队相继成立，创编新书目及时宣传党和政府的新政策，传统个人走村串巷的说书形式悄然发生变化，很多喜欢鼓书的健全人也加入曲艺队中，说书人的传统角色逐渐弱化。20世纪80年代起，鼓乐行业恢复，市场越来越大，然而社会条件发生变化，民间表演形式丰富起来，演出行业市场的竞争越来越激烈。21世纪非物质文化遗产保护工作的开展深刻影响了传统曲艺的生存状态，各地政府积极投身到民间文化的挖掘和整理中，鼓书艺人开始重新建构其新的社会地位和角色。

进入21世纪以来，曲艺被赋予新的时代意义和文化价值。民间艺术在社会层面扮演越来越重要的乡土认同的角色。它一方面平衡多种文化归置的多重角色，借助传统的积淀帮助政府实现公共文化建设的社会目标，实现地域文化的文艺构想；另一方面，民间艺术扎根于礼俗生活，在信仰失范的城乡社会中，唤醒公民城镇化进程中"民间社会"的理想诉求。地方曲艺的发展历程，不仅仅是曲艺的时代变化，同时承担着社会互动的多个层面，折射出政府、社会、民间等多种角色的价值重构，文艺实践的过程就是民间文化的隐形表述，艺术化地传递着文化生长过程以及新时期群众的文艺观念、社会态度和人生体验。

陵川县地处晋东南，位于太行山南端的最高地带，北邻壶关、长治，

---

① 本节内容作为项目阶段性成果，曾以专题论文形式发表，见卫才华：《太行山说书人的社会互动与文艺实践：以山西陵川盲人曲艺队为例》，《民族艺术》2016年第4期。该文也被人大报刊复印资料"舞台艺术"（戏曲、戏剧），2017年第1期上，全文转载。

西界高平、泽州，东部和南部与河南省辉县市、林州毗邻。陵川钢板书是山西省非物质文化遗产项目，它源于清道光年间河南"四股弦"。据说有位从河南林县逃荒的盲艺人来到山西陵川演奏"四股弦"，但由于其浓重的方音难以在当地发展，便和陵川钢板书艺人合作，将河南"四股弦"音乐糅进了"钢板书"唱腔，并在唱腔中设置前奏和过门，用四股弦琴（即胡琴）、三弦、书鼓进行伴奏，形成新的陵川钢板书。①

陵川盲人曲艺队是活跃在当地礼俗生活中重要的文艺宣传队伍，从曲艺传承的角度看，近些年突出地表现为"社会需求+政府支持+特殊职业教育模式"的传承路径。盲人曲艺队组织机构健全，由现任队长侯安凤负责，有老队长侯松锁，盲文老师李志臣，队内骨干演员靳文莲、宋学敏、焦路来等人。1996年7月，盲人曲艺队办起了陵川县第一个盲童学校，设有特教班，聘请特教老师，陆续开设盲文、数学、语文等文化课，还安排了德育、音乐、曲艺等课程。当时有学员28人。②特教班人员流动性较大，除个人及家庭因素之外，有学员为了学习深造会离队。因此学员年龄6岁至20多岁不等。近些年学员人数逐渐增多，年龄层次也比较分散。队员进盲人曲艺队的时间年限不一样，有些盲童几岁就被送进队里，而有些20多岁才进队。学员们日常吃住都在盲人曲艺队，只在年节时短暂回家居住。特教班的学员平时上课学习表演等相关知识，有需要演出时提前排练。盲人曲艺队分为三个小组，每组10人左右，设有组长，每小组视情况组织演出。不适合曲艺演出的队员会去学习按摩，或者负责一些队里的日常卫生工作。③陵川县盲人曲艺队建队70年来，相继创办了粮食加工、棉花弹套、推拿按摩、理发、商店等多个社会福利实体。

陵川盲人曲艺队每场的演出费用均需交公，工资按月结算。而结算

①《中国曲艺音乐集成》全国编辑委员会、《中国曲艺音乐集成·山西卷》编辑委员会编《中国曲艺音乐集成·山西卷》（上册），中国 ISBN 中心，2004，第309页。

② 内部资料：陵川县盲人曲艺队特教班课程表。

③ 访谈对象：侯安凤，女，1956年生，陵川县盲人曲艺队现任队长；访谈人：郑月、苗贤君；访谈时间：2014年7月1日；访谈地点：陵川县盲人曲艺队大院特教班教室。

工资采用计分制，工资与演出和平时生活排练相关，主要根据学员的说唱技能，同时兼顾迟到早退、好人好事、卫生纪律、演出场次等，评分时由其他学员来评。工资与学分相挂钩，技能优秀的学员每年收入可以达到两万多元，普通学员每年收入约六七千元。

陵川县盲人曲艺队演出形式主要有鼓书、钢板书、丝弦书等，演出传统曲目有《包公案》《大八义》《金镯玉环记》等，新编曲目多以党和国家的方针政策以及百姓生活为主要内容。盲人曲艺队属于独立核算、自负盈亏的集体所有制单位。学员工资及日常开支几乎全部靠演出和盲人中医按摩所得收入维持，偶尔会有一些爱心资助。①部分符合条件的队员享受政府发放的城镇居民最低生活保障待遇。它的收入来源于两方面，第一是政府支持的文化下乡演出，每年有上百场；第二是当地礼俗生活中家户说书的市场需求。在这两类收入的基础上，结合盲童学校教育和曲艺知识学习，形成陵川县盲人曲艺队特殊的社会互动模式，一方面可以让残疾人自谋生路，另一方面也很好地传承了鼓书说唱的传统。

表4-3是农历二○一三年十二月至二○一四年五月期间陵川县盲人曲艺队家户请书登记簿，从中可以看出当地礼俗生活中隔七和烧纸仪式是盲人曲艺队重要的说书场合，每月少则七八场，多则十几场。如果赶在清明、七月十五、十月初一等民俗节日期间，一天就会有六七场书。这种民俗生活传统也保证了当地说书的市场需求。

---

① 访谈对象：李志臣，男，1973年生，陵川县盲人曲艺队特教班班主任；访谈人：郑月、苗贤君；访谈时间：2014年6月30日；访谈地点：陵川县盲人曲艺队大院。

表4-3

农历二〇一三年十二月至二〇一四年五月
陵川县盲人曲艺队家户请书登记表①

时间		地点	价格（元）	事项	定金（元）	烟	车	联系人	备注
十二月	初三	后川	300	各七			接		
	十二	南川	550				再联系		
	十三	燕掌	300			一条	接	建峰	
	十九	三道河	450	敬神	50		自去	秦燕飞	
	二十二	张家庄	450				自去	保有	
	二十四	苇水	500	烧纸	100	三条	接	李志勇	
	二十六	窑庄	360	各七	100		自去	王米富	
正月	初六	南关	500	各七	100		自去	马媛娥	
	初八	南关	300	各七			自去		
	初十十一	北坡	1800	白事			自去		
	十三	在则	600	各七			自去		
	十四	东洼	1500	大队			自去		自己吃饭
		北关	300	各七				晋峰	
	十五	老牛湾	500	大队			自去	苏昌	9点到

---

① 本表按照原始材料格式录入，"各七"应为"隔七"，为保存资料原貌，在整理时，仍然写作"各七"。"隔七"和"烧纸"是陵川当地的风俗，隔七是逝者七天后，家户举行的纪念性仪式，一般都要请说书。有的家户隔头七，就是逝者离世七天的纪念，隔二七，就是对逝者离世十四天的纪念，以此类推。一般讲究户主有几个子女不隔几七，如有一个子女，就不隔头七。烧纸也是对逝者的纪念仪式，特指十年、二十年、三十年的周年祭祀，民间俗称"烧纸"，一般来讲在这个仪式中家户也都要请说书。

时间		地点	价格（元）	事项	定金（元）	烟	车	联系人	备注
二月		簸箕掌	300	各七					
	十八	西关	300	各七			接		
	二十二	簸箕掌	300	各七			自去		
	二十七	北四渠	700	各七	200		自去	赵宝龙	学校后
	二十八	南关	300	各七			自去	小平	
二月	初一	北义城							晚上
	初二	农行		市场大组				王树忠	
	初三	北义城		说书					下午晚上
	初四	郎车岗	350	说书			接	支书	
	初六	南关	300	各七			自去	小平	
	初七	北关	400	各七			自去	牛志刚	医院西
	初八	东石门	400	各七			接	原园胜	
	初九	张家庄	400	各七	100	两条	接	张虎松	
	初十	车毕		各七					
		花落		大队				支书	
	十五	簸箕掌	400	各七	100		自去	秋锁	
	十六	东关	400	烧纸	50	一条	自去	王有存	春秋阁
	二十三	横巾					接	李海红	老李定
	二十五	北四渠	400		100	一条			
三月	初一	尧庄	400	各七	50	两条	自去	李兴儿	新村
	初四	南关	400	烧纸	200		自去		

续表4-3

时间		地点	价格(元)	事项	定金(元)	烟	车	联系人	备注
三月		窑庄	400	烧纸	100	两条	自去	苏振富	旧村供销社
		沙上头	400	烧纸	100	两条	接	申常保	
	初五	窑庄	400	烧纸	50	两条	接	李秀平	
		北关	400	烧纸	100	两条	自去	王根英	
		沙上头	400	烧纸			联系		
	初八	尧庄	400	各七	50	两条	自去	李兴儿	
	初九	云各图	400	各七	100	两条	自去	志玲	
	十九	汤庄	1500	庙会			接		
	二十一	张家庄	400	说书			自去		
	二十七	南关	400	各七			自去		三中门口
四月	初四	南池	400	各七				学玲	
	初十	南池	400	各七			自去	学玲	
		云各图	400	各七	200	两条	接	玉亮	
	十五	上河大队	1600				自去		两场
	十九	河头	600	各七		两条	接	老冯	
五月	初五	尧庄	430	各七	100	两条	自去	张松旺	
	十一	岩头	1800	白事		四条	自去		
	十二	冯庄	400	各七	100		接	焦忠法	
	十六	刘楠斗	400	烧纸		一条	自去	闫根喜	
	二十二十一	北坡	1300	出丧			自去	玉清	
	二十五	汤庄	500	各七		两条	自去		

登记簿中演出最少的是十二月，共七场，单月家户说书的收入是2190元。最多的是二月，演出十四场，按每场家户说书400元计算，收入约5600元。表中说书价格最高的是白事1800元和庙会1500元，家户各七请书最少的为300元，最多不超过500元，主家一般会给一到两条烟，白事更多一些，是四条烟，表示对参与仪式人员的酬谢。有的主家派车来接，有的自己租车去。价格差别主要体现在盲人曲艺队小组和大组上，小组一般三至五人，仅有简单的乐器，大组有十几人，乐器设备和节目都比较多。另外家户各七、烧纸一天就结束了，白事仪式可能需要两三天时间，不但要说书表演，还要器乐演奏，穿插唱歌、舞蹈、小品等节目，所以费用较高。

太行山沿线村庄逢红白喜事等，特别是白事，一般都会请被称为"先生"的说唱艺人在仪式中说书。盲人曲艺队是当地民间礼俗生活的主角，婚丧礼仪中每个重要的仪式环节，都需要说书人引导和组织仪式的进行。艺人不仅说书，而且是承担仪式专家的主导性角色，使仪式表达更丰富的文化内容。在实际的生活中，说书参与到民间礼俗中，循复着这些礼俗仪式，经久传承。作为仪式文化构成的一环，已经远远超越了艺术本身的意义。说书人是礼俗仪式的一部分，在"招亡""迎供"等仪式中都会有他们的参与，共同推动仪式的进行。说书人参与着传统仪式过程，传统仪式也给说书人更多的礼俗空间，这是一个互助的过程。说书人通过在周年仪式中说孝书，表达后人的哀思与纪念之情，同时给说唱曲艺提供有活力的民俗市场。在陵川，仪式活动是否邀请说书或者音乐队，很大程度上是人们衡量仪式是否办得隆重的一个标志，有时也是别人评判仪式承办人是否孝顺的一个重要标准。①

观察说唱曲艺的视角不仅仅是文艺的，而且涵盖社会的方方面面。

---

① 这里"音乐队"的概念,主要指的是当地另外一种民间仪式音乐形式"八音会"。另外,调查中发现"音乐队"也指以传统器乐为主,融合唱歌、小品表演、舞蹈、魔术、鼓书等多种表演形式的草台班子,有时也被称作"歌舞团",这种民间班社与盲人曲艺队以说唱曲艺为主的表演,在标志性艺术形式上有很大的不同。

从盲人曲艺队的互动层次可以看出当下乡土艺术作为"非遗"项目的变化。特别是进入21世纪以来，曲艺成为乡土认同的重要途径，当其他民俗事象的整体性遭到破坏的时候，曲艺能够及时适应社会的主旋律与地方礼俗演进变化的规律，变得更加社会化，从艺术化走向乡土认同，从乡土认同走向社会关注。这样的社会互动才能更加有效地融入社会发展体系，服务乡村文化建设。以陵川县盲人曲艺队的发展来看，就呈现出"社会需求+政府支持+特殊职业教育模式"的传承路径。陵川县盲人曲艺队的发展分为以下几个阶段。

一、1946年—1977年

1945年陵川县解放以后，为了妥善安置和解决县内原说书盲人的生存问题，1946年5月3日，陵川县政府组织24名民间流散艺人，成立盲人曲艺宣传队，简称"盲宣队"，编为4个宣传小组，每组6个成员。[1]解放战争爆发以后，为了更好地贯彻"利用文化（包括民间文化）来为社会主义革命服务"的总要求，陵川县政府严禁盲人曲艺队说旧书和算命打卦的行为，并对其进行革命文艺的全面改造。于是县政府为盲人曲艺队编排反映革命老区人民生产自救、支前参战内容的新曲目，如《解放陵川》《攻打潞安》《孟祥英翻身》等。盲人曲艺队以文艺工作者的崭新姿态，进行革命老区的新文化建设。

中华人民共和国成立后，曲艺事业全面进入社会主义改造时期。盲人曲艺队由于思想和管理上的松懈，一些队员在下乡演出时，暗自进行打卦算命活动。针对这一情况，在1955年文化系统文艺整风运动中，县政府组织文化馆人员对盲人曲艺队培训学习毛泽东《在延安文艺座谈会上的讲话》。主要阐释两个标准即"政治标准"和"艺术标准"来规范与约束说唱活动的方向，让队员进行自我教育、自我批评与自我革命。1959年—1961年的三年困难时期给盲人宣传队的发展造成了很大的影

---

① 赵魁元主编《跋涉光明》,内部资料,2006,第239页。

响。①这一时期盲人曲艺队员的基本生活都失去保障，大部分人选择回家，只有少数留守的盲艺人坚持围绕党和政府的中心工作下乡宣传。

1966年6月，传统书目及鼓曲小调被视为"四旧"而禁止演唱，盲人宣传队停止下乡演出，应上级"思想整顿、精兵简员"的要求，保留了正式队员11名，其余大部分人员离队。这一时期主要演出革命样板戏。1970年陵川县文化馆根据革命现代戏《红灯记》《智取威虎山》京剧本，选取剧中重点场次改编成说唱段子，供盲人曲艺队集中学习排练，经宣传文化主管部门审查后，重新下乡演出。

二、1978年—2009年

党的十一届三中全会后，在"二为"方向和"双百"方针指引下，陵川县盲人曲艺队及时配合政策宣传需求，下乡演出。按照每组5—6人的分组习惯，划分演出小组和演出区域，制定演出场次，规定收费标准。如：对于10户以下的山庄则免费演出；在10—30户的村庄演出，每场收费10元；在30—50户的村庄演出，每场收费20元；在60户以上的村庄每演出一场收费100元。陵川县政府特意开专用介绍信并加盖公章，要求全县各乡镇、行政村以及机关单位、企事业团体，每年都要接收盲人曲艺队有偿演出若干场，并按规定收费标准结算演出费。每到一地演出结束后，当地村委会填一张演出卡片，作为演出人员演出付酬的证据。卡片内容包括演出地点、演出时间、演出曲目、观看人数、当地意见等，由演出小组随身携带，演出完毕后找村委会相关人员签字并盖公章，演出活动结束后交由盲人曲艺队专人收存。晋城其他各县也都有类似的曲艺队演出办法。这种政府文化惠民，曲艺巡回演出的方式，从20世纪40年代至今，相沿成习，是当下陵川县盲人曲艺队收入的重要来源。

---

① 访谈对象:侯松锁,男,1929年生,陵川县东壁村人,陵川县盲人曲艺队原队长;访谈人:卫才华、张小丁等;访谈时间:2014年6月;访谈点:陵川县盲人曲艺队院内。

三、2009 年至今

2009 年陵川钢板书入选山西省第二批省级非物质文化遗产名录，增强了其影响力和知名度。从 2008 年开始，陵川县盲人曲艺队开始承担部分文化低保村的文艺演出活动。起初分配到几十个低保村的名额，每场演出费用是 500 元。从 2013 年开始，费用提高到 1000 元，拿到 130 个低保村的演出任务，所以 2013 年仅这项收入是 13 万元，极大地推动了盲人曲艺队的发展。2014 年盲人曲艺队争取到 50 个文化低保村的演出任务，每场 1000 元。这个费用由晋城市政府承担 70%，陵川县政府承担 30%。[①] "文化低保下乡"是晋城市政府于 2008 年推动城乡基本公共服务均等化而实施的一项文化惠民工程。主要是从晋城市 2340 个行政村中选取 537 个文化低保村（贫困村、在贫困标准线上波动的行政村、革命老区村），每年为每个文化低保村演一场文艺晚会。

总体看陵川县盲人曲艺队发展的起落与曲艺市场变化，从 20 世纪 50 年代至 80 年代，经过三十多年发展，中国农村社会经历了翻天覆地的变化，盲人曲艺队也随着时代政策一次次发生着深刻的转变。创建之初，盲人曲艺队隶属于基层文化部门领导，并逐步结合地方喜闻乐见的说唱曲艺形式，发展成为党的基层文艺宣传和政治宣传的重要阵地。20 世纪 80 年代盲人曲艺队从文化体制内回归到自谋生路的社会需求中，起伏经历了数个高峰和低谷阶段，期间很多经验是值得当下的民间文化传承工作积极借鉴的。

1979 年后市场经济渐渐地活跃起来，曲艺市场也逐步发展壮大，随着农村经济生活水平好转，说书市场变得非常繁荣。原先文化体制内管理的盲人曲艺队，逐步独立外出经营，自负盈亏。各级政府以经济建设为中心，一方面很少进行像 20 世纪五六十年代的基层文艺巡演和政治宣传的安排，与此同时，盲人曲艺队下乡演出也面临很多问题，电影、电

---

① 访谈对象：侯安凤，女，1956 年生，陵川县盲人曲艺队现任队长；访谈人：张小丁；访谈时间：2014 年 6 月 30 日下午；访谈地点：陵川县盲人曲艺队院内。

视的兴起，使得农村文化娱乐项目选择多了起来，传统说书受到巨大的冲击，很多村庄不再接待盲人曲艺队下乡演出。另一方面文化系统内响应市场改革，减负放权，很多集体性质的曲艺队相继解散。少数硕果仅存的曲艺队，实质上只是在名义上归当地文化馆管理，其收入开支全靠自己经营。火热的说书市场需求和冷清的基层文化管理让很多年轻的说唱艺人纷纷下海闯荡。1985年，陵川县盲人曲艺队先后有数位文艺骨干离队，自己组建说唱团在社会上揽活单干。这就几乎架空了盲人曲艺队的核心，最困难的时候，一个说唱表演节目，连演员和乐师都凑不齐，更别说演出经营了。

这种情形下，陵川县盲人曲艺队觉得改革刻不容缓。他们积极筹办福利加工厂、盲人按摩院，扩大多种经营，改善盲人曲艺队经济状况。改变以往单靠政府支持"文化下乡"演出的思路，将农村演出与市场化道路相结合，积极加强与社会企事业单位的联系。陵川县盲人曲艺队主动走出去，为宣传部、环保局、司法局、法院等政府单位及一些企业编写宣传材料，说唱曲艺灵活生动，形象直观，成本较低，深受民众的喜爱。所以各单位也乐于和曲艺队合作，宣传最新的时事政策。这一时期，礼俗说书的市场也日渐恢复兴盛，曲艺队还积极承揽如家户隔七、做周年、口愿书、庙会书、红白喜事等礼俗说书，这成为曲艺队重要的收入来源。经过改革开放之初的阵痛之后，陵川县盲人曲艺队最终成功地跨越了社会发展给曲艺文化带来的第一个挑战。

2000年以后，网络、多媒体等深入到广大城乡民众的生活中，陵川县盲人曲艺队再次面临社会时代变迁带来的新问题。社会企事业单位的宣传已远远不能满足曲艺队的发展需求。这一时期不少曲艺队员年龄偏大，身体状况不允许再继续下乡演出，而年轻艺人人数较少，整体上还处于青黄不接的状态。为了扩大知名度，得到新时期政府文化建设的重视，曲艺队还是积极"走出去"寻求发展机遇，通过外出巡演参加全国性残疾人文艺会演，屡屡载誉而归，取得成绩后，为当地文化建设增光添彩，对曲艺队发展更有利了。2001年第一次在北京比赛获得金奖。2001年、2005年两届残疾人文艺会演获奖，特别是2001年获得全国金奖以后，曲艺队名声大震。政府开始重视盲人曲艺队演出，给予相关政策和资金扶持，积极组织编排宣传节目，演出市场不断扩大，许多人慕名而来，纷纷邀请表演，说书市场重新获得生机。

襄垣鼓书艺人王俊川回忆了20世纪90年代襄垣鼓书出现人才流失、青黄不接、难以为继的情况。

第一，青年演员全部离队改行。演出场次少，收入降低，只好离开曲艺队，另谋生路。第二，一批优秀知名老演员离队。进入90年代，许多老演员年事已高，陆续离世或退休。年轻骨干脱离集体，自己组织单干，使得演出质量降低。第三，招不到新的学徒。过去学习曲艺是盲童的唯一生活出路。90年代后，襄垣建立了特教中心，盲童可以接受正常教育，毕业后升入中专、大专、大学，学习按摩、针灸等技术，同时曲艺市场萎缩，人们不愿把孩子送去学曲艺了。进入21世纪，农村开支实行转移支付，大部分农村没有集体收入，无法支付曲艺队工资，因此村里不再需要曲艺队下乡说书宣传，使得曲艺市场逐渐萎缩。[①]

综观20世纪80年代以来陵川县盲人曲艺队的发展，主要有以下经验：

曲艺的良性发展需要一代一代核心艺人的培养和传承。积累了多次经验之后，盲人曲艺队特别注意人才培养的重要性。1998年，当时农村八音会特别受欢迎，单干的说书个体户收入不菲。盲人曲艺队又出现核心人才流失的情况，有队员外出组建八音会，出现了队员流动频繁，演出不稳定的状况。值得注意的是，当时曲艺队正逐步发展盲童特殊教育，很多盲童学校的孩子已经达到能够独挑大梁的曲艺水平，这成了陵川县盲人曲艺队最好的后备力量，于是与盲童教育的结合，就很好地解决了人员流动给说唱曲艺带来的影响，同时又发展出曲艺传承的教育路径，解决了人才培养问题，这成为陵川县盲人曲艺队相对于其他县区鼓书团体最重要的特色。

---

① 王俊川：《曲艺生涯六十年——王俊川口述史》，内部资料，2011年，第89页。

艺术传承要注重创新。盲人曲艺队紧跟时代变化，适应社会需求，积极主动调整自己的曲艺发展方向。一方面，要尊重曲艺自身发展的规律。80年代盲人曲艺队和机关单位合作时增加了八音会的乐器伴奏，穿插鼓书表演、小品、唱歌、跳舞等，表演形式多样，再加上鼓书说唱价位低，迅速赢得了群众文艺市场。另一方面，曲艺要适应社会发展，提高自身艺术水平。陵川县盲人曲艺队队员年轻化，为了更好地到外地演出，说唱鼓书时尽量接近普通话，这样一来突破了地域限制，扩大了演出市场和受众面。当然，也不放弃用当地方言说唱鼓书的韵味。面对这种情况，曲艺队积极编排新节目，民众对鼓书艺术欣赏水平不断提高，再好的节目，听得次数多了，观众也会厌倦。曲艺队不仅自编自演，还花大力气请省群艺馆的教师指导编排节目，出文化精品，比如钢板书节目《退钱》获得第十届中国艺术节和全国第十六届群星奖。荣誉背后是曲艺传承中"观念"的突破，那就是不故步自封，努力创新，不断提升艺术水准，借鉴优秀说唱艺术经验，不断满足群众生活的审美需求。近四十年陵川县盲人曲艺队的发展，充分体现了曲艺在政府文化政策、礼俗生活需求以及特殊职业教育模式上的良性社会互动，当下的陵川说唱曲艺文化走出一条政府支持、文化传承、教育培养、社会需求等多方受益的良性发展之路。

说书人的艺术互动，不仅体现在时代的社会参与中，也体现在内部不同历史时期的更新调整中。陵川县盲人曲艺队从1946年建队，创造了内部独特的管理经验，体现出曲艺队除了艺术形式之外的社会互动特点。陵川县盲人曲艺队的史料，可以整体把握晋东南曲艺队的发展历程。陵川县盲人曲艺队现有资料是从1968年开始的，从这些材料中能够看出曲艺队发展的历史，也可以理解为什么如今曲艺队还能在太行山区办得有声有色。首先从1968年"毛泽东思想宣传队"看，当时队内规定还比较松散，主要是紧跟政治宣传目标，如"要学习三大纪律八项注意，互教互学，以'斗私批修'为纲，高举毛泽东思想伟大红旗奋勇前进"。明确实行工资制度，公共财产赔偿，艺人的医疗保障等，具体如下：

1968年陵川县盲人宣传队制度条约

1. 我们要学习三大纪律八项注意，互教互学，以"斗私批修"为纲，高举毛泽东思想伟大红旗奋勇前进。

2. 爱护公共财物，坚决执行工资制度，按劳取酬，多挣多得。其情况是由总收入款内抽出20%的公共积累，其余有多分多，有少分少。

3. 吃药30%的报销，一月5元报销30%的，超过5元不管。

4. 如果为公出发把家伙打破，30%的赔。①其中15%小队赔，15%的个人赔，如果不是为公出发，不管理。为公□□□□疑的打破，要按情节轻重处理（收音机在内）。

5. 一年出乡8个月，开会2个月，放假2个月，如果是批准，假期有工资，没有批准没有工资。2天以内给小队告。2天以上给大队告，请批准。

特此证明

毛泽东思想盲人宣传队
一九六八年元月一号②

新政权成立初期，百废待兴，对于艺人的改造停留在对艺人身份的改造，并没有对其生存的手段和表演内容进行过多的追究，对艺术表演本身的干涉并不多，③所以在曲艺队的说书管理中，并没有涉及曲艺的表演内容，以政治宣传为核心，斗私批修为首，严格禁止艺人私自出去揽活挣钱，特别是给家户打科算卦，当时主要任务就是配合宣传党的路线方针政策，宣传毛泽东思想。各小组一经发现私自揽活就要受到责罚，

---

① 条约中"家伙"特指曲艺队员使用的乐器。在同行说唱艺人之间内部交流很少使用乐器名称，一般称之为"家伙"，所谓"操家伙"就意味着表演要开始。

② 陵川县盲人曲艺队展览室整理《1968年陵川县盲人队制度条约》，内部资料。

③ 杨旭东：《当代北京评书书场研究》，民族出版社，2013，第112页。

如下面1971年曲艺队成员的自我检查书：

检查书

……因为我没有用毛泽东思想武装了自己的头脑，没有深入群众，这是我值得注意的。像我们三组有的队员，在外边大搞迷信复辟，迷糊群众，给群众打科算卦，和毛主席思想唱对台戏，这完全是我的责任，这是因为我做的工作不够，每天睡大党，根本没有活学活用毛泽东思想，没有用毛泽东思想来武装起队员和自己的头脑。

毛主席教导我们说，不拿群众一针一线。可是我们这个组，队员们有时中午不吃饭，黑来（晚上）好大吃一顿。一天国家发上1斤3两粮票，可是中午不吃饭剩下一顿，群众说一顿不安锅，两顿一半多，所以说，中午不吃饭黑来（晚上）当然要多吃，这是多么可耻的，根本不符合毛泽东思想。我们这个组要立即改正这个错误……

1971年2月①

到了1973年曲艺队的组织规定再次做了调整，转变为"我们要进一步贯彻执行毛主席的革命路线，使本职工作为党的中心工作服务，为广大工农兵群众服务，当好'农业学大寨'运动的促进派。"曲艺队增加了文艺工作为工农兵群众服务，同时要帮助社会主义建设，可见当时社会思潮和社会工作重点逐渐转变到生产建设和经济建设中。于是文艺服务也由20世纪60年代的毛泽东思想宣传的任务调整为社会文化建设的新任务。

1973年陵川盲人曲艺队关于工作的计划与几项制度

在毛主席的革命路线指引下，我们满怀豪情跨进了1973年。在新的一年里，我们要进一步贯彻执行毛主席的革命路线，使本职工作为党的中心工作服务，为广大工农兵群众服务，当好"农业学大

---

① 陵川盲人曲艺队展览室整理《1971年陵川盲人曲艺队学员检查书》,内部资料。

寨"运动的促进派。为此，我们通过认真学习，总结经验教训，经民主讨论，特制定1973年工作计划及有关制度于下：

全体队员要坚持认真看书学习，深入开展批修整风，不断提高执行毛主席革命文艺路线的自觉性，树立全心全意献身于党的宣传工作的革命思想。在新的一年里，要继续宣传工作的革命思想。在新的一年里，要继续宣传马列主义、毛泽东思想，广泛深入地宣传党中央、毛主席在元旦社论中向全党和全国人民提出的新的战斗号令，以使广大人民群众团结起来，去争取更大的胜利。

保证宣传场次、提高宣传质量。今年在全县范围内，18个公社，404大队，社社队队都到遍，80%的生产队基本上宣传一次。全队共完成宣传场次750场，每组平均250场。同时，要加强业务学习，提高宣传质量，节目以自编自演为主，要宣传党的方针政策，并要随时随地地调查、编唱群众中涌现出来的新人新事、新道德、新风尚，以鼓舞人民群众的革命生产积极性。今年，每组要保证自编、自学、自唱节目20个。

在规定收费标准的原则下，全年每组平均收入3000元，全队收入9000元。

凡属本队正式队员，工资按月领发，如果请假超逾者，超假期工资月底照数扣除。试用人员与学徒，在每年放假期间不发工资，请假、超期工资处理与正式队员相同。女队员在产期，头胎休养日为30天，二胎为20天，三胎为10天，除此以外本人休假不发工资。

1973年试验人员转正定级，盲人试验人员转正期限不定，如本人认真学习宣传工作，有了一定的宣传能力可转正，定额工资15元，但必须有群众意见、领导批准，一般人员试验期半年至一年（工资12元）。第二年转为长期工资15元，特殊情况例外。

严格执行财物管理制度。全体队员要积极爱护公共财产，严格遵守管理制度。宣传队常用乐器服装，由各组员严格管理。如果有管理不善，发生损坏，由本组追查责任。若个人因闹情绪故意损坏者，由本人照价赔偿，并要作出检查。另外，为保身健，每月报销50%的药费。

严格执行"三大纪律八项注意"。各组队员一定要以解放军为榜样，遵守群众纪律，借东西要还，损坏东西照价赔偿，不能有丝毫折扣。

上述计划和制度，全体队员一定要认真落实，自觉执行。

陵川曲艺宣传队特订[①]

1973年1月13日

这一时期重点围绕经济建设，一般认为文化建设是被忽略的。可曲艺队的说书活动非但没有停滞反而开始注重节目的质量，更加注重宣传。1973年中国共产党召开第十次全国代表大会，在《一九七三年陵川盲人曲艺队关于工作计划与几项制度》材料中，提到全队全年宣传场次750场，宣传工作量很大。而且明确提出对节目的要求"提高宣传质量，节目以自编自演为主，要宣传党的方针政策，并要随时随地地调查、编唱群众中涌现出来的新人新事、新道德、新风尚，以鼓舞人民群众的革命生产积极性。每组要保证自编、自学、自唱节目20个。"[②]

在艺术方面，曲艺队首次将曲目的创新和改变写入规章制度中，可以看出这个时期曲艺队开始重视曲艺节目的质量与政治宣传的结合，既有政治性又有文艺性。不像之前唯政治宣传为纲。曲艺队员的角色也发生变化，成员包括正式队员、女队员、试用人员和学徒。有盲人试验人员和一般人员转正定级的区别，内容更加详细，特别是对女队员产假的规定，越来越丰富细致。曲艺队员来源多元化，其身份角色也在这一时期出现转正与非转正的差别，有的说书艺人从农村转入城镇户口，有些曲艺队员正式入编政府系统，成为政府文化管理和舆论宣传的重要部分。

改革开放后，曲艺队也发生了变化，包括组织变迁，曲艺的变化等

---

① 陵川盲人曲艺队展览室整理《1973年陵川盲人曲艺队关于工作的计划与几项制度》，内部资料。

② 陵川盲人曲艺队展览室整理《1973年陵川盲人曲艺队关于工作的计划与几项制度》，内部资料。

等。经过群艺馆文化系统编制改革，组织系统进一步细化，全队工作由队长全面负责，大队队委由队长、会计、保管、事务长和各组长组成，共同负责全盘工作。在规章制度中，增加了队庆日、婚丧事请假等新的社会元素。

1984年陵川县盲人曲艺宣传队宣传工作制度

第一条，我队共有35人，被确定为一个统一的战斗集体。分别编制为四个小组进行单项的宣传活动。除生产小组4人外，其余四个宣传组均以7人组成。机构健全后，全队工作由队长全面负责。大队队委由队长、会计、保管、事务长和各组长组成，共同负责全盘工作。各小组由组长、会计、保管安排本组业务。但在这样层次分明的领导班子中，还要继续发扬坚持民主集中制的原则，一般事情，大队由大队干部决定，小组由小组干部决定，如有较大事项，须通过队委会研究决定。

第二条，全年仍为四个季度下乡宣传，出勤率要保持在八个月以上。其余两个月到机关开会学习，两个月放假。这四个季度下乡回来的统一集中时间分别定为每年的队庆日（5月3日）、国庆节、阴历年前夕（特殊情况例外），在每次回来，必须进行总结评比，经验交流，好人好事及时表扬推进，坏人坏事立即批评指导。

第三条，妇女产期56天，超过一胎者没有工资，婚丧大事有10天假期（特殊情况例外）。

第四条，每季度要学会一个小时的新节目，两个小时的传统鼓书。节目效果必须达到80%以上的群众好评。超学1个小时的节目奖3元，少学1个小时的节目惩5元。

第五条，每场宣传紧跟形势的节目不低于三分之一，其余配合优秀鼓书。不经过挑拣验收合格的节目不许上场，午场不低于2个小时，晚场不低于3个小时。否则受惩。

第六条，会计光管账目，要做到收支分明。各小组每次集中前，必须把账算清，汇报写成。保管负责现金，超过50元要存入信用社和储蓄所。不许私自挪用公款。否则受惩。每季度必须先除下交大队款，然后再发本组工资。借款要经过组长批准，不能超过本人工资。做到每季度金额兑现，互不拖欠。特殊情况要经群众讨论。[①]

1979年邓小平在中国文联召开的第四次全国代表大会上发表了讲话，调整了文化"为人民大众服务，为政治服务"的方针，认为艺术发展应当脱离政治宣传，文艺发展应该百花齐放。所以这份材料与之前相比，增加了曲艺节目的质量、工资分配、请假制度、账目管理、分区演出分工、盲人学徒要交学费、要总结评比等内容，政治思想的宣传性逐渐淡化。特别是强调"每季度要学会一个小时的新节目，两个小时的传统鼓书。节目效果必须达到80%以上的群众好评。超学一个小时的节目奖3元，少学一个小时的节目惩5元。每场宣传紧跟形势的节目不低于三分之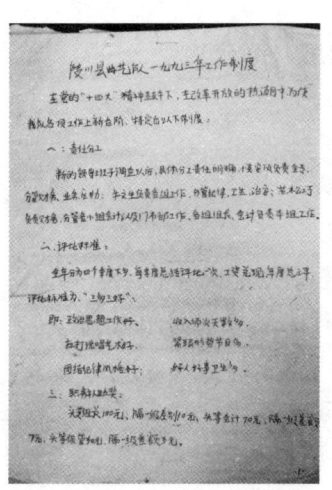一，其余配合优秀鼓书。不经过挑拣验收合格的节目不许上场，午场不低于2个小时，晚场不低于3个小时。否则受惩。"陵川县盲人曲艺队节目质量提高，收支统一管理，下乡演出分成四个宣传小组。一组附城片，二组秦城片，三组西河专片，四礼义片，各组坚守自己的宣传战地，不许侵犯外组的地区。如有侵犯，收来的宣传费归大队。收费按规定办，超收1元惩2元。

五年之后，1989年改革开放十年，曲艺演出市场重新热闹起来，民间礼俗生活中的说书需求也开始大量出现，商业化特点愈加明显，曲艺队甚至明确声明要打造华北地区的"曲艺产品"，这种市场化的语言鲜明地体现了商品化浪潮对说唱曲艺的影响。曲艺队也开始注重文化品牌的打造，屡获"红旗单位"的荣誉称号，曲艺队内组织系统改

---

① 陵川盲人曲艺队展览室整理《1984年陵川县盲人曲艺宣传队宣传工作制度》，内部资料。

革，新老交替，适应新的商业市场需求，改变以往分组划片式的经营，主动出击，寻求市场空间。首先明确了曲艺队干部的职责和分工。其次是增加了家户说书的收费标准，开始明确可以重新恢复当地礼俗生活的需求，而且增加奖励措施，这在之前是明令禁止的。"如有远、近个体户说书者一场23元，两场40元，车费在外，如办丧事者每人可外加1元。给个体户说书，见一场，大队奖1元。"①1989年陵川盲人曲艺队工作条例中奖惩制度更加细致，也隐约地暴露出当时曲艺队演出的一些问题，比如队员之间的管理、队领导分工的不明确、队员平时的表演和生活习惯问题等等。规定可谓事无巨细，说明在改革开放的十年里，虽然曲艺队的收入高了，但是很多社会问题也裹挟而来。进入20世纪90年代，曲艺队进一步市场化，有了明确的奖惩制度，小组之间按不同的等级有不同的激励措施。

陵川县曲艺队1993年工作制度（部分）

职务补助奖：

头等组长100元，隔一级差别10元；头等会计70元，隔一级差额7元；头等保管50元，隔一级差额5元。

人头工作奖：

组长和老队员50元，会计30元，新学徒、队员、临时工20元。

完成定额超收一元奖4角，少收一元惩4角。

评为先进一等组奖金200元，二等组150元，三等小组100元。

一等小组组长200元、会计100元、队员50元。

二等小组组长150元、会计75元、队员37.50元。

三等小组组长100元、会计50元、队员25元。

年底评比按上年等级标准升、降级标准奖惩。

每人每年交100元押金费，职务押金组长200元，会计、老队员

---

① 陵川盲人曲艺队展览室整理《1984年陵川县盲人曲艺宣传队宣传工作制度》，内部资料。

150元，如有中途不干、不当者，押金费不退，下浮1—2级工资。

　　全年总下乡天数270天，在270天内少下一天乡，少得5天奖金；旷工一天，少得一个月奖金；旷工两天，少得一季度奖金，特殊情况例外：准假一天有工资，旷工一天惩两天，无故一个月不上工者除名，供应人员户口留下。

　　有事和队长请假，下乡时和组长请假，不请假视为误工，婚丧大事10天假期。

　　在队开会时以打钟为令，超过10分钟按半天误工，误半小时，记误工一天，误一次会议扣10天奖金，半路不请假和私自离开会场，按以上时间记录执行。

陵川县盲人曲艺宣传队①
1993年2月13日

　　20世纪90年代国有企业改革、社会转型，这一时期曲艺队遇到社会转型的问题。曲艺市场惨淡，各地曲艺队经营都举步维艰，盲人曲艺队也经历了很多次重组，很多队员出去单干，也有的转行做盲人按摩。曲艺队也经营了福利加工厂进行转型，单靠市场演出已难以维持基本开销。

　　在《1996年陵川曲艺队规章制度》材料中，说唱艺术上的变化是在表演中每场必须演唱2—3首歌曲。每场必须有紧跟形势的节目或大本头传统鼓书。在乐器上，每场必须有喇叭、扩音器、电子琴、唢呐、笙伴奏。在队里统一验收时，要有快板、相声、数来宝、小品、豫剧、上党梆子、上党落子片段和选段。在学艺方面要比谁学的句词、调门、音乐多，谁的表演质量效果高，谁的普通话、调花样、音乐好，谁的语句熟练等等。曲艺队演出与生活上的规定更细致，表扬和惩罚细则，如书场、会场抽烟、打人、睡、笑、说不利于本队的话、办不利于本队的事各5元；书场要求两三次不答复、随便下场、说小话、忘词、说错词、弦不准、精神不振、不带感情、唱词与动作不符、语言不文明、不卫生、不

---

　　① 陵川盲人曲艺队展览室整理《陵川县曲艺队1993年工作制度》，内部资料。

戴眼镜、最后不经组长批准散场、好事、坏事、不上报各2元；冒弦、顶板、乱倒水、倒饭、抓灶具、借东西不送、随地解手、吐痰，一次1元。可以说在20世纪90年代，说书行业无论在社会需求还是乐器伴奏、演出节目等方面都发生了深刻改变。说书市场的竞争很激烈，很多小班社都开始活跃在乡村生活中，所以曲艺的形式和质量都要改进。演出增加流行音乐、电子音乐，节目要丰富多样，不仅仅是单一的鼓书说唱，队员要学会多样的艺术门类，几乎是一台小晚会的内容。所以在新时期，社会时代要求曲艺必须与时俱进，满足群众文艺当下的审美需求，充分体现了草根文艺的能动性和生命力。①

　　与以往关注鼓书、三弦书等艺术层面不同，从社会互动的层面看，艺术的表现更多是由其所处的社会结构来决定的，因此我们希望在社会发展的历时框架中重新审视曲艺队"非艺术"的一面，关注他们作为艺术组织的生存状态，梳理个人或团体在社会洪流中的历史经验和自我形象塑造。以上从1968年、1973年、1984年、1989年、1993年、1996年这六份材料看，横跨时间约三十年，每次制度都伴随社会时代的变革发生深刻转变，在材料中也透露出不同时期曲艺队组织管理的生活面貌。②

　　曲艺队的社会互动已经超越了艺术本身单向度的表现，代表一个特殊群体的生活状态，他们努力发出声音，表达社会认同的渴望。在1950年—1980年三十年间，曲艺实际上成为政府管理动员的对象，政府在曲艺队发展和建设中占有主导作用。首先是曲艺队的编制改革，曲艺队归属文化局管理，原先的说书艺人进入曲艺队后，户口由农业转入城镇，成为有编制的文化馆工作人员。说书艺人的表演、剧目内容和书场管理，需要文化局统一领导，给其发演出证。其次，负责人方面，大都由文化局派人专任，或者有专职的财务人员分管具体事务。再次，组织

---

① 陵川盲人曲艺队展览室整理《1996年陵川曲艺队规章制度》，内部资料。

② 笔者于2014年、2015年、2016年多次去实地调查，陵川盲人曲艺队历史资料均来自陵川盲人曲艺队展览室内部档案资料，根据资料原件整理，保持资料原貌。不同时期，陵川盲人曲艺队也被称作"毛泽东思想宣传队""鼓书队""曲艺队""陵川县曲艺队""陵川盲人曲艺队"，本文中提到的这些名称都指的是陵川盲人曲艺队。

管理方面，曲艺队队员要定期开会学习，在财务收支上，文化局行政领导，业务上则自负盈亏，有专人监管，艺人收入按等级计算。民间说唱在近三十年的改造中，始终和政府文化建设保持一致，在主流文化宣传方面发挥了极大的作用，这三十年的历史进程，传统民间曲艺更多地承担了社会动员、文艺改造的职能，成为社会主义社会革命和建设的一部分。直到20世纪90年代，社会改革开始全面进入市场化之后，曲艺队自主经营的特点显现出来，在说书市场和政府文化建设之间，平衡关系，不断地寻求发展空间，维持说书在当地的传承与发展。

除了曲艺队群体规章制度的变化，队员个人的社会互动也能够折射出晋东南太行山曲艺实践的独特性。因为曲艺队大多是残疾人，因此在新时期，个人也不仅仅是艺人的身份，在社会关注的层面，来自其他方面的影响和塑造也是非常深刻，共同构成了盲人曲艺生活的特点。如队员写的日记和汇报总结，直到现在曲艺队很多小队员还在经常写这类材料，从这种私人化的写作中，我们也能够看出曲艺队生活的方方面面。1991年《残疾人保障法》出台，有组员写出自己的想法，主要是学习生活中的不愉快。曲艺队的磨合不是一帆风顺的，也是充满了各种不理解和矛盾，曲艺队这个大背景对于个人的成长也很重要，这才是代代传承的曲艺队内在组织结构关系。比如有队员写的思想汇报。

《残疾人保障法》一周年感想

自从我进了曲艺队以后，给我编了组，把我编到六组，我在六组干了两年，没有给六组做到很好的成绩，没有给六组留下很好的印象。

过了年把我编到四组，我对常老师、王老师不是很好。一次，在夺大乡塔水河我和王老师闹翻了，我骂了王老师，现在想起来我感到很惭愧，我对不起王老师，对不起在队里的各位领导和各位老师。从此以后，我要用自己的能力，把四组带好，用《保障法》的条例来要求自己，保障他们，使他们正常地宣传，愉快地工作，这个责任根源在我，争取在四组干一番事业，让六组离开我的老师和同志来监督。用优异的成绩向党的十四大献礼。[1]

曲艺队员的管理是相当细密的。有一种材料会记录队员的工作时间，这些作为收入和奖惩的依据会计入年底的分红和工资中。以下是1996年陵川盲人曲艺队员马明娥的资料，记录了她一天的工作时间和内容，帮助我们了解曲艺队的生活内容。不过仅从这一份材料当中就可以看到，管理制度的细致和严格，曲艺队会按照个人的工作时间和表现进行奖惩管理。

1996年陵川盲人曲艺队队员出勤表样例（部分）[2]

日期	早上	上午	下午	晚上	合计
6月21日	开会1小时	开会总4小时	开会4小时	开会1小时	10小时
6月22日	开会1小时	清洗卫生4小时	背材料4小时	听国华说书1小时	10小时
6月23日	唱歌1小时	评唱歌2小时去厨房3小时	党风教育3小时学文件1小时	验收1小时	11小时
6月24日	开会卫生1小时	计工4小时	集中1小时找地方3小时	报工集中1小时	10小时
6月25日	扫走廊集中宣传1小时	找地方4小时	找地方4小时	听书听报告1小时	10小时

① 陵川盲人曲艺队展览室整理《〈残疾人保障法〉一周年感想》，内部资料。
② 陵川盲人曲艺队展览室整理1991曲艺队员的资料，该表根据陵川盲人曲艺队档案室保存的出勤表整理录入而得。

续表

日期	早上	上午	下午	晚上	合计
五天小计	5小时	21小时	20小时	5小时	无差距、误工、病工、旷工。早上共5小时,上下午共计41小时,超1时,晚上共5小时计工。
6月26日	集中1小时	联系场 4小时	集中40分钟 联系场 3小时20分	集中 1小时	10小时
6月27日	听布工1小时	集中30分 找地址 3小时30分	集中找地方 1小时30分钟, 储备东西 说书2小时, 走路1小时	办手续 1小时	10小时30分
6月28日	集中1小时	集中、找场次 4小时	背材料 4小时	集中 1小时	10小时
6月29日	集中1小时	到收果品 办手续找地方 4小时	找地方 4小时	听电视歌	9小时
6月30日	集中1小时	学材料 3小时30分, 听选材料 30分	学材料 3小时30分, 集中30分钟	听电视歌	8小时
5天小计	5小时	20小时	20小时30分	3小时	48小时30分

　　再如1994年陵川曲艺队各小组出勤记录,也能够从中看出曲艺队对每个队员的管理情况,内容非常详细。这种管理方式是晋东南太行山区很多盲人曲艺队历史传承下来的组织经验。

1994年陵川曲艺队第一组下乡差距问题①

第一组：培养人才不重视扣1元，说话带巴（演出时说放大磕巴、不流利）扣1元，吵架扣1元。撞车没说扣2元，闹别扭扣1元，自己不负责扣0.5元。对全面工作不负责扣1元，领导布置数来宝没有演扣2元，②没给分材料扣1元，打扑克超时间扣1元，又一次超时间扣1元。不想下任家掌要款扣1元，在里边排节目不负责扣2元，下乡差距2笑扣0.66元。4个忘扣0.8元，2丁板扣0.10元，③下乡差距扣1.56+14.5=16.06元，共扣16.06元。

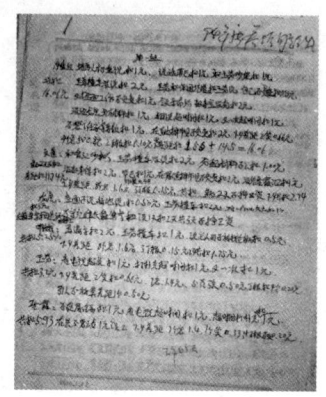

队员1：吵架扣1元，撞车没说扣2元，分配材料不公扣1元，病2天不挣工，没数来宝扣2元，带巴扣1元，在队里排节目不负责扣2元，没计工扣1元。下乡差距扣11.74元，8个忘扣1.6元，3个笑扣0.99元，3丁板扣0.15元，病2天不挣工资，下乡共扣2.74元。

队员2：当面不说背地说扣0.5元，撞车扣2元，不守纪律去簸箕掌误1天，扣2天工，3天不挣工资，扣3元。

队员3：写请示扣2元，撞车扣1元，说他人引不好，找毛病扣0.5元，下乡差距8个忘扣1.6元，3丁板扣0.15元，下乡共扣1.75元。

---

①《1994年陵川曲艺队第一组下乡差距问题》，该记录根据陵川盲人曲艺队展览室内部档案资料保存的出勤表原文整理录入而得，每组前面是队员名字，后面是因问题扣的工资钱数。

②陵川盲人曲艺队规定每个小组下乡演出期间必须学的节目，分别是快板、小戏、数来宝、新书、老书等，所学的节目有时间规定，各个小组如果缺一项就要扣分。所以记录中没数来宝，是指队员没有学习这个节目，所以要扣分。

③原文上字迹潦草，写的是"丁板"，推断应该是"顶板"，顶板指的是鼓书说唱不合节拍。

共扣5.25元。

队员4：看电视超点扣1元，打扑克超时间扣1元，又一次扣1元。下乡差距2笑扣0.66元，7忘扣1.4元，5冒弦扣0.50元，[①]丁板扣4个0.20元，引人不好算差距1个0.50元。共扣3.2元。

队员5：不送尿锅扣1元，看电视超时间扣1元，超时间打扑克扣1元，在场不劳动扣1元误工，下乡差距7个忘扣1.4元，1个笑扣0.33元，4个丁板扣0.20元。共扣5.93元。

这些日常生活和曲艺队演出的规定非常详细，可以说涉及生活的方方面面。正是有如此事无巨细的规矩和考勤规定，才能最大限度地保持曲艺队员在艺术表演和生活方面的公平，也才能有效地组织盲艺人这类特殊的艺人群体。这种盲人曲艺队的特殊要求，既规定了曲艺队整体的演出安排，又从日常生活的各个方面约束队员，有人说这种"军事化"管理大概在革命年代就形成了。这种关于记工分的规矩，亚妮在《没眼人》中也描述了她了解到的左权盲艺人曲艺队的记分情况。

从当八路那时起，这支队伍就建立了很多规章制度，尤为严谨的是一整套管理和分配制度。挣来的钱集体保管，留出三成给退休的，余下七成，"现役"按劳分配，办法是记工分。唱一百句记一分，吹拉弹唱都会记一分，队龄每十年记一分，学习好肯帮人也记分，七十年没变过，唯一变化的是工分的含金量。每工分最初是一分钱，解放后涨到一毛，我第一次见到他们时，刚涨到三毛。兑工分的日子固定在每月的第一天，过程按民主集中两步走。先是民主。会一开始，集体背一遍"三大纪律八项注意"（20世纪30年代毛主席为红军制定的军事纪律），然后统一管账的会计眼镜会把他记的大账跟每个人自己记的小账反反复复地核实，再进行集体评议。通常会吵上整整一天，若遇上些情况，那就打，甚至会打得不可开交，再大的"纪律""注意"，那时都不顶事了。最后集中，队长吼上几句，

---

① 冒弦是唱的曲调和伴奏的弦子不合拍，唱腔和拉弦不能配合统一。

屎蛋一戳盲棍，成！吵完打完，该干啥干啥。①

这些工分可以累积，分数越高收入就越高。晋东南太行山盲人曲艺队有着长期的组织经验，这些规矩既有太行革命根据地的历史影响，也有传统三皇会对说书艺人管理的民间传统，到今天，我们依然能够在陵川盲人曲艺队发现这些"活着的传统"，这种传承与鼓书的讲唱一样珍贵，值得吸取借鉴。时至今日，我们再比较《陵川县盲人曲艺宣传队2015年制度》，会发现记录得更加详细，每个小组的记录员做到"成绩差距天天记"。内容也与时俱进，越来越丰富，主要分为领导分工、职工职责、作息制度、转业制度、演出制度、下乡宣传制度、奖惩制度、食堂制度、卫生制度、宿舍管理制度、安全制度、宣传制度、纪念过节生日、评比检查验收制度、例会制度、记功制度、学生学徒协议书等十七个方面的规章制度。②

从历史上看，陵川盲人曲艺队的发展受社会时代变化影响很大，特别是主流意识文化形态的建构，盲艺人曲艺说唱在其中充当了社会动员、文艺宣传改造的主要角色，其历史背景与发展特点主要有以下方面：

一是延安文艺传统。20世纪40年代，特别是1943年延安文艺座谈会后，文艺工作者开始关注民间文艺，之后，延安开展了大规模的说书艺人改造运动。首先是发现了说书艺人，标志性事件就是1944年丁玲发表在《解放日报》上的《民间艺人李卜》一文，使得李卜广为人知。此后，这些民间艺人的发掘便成了文艺工作的一项重要任务。1944年延安文教大会之后，说书改造受到了极大的关注，发现了"韩起祥"这样代表性的说书艺人。③

此外，20世纪三四十年代中国共产党在毛泽东《新民主主义论》及1942年《在延安文艺座谈会上的讲话》的精神指引下，建构"新民主主

---

① 亚妮：《没眼人》，中信出版集团，2016，第52—53页。

② 陵川盲人曲艺队展览室整理《陵川县盲人曲艺宣传队2015年制度》，内部资料。

③ [美] 洪长泰（chang-tai Hung）：《新文化史与中国政治》，台湾一方有限出版公司，2003，第151页。

义文学"。毛泽东指出"这种新民主主义的文化是大众的，因而即是民主的。它应为全民族中百分之九十以上的工农劳苦民众服务，并逐渐成为他们的文化"。①随着中国共产党在全国范围内的胜利，其首要任务就是在全国范围内迅速认可新的现代民族国家。②20世纪40年代延安时期的"群众文艺""文艺大众化"，积极寻找民间艺人，发现和改造旧文艺，实际上是将农村社会的革命动员、民众教育与乡村社会改革共同进行。

1946年间，文艺工作者讨论老百姓究竟应该过什么样的文化生活？太行根据地乡村的文化状况是怎样呢？当时文化工作者讨论会中，有位作家从老百姓家里拿来几本书，有不知是什么迷信团体的《太阳经》《老母家书》，写着"洗手开看"的《玉匣记》《选择捷要》，在农村青年手中借来的《秦雪梅吊孝唱本》《洞房归山》，还有《麻衣神相》《增删卜易》《推背图》一大堆。他说这才是在群众中间占着压倒之势的"华北文化"！随行的马夫、勤务员们也都向老乡借《五女兴唐传》之类来看，而且很好借，家家都有！"针对农村封建文化这种状况，文化生活方式的变革要从《秦雪梅吊孝》手里夺取读者阵地，还得从《四郎探母》的戏台下夺看客。③

从材料可以看出，当时农村说书和戏曲非常盛行，几乎家家都有《五女兴唐传》这类的唱本。太行山革命根据地的文化讨论，承袭延安文艺精神，改造乡村文化生活方式，在文化生活和文学领域，构建新中国民族国家话语。在这一背景下，说书人从简单自由的两三人组合，逐渐转向由文化系统管理的"曲艺队"，有的被称为"抗日宣传曲艺队""鼓书宣传队"。到了1960年，成立"盲人毛泽东思想宣传队"，名称的变化

---

① 毛泽东：《新民主主义论》，《毛泽东选集》(第二卷)，人民出版社，1991，第708页。

② 毛巧晖：《现代民族国家话语与民间文学的理论自觉(1949—1966)》，《江汉论坛》2014年第9期。

③ 王春：《继续向封建文化夺取阵地》，原载1946年6月《北方杂志》创刊号，摘自《山西文艺史料》(第三辑)，山西人民出版社，1961，第17—27页。

也恰好说明对说书人的社会改造过程，延安文艺座谈会确立"文艺改造"的根本目的就是要启蒙教育民众，建立新的乡村生活规范。1946年陵川盲人宣传队就是在这一曲艺背景下成立的，其实晋东南各县也在这一时期纷纷成立政府文化体制下的曲艺队。如1952年，在《政务院关于戏曲改革工作的指示》和"百花齐放，推陈出新"的方针指引下，高平县成立了曲艺宣传队，并且吸收了部分女性人员和明眼人参加。①说书通俗易懂，灵活生动，故事性强，历来是文艺宣传的排头兵，特别是对广大农村地区来说，是文化意识形态争夺的重要场域，所以文化工作者才会发出要向唱本和戏台夺回文艺宣传阵地的呼声。

二是抗战时期太行根据地说书艺人的变化。1937年中国共产党在太行山区建立了抗日根据地。文艺界积极配合抗战宣传，曲艺队活跃在斗争的第一线，通过编创新节目宣传抗日斗争，鼓舞军民士气。有的盲人还利用流动说书打探消息，直接参与革命斗争，沁县盲说书艺人赵文焕冒险给八路军送情报牺牲在沁县寺家庄。这一时期说书艺人开始了"新说书运动"，主要宣传抗日英雄，歌颂军民团结、土地改革等内容。其次，演出人数和乐器也发生较大改变。由过去一两人走街串巷的演唱变为三五人的舞台演出，乐器也由单一的鼓板、三弦，加入了锣、鼓、镲、二把、板胡、笛子等伴

奏。再次，有些曲种根据需要改变了唱腔。如1947年阳城县曲艺队随军演出，来自各地的战士大多听不懂本地鼓词，曲艺队改革唱腔后才受到战士们的欢迎。最后，抗战时期以及解放战争时期，政府请文艺专业人员对艺人辅导，教习简谱、乐器演奏技巧。如1945年武乡鼓书艺人韩

---

① 张春德、许永忠、韩建清编《高平鼓书与九莲灯》，内部资料，2013，第5页。

庚江还曾应邀给在潞城驻扎的北方大学讲授鼓书的唱法和书目。①1937年中国共产党在太行山区建立了抗日根据地。武乡县鼓书团是太行区第一支盲艺人曲艺抗日宣传队，成立于1938年10月1日，由武乡县文教科领导。1940年1月鼓书艺人曾到八路军总部驻地王家峪村，为朱德总司令、彭德怀副总司令演出武乡鼓书和三弦书，曲目有《送子参军》《反摩擦》等。

> 民国二十七年（1938）武乡县盲人宣传队胡海亮（持八角鼓演出者）、韩庚江（弹三弦者）在武乡县王家峪为八路军总司令部指战员演出抗日内容的节目。②

1941年该团鼓书艺人还到河北涉县赤岸村，为刘伯承师长演出《常胜将军》。1947年武乡曲艺队还去河北涉县为晋冀鲁豫边区政府演出。1943年，太行行署文教处的干部王子德在武乡县蟠龙镇秦家烟召集武乡、襄垣、左权、长治、榆社五县曲艺界艺人成立了太行联专五县曲艺联合会。在代表大会上传达了上级关于"动员起来解放全中国"的指示，讨论了如何配合政治形势开展宣传动员的问题。③1938年，日军"九路围攻"晋东南地区，中共长治特委从长治莲花池转移到平城东街三皇阁。随着革命政权在陵川县的建立、巩固与发展，新政府对盲人的说书和打卦行为的改造是文化领域的一项重要内容。因为盲艺人说书在当地有非常广阔的受众群体，所以共产党有意识地引导盲人参加抗日宣传活动。④

---

① 《中国曲艺音乐集成》全国编辑委员会、《中国曲艺音乐集成·山西卷》编辑委员会编《中国曲艺音乐集成·山西卷》（上册），中国ISBN中心，2004，第19—20页。

② 《中国曲艺志·山西卷》，中国ISBN中心，2011，封六彩页，另见武乡曲艺队常慧斌发布曲艺公众号"武乡鼓书常惠斌工作室"。

③ 中国曲艺志全国编辑委员会、《中国曲艺志·山西卷》编辑委员会编，《中国曲艺志·山西卷》，中国ISBN中心，2011，第470—471页、487页。

④ 访谈对象：侯松锁，男，1929年生，陵川县东壁村人，陵川县盲人曲艺队原队长；访谈人：卫才华、张小丁；访谈时间：2014年6月30日16:00；访谈地点：陵川县盲人曲艺队排练厅。

陵川县盲人抗日救国宣传队跋山涉水、走乡串户在陵川县境内宣传进步思想、战争状况和共产党的路线方针政策，有力地推动了军民团结，促进了抗日战争的胜利。1946年5月3日成立了"陵川县盲人曲艺宣传队"。1968年盲人曲艺队开始招收"明眼人"学徒，遂改名为"陵川县曲艺队"。①

　　1945年苏学才创演的陵川快板书《参军上前线》，取材于军民抗日斗争生活。以"七月七日似火烧，日军侵占卢沟桥"激愤而朴实的语言开篇，开门见山列举了国民党政府消极抗日、积极反共，致使日军长驱直入太行山，侵占陵川县城。同时反映了在中国共产党领导下，陵川人民配合八路军机动灵活地打击日军，使得日军退到长治。陵川人民掀起了父送子、妻送郎、兄弟相争上战场的参军热潮，表现了革命老区人民勇往直前的斗争精神。②在2014年第三届太行书会上，牛晚生表演了高平鼓书《日本大战炎帝陵》，记录了鼓词说唱里这可歌可泣的人民抗战史。

　　　　硝烟滚滚，世道变，炮声隆隆，尸骨散，日本向中国宣了战。侵占中国十四年，鼓板一打响半天。

　　　　各位观众坐场前，这回要说哪一段，说上段日本大战高平关。

　　　　一道将令往下传，三军儿郎听我言。日本鬼子起了反，领定人马夺中原。坦克车就在头带路，洋马不住来回窜。

　　　　领人马不往别处去，一心要打高平关，带人马来到高平城西地，炎帝岭上安营盘，大炮架在炎帝岭，那炮口对住杜寨的南北山。咱不说鬼子安营寨，中国兵来啦真勇敢，中国兵来了千千万。身背快枪还不算，后边带着钢炮弹，要知道战线划何处，就在杜寨的南北山，也是中国兵不注意，那鬼子半爬上孤山，那鬼子点大炮统统隆隆响，中国兵赶紧拿钢炮还，两国兴兵交了战，这场大战不简单。

　　　　不比往日大战卢沟桥，也不比大渡桥横铁索寒；不比往日血战台儿庄，也不比往日大战雪花山。只打得天昏地又暗，只打得尸骨

<hr>

①"明眼人"是盲人曲艺队成员对视力健全者的称呼。

②赵喜胜：《陵川曲艺志》，内部资料，2003，第63页。

堆成山打得血水流成河，只打得血肉模糊尸骨散，只打得老人们跑不动打得年轻人没处躲，只打得妇女们伤心掉泪，只打得小孩子不敢叫唤，打得家家户户顾不住，只打得千家万户难团圆，打死他七千多个"小皇君"，打死他三十六员"太君"官，眼看鬼子吃败仗，吓得他领定人马往东返，中国兵随后顺山追，追出鬼子十里地，来到陆家一河滩，眼睁睁鬼子消灭完。在这个时候，忽听见空中的飞机飞满天，中国兵有心用钢炮还，又一想我不能我不敢，又怕飞机扔炸弹。那鬼子一见飞机心高兴，摇摇摆摆往高平返，鬼子来到高平地，又该着高平的黎民招遭炭。

三天两头把伐出，"三光"政策用当前，见了房屋拿火点，见了牛羊骡马拿绳拴，见了女人就强暴，见了粮食就抢光，日本还把狼狗放，撕吃了不少女和男。

这样的小日本不能久战，惊动了毛主席领着穷人闹翻天。

共产党当家做主后，才把小日本打出中原，逢上了好时候谁不高兴，习主席领导的新时代谁不喜欢，共产党爱勤快不爱懒汉，小伙子们要多上班多多挣钱，到如今有低保社保还有医保，百姓们住院时不多花钱，老人们入了五保到养老院里度晚年，习主席提出了中国梦，我们万众是一心要把美丽的中国梦来实现。

鼓词从另一个侧面记录了历史事件，发挥了革命文艺动员的宣传职能，前半段艺术化地叙述了高平关大战，后面一小部分唱词及时融合了当下的时代主题，既有旧鼓书传统又有新时代内涵，分别呈现了火热战争与祥和生活两个画面，这种鲜明的对比唤醒人们要珍惜今天来之不易的幸福生活。当然本次书会又叫"太行书会"曲艺邀请赛，参赛节目必须是新编创的书目，这有一定的分数要求。古老沧桑的小鼓，如泣如诉的丝弦、铿锵有力的唱词，娓娓动听又动人心魄，这就是说书人的魅力。老艺人在现场表演时声音洪亮、略带嘶哑，像戏文中的武生从胸腔中迸吼出来的鼓书唱词，气势如虹、勇敢刚毅，和书词表现的抗战主题非常契合。可想而知，当年的说书艺人活跃在抗日军民中，如何讲唱这类书词，群众又是如何喜爱听书，这样的书目足以让听者激烈澎湃、磨砺斗争意志。这类书词远远超越了艺术的范畴，它是革命老区盛开的文艺之花，在血与火交织的历史洪流中，构筑成抗战文艺精神生活的坚强壁垒。

三是20世纪50年代政府文化部门开始系统管理民间艺术团体和民间职业艺人。如1959年山西省文化局《关于处理盲艺人鼓词宣传队问题的函》针对黎城县鼓词宣传队部分"盲而不艺"的问题，通过及时整顿，把业务水平低的人安置到公社从事生产劳动，同时积极培养爱曲艺的青年后辈，不再组织青年盲人学习说唱艺术，并拨给艺人生活救济金420元。1961年山西省文化局转发《文化部关于加强戏曲、曲艺传统剧目、曲目的挖掘工作的通知》，希望"团结当地曲艺艺人，分别轻重缓急，有计划、有步骤地将本地所有传统曲目、曲牌、书词如实地抄录下来"。1964年山西省出台了《关于流散曲艺、杂技职业艺人管理办法》，发给流散艺人登记证，演出要经当地文化部门同意，发给巡回演出介绍信。①

另一方面，文化系统组织的民间文艺会演，使得传统曲艺逐步舞台化、艺术化。有些民间曲艺所属的艺术种类和名称都是在这一时期才逐步确立的。20世纪50年代，中央和各省市地方政府组织大量的文艺会演，迎来新时代民间文艺事业的高潮。通过一系列的会演，民间文艺在艺术领域崭露头角。这种文艺会演和全国性的交流比赛，首先提升了民间艺人的社会地位，扩大了说唱曲艺的知名度，很多土生土长的节目和底层艺人，因为会演，可以去北京接受党和国家领导人的接见，得到了国家文化建设对乡土艺术的高规格认同，进入主流意识形态的文化宣传领域。同时，民间曲艺被纳入政府文化体制内传承。晋东南各县市文化馆、群艺馆纷纷建立曲艺队，为艺人安排编制岗位，从农村调入城镇，统一管理。鼓书节目的创作开始有作家、艺术家等知识分子的参与，比如赵树理的《谷子好》，更让高平鼓书名声大震。经过社会媒体的广泛宣传后，传统节目开始登上大雅之堂，尝试舞台表演，乐器伴奏、服装道具、唱词变化等改革，更加符合时代气息，之前自由生长在民间的民歌小曲，一时成为具有官方性、合法性的，代表地方特色的标志性民间

---

① 中国曲艺志全国编辑委员会、《中国曲艺志·山西卷》编辑委员会编《中国曲艺志·山西卷》，中国 ISBN 中心，2011，第569—574页。

艺术。

四是非物质文化遗产视野下民间文艺的变化。20世纪80年代文化部牵头开始全国性的十大文艺集成志书的编纂工作，其中曲艺集成重点搜集各地鼓书小戏，数以千计的民间曲艺，如鼓词、道情、琴书、三弦书被文艺工作者重新挖掘整理出来。直至2009年，被誉为"中国民间文艺的万里长城"的《中国民族民间十部文艺集成志书》才全部出版完成。①20世纪80年代开始的曲艺普查，再次焕发出民间曲艺的艺术魅力，很多珍贵的视频文本资料得以保存，由此也拉开了民间曲艺再次进入政府主流文化建设的序幕。到了21世纪，中国加入联合国教科文组织非物质文化遗产保护公约，开始了自上而下的非物质文化遗产保护，全面搜集整理地方民间文化，按照十大类的分类体系，在民间曲艺、民间音乐中重新开始申报非物质文化遗产项目的四级名录。三十年前做过的曲艺普查被再次推至民间文化保护的前沿。所以各地的秧歌、鼓书、道情、三弦书利用已有的基础资料，重新成为新时期"非遗"项目中的佼佼者。民间曲艺迎来了"非遗"时代，传统鼓书、钢板书、四弦书成为"非遗"保护项目，文艺与政府公共文化建设之间的联系更加紧密，传统民间文化再一次成为地方文化建设的亮点。

新时期政府公共文化建设与民间文艺具备了新型关系。从当下看，陵川盲人曲艺队社会活动的新特点就是借鉴"书会"的文艺交流形式，联络成立晋东南盲艺人联合会，于是便有了"太行书会"。②"太行书会"

---

① 《中国民族民间十部文艺集成志书》，从20世纪80年代开始，近30年的时间在各省陆续出版十部集成，至2009年全部出版完成，被称为"中国民间文艺万里长城"。见周巍峙：《修筑中华民族宏伟壮丽的"文化长城"——谈十大民族民间文艺集成志书的编纂任务》，《文艺研究》1993年第2期。

② 2011年在参加山西长治沁县恢复传统的"沁州书会"时，陵川盲人曲艺队老队长侯松锁提议在晋城陵川也应该组织盲人书会，给盲艺人一个交流技艺的场所，于是队员们商议，一致同意采用"太行书会"作为"书会"名字，由陵川盲人曲艺队主要组织。2012年在陵川盲人曲艺队大院召开了首届"太行书会"。此外，2014年首届"太行盲艺人联谊会"由左权盲人曲艺队发起，陵川盲人曲艺队老队长侯松锁被选为名誉会长。2015年5月在陵川盲人曲艺队大院召开了"太行盲艺人联谊会第二次会员代表大会"。

曲艺邀请赛，由陵川盲人曲艺队老队长侯松锁发起，每年举办一次，从2012年至2014年已举办三届，是晋东南各地盲说书艺人交流、聚会的平台。前两届"太行书会"都是由"陵川县盲人曲艺队"主办，第三届开始由晋城市文化局主办，其书会内容也有了一些新变化。例如："太行书会"盲艺人聚会交流活动变为"曲艺邀请赛"；举办地点由陵川盲人曲艺队大院改到晋城市文化广场；举办方也发生变化，前两届由陵川盲人曲艺队自行组织，企业赞助，第三届则由晋城市文化局组织；参赛剧目要求必须是新剧目。另外，书会表演变得更加舞台化、说唱表演形式也更加多样化。

2014年政府参与太行书会曲艺赛的组织，无论从舞台设计、视频直播、音响、灯光等准备，还是主持、评委、比赛奖励，都有极强的号召力，为整个说书市场带来很大的影响。比赛中对传统曲目的改编也有很大的争议。有的鼓书已经改编为歌舞唱，有艺人不满与抱怨，认为"那些获奖的书，连鼓和板都没有，已经不是鼓书说唱了，完全失去了传统的味道"。政府地域文化形象的塑造，需要从传统艺术提炼特色艺术元素，说书人则希望政府能提升鼓书说唱的文化品牌，双方是共赢的良性互动，但是需要谨慎处理传统与现代曲艺观念的差异，否则会影响地方曲艺的整体发展。这是政府曲艺赛的两难之处，究竟该与时俱进，追求艺术水准，提升新编书目的质量；还是保持传统，平衡地方曲艺艺人的整体发展，后"非遗"时代民间艺术大多面临这种发展与传承的困境。

曲艺赛要求必须有新书（曲）目，符合时代主旋律。调查发现，很多传统的鼓书说唱，内容不能及时更新，就无法参加曲艺赛，这就使传统书目数量减少。另外舞台表演有时间限制，长篇曲目就不适合舞台化表演，只能表演小段和书帽，这对于原本就岌岌可危的长篇鼓书更是雪上加霜。这类舞台化的书会曲艺赛，让传统"听书"变为以"看书"为主的欣赏习惯。还有的曲艺工作者改革鼓书一人一板的表演形式，加入舞蹈表演、小品等元素，民众很喜欢这种热闹的氛围，但对传统鼓书而言，这种改变已经超出其本身的艺术特点，似乎已经不再是"非遗"项目所要传承的形式。改编的尺度和民众欣赏需求的平衡，这种传统艺术的现代论争再次成为曲艺传承的双刃剑。

日本民俗学者菅丰谈道:"对于非物质文化遗产来说,变化才是它本来注定的命运,历史越是悠久,其所发生变化的频率就越高","但在现实当中,因为这样的产生新文化的活动,人们的生活才会变得丰富多彩,而且,即使具有历时性的古老的文化,也正是经历了这样的文化的创造过程才生成的。"①"太行书会"的出现其实隐含着新时期艺人、政府、民众之间的文化互动关系。

传统曲艺是社会公共文化服务体系建设中的重要组成部分。从太行书会组织形式的转变中可以看出,地方政府积极挖掘传统文化优势资源,为现代公共文化建设提供新的动力,使公共文化产品的供给和服务能够真正满足民众实际生活需求。对于说唱本身来说,此种民俗文化借助政府之力,以一种全新的姿态重返民众视听审美当中,这是当下民俗曲艺的重要取向。对于民众来说,传统说书既有传统的历史感和生活气息,同时又面向当下的社会内容,艺人在广场化的曲艺赛中重新得到"宣传"认同,这对双方都是有益的,因此互动成为新时期地方传统文化展现和重构的重要途径。

从新时期盲人曲艺队的社会互动看,无论是历史变化,还是演出内容,都有了新的时代特征。曲艺队作为传承群体的特征明显,保护和参与的主体呈现多样性。在现代文化传承的视野下,单方面的力量无法完成钢板书、鼓书等项目的整体性保护。就"太行书会"曲艺赛来看,群艺馆排练的老师、舞台表演者、主持人、晋城文化局相关负责人和群艺馆的曲艺研究人员等多种社会角色的参与,共同造就了当下"非遗"项目的整体性面貌。虽然在传统的保持中,曲艺会随时代变化而变化,但这种多样性主体的存在,可以促进传统技艺的恢复以及新生文化的良性发展。

从非物质文化遗产的角度去认识传统说唱,不只是从非物质文化遗产的"民族性""稀有性""历史性"这些宏观壮阔的大话语之下去看待与分析,更应该从一种实际的、有情感和温度的"与人幸福"之间的关

---

① [日]菅丰(Yutaka Suga):《何谓非物质文化遗产的价值》,陈志勤译,《文化遗产》2009年第2期。

系去把握。"作为能够给保持它的人们带来幸福的一种资源"①。"太行书会"作为联结晋东南盲艺人的一种组织，有助于加强盲艺人这个特殊群体之间的凝聚力与归属感，使得"人际关系的重新确认和再度强化"。从此层面上来理解社会转型时期的说唱艺术才更具现实意义。

传统意义上对地方传统的关注，缺少乡土信息和草根情结，对散落在民间的碎片化民俗知识，或者是改造的眼光、文艺宣传的工具，抑或礼失而求诸野的田园情怀。较少从民间艺术所关联的社会互动、生活关系，甚至说书人自己的归属感、幸福感等方面，重新审视现代社会框架下以人为核心的文化承载。一定程度上，说书人是我们理解民间艺术，进而认识地方民俗社会的出发点。人们借助民俗实践实现自我的社会属性与人生标识。民俗代表着一种传统的惯性，个人在参与这一传统惯性的社会实践活动中不断地自我生成，生成其情感、理性、理想、人格等。张士闪认为：

> 大致说来，中国传统文化在载体形式上可以分为两类：一是文献典籍，二是民俗传统。其中，包括民间艺术在内的民俗活动是传统文化之根，最贴切中华民族的生活世界，古往今来滋养着民众的生命情感。在中华文明传承发展史上，国家意识形态经常借助于对民间艺术活动的渗透而向民间社会生活中贯彻落实，形成"礼"向"俗"落实、"俗"又涵养"礼"的礼俗互动情势，官民之间良好的政治互动框架由此奠定。民间艺术中的礼俗互动态势，就其本质而言，既是民众向国家寻求文化认同并阐释自身生活，也体现为国家向民众提供认同符号与归属路径。换言之，借助民间艺术等文化形式，民间社会始终发挥着对主流传统文化的葆育传承能力。民间艺术作为一种富有活力的文化因子，在当代中国社会发展进程中依然具有相当的社会影响力，其自身也必将在这一社会进程中显现出自

---

① [日]菅丰(Yutaka Suga)：《何谓非物质文化遗产的价值》，陈志勤译，《文化遗产》2009年第2期。

我调适、多元创生的文化活力。①

传统曲艺形式是依照一系列的文化习俗与有组织的实践形成的。当下城镇化进程加速，中国社会结构转型，农业文明、农业生产方式逐渐衰弱，传统民俗学学科经典研究对象，诸如民歌、民间故事、民间传说逐渐消失，民俗随着乡村生活方式的改变，社会影响力也微乎其微，这些民俗传统很难主导现代社会的人生和日常生活意义。但民间艺术的演变轨迹却截然不同，在工业社会、后现代社会，特别是近些年，随着非物质文化遗产话语的提升，传统民俗曲艺资源，逐步成为地方乃至国家文化建设的一部分，代表地域优秀文化形象，被重新赋予新的社会角色。民间说唱也被裹挟在这个文化创造的时代，不可避免地被放大或者摒弃，在重构、解构和建构中找到新的价值。也正因如此，新时期民间说唱正在成为连接传统与当下，政府与民间，市场与习俗多种社会博弈的艺术表达，由此展现的新型地域文化形象是植根于草根形式，包含着多样社会经验和生活方式的文化图景。

第三节　组织化、表演话语与社会互动：
平遥县盲艺人宣传队②

中华人民共和国成立后，民间曲艺面临价值观念、日常生活与现代国家意识形态等多重关系的再度整合。曲艺表演如何保持礼俗传统与文化权力之间的密集联系？哪些主体参与生成了曲艺的"国家话语"？在相

---

① 张士闪：《眼光向下：新时期中国艺术学的"田野转向"——以艺术民俗学为核心的考察》，《民族艺术》2015年第1期。

② 本节内容作为项目阶段性成果曾以专题论文发表，见卫才华、刘重麟：《民间曲艺实践的组织化、表演话语与社会互动——以平遥盲艺人宣传队为例》，《中北大学学报》（社会科学版）2020年第1期。该文也被2020年第5期人大报刊复印资料"舞台艺术"（戏曲、戏剧）全文转载。

互交融与彼此协调的过程中各方主体形成了怎样的曲艺实践形式？这里以平遥盲艺人及其弦子书表演为例，主要从国家在场、表演在场、艺人在场三层视角出发，重新审视乡土社会独特的文化权力结构关系。

平遥弦子书书词文本和组织形式的内外双重变化，反映了民间曲艺在坚守传统与权力改造之间的蜕变机制。现代说唱表演中的观众、盲艺人和学者等多样曲艺话语的融汇，形成了一种以盲艺人为中心的新型社会互动模式，体现了新时期"国家在场—表演在场—艺人在场"三层视角之间的内在关系。

这里从"国家在场"的视角出发，主要观察基层曲艺实践如何平衡体制改革与演艺传统间的张力。[1]平遥县地处山西省中部，与祁县、汾阳、文水接壤。弦子书是流行于晋中地区的一种民间曲艺形式，由于它的表演者多为盲艺人，因此又被称为"平遥盲书"，其演出队伍在不同时期被称为"盲艺人曲艺队""盲人曲艺宣传队""弦子书传习所"等等。[2]据乔志亮考证，弦子书源于明末清初清凉调，清嘉庆年间宋玉道改进为"三八音"，清同治末年形成了以王朝佐、温明常和尚清明为首的三大书派。[3]盲艺人是平遥弦子书传承的核心主体，他们多数患有眼疾，受教育水平有限，生活艰辛，但是他们"见"多识广，能拉会唱，长期活跃在当地曲艺市场。由于盲艺人多独自外出演出，分散而又封闭，艺人常常受到不公待遇却无法维护权利，因此艺人自发形成行政性组织"三皇会"。三皇会以天皇、地皇、人皇为信仰对象，既是师徒班社，又是艺人自主自治组织。它主要负责团结艺人、维护权利和置办会产。

---

① 崔榕:《"国家在场"理论在中国的运用及发展》,《理论月刊》2010年第9期。

② 弦子书、盲书、瞎子书和鼓书等称呼,都是指平遥盲艺人所传承的"说书"曲艺形式。"弦子书"是根据曲种的表演乐器"三弦"而得名,"盲书"和"鼓书"的名称则是20世纪70年代以后,由当地文化部门专指本曲种的称谓。有学者以平遥"弦子书"为名进行长时间研究,现在当地文化部门为了突出平遥当地曲艺形式和其他地区鼓书说唱有所区别,多采用"平遥弦子书"的称谓。2011年"平遥弦子书"入选山西省第三批非物质文化遗产名录。详见乔志亮:《平遥弦子书称谓辨析》,《交响西安音乐学院学报》2010年第1期。

③ 乔志亮:《平遥弦子书的源与流》,《中国音乐》2010年第3期。

平遥盲艺人大约在20世纪20年代开始"做会"，会期三天。主持皇会的是各片上的"瞎官"①，包括掌教、礼生、头目、总管。皇会当天先由掌教带领与会者祭祀三皇，宣读皇令行规，然后组织艺人考试、审案、说书。此外，各片艺人通过参会互相引荐新收徒弟，交流自编书词，推选下年度掌教，决定下任接会者。②

1942年延安文艺座谈会后，文艺工作者开始关注民间文艺，开展了大规模的说书艺人改造运动。新中国成立以来，国家意识到曲艺在社会动员、文艺宣传方面的重要作用，将艺人纳入集体统一管理，1949年，平遥县文化馆组织成立盲艺人曲艺队。说书人从简单自由的两三人组合，逐渐转向由文化系统管理的"曲艺队"。③

1949年10月，为了解决盲艺人的生存问题，平遥县文化馆组织二三十名民间流散艺人成立了盲艺人曲艺队，编为10个宣传小组，每组有3到4人。1950年，各县市全面贯彻落实山西省人民政府《关于团结改造艺人的指示》，先后开办训练班，从政治思想、业务技艺上对艺人进行培训。④平遥县文化馆不仅组织集中学习，提高盲艺人思想觉悟与文化水平，还重视民间曲艺的艺术水准，提供对外交流的机会，改良弦子书曲调。

在组织他们学习方面，往常是一年大抓一次，把全体队员集中回来，用十天半个月的时间培训。1973年以来，一年大抓两次，一次在夏收大忙时，一次在冬闲春节前后，每次都以政治、业务学习为主，政治主要是学习各个时期党中央和省、地会议文件。平时他

---

① "瞎官"是民间对执掌皇会事务的掌教与副官的称呼，瞎官一般推选行业内有威望的艺人担任。

② 访谈对象：侯开增，男，1938年生，平遥县偏城村人；访谈人：刘重麟、陈宛妮；访谈时间：2018年7月7日上午；访谈地点：偏城村侯开增家。

③ 卫才华：《太行山说书人的社会互动与文艺实践——以山西陵川盲人曲艺队为例》，《民族艺术》2016年第4期。

④ 中国戏曲志全国编辑委员会、《中国戏曲志·山西卷》编辑委员会编《中国戏曲志·山西卷》，文化艺术出版社，1990，第48页。

们学习，馆里给他们每人发了一台半导体收音机，要求他们每天坚持收听新闻广播，还订了盲文材料进行自学。业务学习，主要以配合中心的盲书说唱材料为内容，互相交流经验，取长补短，共同提高。另外为了扩大视野，提高艺术修养，曾请介休盲艺人宣传队、河南曲艺宣传队、交城曲艺队和本县轻骑队等文艺界的老艺人辅导，艺人以平遥盲书曲调为主，广泛吸收了碗碗腔、山东柳琴、晋中秧歌、武乡鼓书、山西梆子等曲艺音乐的营养，在曲调上大胆进行改革。每年的两次集中期间，还要对半年的工作进行总结评比，选出先进小组和个人，予以物质奖励，优秀节目县广播站录音广播。①

20世纪50年代，政府尝试将盲艺人纳入国家体制，对艺人的组织形式、表演内容进行改革。通过重新塑造盲艺人的社会角色，将大众娱乐的民间曲艺融入国家政治宣传的话语体系。同时，盲艺人渴望加入组织，积极完成从单干户到集体人的身份转变。

盲艺人在组织化与体制化过程中，也面临新的考验，即等级考核制度与公共福利抽成。等级考核分为两大方面：一方面考察艺人的唱腔、乐器伴奏；一方面考察艺人编词编曲能力。文化馆积极鼓励编词能力强的艺人结合形势自编新书目，如裴芙春曾自编《买卖婚姻害死人》《抗日英雄王桂香》《农民代表游苏联》等新书段。②但是从盲艺人个人生计出发，编演新书耗时费力，直接影响演出收入，于是艺人与文化馆合作集体编书。艺人侯开增认为加入盲人宣传队后，政府统一安排脱产排演新书，如《夺印》《要彩礼》《两面镜子》《投机倒把一场空》等，学习期间也能拿到补助津贴，生活上有了保障。③在文化部门的资助与扶持下，盲艺人在新旧书目上逐步适应文化建设需求，编演新书一时成为"先进性"

---

① 平遥县文化馆编《平遥县加强对盲艺人宣传队的领导》，《群众文化通讯》1979年第12期，内部资料。

② 访谈对象：裴清林，男，1968年生，平遥县西戈山村人；访谈人：刘重麟、陈宛妮；访谈时间：2018年7月7日上午；访谈地点：平遥县维林弦子书传习所。

③ 访谈对象：侯开增，男，1938年生，平遥县偏成村人；访谈人：刘重麟；访谈时间：2018年4月22日下午；访谈地点：平遥县偏城村侯开增家。

的表率。等级考核制度将等级与个人薪资相关联，理论上实现了按劳分配，保证权威艺人的薪资待遇，同时鼓励年轻艺人主动提高技艺。在公共福利方面，平遥县文化馆从艺人演出收入中抽百分之十作为公共积累，这笔款项主要用于订阅学习材料，购买乐器，集训伙食补助和福利救济等。平遥县财政每年定期给盲宣队补贴，冬季给艺人发放毛毯，每两年换一次队装。对生活困难或年事较高的盲艺人，年年评发救济。对于青年盲艺人而言，公共福利抽成减少了个人的演出收入，但是艺人们仍然愿意加入组织。因为加入盲宣队不仅意味着行业对自身技艺的认可，还代表着艺人向人民"文艺工作者"身份转换的尝试。

1959—1961年期间，政府取消事业补贴以减轻财政负担，盲艺人开始收入自理。由于市场不景气，大部分艺人生活失去保障，选择转业，只有少数艺人继续坚持围绕党和政府的中心工作下乡宣传。文艺登记制度间接规定艺人的演出地域并且监控演出内容与场次。1964年3月，平遥县农村文化工作队成立，盲艺人随同县工作队下乡演出。演出内容严格限制，只能表演抗日题材，如自卫战争、林海雪原、敌后武工队等内容。短篇书词也要求紧跟形势，如"学大寨""阶级斗争"等，配合"四清"工作组在每个大队宣传。当时流行"晚上说阶级斗争，白天找地主富农"。① "文革"时期，民间曲艺进入全面停滞状态，平遥盲人宣传队正式解散。弦子书演出由多人盲宣队小组转变为单人下乡。国家严格审查编撰的新书，符合规定的书目只有《农业学大寨》《新人新风尚》等寥寥几篇。1970年以后说书内容逐渐扩大，传统书段开始复兴，如《青龙传》《大八义》等。1977年，平遥县文化馆重组盲艺人宣传队，并组织集训，赶排了一组声讨"四人帮"的节目，并在全县巡演。②

---

① 访谈对象:侯开增,男,1938年生,平遥县偏成村人;访谈人:刘重麟、陈宛妮;访谈时间:2018年7月8日下午;访谈地点:平遥县偏城村侯开增家。

② 武献智:《平遥弦子书》,山西经济出版社,2016,第38页。

一、1978年—1998年：舞台化、市场化与文艺宣传许可证

1978年，全国曲艺界自上而下开始重新论证"百花齐放、推陈出新"方针和"两条腿走路""三并举"剧目政策的正确性，逐步开放传统戏，并提倡创作新的现代戏和历史剧。[1]在这样的背景下，平遥盲宣队延续收入自理制度，集体演出转变为单人下乡，文化局偶尔组织宣传活动。据艺人孔庆龙回忆："20世纪80年代说书市场红火，光靠县里指派的宣传任务填不饱肚子，大多数人跑村子接'私活'，基本上一个村能有三两天的场子，说得多的村子还能讨价还价。"[2]20世纪八九十年代平遥弦子书改变单一"下乡宣传"模式，出现舞台比赛化的趋向。但由于松散的管理与参差不齐的艺术水平，平遥文化馆只能组织专业的音乐工作者，运用弦子书曲调与押韵规律自编现代书段，参与各类演出比赛。

平遥鼓书舞台表演统计表（1978—1998年）[3]

表演时间	演出名称	表演节目	节目作者	演出人员	获奖情况
1979年8月	晋中地区职工文艺调演	《王礼古收棉花》	米永义	武玲花、侯爱莲	
1979年12月	晋中地区农民文艺会演	《喂猫的碗碗早该摔》	米永义	孙宝昌	创作奖、优秀演员奖
1984年2月	晋中地区文艺会演	《一把手》	韩丽霞	王乃聪、韩丽霞	曲艺类二等奖

① 安葵：《伴随忧患意识前行——戏曲"讨论"30年》，《中国戏剧》2008年第10期。

② 访谈对象：孔庆龙，男，1963年生，平遥县东泉人；访谈人：刘重麟、陈宛妮；访谈时间：2018年7月6日下午；访谈地点：东泉平遥县村孔家院子。

③ 武献智：《平遥弦子书》，山西经济出版社，2016，第38页。

续表

表演时间	演出名称	表演节目	节目作者	演出人员	获奖情况
1996年2月	平遥县教育电视台新春乡土特色节目——平遥弦子书专场			裴芙春、李日胜、霍毓顺、裴显楔、裴清林、裴国林、裴国红	
1996年3月	首届农村"小康杯"文艺会演	《相亲》	梁培卿（作词）、武献智（作曲）	冯丽芳、王凤梅、翟卫红、周佳莉、王爱红	优秀创作奖
1998年4月	平遥县"交警之春"文艺巡回演出	《中国交警好》	梁培卿（作词）、武献智（作曲）	王凤梅、翟卫红	

1978—1998年平遥弦子书舞台演出主要具备以下特征：其一，政府文化部门开始重视民间曲艺发展，主办各类文艺演出，通过赞助演出、设置奖项、邀请专业评审等方式，提高弦子书的艺术水准，扩大弦子书影响力。其二，演出范围主要集中于晋中地区。作为地方曲艺艺术，运用方言说唱，文化传播区主要为平遥方言区及周边地区。其三，演出内容由传统书段向现代剧与都市剧转型。①如《王礼古收棉花》《喂猫的碗碗早该摔》都采用乡土生活素材，以现代文化价值观念表达人生，同时迎合都市观众审美趣味，从而使传统民间曲艺获得更强的感染力。其四，比赛由专业演员出演，盲艺人较少参与舞台表演。传统曲艺表演形式"天为幕、地为台"，考验艺人对声音的塑造能力，而舞台上的曲艺表演，演员临时排练，加入流行乐器伴奏，注重光、色、电等外在视觉效果。

---

① 罗怀臻：《重建中的中国戏剧——"传统戏剧现代化"与"地方戏剧都市化"》，《中国戏剧》2004年第2期。

正如岳永逸对曲艺舞台比赛化的担忧："曲艺的'普通化'与视觉追求，使原本根植于田间地头、街头巷尾也是灵活多变的曲艺，有了舞台化艺术形式大于内容、技巧大于内涵和因命题作文而生的主题先行的形式主义通病。"①与此同时，盲艺人似乎对政府编排的新节目接受度很低，很多盲艺人表示从未了解过那些书段，更有些艺人抵制那些"似像非像，缺乏神韵"的比赛书目。②文化部门也意识到"一手包办"潜在的矛盾。

由于政府关注度的下降与娱乐方式的多样化，传统说书市场受到冲击，村庄不再接待"下乡宣传"式的演出。于是盲艺人将农村演出与市场化道路相结合，积极参与当地的礼俗生活之中，如参与红白喜事，过节过寿等。即使这样，也难以维持往日盛景。以受市场欢迎的艺人裴芙春为例，1990年单人演出场次为350场左右，至1995年演出场次难以维持百场以上。此外，说书市场上艺人两极分化严重，有名艺人的场次占据市场的三分之一，③普通艺人生计问题较为突出，1998年平遥县委宣传部颁发了平宣发［1998］12号文件，由县残联牵头，重新组建盲艺人宣传队，县文化馆在业务上进行指导。

1998年关于恢复盲人文艺宣传队的报告④

县委宣传部：

一、由县残联牵头，恢复组建盲人文艺宣传队，负责提供宣传队成员的基本情况，发放残疾人证，并责成专人，加强对盲人宣传队收费票据等方面的管理。由县文化艺术中心负责宣传队员的考试、

---

① 岳永逸：《技术世界民间曲艺的可能》，《华东师范大学学报》（哲学社会科学版）2016年第4期。

② 访谈对象：武献智，女，1955年生，平遥县人；访谈人：刘重麟、李倩、胡莉；访谈时间：2018年4月22日下午；访谈地点：平遥县丫丫艺校办公室。

③ 访谈对象：裴清林，男，1968年生，平遥县西戈山村人；访谈人：刘重麟、陈宛妮；访谈时间：2018年7月7日上午；访谈地点：平遥县维林弦子书传习所。

④ 杨文明提供《1998年平遥县残疾人联合会关于恢复盲人文艺宣传队的报告》，内部资料。

考核并发放文艺宣传许可证。由盲人自行组织编组，每组3—5人。宣传队深入基层单位宣传演出时，必须持有残疾人证和文艺宣传许可证，否则不予承认。

　　二、各乡镇人民政府、各村民委员会及有关单位，对证件齐全的盲人文艺宣传队，要做到热情接待，合情合理地安排宣传场次。要求每个单位，每年对每组宣传队保证接待一次，同时要给予食宿方便，对宣传队成员不允许歧视，更不准侵权。如遇特殊情况，不搞宣传的村委，应给予一定的经济补助。对每个宣传队员不得低于5元的补助金额。按编定的6个组进行集体活动，每村每年可视情况对各组最少接待一次。

　　三、盲人文艺宣传队成员要树立自尊、自立、自强的信心，认真宣传党的路线、方针和政策，结合县委、县政府的中心工作，大力宣传先进典型，先进事迹、先进人物，宣传好人好事。弘扬社会正气，促进两个文明建设，决不允许宣传黄书和封建迷信活动。

　　以上意见如无不妥，建议轮转各乡（镇）、村及有关单位执行。

从文件上看县残联成为盲人宣传队的组织者，将流散的盲艺人统一管理，规范说书市场。宣传部成为曲艺业务审核者，规定文化下乡演出的内容和艺术形式。主动积极宣传先进典型、好人好事，禁止黄书与封建迷信活动。实际上，恰恰是残疾人证和文艺宣传许可证的证书制度，将原本松散的民间曲艺积极融入国家文化宣传的主旋律之中。

进入21世纪，传媒时代给日渐式微的民间曲艺带来新的转机。2000年9月，平遥弦子书作为民俗素材收录于中央电视台专题片，从此开启弦子书媒体音像时代。2005年在文化馆前馆长武献智的策划下，中华文联音像出版社发行了首张《盲艺人演唱专集——平遥弦子书》VCD光盘。① 随着平遥弦子书知名度的扩大，2005年广西卫视《寻找金花》栏目、北京电视台《灿烂中华》剧组分别采录弦子书表演。②

---

① 李定武主编《文化平遥》（下册），山西古籍出版社，2007，第411页。

② 武献智：《平遥弦子书》，山西经济出版社，2016，第53—54页。

曲艺音像的出现打破乡土艺术的时空局限，改变传统曲艺的观赏模式，培养出一些有影响力的演员。如"裴芙春上电视后几乎平遥家家都知道有个说书的叫'旺日'，艺人都希望上电视成为明星"。[1]出名的艺人引起政府部门重视，使相关部门加大对民间曲艺的扶持力度。2004年平遥县委宣传部发出《关于恢复盲人文艺宣传队的报告》。[2]2006年，平遥县文化艺术中心、县残联、县文化馆等相关单位，组建以裴芙春为队长的弦子书说唱队，由县音协管理并代领演出发票。[3]这支队伍专门由音协在业务上进行指导，主要负责录制各类纪录片，参与公益文化活动等。如2008年裴芙春创编《老两口宣传防艾滋》参与县疾控中心主办的"全民防治艾滋病"活动；2009年参与"和谐平遥"曲艺专场演出。此外，文化部门积极联系曲艺界作曲家、艺术家对弦子书采风调研。评书艺术家刘兰芳、作曲家张千一曾观赏弦子书现场表演并进行艺术交流。总的来说，电视媒体的宣传改变了平遥弦子书的尴尬处境，艺人希望通过录制节目获得额外的收入，政府也试图通过艺人的明星效应打造地方文化品牌，形成良性互动。

　　但是民间曲艺传媒化也存在潜在的风险。[4]在电视媒介的传播中，平遥弦子书逐渐从地方文化向大众文化转变，在语言风格、书词选段、表演形式方面做出无奈的妥协。从语言风格上看，电视媒介需要面向全国观众，在标准普通话与方言唱调之间，逐步改变传统曲艺语言特色。从书词选段上看，传统曲艺题材丰富，但是节目录制有时间限制，所以收录选段只能选择中短长度的"转转书"，长篇书词录制较少。从表演形式

　　① 访谈对象：霍毓顺，男，1952年生，平遥小徐村人；访谈人：李倩；访谈时间：2018年4月21日下午；访谈地点：平遥县维林弦子书传习所。

　　②《2004年4月中共平遥县委宣传部便函》，内部资料。

　　③ 平遥县文化局文化馆、平遥县文化志编写组《平遥县文化志》（油印本），内部资料1985，第475页。

　　④ 关于民间曲艺的音像化风险性的讨论，见王玉坤：《戏曲电视节目研究》，博士学位论文，山西师范大学，2014。张旭东、董子铭：《新时代传统曲艺焕发现代活力的三个维度》，《四川戏剧》2017年第12期。韦意，《曲艺演员与电视文艺合作评价研究》，硕士学位论文，上海交通大学，2014。

上看，传统表演是程式化与即兴结合的艺术，艺人每次表演都能根据现场反应进行再创作。①可是电视节目需要艺人面对摄像机，并预先固定台本，表演语境与现场观众的缺席，导致民间曲艺"现场感"的错位。

平遥弦子书的媒体音像化虽然在一定时间内带来热度，但是并未改变说书整体萧条的市场环境。媒体与政府联合打造的曲艺明星，只改变了少数艺人的生存现状与社会身份，大部分艺人面临生计压力，不得不脱离组织自谋出路。②此后，由平遥县残联主管的盲人宣传队基本处于涣散状态，队员经常缺席排练或培训，导致演出质量下降。甚至出现下乡演出收费不规范或盲人滥竽充数等现象。平遥县文化局为了整治乱象，出台具体演出制度，包括演出预算、演出地点、演出队伍、演出场次等，并扶持音协主管的弦子书说唱队，提供各类下乡演出和对外交流机会。

2010年后，平遥县文化局积极参与非物质文化遗产保护工作。2010年7月，盲艺人裴芙春、侯开增、刘宪宗被评定为晋中市第一批非物质文化遗产项目代表性传承人。2011年6月弦子书入选山西省第三批非物质文化遗产名录，裴芙春被评定为省级非遗传承人。官方评定的传承人具有艺术权威性，享受政府提供的传承补助与社会荣誉。一方面政府利用传承人的行业声望组织流散艺人，建立传承队伍，制定奖惩体系；另一方面传承人积极参与政府公共文化建设，维护艺人权利。如2014年5月，平遥县文体广电新闻出版局、县文化馆举办文化惠民下乡启动仪式，由裴芙春担任主讲人，并进行唱演展示。这次活动利用老艺人的影响力，成功号召27位艺人组成演出小组。由于音协管理的弦子书说唱队艺人普遍年龄较大，体力无法支持下乡演出。因此，演出小组下乡收据与回执统一由县残联管理。但是，非遗传承人保护制度只针对个别艺人或重点团体进行经济补助，部分艺人为了争取经济利益展开不正当的竞争。从某种程度上看，传承人制度本质上未曾改变"僧多粥少"的传承窘境。

---

① 王玉坤：《戏曲电视节目研究》，博士学位论文，山西师范大学，2014。

② 访谈对象：孔庆平，男，1966年生，平遥县东泉村人；访谈人：刘重麟、李倩；访谈时间：2018年4月20日上午；访谈地点：平遥县绿色都城盲人按摩店。

刘晓春也认为:"非物质文化遗产代表性传承人的最终认定,在激发传承人文化自觉的同时,也挫败了其他非官方认定传承人的积极性,改变了非遗传承人之间的人际关系生态。"①

对于平遥弦子书而言,规范非遗传承人保护方式与关注"体系外的文化与体制外的文化持有者"成为完整保护民间曲艺生态的重点与难点。在国家陆续出台《国家非物质文化遗产保护专项资金管理办法》(财教〔2012〕45号)、《地方戏曲剧种保护与扶持计划实施方案》(文艺发〔2013〕35号)等文件后,平遥县文化局开始重视并规范民间曲艺类非遗项目的专项资金管理制度。以2016年"平遥弦子书"非遗巡演为例,县财政下拨总预算269904元,文化局计划演出场次120场,每场演出费用2000元。②文化馆规定演出队伍需由5名以上艺人组成,配备1名司机,1名会计。演出报酬由演出队伍队长代领,按月发放,除去固定司机与会计工资,其余收入盲艺人均分。每月艺人领取收入必须本人到场确认金额,若有疑问会计与队长共同解释。③从巡演可见,平遥县对非遗专项资金从申报、管理、使用、监督形成了完整的流程体系并惠及更多体制外的艺人,维持了非遗传承稳定生态环境。

从某种程度上说,非遗时代政府通过传承人"国家文化桥梁"的角色来组织流散艺人并实现文化宣传的职能。2016年,平遥县文化局根据《山西省非物质文化遗产条例》《山西省非物质文化遗产保护专项资金管理办法》《山西省文化厅关于加强非物质文化遗产档案管理的指导意见》鼓励艺人自筹自建非遗传习所。2016年9月,艺人裴清林成立维林弦子书传习所。④目前传习所盲艺人分为两队,具体人员如表4-4:

---

① 刘晓春:《非物质文化遗产传承人的若干理论与实践问题》,《思想战线》2012年第6期。

② 平遥县文化局《2016年平遥县本级部门预算批复表》,内部资料。

③ 武献智:《平遥弦子书》,山西经济出版社,2016,第53—54页。

④ 访谈对象:裴清林,男,1968年生,平遥县西戈山村人;访谈人:刘重麟、陈宛妮;访谈时间:2018年7月7日上午;访谈地点:平遥县维林弦子书传习所。

表4-4

维林弦子书传习所演艺人员统计表①

演出队伍	队伍队长	队伍组员	主管部门	演艺团体名称
弦子书1队	裴清林	裴清林、毛关明、霍拉日、邓纪平、裴五飞、刘先忠、闫俊	文化馆	维林弦子书传习所
弦子书2队	温拉宁	温拉宁、曹中仁、史国柱、毛国贵、王守银、张兴明、孔庆龙	文化馆	维林弦子书传习所

维林弦子书传习所组织上自愿加入，经济上自负盈亏，业务上承担政府下乡演出与礼俗说书。裴清林担任传习所法人，主要负责与政府文化部门或请书主家沟通，具体协商演出时间、队伍、地点、金额等。维林弦子书传习所是营利性的民营企业，也是以保护艺人群体共同利益为目的的行业组织。

总体看平遥盲艺人宣传队发展起落，盲艺人在组织结构上发生多次转变。1949—1977年，政府吸纳艺人进入基层文化体制，实行等级评薪与公共福利制度。艺人在生计上有了政府津贴补助，积极配合政府整理和改造旧书，创编出新时代所需的"人民性"书段。1978—1998年，说书市场萧条，大量盲艺人离开盲宣队，自己单干闯荡艺术市场。政府主办的民间文化会演使得传统曲艺逐步舞台化、艺术化，传统节目开始登上大雅之堂，尝试舞台表演，乐器伴奏、服装道具、唱词变化等改革，更加符合时代气息，之前自由生长在民间的民歌小曲，一时成为代表地方特色的标志性民间艺术。1999—2009年，音像技术打破民间曲艺的时空局限，改变弦子书的观赏模式，快速打造了一批曲艺明星，带动社会对地方曲艺的关注。但是曲艺明星制度仅能惠及个别艺人，大部分艺人

① 访谈对象：裴清林，男，1968年生，平遥县西戈山村人；访谈人：刘重麟、陈宛妮；访谈时间：2018年7月7日上午；访谈地点：平遥县维林弦子书传习所。

仍面对严峻的生存困境。2010年至今，传统民间曲艺资源逐步成为地方乃至国家文化建设的一部分，代表地域优秀文化形象，被重新赋予新的社会角色。民间曲艺时刻处在与"国家在场"的积极互动中，在不断重构、解构和建构的过程中找寻新的价值。

"国家—社会"的宏观视野下展现了平遥盲艺人宣传队的组织化过程。"表演在场"则是从曲艺的具体书目出发，洞悉"书词"这样的艺术本体如何适应国家文化建设的时代需求。新中国成立前，平遥弦子书已形成百余部传统书目。1949年之后政府提倡新书，地方文化馆积极组织作曲编词，艺人创作了很多契合时代需求的新书目。但艺人自编的、土生土长的"小转转"仍然有巨大的民间市场。①于是政府组织艺人骨干与文化馆联合编书，使平遥弦子书产出众多既符合政治宣传目的又满足民众趣味的经典书段。目前联合编撰书目有15个，如《党的儿女梁奔前》《喜迎十九大》《违拆治乱》等。民众欣赏这类剧目主要取决于谁来表演，谁看表演以及谁来规范说唱内容，这样的文化空间成为透视国家—社会关系的重要途径。因此，考察弦子书演述中的话语策略，可以分析盲艺人、观众、研究者等多方主体的文化立场。

盲艺人作为平遥弦子书主要的传承主体，平衡着乡村日常生活与国家意识形态间的张力。从发展谱系看，平遥弦子书盲艺人分布在平遥中部与北部，大部分来源于西戈山村、东泉村、西游驾村，依靠血缘传承与地缘传承。血缘传承为代表的主要是西戈山裴氏家族，裴广礼、裴芙春、裴清林三代盲艺人成为平遥弦子书的骨干艺人。而在国家组织化过程中，传统艺人培养机制由个人转变为有组织的集体教学，弦子书内部

---

①"小转转"是一种平遥弦子书书段体裁形式。根据内容的长短和说书时间可分为三种：一是正书，又称为"大套子"，整个书通常要分好几场来说完，短则两三天，长则几十天，例如：《呼家将》《粉妆楼》《五女兴唐传》等；二是"连连书"，时长在半小时以上，例如：《骂鸡》《吕洞宾戏牡丹》《三女婿拜寿》等；三是"小转转"，少则七八句，多则几十句至一百句，时长在半小时以下，例如：《姜太公卖面》《撵马虎》《赵州桥》等。三种类型的书目根据具体需要来搭配表演，自由灵活，较少固定要求。

的竞争淘汰机制也转变为组织内部的甄别筛选。①组织内部集体教学打破了传统血缘地缘的局限，老艺人广收徒弟，逐渐在体制内获得一定的文化话语权。但是盲艺人由自上而下的体制化改造带来的身份转变，在现实社会中却面临诸多困境，如接受政府领导的体制内身份与谋取经济收益的职业身份的对立、较高官方定位和较低社会地位的尴尬等等。②

在具体的演出中，民众对于谁来表演，说什么书都是十分在意的。遇上熟悉的演员、爱听的段子，说上几天都不让走；遇上说得差劲的，观众就很少。我们在下乡的时候基本上第二次去的地方经常就看看以前唱过什么，这次就不重复唱了。③盲艺人选择本子不仅听从政府安排，还要顾及观众偏爱的民间趣味，使演出兼具思想性与娱乐性，由此形成了弦子书的特定内涵。据田野调查统计了平遥弦子书2017年5月至10月演出最多的书段，见表4-5。

从数据看，盲艺人表演政策性书目次数多，演出场合主要为"送戏下乡"与"公益活动"，其余演出书目多为家庭故事。《吃嘴婆姨发孩日》中好吃媳妇为了偷懒，假装自己怀孕，最后被丈夫识破。《太平箱》中夫妻二人准备活埋生病的老人，最终被儿子规劝。《好媳妇当家》中三位巧媳妇各有所长，婆婆三番考验，最终选择勤俭持家的小媳妇管家。这些书词中多描述小人物面临的生活困境与难题，艺人运用"家庭"叙事的方式，将中国传统家庭伦理的一些抽象观念置于具体的生活情境中，指出抽象的伦理原则在进入具体情境时所遭遇的种种难题。④

① 王亮：《盛衰之间：上海评弹界的组织化（1951—1960）》，商务印书馆，2017，第182页。

② 刘素林、韩晓莉：《从旧艺人到新演员：建国初期"戏改"中戏曲表演者的角色转换——以山西为中心的考察》，《福建论坛》（人文社会科学版）2016年第5期。

③ 访谈对象：裴清林，男，1968年生，平遥县西戈山村人；访谈人：刘重麟、陈宛妮；访谈时间：2018年7月7日上午；访谈地点：平遥县维林弦子书传习所。

④ ［美］欧达伟（R.David Arkush）、董晓萍：《乡村戏曲表演与中国现代民众》，北京师范大学出版社，2000，第47页。

表 4-5

平遥弦子书演出书目统计（2017年5月—10月）①

演出书段	演出次数	演出类型	主要演出队伍	占比
《拆违治乱》	15	送戏下乡、公益活动	1队、2队	7.5%
吃嘴婆姨发孩日	14	送戏下乡、私人请书	1队	7%
割田	10	送戏下乡	1队、2队	5%
太平箱	10	送戏下乡、公益活动	1队、2队	5%
五子葬父	9	送戏下乡、私人请书、公益活动	1队、2队	4.5%
脱贫攻坚暖人心	6	送戏下乡、公益活动	1队	3%
十女夸夫	6	送戏下乡、私人请书	1队	3%
好媳妇当家	5	送戏下乡、私人请书	1队	2.5%
接婆婆	5	送戏下乡、私人请书	1队、2队	2.5%
三女婿拜寿	5	送戏下乡、私人请书、公益活动	1队、2队	2.5%
《五女兴唐传》选段	5	送戏下乡、公益活动	1队	2.5%
《小八义》选段	4	送戏下乡	1队、2队	2%

另外，《五女兴唐》选段与《小八义》选段等古书选段也经常被盲艺人单独演述。②不是每一位盲艺人都能表演完整的"古书"，只有正经拜

---

① 平遥县文化馆免费送戏下乡活动统计调查表、维林弦子书传习所演出活动满意程度调查表。"送戏下乡"是平遥县文化局主办的文化下乡活动的组成部分，主要以乡镇为单位演出。"私人请书"多为私人或企业约请的说书表演。"公益活动"则是平遥县各事业机关单位组织的演出活动。送戏下乡一般会演唱政策型书词，私人请书演唱曲目受个人喜好的影响，以鼓书、"连连转"为主，公益活动一般对某个主题进行宣传，主要是迎合主题的新编书词。

② "古书"，主要指篇目较长的传统书段，为与新编的书段相区别，一般用"古书"和"新书"加以区别。但有的盲艺人也取鼓板表演的形式之意，称之为"鼓书"。

过师的艺人，师傅才会教，像"野遛遛"①既学不全，也说不好。《五女兴唐传》《小八义》《水浒传》《包公案》是艺人需要掌握的基本书段，技艺高超的老艺人还有各自精通的拿手"古书"，如偏城侯开增就能唱《粉妆楼》《丝绒记》，现在演出基本上以老百姓熟悉的选段《乌盆告状》《武松弑嫂》《张四姐闹东京》为主。②那么为什么传统长篇古书流传的表演选段屈指可数？这或许可以归咎于民间偏爱的审美趣味，追其根本则是文本与表演间的博弈，体现于剧作者与盲艺人之间。③如《水浒传》是流传广远的民间唱本，其中梁山好汉以侠义反抗权贵的行为，满足了乡村观众反抗封建社会秩序的幻想与快感。至今深受喜爱并反复表演的选段不是《吴用智取生辰纲》《鲁智深倒拔垂杨柳》而是《武松弑嫂》，这样的传统故事极具道德感。然而盲艺人在具体演出时语言相较唱本更加通俗，书词中的调情戏往往会被单独拿出来演出，而观众们往往也会更加喜欢这些"越轨"书段。在具体曲艺实践过程中，盲艺人会使得书词的视听"表演"超越文本，成为一种现场感极强的"曲艺话语"。

说书演述中的话语策略，观众是不能回避的重要主体。传统的弦子书观众大多是农民或者拥有乡土记忆的人群，他们精熟民间文化的一整套表达模式，对书段中各种搞笑与讽刺的包袱耳熟能详，对书段所想传达的功能心领神会。然而乡民长期处于失语状态，需要代言体疏解压抑。因此，他们乐于参与各种类型的观演活动。新中国成立后，平遥弦子书受国家话语的影响，不仅在组织形式、表演内容方面进行调整，观众组成结构也发生变化。政府通过"文化下乡"的形式，培养观众新的曲艺审美。以平遥县香乐乡罗成村表演为例，观众参与了曲艺表演的空间话语，还影响了书词表演内容。

---

① "野遛遛"专门指半路出家，自学弦子书的盲艺人。

② 访谈对象：裴清林，男，1968年生，平遥西戈山村人；访谈人：刘重麟、陈苑妮；访谈时间：2018年7月7日上午；访谈地点：平遥县维林弦子书传习所。

③ ［美］郭安瑞（Goldman Andres S）：《文化中的政治：戏曲表演与清都社会》，朱星威译，社会科学文献出版社，2018，第225页。

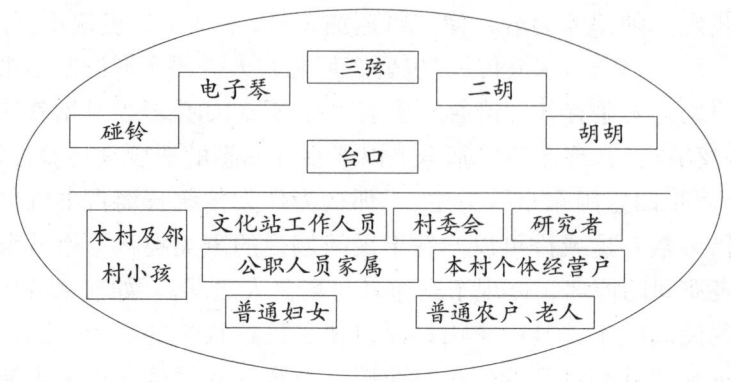

罗城村演出位置结构图①

从观众组成人员来看，虽然有村干部的参与，但是妇女、农户、小孩仍是观演活动的主要群体。他们对表演内容烂熟于胸，百听不厌，每次观演都有新的体悟。村委会成员位于观众席的中心位置，意味着"文化宣传"的核心意义。当研究者在场时，也会被安排在第一席位，基层文化站工作人员对于学者到场表示欢迎，他们希望乡土文化可以广为传播。第二席位主要安排的是公职人员家属与本村个体经营户。个体经营户一般拥有较好的经济实力，因表演赞助而获得靠前的席位，但是交往人际圈仍限于本村农民，因此在观剧中体现出一种自我矛盾的状态。村民位置靠后，却是表演交流中长期稳定的观众群。正如鲍曼所说："表演作为一种互动性行为，应该把观众的协作性参与看作完整表演的组成部分。"②观演活动中的空间意义，也在一定程度上体现了社会秩序如何影响"曲艺实践"走向。

王杰文认为："口头艺术的表演过程就是民众在日常生活中交往（话语）技术的习得、理解、品评与应用的过程——这是一个表演者与观众

①根据2018年4月21日平遥县香乐乡罗城村演出情景所绘。

②[美]理查德·鲍曼（Richard Bauman）:《作为表演的口头艺术》，杨利慧、安德明译，广西师范大学出版社，2008，第72页。

借助文本与类型从事角色扮演、身份认同与权力博弈的过程。"① 对于平遥弦子书观众而言，"表演在场"既是历史传统的继承，也是社会时代的创造。以孔庆龙表演的《闹古董》为例，盲艺人凭借敏感的听觉感受现场观众的反应，以此即时灵活改编书词表演。表演时的笑声、掌声都推动了表演的进程，影响了表演的节奏；艺人通过板腔、间奏把握演出节奏，引导观众的情绪与趣味，顺着观众的审美喜好现场发挥。同时《闹古董》通过"公鸡生下乌鸦蛋，敲锣坏也有音""姑子庵内坐满月，和尚庙里拜花灯"等一系列荒诞景象，营造了一个颠倒无稽的生活世界。观众对于想象臆造的无稽世界是欢迎的，在这样的空间里观众暂时忘记了现实中的种种不如意，借助民间野性的想象，以插科打诨式的方式，灵活掌握着自己的话语权。②他们既可以对高官贵人"评头论足"，也可以对历史人物"指手画脚"。因此观众通过一系列反馈行为影响着表演节奏的快慢，选择故事情节表演的重点，从而隐性表达"表演现场"主体的话语权力。

地方文化工作者很早就开始对平遥弦子书资料的搜集整理工作。③进入21世纪，地方学者积极参与平遥弦子书选题论证、内容撰写、遗产保护等实践。入选非物质文化遗产名录后，学者分别从音乐学、语言学、民俗学、历史学等角度给予民间曲艺新的论证与解释，扩大地方曲艺的全国影响力。学者参与改变了弦子书外部组织形式，同时学术话语也影响着弦子书书词内容。曲艺长期以来依靠口耳相传的模式进行传承，学者则以曲艺专业知识参与传统的表演场景。艺人为了提升专业水平，努力吸纳学术话语，将平遥弦子书推向专家构建的知识体系之中。盲艺人和研究者知识生产的不对等，使得"表演现场"与"表演策略"发生变

---

① 王杰文：《口头表演的诗学与政治学——关于"表演"的批评与反思》，《民间文化论坛》2015年第1期。

② 董上德：《古代戏曲小说叙事研究》，广东高等教育出版社，2011，第105页。

③ 平遥县文化局文化馆、平遥县文化志编写组《平遥县文化志》（油印本），内部资料，1985；《中国曲艺音乐集成》全国编辑委员会、《中国曲艺音乐集成·山西卷》编辑委员会编《中国曲艺音乐集成·山西卷》，中国 ISBN 中心，2004；乔志亮：《平遥弦子书调查与研究》，中国戏剧出版社，2010；武献智：《平遥弦子书》，山西经济出版社，2016。

化。以《五儿子滚汤水》为例，故事讲述了五儿子因为嘴馋偷吃，夜晚闹肚子。早上丈母娘来道喜，五儿子错把道喜听成倒屎，结果闹出一场无厘头的笑话。在香乐乡罗城村表演时，盲艺人细腻地演述了五儿子与丈母娘之间的对话：

> 第二天太阳出，老丈母上来敲门子："他姐夫，我给你来倒屎来了么。"（停顿）人家丈母是咱们南面面的人，歪家连个屎和喜就分不清，（停顿）人家城里说的是"道喜"，歪家说的是"我给你来倒屎来了"。（停顿）歪家五儿子了说了个啥，歪家说："丈母，我都倒了。""倒啦？呦呦呦，来我看看，你咋个给我倒了。"（省略）他丈母笑呵呵，看着那样样细观察，看地下，一半半了黄，一半半了白，一半半红得还起瘤疤，丈母来一看奇怪死，究竟歪地上是什么，拿开歪屎就用口戳一戳，呡到口里吃一吃，又是砂糖又是蜜，甜贝贝完觉来还有半半辣，究竟在地上歪是什么。五儿子说，歪是打了蜜罐子。（省略）丈母那个一听着了急，拿上那个铁丝紧赶吃。（停顿）五儿子说："丈母，丈母，不敢，地上的东西不可惜，我还有收拾下一锅堆。"（省略）说起歪这个五儿子，逮住歪吃的一跟吃，不当事，逮住歪吃的一根吃，给歪家歪丈母拉下一锅堆。（省略）说到这里，住了音，下面的节目另改。[①]

当回访盲艺人时，裴清林只是概述了书词内容，省略了五儿子与丈母娘对话、行为的具体细节。由于表演情境的缺席，他停顿四次，中途以说唱形式回想书词内容。最后用专业语言学知识解释书词结构。平遥方言与普通话不一样，有27个声母，36个韵母，这则"小转转"里的包袱就是平遥方言中X与S混用闹出笑话。这类"转转"只适合一般下乡演

---

① 表演人员：裴清林、毛关明、霍拉日、刘宪忠、裴五飞、闫俊；表演时间：2018年4月21日；表演地点：平遥县香乐乡罗城村。

出，要是出去比赛，我们基本上不说这。①黄静华指出："民间艺人的艺术知识是社会的和集体的，是民间艺人在艺术实践中所获取的认识和经验的总和。艺人所具备的艺术知识是局限的并带有地方性的。他们只能通过自己最熟悉、最自如的形式来建构存在于话语中的知识文本。"②因此，艺人对自己的艺术知识带有天生的自卑感，在与研究者交流中盲目吸纳学术话语，并形成半专业性的解释。总而言之，研究者的介入使民间曲艺的身份发生了变化，它不再是一种乡民闲暇无聊时的娱乐方式，而是被主流文化关注的乡土知识。

"艺人在场"试图通过艺人本身的视角，观察曲艺在参与国家文化建设过程中的多元互动性特征。以平遥弦子书为例，国家文化对外部组织形式与内部书词内容都产生了一定的影响。在组织结构方面，政府将流散在各地的艺人登记在册，并组建平遥盲人文艺宣传队，发放演出许可证与残疾人证，按月补贴。民间艺人进入国家体制，从单干转向集体下乡，经济上有所保障。在书目内容方面，政府将民间曲艺形式与国家文化宣传相结合，通过改造历史鼓书，新编时代书目，构建新时期的曲艺实践新模式。进入21世纪，政府和电视媒体合作宣传地方曲艺，使得曲艺超越乡土，成为文化交流的重要媒介。政府建立"非遗"保护制度，曲艺重登国家平台，但文化遗产的"标准化"认定体系却带来了艺人之间新的矛盾。如下图：

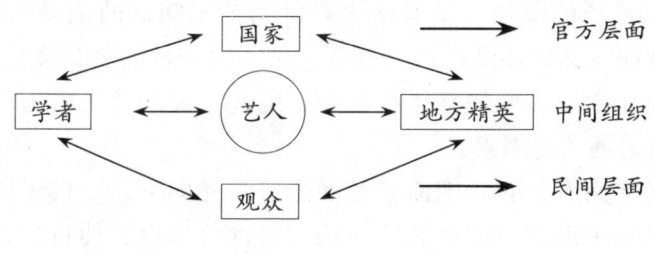

艺人中心结构模式图

---

① 访谈对象：裴清林，男，1968年生，平遥县西戈山村人；访谈人：刘重麟、陈宛妮；访谈时间：2018年7月7日上午；访谈地点：平遥县维林弦子书传习所。

② 黄静华：《论民间艺人的艺术知识》，《云南大学学报》（社会科学版）2006年第4期。

从政府层面看，国家权力负责具体活动的组织与管理工作，并通过行政话语权规范"艺术生产"。文化部门对盲艺人及其民间曲艺活动的管理具有指导意义，两者保持着积极的互动。如在政府定期组织大型文艺演出"平遥中国年晋中曲艺大赛"中，盲艺人参演书段由艺人自主选择，文化馆向艺人提供一些服装、道具、音响、舞台等支持，同时盲艺人接受文化部门的业务领导，积极参与国家文化建设，政府对技艺高超的艺人颁发各种荣誉。

从中层组织看，地方精英主要指了解地方历史并熟知平遥弦子书文化的群体，他们不是具体的艺人，但却积极参与构建弦子书知识系统，在区域社会具有一定的影响力。学者主要是指具有经过专业系统的学术训练，能够对民间曲艺活动提出见解的专家人士。他们通过自己的学术活动或社会活动影响大众的认知和官方的决策，充当着民间与官方之间的中介性角色。在关于艺人及其民间曲艺的生存与发展问题上，学者与地方精英积极反映问题、提出建议，成为维护艺人利益、促进民间曲艺良性发展的一条重要途径。

纵向上，中层组织在政府与民间中发挥了协调作用；横向上，中层组织之间也存在着密切的沟通交流，即使这种交流并不平等。艺人的本土知识应该是一个带有地域特征的整体知识系统，而学者的知识生产往往受到学术背景的限制。学者话语对民间艺术知识的记录整理与阐释，虽然使区域地方文化逐渐走向具有普适性、通识性的公共文化，①但是缺乏对民间曲艺生发环境的整体性关照。因此，民间艺人成为协调本土知识与学者话语的关键因素。

从民间层面看，新时期曲艺发展需要眼光向下，赋权于民。观众在与盲艺人互动中形成一整套隐性的认知与评价标准，使盲艺人按照这种具有指向性的审美原则和评判标准来改变演出风格与演出内容。民间对于曲艺的需求是多样的，不同生活场景需要呈现不同类型的弦子书表演。

① 王志炜、罗丹、李钦曾:《非物质文化遗产民间经验与知识生产》,《石河子大学学报》(哲学社会科学版)2017年第4期。

1979年改革开放后，平遥弦子书为了扩大市场，提高影响力，积极参与民众的礼俗生活，不仅延续了酬神请愿的神书传统，还发展出商业演出的模式。传统的复兴可以归因于盲艺人为拓展说书市场采取的运营策略。神书是将曲艺与民间信仰相结合，增加传统曲艺的神秘性，达到娱人娱神的目的。商业演出具体是指盲艺人在各类生日庆典上表演弦子书助兴，这类演出以娱乐性为主，表演书目大多都是百姓耳熟能详的家庭故事。正如岳永逸所说："曲艺不仅仅是职业、饭碗与名利，曲艺本身是神圣的，是都市中国厚重、久远的乡土音声。"①不管在什么场景下表演，观众对于演出内容与所要表达的功能都是心领神会的。观众与盲艺人之间形成了特定表演场域，双方认同并使用着一整套完整的隐性话语体系。但是国家权力不可避免地影响着民间曲艺表演内容，盲艺人需要在具体的演出中协调民间趣味与国家话语，既要运用传统民间素材又要适应国家政治宣传要求。新时期的曲艺实践不仅仅只是国家和民间的互动，更包含着多方力量的博弈与互融。多重主体从各自文化立场出发，影响着民间曲艺活动的运行机制。

传统意义上对民间曲艺考察，大多集中于"民族国家"历史叙事下乡土艺术是如何被抽象化、工具化与符号化的，缺少对民间文化整体语境与民俗主体的认识。因而需要从曲艺发生现场理解艺人的主动性，关注民俗事象活动中个体情感的主动性表达。事实上，盲艺人在乡土社会中的自我呈现是多维立体的，他们共享传承着一整套价值观念与民俗经验。

从"艺"出发，他们一方面通过口传心授的方式，使得大量的书段与传统板式唱腔得以保存，并且与生活空间内共享的民俗活动相结合，将民间曲艺转变为地方新的民俗传统。另一方面，艺人运用私人经验化的艺术知识构建新的话语体系，这种私人经验具体体现在艺人在表演活动中的适应性与现场性。以弦子书艺人裴氏家族为例，经历三代人的传承与创新，在弦子书的唱腔与板式上形成了基本统一体系，并受到行业人的认可。但是在具体的表演活动中，裴清林与父亲裴芙春在表演细节

---

① 岳永逸:《曲艺的现代进路》,《读书》2015年第9期。

的处理上存在着明显的个人风格。裴芙春善于模仿各类人物，一人分饰多角，并且具备高超的现场编词能力，使表演生动活泼又富有新鲜感，成为有名的弦子书艺人。而儿子裴清林擅长表演各种"转转书"，并在表演中加民歌小调与秧歌调，改良了弦子书的传统唱腔，使民间曲艺更具舞台感与现代感。因此盲艺人的生活世界与艺术世界彼此交融，艺术行为改变了生活世界的文化传统，使盲艺人在现实生活中具有艺术主体和民俗主体双重身份。

这里从国家在场、表演在场、艺人在场三层视角出发，分别论述平遥弦子书的组织化、表演话语与社会互动。在平遥盲艺人宣传队组织化的过程中，国家话语影响着民间曲艺体制结构的调整。具体来看，1949—1977年，平遥盲艺人采用分级评薪与福利补贴制度保证艺人薪资待遇；1978—1998年，运用标准化比赛评审制度筛选艺人；1999—2009年，打造电视曲艺明星扭转萧条的说书市场；2010年至今，弦子书入选"非遗"，自上而下的"非遗"名录体系和传承人制度影响改变了传统曲艺传承生态。此外，从弦子书表演话语看，书词内容的变化适应着国家文化建设的需求。艺人以"隐藏的文本"参与表演，观众以"反馈行为"影响表演，学者以"专业术语"参与书场表演。总的来看，民间社会的多方主体从各自的利益出发，协调民间趣味与国家文化之间的关系。新时期民间曲艺活跃在国家文化宣传体系中，呈现出以艺人为核心的多元互动模式，盲艺人不仅仅成为连接传统与现代、国家与民间的艺术桥梁，还是探究曲艺实践与乡土社会互动的重要视角。

说唱传统与地方礼俗生活的构建，既表现为说书艺人行业群体内部所构建的神圣性和艺术性，也在具体的曲艺宣传队演出中体现了市场互动、礼俗互动、社会互动等特点。当下说书人视角下的广义的"礼俗互动"，包括艺术、社会、民俗等多重因素，其实质是通过"说书人"群体生存的视角，展现出传统与现代、民俗与社会、艺术与生存等复杂多变的社会结构关系。

第五章 说书艺人的生活感受、生计手段与社会互动

　　太行山说书人如何经历和体验有意义的生活故事，一系列生活故事又是如何编织成说书人的艺术历程，这些是研究艺人的焦点。这里从太行山区说书人的口述史入手，结合参与观察的手法，重点论述说书人的生活史和社会记忆，通过详细了解和分析说书人个体的人生经历及感受，展示其充满酸甜苦辣、喜怒哀乐的生活史。"说书"的核心意义既包括曲艺艺术本身，也包括艺人融于生活、内化于身的创造性和可能性。

第一节　陵川县盲艺人宣传队生活史

　　太行山说书人常年在外说书，行走在山间乡村，使得说唱艺术表现出鲜明的流动性和生活性特点。每个说书艺人的生活史本身就是"说书"艺术的灵感来源，其人生经历和艺术表现力就是说唱内容的主要素材。这种流浪行吟的说唱艺术，能够容纳吸收丰富的民俗信息，即编即唱，创演结合，转化为亲切感人的艺术素材，因而其艺术更具有个性化特征，充分体现出民间曲艺鲜活的创造性和生命力。

这里以山西陵川盲人曲艺队为例。1946年5月3日，陵川县盲艺人刘聚发、王秀魁、侯松锁等24名盲艺人在县城城内杨宅院楼上成立了"陵川县盲人曲艺宣传队"。成立初期既有半盲人又有全盲人，定名为"陵川县盲人宣传队"，简称"盲宣队"。1968年开始招收明眼人[①]学徒，后来改称为"陵川县盲人曲艺队"，是独立核算、自负盈亏的说唱团体。现在曲艺队和当地特殊教育学校结合起来，招收困难儿童学习说唱艺术。队员们平时下乡宣传演出，也在当地礼俗仪式中演出，集体生活在"盲人曲艺队大院"里，也学习盲文和其他一些文化课。盲人曲艺队的下乡演出一般分为三组，每组负责一个下乡宣传路线，在陵川全县400多个村庄巡回下乡演出。每队负责人通过政府开具的下乡宣传介绍信，联系村委会进行演出，演出结束后填"演出卡"[②]。陵川县盲人曲艺队演出的形式主要有鼓书、陵川钢板书、陵川丝弦书、陵川琴书道情等，演出曲目有传统曲目《包公案》《呼延庆打擂》《大八义》《小八义》《金镯玉环记》等。新编曲目多以党和国家的方针政策以及与百姓生活故事为主要内容。传统曲目变化较少，新编曲目随着时代的发展各有不同。目前曲艺队的商业演出多受集体或个人邀请，农闲和正月前后为演出旺季，一般在红白喜事、庙会、企业商铺剪彩开业等场合演出。在重要节日和会议期间，曲艺队自发组织，将国家方针政策改编成通俗易懂的曲目，向群众做宣传。所演的曲种唱腔独特，旋律朴实优美，唱词具有浓厚的地方特色，通俗易懂，生动活泼。

陵川盲人曲艺队每场的演出收入交队里集体管理，工资按月结算。而结算工资采用计分制，工资与学分相挂钩，主要是根据学员的说唱技能，同时兼顾迟到早退、好人好事、卫生纪律、演出场次等，骨干队员年收入可达两万多，一般的学员基本每年也可达到六七千元。

---

①"明眼人"是盲人曲艺队成员对视力健全者的称呼。

②"演出卡片"是盲人曲艺队内部制定的旨在记录演出活动相关事宜的卡片，内容包括演出地点、演出时间、演出曲目、观看人数、当地意见等。演出卡片由演出小组随身携带，演出完毕后找村委会相关人员签写卡片内容并盖公章，演出活动结束后交回，由曲艺队专人收存。

20世纪80年代起，陵川县盲人曲艺队相继创办了粮食加工、棉花弹套、推拿按摩、理发、等多个社会福利实体。1996年，盲人曲艺队办起了陵川县第一个盲童学校，曲艺队聘请教师，开设盲文、数学、语文等文化课。[1]此外，曲艺

陵川盲人曲艺队大院

队还开设德育课、音乐课、曲艺课等课程。特教班的学生不仅学习说唱和按摩，也学习盲文以及政治、数学、语文、读写、音乐、体育、英语思想品德等课程。每周一早晚开设班会。队员们每天7节课，早6点起就开始早自习。[2]曲艺队员人数不稳定，近些年时有学员进进出出，较为固定的曲艺队正式队员有33人，1名队长，4名教师，28名队员。[3]其中3人"残疾类别"为"肢残"，其余25人均为"视力"；9名男队员，19名女队员。曲艺队里主要有3名负责人，也是健全人，分别是队长侯安凤、班主任李志臣、教师靳文莲。队员食宿都在曲艺队，只在年节时短暂回家居住。平时学习表演、文化课等相关知识，有需要演出时，便提前排练，然后去家户演出。对于暂时没有掌握说唱能力的学生，会去学习按摩，有的年龄小，说唱按摩的技能还难以掌握，会负责队里的一些日常卫生的工作。特教班人员流动性较大，除个人家庭因素之外，有的学员为了进一步学习深造会离开曲艺队。学员年龄6岁至20多岁不等，近些年学员人数逐渐增多，各年龄段队员跨度也比较大。

　　盲人曲艺队场所分为上下两层楼，女队员宿舍在一楼，共有两间，每间上下铺8个床位；男队员宿舍位于大院西侧二楼，夫妻都在曲艺队生

　　① 陵川县盲人曲艺队聘请的盲文及文化课老师为李志臣老师。

　　② 据《陵川县特教班课程表》统计,内部资料,2014。

　　③ 据《陵川县盲人宣传队特教班学生花名表》统计,内部资料,2014。

活的，会有单独宿舍。曲艺队队员节假日不休息，年末可以休息一周。队员们每天早上5点半按时起床，10分钟之后在院中集合，排列成队，边唱歌边原地踏步练节奏，歌曲的内容大多和党的政策宣传有关，如：《没有共产党就没有新中国》《三大纪律八项注意》《八荣八耻》《我的中国梦》《打酸枣》等七八首。早6点老队长侯松锁组织会议，内容是学习相关政策，这也是曲艺宣传队的特色。早7点解散，队员分别打扫各自卫生区，盲队员反复用手擦拭打扫，直到没有灰尘。早饭一般是大米粥、咸菜。据了解，队员平时午饭和晚饭多是白菜、土豆，主食是大米、汤面，在六一、七一、建队日等节假日餐食较好。8点上课，内容不固定，有时背材料①，如《十八届三中全会精神放光芒》《赞新农保》，记诵材料的时间和材料内容多少有关，内容少需一两天，多则十多天。一般情况下，材料背诵较快的小组长负责帮助小队员背诵熟悉材料，达到完全记诵内容，能够编排节目的标准。一般情况多是明眼人先背，再教盲人。材料内容是演出最核心的部分，所以背材料占用时间较多，盲文课用时较少。中午12点开午饭，之后休息，下午3点继续上课，有时老队员下乡，小队员就自己背材料，由侯松锁老队长组织学习材料，直到晚上6点。晚8点继续上课、开会或者背材料，背材料时间居多。如果学员们下乡宣传，返回时间较迟，便不再开会，隔两三天开一次会，时间有时会到晚上十一二点，内容以表扬和批评为主，好好学习受到鼓励，当然也会批评表现较差的学员，如卫生不好、骂人、打架等。开会目的是总结反思每个学员的行为，发扬优点，改正缺点。

---

① 这里指下乡宣传演出的文本资料，内容贴近现实生活，多和国家政策有关，学员们完整背诵记忆这些材料，然后根据材料编排节目进行演出。

通过观察记录陵川盲人曲艺队一天的生活内容，可以看出队员们日常生活主要围绕"曲艺宣传"进行。说书人在学艺活动和平时生活中传承了这样一种"曲艺人生和文化"。通过考察说书人的日常起居、交往和学艺活动等，可直观展现其日常生活的图景样式，并在此基础上，发现说书人群体"超越艺术"的生活意义，呈现太行山说书人背后的故事，以及"说书"曲艺生成和传承的生活逻辑。[1]

说书艺人对于说书的经验和感受构成了社会记忆的主要内容，主要表现在对赶场、下乡宣传、学艺、特殊事件的回忆，或者是有关自身成长的苦难记忆，并以一种叙事方式建立起个人的历史。在艺人记忆中了解和分析部分个体的生活经历，有亲身经历创业艰难的老艺人回忆，也有阳光自信的新生代艺人的回忆。在具体生活中，社会记忆对认同意识的建构具有情境性，是一个复杂的心理过程，其中交织着民俗意识和多重利益。[2]

一、 向天而歌：赶场盲艺人的苦难记忆[3]

对盲艺人来说，大多选择说书就是为了生计，过程充满了艰辛和自我叙事的生活史特征，成为内心深处难以磨灭的苦难记忆。在调查中每当提到苦难，艺人往往情不自禁，潸然泪下，每一个盲艺人背后，"苦难"记忆成为其与社会互动的重要感触。这些苦难记忆既有生活的磨难、创业的艰辛、谋生的不易，也有家庭的颠簸、婚姻的不幸，等等，特别是老一代盲艺人身上体现得更为明显。如陵川盲人曲艺宣传队老队长侯

---

① 尤育号:《口述史、生活史与民间文化研究》,《温州大学学报》(社会科学版)2013年第5期。

② 卫才华:《北方移民民俗生活的社会记忆——以晋南移入民村调查为例》,《民俗研究》2008年第4期。

③ "向天而歌"来源于刘红庆《向天而歌——太行盲艺人的故事》,由于盲艺人视力有障碍,演出时总是不自觉地抬头说唱,这里借此词来形容陵川的盲艺人在黑暗中抬头对着天空,用歌声诉说着自己的苦难。刘红庆:《向天而歌:太行盲艺人的故事》,北京出版社,2004。

松锁。

侯松锁自幼家境贫寒，1936年，7岁时他在当地的玉皇庙内读书。1937年，八路军抗日政府驻扎在家乡东壁村的大庙上，他还曾当过儿童团员站岗，9岁时一场大病导致双目失明。对于盲艺人来说，谋生方式主要靠算卦和说书。15岁时，父亲去世。为了他以后能独自生活母亲忍痛卖掉小妹，向亲戚们借了三担小米送他外出学艺，经人介绍，拜陵川南关艺人王秀魁为师。苦学三年，学成出师，精通吹拉弹唱。以下是侯松锁自述家庭生活史：

我父亲老家是冶头，花墙坟是老坟，我去花墙坟烧纸领过蒸馍，大平是我自己的老坟，1956年别人掘墓走后，我还摸过墙上是干沙石，没见过水，坟工很好，每个墓坑堆都有碑楼献台石，碑上写清朝初康熙年间出过诸侯。有个帐内没有尸体，是在外当兵没有找到尸体，放着金男银女，这是碑文传说。我父亲说我爷爷是个吸大烟赌博的人，吸干卖净把我姑姑卖到岭后底，也要卖我伯伯和我父亲，我奶奶就把弟兄两个送在东壁姥姥家。我伯伯起名拴劳，我父亲起名长劳也叫玉孩。我父亲出生在清朝九帝光绪二十年（1894）是甲午年，我母亲老家是河南华县王庄乡龙村董家人，出生在清朝光绪末宣统元年（1909）己酉年。因为河南大遭荒旱，民国元年（1912），我母亲4岁，我外公把她放在筐里挑着带领全家男女路经新乡、辉县、八扁口、上十八里坡到山西晋东南陵川县城关镇东壁神南底安家落户。母亲说外公是个油匠，在黑老窝背整修山神庙开光画像，走时拿了一瓦罐小米，最多能放一小斗，他在山神庙住了一个多月，瓦罐里的小米一直吃一直有，一直到完工时小米才没有了，据说是山神老爷显圣。我外公死后姥姥和大舅舅生伤寒病大遭不幸，也是在山神庙，有个老汉双手捧着水他喝了一口才病好逃命去了。母亲说是9岁上外公把她送在东壁当了童养媳，每天是做在人前吃在人后，劳累受气，苦度光阴。16岁上头成亲借了两间小房安家落户，父亲在晋城麻铺纺绳打工，母亲给别人做针线活打工维持生活。22岁上生了我以后又租了二亩地，连瞧孩子带种地不用别人，每天盼我成人长大、兴家立业。我7岁秋后上学念书三个月，考试是头名。我8岁上，十二月政变时候陵川县八路军的县政府要往东壁大庙上搬，把学校挪在祠堂，县政府在东壁大庙上，县长张文汉住在当中院，两个护兵一个姓司一个姓吴，紧跟县长身上带着手枪。南院北院住着科局干部，神南底住的是看守所，看守所的犯人戴着脚镣手铐，公安兵背着枪插着刺刀跟在后边。学校成立了少年儿童队，一组六个人在十字路口轮流站岗放哨，来往行人开路条，没有路条不许过去，我也是个小班长。有一天就有两个没有路条的人，不许他走他也不敢走，第二天一晌午要吃饭，我和老师说这两个没有路条的人到哪里吃饭，老师说我去看看。后来让他俩每人找三个担保人证明，才让他们走了。那时候每天是躲飞机，飞机来了要丢炸弹，我经常躲飞机到家里、大树下，躲到黑暗的地方8岁上学了，一年考了个第二名，心中不服。我记得有一课书上说一个鸟儿巢住在大树梢，大风忽吹来树倒巢翻了，将国家比作树，将个人与小家比作鸟巢，国破家难在，国强家可保。我就想好好学习长大成人为国争光。

9岁那年1938年，八路军县政府就往北山抗日走了。害了眼病没钱请医生，缺医短药没钱治疗。时代是兵荒马乱，年头是缺吃短穿，家有病人就更困难。每天夏愁吃不饱，冬愁穿不暖，吃糠咽菜无处找，黑夜睡觉不安生，有时黑夜叫门问是哪个部分好，也不知他是哪一部分，怎样回答才对。有的回答错了就把他叫在村外杀害了，有的是要钱，不给他钱就打你，你要高声喊叫他就拿起刀来。也有的叫去给带路，跟上他走了以后，他就叫往家捎信拿上钱去叫他，不拿钱就回不来了。日本人不断来扫荡，要人要钱又抢粮，拿上各家的门扇、窗扇，倒上汽油红大火，有的正吃饭，听说日本人来了放下碗就跑。有一天黑夜听说日本人来了，妹妹没有顾上穿衣服，用被子抱上她，引上我走到半路上把妹妹从被子里掉出来了，妹妹疼得哭，母亲赶紧捂住她的嘴，怕日本人听见往山沟里跑，听说日本人走了才回来；有一次日本人已经进村才知道了，跑也不敢跑了，只好到院里等候，有两个邻居没有跑了，也是害怕和我们坐在一起，脸上抹上锅底上的黑，日本人来到我面前看见我瞧不见，

293

用刺刀在我脸前晃荡，我母亲说他是两眼看不见，有一个人拉上我邻居那个妇女要走，那个妇女不跟他走，那个人就像拖狗一样把她拖到家里，强奸以后在水缸舀上水把身上浇湿，又来了两个人把小柜盖、老柜盖、门扇、窗扇都拿上去烧了。只等日本人走后都才要放心回家做饭吃。每天吃糠咽菜担惊受怕，受人的欺负，也受蝇虫、跳蚤、壁虱的欺负，旱涝不收，瘟灾病祸，人死无数，哑巴吃苦瓜有话无处说。

母亲给别人做针线活，我也帮助捻纳底的麻绳，用陀螺捻纳帮（鞋帮）的麻线，我和妹妹井上抬水窑上挑煤，给别人推碾，没有桶就用小缸系上绳配上茶壶井上抬水，用小篮在煤窑上挑煤。有一次脚上扎了个圪针，母亲给我挑刺，刺扎得很深，挑刺我受疼，疼在娘心里，总算把一指多长的刺挑出来了，母亲边哭边说我每天做鞋给别人穿，顾不上给自己做鞋，造成了孩子受罪受疼，她说我教给你个掌鞋吧，破了再补上一块就叫掌鞋，我母亲教我学掌鞋，掌鞋的技巧我学会了，就是认针得找别人，掌一只鞋就脱好几次针，别人认针虽然不好说难听话，我也感到太烦人，后来才摸索认针，把认针也学会了，就能够独立了，底破补底帮破补帮，再不怕被圪针扎脚了。我妹妹在垃圾堆上捡了个破手套，我摸了摸问我母亲这手套是怎么做的，她说是打手套不是做手套。我找到手套的破处顺着横龙拆了几针懂得了打手套的技术，我母亲帮助我学会了打手套，1946年陵川解放以后学习纺花织布，我也学会纺花，没有织过布，我织过腿带裤腰带，也有人经常让我捻麻绳、掌鞋、推碾，都不白用我。我母亲勤劳耿直，为人正派，常受邻居亲友的关爱。

民国三十二年（1943），遭大荒旱，遭危灾生稀罕病，日本人住进陵川县，除了饥荒危灾，日本人抓人支差修炮楼，连出力带吃打，我父亲就是给日本人支差修炮楼吃打成病，连饥带饿送了命，无钱买棺材，有个放粮食的破老圪栋，用麻绳捆住打成褓轨才抬出去了。父亲死后，我母亲当时才36岁，一个我还有两个妹妹四口人，房无一间，地无一垄，难以度生。母亲带上我们走了，走到哪里也要受别人欺负小看，难丢难舍自己的亲人，下决心就是饿死也要死在一起。后来有个邻居操好心说，有人要抱个小闺女，想叫我小妹妹去逃生，经过母亲的同意妹妹走后他给了二斗玉茭一斗谷。当天晚上，母亲和我到碾上把二斗玉茭一斗谷推细，天就不早了，回来放到柜上，第二天天刚明就有人叫门，开开门一看是村副旅长共有四个人来要账，把二斗玉茭一斗谷连米带糠都拿走了，和他商量挖下半升米他也不答应。抱出一个人换来点粮食又去碾上推回来，连口米汤也没喝上全都拿走了。村副旅长拿走了，和谁告状哪里申冤，肚里饥哭也哭不动，想法喝点糠菜汤充饥度命，后来我母亲又给别人奶了一个孩子，当奶妈，一天给一升米加点糠菜全家顾命。母亲给别人干活，一顿吃一碗饭，省下一碗端到家里配点糠菜度生。

我15岁上就是1944年，有个好心人帮我请老师学艺，老师的工资是没钱要粮食，一天五升米不管饭，包干一天六升米，十天是六斗米，一月一担八，先学冬三月先交冬三月的工资，就这样五担四斗小米还不包括自己吃饭，租了二亩地打了八斗谷哪里有五担四斗小米学艺，这个艺道学不成。好心人说：我们帮你和大家道借以后奉还，母亲同意，两三个人拿着斗、升、布袋到各家借粮，首先说侯家是人穷志不穷，是咱村里一家好人，都要帮助这个没眼孩子投师学艺借点粮食，学上艺道本利奉还，真正要学不成就算我们行了好了。就这样央亲托朋借粮学艺，我母亲一回能背一斗二斗，冬三月跑了四十回才把五担四斗小米给老师送到家了。我自己起火全靠糠菜。老师只是早上教几句，下乡走了晚上听你背熟再教几句，老师走后上午下午除背书以外，帮助老师打扫卫生、掏灰挑煤洗锅，还和引路的到井上抬水。有一次在井上拔水错脚到井里，我用胳膊架住井口，引路的拉住我的衣服才把我拽上来了，差一点没有掉在井里。过年时回家，邻居说学艺回来了你给大家说一段吧，我说了一个《王祥卧冰》，大家感到满意，给我收了半篮馍馍，母亲高兴地说这半篮馍馍就是五担四斗小米换来的红利。母亲说你今年就16岁了，今后要好好学习回报村里的好心人。母亲又比方给我讲了一个故事，她说咱们是个人，一个小鸡还能下蛋报恩，养上一个蚕吃桑叶吐黄沙能织绸缎，也能为人造福，一只小蜜蜂东跑西忙采花心造蜜，是哪个蜜蜂不讲理伤了人，蜂王就把它蜇死了，蜜蜂是很有规矩。蚕吐丝、蜂酿蜜、鸡下蛋就是咱中国的宝物人人爱，你看不见，好好学艺能做奉献也能受人尊敬。

1945年春天，共产党返回来赶走日本人，解放陵川，连续解放长治、焦作，民兵参战下河南，后山后寺积善台南都是伤兵医院。共产党号召人人平等有吃有穿，解放妇女不裹小脚，按劳取酬，发家致富，破除迷信。

老师下乡回来总是不高兴，邻居问他生意好坏。老师说不好，从三皇治世给盲人留下一条活路，就是说书算卦为活命，共产党是破除迷信不讲命，我就挣不上钱了，总是感到共产党的政策不好。我和老师说，共产党号召人人平等，有吃有穿就是不算卦也有人关心呀。老师说你不懂，自己有艺术也能挣上钱，花钱也方便，在家坐的有吃有穿也没有意思。我说那咱们说旧书，符合当前形势也配合上些新书，也能为群众消愁解闷。老师说：说书也行，自己去说没人管，得通过政府开上手续才有人管。

我就和各位老师做工作，商量找政府开手续，说书宣传。政府听了以后也很满意，说你们是以讲革命为主，要宣传党的政策，就得好好学习，懂得政策才能做宣传，我和领导研究决定以后再通知你们。1945年年底找政府，他说到明年通过学习整顿提高才能开介绍信。到1946年4月政府才组织盲艺人开会整顿，就叫放下包袱开动机器大会，批评与自我批评，坦白从宽抗拒从严，一个一个谈思想写检查，打科算卦就是封建迷信，搞封建迷信就是说假话骗人。共产党的政策就是破除迷信保护人民，算卦是为自己活命，搞封建迷信骗人民的钱财是不符合政策的。通过整顿提高思想认识了算卦的危害性，随时把搞迷信算卦怎样哄人编了一会书告诉人民，去给有钱人算卦说他的儿子犯热狗沙，破破他多花俩钱就不要紧了。我们自编自演破除迷信的节目，也宣传共产党是全心全意为人民的，团结人民教育人民走上幸福，把一个打科算卦为活命对人民有害的人，改变成说书宣传为革命，对党和人民有利的人。这充分说明共产党的政策英明。通过政府组织，1946年5月3号陵川盲人曲艺队成立。6个人一组，共16个盲人，一组两个领路的，共分四个组。盲人宣传队的队长是刘聚法，四个组长是姚保发、王秀奎、原小桃和我。当时老师们都是三四十岁了，我才17岁，但是接收新鲜东西学习比他们快，各项工作走在前，因此我也被列为组长。说的内容是解放陵川、攻打潞安、民兵参战到河南、左权将军热血洒太行、纺花织布发家致富、送郎参军、父子送公粮等。通过自编节目在太清观演出后效果良好，受到领导的欢迎和支持。①

在和侯队长的访谈中，除了苦难的家史以外，还有很多关于陵川盲人曲艺队建队70多年的历史，这些艰辛的历史成为曲艺队重要的文化记忆。

1950年代盲人曲艺队刚成立，队员们多临时住在小旅店，平时开会漂泊不定。1963年陵川县政府给曲艺队安置，三间旧房。1963—1974年间由于城建规划搬了三次家，曲艺队觉得住公房一直来回搬动，尤其盲人每次还得重新熟悉住处，生活不便。1970年代曲艺队住在政府安排的房里，当时曲艺队有30多个人，后来辗转搬家，有一天一个盲艺人让人带着去厕所，结果等盲人出来这个人就不见了，于是盲人就自己摸着墙往前走，结果他从五六米高的沟掉了下去，幸运的是这个盲人只是有点小伤。

1974年曲艺队决定自己盖房，大家省吃俭用攒了两万五千元。当时曲艺队中有二人要结婚，娘家和婆家都是队里操办的，那个时候供应粮困难，县委宣传部认为曲艺队发展得比较好，就给了三个指标，选择标准是工龄长、贡献大、在职三个标准。大家觉得这是件好事，就把这个机会给了那些表现好的人，鼓励他们，让他们好好干，但是有些人不同意这个观点。侯队长主动找负责人说："把指标让给这些优秀的人，让他们好好

① 访谈对象:侯松锁,男,1929年生,陵川县东壁村人,陵川县盲人曲艺队原队长;访谈人:卫才华、赵燕;访谈时间:2016年5月14日下午;访谈地点:陵川盲人曲艺队排练厅。侯松锁口述:《我父亲的老家在冶头》,陵川曲艺队王芳代笔整理,内部资料。2018年11月12日老队长侯松锁因病逝世,其口述史整理一直搁置未完成,这里的自述家史资料根据生前打印稿整理而得。

盲艺人宋学敏和妻子

带好宣传队。"1976年，曲艺队买了一辆小平车，半盲人、全盲人拉煤到40里地，自力更生建设曲艺队大院。后来在全县大会上表彰盲人不怕苦不怕累的精神。1977年，盲人曲艺队又要搬迁，大家考虑自己有房就不用再搬，当时承包房价是八万元，可他们只有两万五千元，为了节约资金，大家决定自己动手修队舍。半盲人拉着全盲人准备用料，买了工具，拉了沙、石灰、水泥等。盲人拉夯绳，聋哑人把夯、和泥，大家都动手，部分业余爱好曲艺的人也来帮忙，经过三年艰苦奋斗，终于盖成了19间房。从此曲艺队队员都有了自己的"家"，有双职工和单职工住处，还有办公处。①

　　创业艰难坎坷多，到1982年，盲人曲艺队住的房子又出现问题，盲艺人再一次面临搬迁。新地方不够住，政府让他们下放部分曲艺队员回家。②曲艺队继续发扬艰苦创业的精神，不靠政府，自己动手修房子。白天晚上不离工地，最终修好了五间东屋和西屋，现在陵川盲人曲艺队大院，宽敞整洁，两层楼房、四合大院，院侧政府又专门划拨修建了陵川特教学校，也交给曲艺队使用。每一次院舍的修建、扩建都见证着盲人曲艺队的发展历史。

---

　　① 访谈对象：侯松锁，男，1929年生，陵川县东壁村人，陵川盲人曲艺队原队长；访谈人：卫才华、张小丁、郑月、苗贤君；访谈时间：2014年6月30日下午；访谈地点：陵川盲人曲艺队特教班。

　　② "下放"指陵川县文化局裁员，让盲人曲艺队艺人重新回到农村成为农民，不再享受城市供应户口权益。

陵川县老一代的盲艺人由于身体缺陷、家境贫寒，很多人终身都未能婚娶，结婚成家的少之又少，而且多是因"演出结缘"。与老一代盲艺人们相比，年轻一代的盲艺人婚姻生活状况有所改善，未婚的占少数。大部分盲艺人都选择同行的曲艺队员结婚。例如盲艺人宋学敏与爱人都是盲人曲艺队的成员，两人喜欢弹琴、吹萨克斯等乐器，二人有共同的兴趣和话题，于是日久生情，组成家庭。他们靠说书维持生计，经济上并不宽裕，但家庭幸福美满。尽管如此，当回忆起结婚的情形时，婚姻对他们而言仍是件极为艰难的事情。由于是明眼人和盲人结婚，双方家庭并不满意，经过很长时间的磨合才同意婚事。

苦难记忆有着强烈的"诉苦"型特点，共同点是他们的经历都非常相似，新中国成立前后学艺的老艺人大多为盲艺人，旧时由于医疗条件的限制，很多人幼时因各种疾病未能及时有效治疗，导致双目失明或身体残疾，而且大都家庭人口多，生活贫困。无论是旧时还是现在，盲人习书都是为生活谋求出路。而女性盲艺人最深刻的记忆多是病痛和婚姻的不幸。对多数盲艺人而言，成家结婚是一件较为困难的事情。由于自身情况和家庭条件较差，在择偶方面会受到很多限制，多数说书人只能选择同行成家。

近些年，在政府的帮扶支持下，陵川县盲艺人的社会地位有所提升，成为国家政策的宣传员和文艺工作者，与老一代盲艺人们相比较，现在的年轻艺人婚姻状况有所改善。所以老一代艺人超乎常人的苦难经历，这种"搬迁建房""生病住院""身体伤害"等记忆，成为说书群体内部独特的"传艺"过程，时刻提醒曲艺队员群体生存的价值和意义。这些生活史记忆造就了说唱传统的活态传承，为盲艺人群体和说唱行业增加了更为丰富的内容和色彩，使曲艺传承更富有温度和生命力，反映了特定时期的艺人群体的艺术生活。

二、艺德与人品：口传心授的生活记忆

艺德与人品是说书谋生的重要能力，尤其是盲艺人群体会围绕这些话题形成特殊的"说唱文化"，这里围绕艺人口述史做记录，从艺人自己

讲述的生活史视角发现说唱群体独特的社会互动关系，这些类似日常"唠叨"的讲述看似普通，其实反映了舞台光鲜背后的艺术动因。艺人也有自己的家庭难处、人生苦难，"说书"仅仅是社会赋予的谋生方式，更多的是作为盲艺人群体平凡而又无奈的人生际遇。

马明娥，女，1954 年出生，陵川县城关镇西关村人，先天性双目失明，家庭贫困，有多个姊妹。为了生计，她 14 岁师从侯松锁学艺，17 岁正式加入曲艺队。她在回忆学艺生涯时谈到，过去学艺都要自己出学费、带粮食请师傅教书，现在都是免费吃住。以前都是三年学艺，师傅每天教五到八句书词，平时还要自己多加练习，而且学徒不光学艺，更重要的是学做人。

1970 年马师傅去外地演出时与前夫相识并结婚，两家人口多，婚后经常欠外债，清贫的生活不尽人意，由于一些原因，二人 1984 年协议离婚，这给她的心理造成了很大的创伤。儿子、媳妇都是健全人，两个孙女的视力有障碍，这给原本不富裕的家庭增加了沉重的负担。病痛是她提到的身体记忆，46 岁时生病住院做手术无人照看，无人签字无法看病，最终是老队长帮她签字才顺利治疗。马老师现在患有糖尿病、脑梗、心脏病，每年吃药花费五六千元。每每说起这些难过的经历泪流满面，数次哽咽，不愿提及往事。

随着时代的发展，拜师仪式逐渐消逝，1970 年代出生的艺人牛爱红在 12 岁时加入盲人曲艺队学艺，当时没有固定的老师教学，主要通过听别人说书来自学。三年学艺期间没有工资，每月交 6 元伙食费及一斤粮票。三年毕业后，第四年开始演出，每个月赚 6 元钱左右。

也有在外地学艺的，比如盲人就业说唱团团长贺重发之前在河南安阳学艺，主学河南坠子书，学徒们轮着在各自家吃住，学艺三年，一般也是在冬天学习三个月，三年共九个月，每年学费 25 元，如果学得好，夏天可以出去演出，但没有报酬。三年学艺期满后，可自己出外演出，也可继续跟着师傅演出。贺重发学成之后，一直在河南安阳演出，直到 1969 年才回到陵川加入盲人曲艺队。

陵川盲人曲艺队靳文莲，女，1974 年出生，陵川县潞城镇侯家岭村人，自幼家庭贫寒，当时家中有两个哥哥要上学，难以供其读书，她喜爱文艺，15岁时加入盲人曲艺队学习说唱。健全人因为可以领路，学艺期间不交钱，只要会唱就能增加工资，不会唱也有小额补助。当时每月赚30元，交10元饭钱，剩下20元积攒起来，一年赚100—200元。在说书传承人的人生经历中，总有一些重大事件会影响他们的个体成长与发展，这些重大事件是他们生活史当中引人瞩目的"亮点"与转折点[①]。靳文莲在回忆学艺过程时谈到自己曾吃了不少苦头，她刚来时在群众面前表演的第一个节目叫《王大傻》，这是一个小段，有一男一女两个角色，她扮演男性。排练时她基本唱下来了，可上场面对众多观众时她就开始紧张害怕，全身发抖，以至于无法继续表演，结果未能完成演出。从此之后她就逼自己多练，别人休息时她还增加练习，等到下一场表演时强迫自己克服紧张心理。说书人地位低下，在老百姓眼中是"要饭的"，在社会上会受到歧视，晚上休息有时没有床褥，学徒们只能枕砖头或者坐着休息，下乡演出吃了很多苦。这是每个曲艺队员艰辛的生活记忆。

1992年陵川县七一举办活动，要求盲人曲艺队出节目，靳文莲年纪还小，艺术水平有限，她回忆在排练中反复磨合，始终难以达到艺术要求，急得当时当场痛哭，后来克服困难重新编排参赛，结果节目在县里得了一等奖。那次排练的画面，记忆深刻，非常感动，也给了她日后从事曲艺表演的信心，经过这个刻骨铭心的"舞台表演"，她在曲艺队的生活越来越融洽。多年来曲艺队队员进进出出，时有流动，有些骨干队员转行，也有的成家后不再说唱表演，艺术也逐渐生疏了。每一次有队员离队时，老师们都会感到很失落。[②]

另一方面，陵川艺人学书时注重人品的教育。老队长常常教育徒弟学书不能忘本、忘恩负义，要先树立良好的艺德和人品，虽然学艺方式主要是口传心授，但入门之初先要学规矩：第一是天地君亲师的伦理观念，第二是为人处世要谦逊，说书人"出门三辈小，以善为本"，要明白

① 尤育号:《口述史、生活史与民间文化研究》,《温州大学学报》(社会科学版)2013年第5期,第45页。

② 访谈对象:靳文莲,女,1974年生,陵川盲人曲艺队副队长;访谈人:岑建如;访谈时间:2016年7月6日晚;访谈地点:陵川盲人曲艺队排练厅。

为人处世处处谦逊的道理。同苦难记忆不同，生活记忆主要针对艺人自身学艺过程进行回忆，苦甜相伴，盲艺人大多因为身体残疾、家庭贫困等因素选择学说书谋生。但因自身情况和社会情境的不同，除了盲艺人为生活所迫的"学艺防身"的谋生观念外，也有一些因家庭贫困而学艺谋生。学艺三年出师，旧时需要交学费而且自带粮食，严格执行师傅的规矩，学艺期间经历各种酸甜苦辣，历练自己的能力和品德。"说书不容易，怒成红公鸡。"说书人地位低下，学艺历程非常艰苦，有时候收入高，有时候半年也出不了活，因此经常处于颠沛流离的不稳定状态，所以说书人用"一半甜一半苦"来戏谑自己的行当。

说书人的苦难记忆、家庭记忆构成了其口头创作的重要素材，生活和艺术相互交织，相互影响，说文说武说自己，说书人在艺术表演中也揉入了自身的生活感受和价值判断，不断强化着"说书"过程的艺术感染力。这种生活记忆也反映了民俗曲艺独特的艺术经历和传承过程，包括学艺过程中发生的种种趣事，这代表着当时的习书心态，而且这种个人记忆也属于群体记忆，大家在谈到学艺时都离不开这些话题。法国社会学家哈布瓦赫指出："集体记忆与个人记忆不可分割，集体记忆可以共享并且可以传递给后代，集体记忆存在于现代社会和一些社会团体中。"[1]因此，这些生活记忆流传在盲人曲艺队这个独特的生活圈中，表现了太行山说书艺人更为细腻的生活感受和艺术情感。

三、生计与生活：新一代说书人的文艺理想

新生代说书人大多为20世纪90年代出生的，是年轻的一代，是曲艺队传承发展的骨干力量。调查时队员里年龄较大的有二十多岁，较小的十多岁。陵川县盲人曲艺队和特殊教育相结合，现在主要以年轻队员为主，多次代表当地参加各级曲艺会演。如此特殊的群体选择说书谋生背后的意义是什么，他们的生活感受和艺术理想又是怎样呢？

---

① 邵卉芳：《记忆论：民俗学研究的重要方法》，《云南社会科学》2014年第6期。

走出去：盲艺人学艺与谋生

焦路来[1]，女，1992年出生，盲人曲艺队骨干成员，也是年轻的曲艺队队员兼教师，先天性失明，出生时就被亲生父母遗弃，现在的养父把她捡回家抚养，所以名字叫"路来"。家中还有一个弟弟，19岁，患有先天性肾病，长期服药。养母耳聋，养父健全，以种地为生，生活艰苦，为了帮养父减轻压力，她决定学说书。比起年轻的一代，她在队时间较长，如今已有十八个年头，1998年她6岁时经邻居介绍加入盲人曲艺队，经过长时间的努力，在表演艺术方面非常出色，常常受到队里老师的一致好评，成为新一代曲艺队骨干艺人，艺术上的成就感慢慢淡化了生活中的苦难心理，她的自卑感逐渐减弱，通过盲人曲艺队这个生活集体，让她重拾自信，找到了人生的价值。

关于说唱艺术，她认为关键的是学习接受新事物。2010年她去长春参加钢琴培训，这对零基础的她是件极具挑战性的事情，她利用有限的培训时间加倍努力，老师每天教一个小时左右，其余时间自己练，偶尔忘了某些音调时就在琴房请教学生，为了练琴，放弃参观长春的很多景点，经过十天左右的艰苦练习，在最后的汇报演出中顺利地完成表演。她觉得，作为一名盲艺人，重要的是提高曲艺表演的艺术水平。她非常渴望走出陵川去外地表演或者培训，因为走出去既可以感受世界的精彩，也能提升自己，就像去外地培训，虽然成绩很小，但通过这次培训让她接触到了钢琴，并且成为曲艺队唯一会弹钢琴的人，她感到很自豪。年轻人总是希望能够感受外面世界的精彩，这是很多队员的心声。关于未来，焦路来还是希望能参加唢呐和声乐的培训，弥补不足，走向更高的舞台。[2]

贺娅兰，1994年出生，陵川县城人，老艺人马明娥的孙女，先天性

---

[1] 焦路来也叫"焦路兰"，女，1992年生，陵川县盲人曲艺队骨干成员，前者得名于身份的由来，是社会对其的称呼，后者是到曲艺队后改的正式学名。

[2] 访谈对象：焦路来，女，1992年生，陵川县盲人曲艺队骨干成员；访谈人：赵燕；访谈时间：2016年5月15日下午；访谈地点：陵川盲人曲艺队排练厅。

失明，很有说唱天赋，现为盲人曲艺队骨干成员。大家都称之为"小雅"，每每谈到她，大家都说她是自学成才，是名副其实的才女。贺娅兰家中还有一个姐姐和一个妹妹，一家人靠父亲打工为生。自幼喜爱音乐，受家庭影响，9岁时由奶奶马明娥引荐到盲人曲艺队，但因生活不能自理中途多次回家，直到13岁才正式加入盲人曲艺队，开始唱表演。她能连续说十八场书，《回龙传》《金钱记》长篇书目都是她的拿手节目，她的学书要诀基本是自己摸索，在学习旧书方面记忆力强，她经常听磁带、光盘，模仿人物说书的音调和语气，两三遍后就可一字不落连词带调唱下来，这在常人看来是极难完成的，所以她也掌握了丰富的传统书目，通过自身天赋加上老师在音乐方面的指导，她也很快成为曲艺队的说书新人。

曲艺队"师徒"式学艺，主要是老艺人带小组长，小组长再帮其他小学员学书、唱戏。她认为比起说唱，更难学的是乐器，在乐器方面，她常常请教搭档焦路来，两人互相学习、互相进步。对于曲艺队的生活，她并不排斥，因为她喜欢说书，从没有想过放弃，她甚至说："如果我要是健全人我也会学音乐"。[①]可见她对说书的热爱程度，不同于老一辈人，年轻人也有着丰富的曲艺兴趣。当谈及理想时，她说希望提升艺术水平，多出去接触新事物，特别渴望在更高的舞台上拿到群星奖、牡丹奖等，并将陵川钢板书传承下去，发扬光大。

艺随人走：新时期曲艺传承现状

上述两位是盲人曲艺队比较突出的新一代说书人，通过调查采访，还整理了部分盲人曲艺队"90"后学员的学艺档案，通过关注艺人的从艺背景，进而发掘学员们舞台背后的人生经历。在这个群体当中，一般男队员比较多，主攻乐器，女队员主攻说唱。

史小欢，男，1990年出生，江苏徐州人，主要从学习吹笙、唢呐等乐器开始学艺。父母打工来到山西，8岁时因发烧导致失明，家里七口

---

① 访谈对象：贺娅兰，女，1994年生，陵川县盲人曲艺队骨干成员；访谈人：刘国臣；访谈时间：2016年7月5日；访谈地点：陵川盲人曲艺队院内。

人，有一个姐姐、一个弟弟、两个妹妹，父母靠卖衣服为生。2006年进入盲人曲艺队他的第一位师傅是侯松锁队长，学艺时先学唢呐，他话语不多，很喜欢这个曲艺队，他感觉在这里，大家都一样，生活上能够互相帮助。

景玉清，男，1992年出生，先天性近视，读过小学，但因为喜欢音乐，辍学学习说唱。父母在外打工，经常来看他。家里希望他将来能有一技之长，生活自理，所以14岁时进入盲人曲艺队，主要拉二胡、板胡。他认为周围同学和老师对自己的影响大于父母，和师傅关系融洽。登台演出已有三四年的经验，现在乐器独奏还不够娴熟，但和周围同学关系融洽，之前也想过从事按摩，但想到出外打工更辛苦，在队里还有大家互相帮助，所以对曲艺队生活很满意。

王波，男，1997年出生，陵川人，先天性失明。家里靠父亲打工、母亲种地为生，家庭条件差，他在学习书本方面比较吃力，14岁辍学后经学校校长引荐来到盲人曲艺队，他最开心的就是外出表演，虽然很累但很充实，家人都很支持他说书。对于未来，他不想从事盲人按摩，他喜欢说书，希望把陵川说书传承发扬下去。

何晓南，女，1997年出生，陵川县附城镇人，肢体残疾，一家人靠父亲打工为生。小学毕业，因之前在学校和同学沟通较少，常会受到健全人的歧视，久而久之，有了辍学的念头，初中时加入盲人曲艺队。第一个老师是侯松锁队长，学艺三年，她认为和乐器相比，说唱的表情、语言等要求较多，表演力较强。她说："在这里人人平等，不会因为被歧视伤心，也可干自己喜欢干的事，但偶尔也会和盲人有摩擦。"但在父母和队里老师的影响下，她认为做人应该学会感恩，要做一个对社会有用的人，她视力健全，肢体残疾，在曲艺队常作引路人和照顾其他盲艺人。

王文杰，男，2006年出生，目前是陵川曲艺队里年龄最小的学员，

学员在院内休息场景 　　　　　　　　　部分学员合影照片

刚刚 10 岁，还没达到"行艺谋生"的年龄。父母离异，家中还有两个姐姐一个哥哥。因其视力有障碍，2015 年进入盲人曲艺队学说书，初学一年，说唱水平还不够成熟，会简单打一段竹板，学艺最先学的是唢呐，能吹《边疆的泉水清又纯》《没有共产党就没有新中国》《三大纪律八项注意》等简单曲目。因为年龄小，有时犯错会被责骂，心情低落，提及他最想要什么礼物时，他说想要零食、玩具和苹果。

　　新时期老艺人退出表演舞台，他们中大多数艺人因为先天因素导致失明，家里贫困无法就学，还有的因为身体原因遭受歧视，所以文化程度普遍较低，选择说书也是为了成长和生计，很少有"艺术兴趣"的曲艺队员。可见从当下来看，"学书行艺"确实是弱势群体的谋生方式。和大多数年轻人一样，现在年轻的曲艺队员喜欢玩手机，也用微信、抢红包等方式休闲娱乐。由于平时生活比较单调，多在曲艺队大院生活，队员们都渴望有外出培训和表演的机会，能够"走出去"，感受外面世界的精彩。当然也可以接触到更多的知识，对说书的内容与形式进行创新与改变，进而提升艺术水平。

　　太行山说书人的社会记忆是说书传承过程中丰富而有活力的因素，包括苦难记忆、生活史回忆等方面，这些都成为艺人群体共享的集体记忆，具有丰富的民俗生活特点。当下太行山说书艺人仍有一些盲艺人生活艰难，未被纳入政府保障体系，涉及维持生活的多方面问题。从说书人的生活史入手，不仅可以深入解读盲艺人群体独特的"集体记忆"特征，也可以让更多人了解这个边缘群体的所思所想以及他们关于未来和艺术的思考，让我们对于说唱曲艺的关注，不仅流于"艺术"表面，更多的是感同身受地去理解每个艺人背后鲜活的生活故事，让说书人和说唱表演处于共同"在场"状态，从而更加整体地认识太行山说书艺人和说唱音乐传承的面貌。

艺人的生活史与独特的身体民俗记忆，使钢板书、鼓书等曲艺形式和这个特殊的盲艺人群体有了千丝万缕的联系，历史上瞽文化如此，当下也如此。以往的说唱只关注艺术生成的层面、艺术表现及仪式社会功能等方面，这里的"说书人"将苦难的身体史、生活史等社会记忆的元素也纳入说书人的生活史视野中。这些普通的生活感受、学艺感受形成了宏观视野下说唱文本、曲艺文化、艺人生活史、社会记忆等更为丰富的"说书"民俗传承机制。此外，在曲艺知识传承过程中，说书行业圈特别注重人品与艺品，艺品即人品，学艺固然艰辛，但也是从艺者在人格和艺格方面磨炼自己、提升自己的过程，提高艺品和人品，才能更好地传承说唱曲艺。

在社会记忆中突出个人生活史，按年龄层次划分对不同群体进行关注和调查，整体呈现出回忆特征：老一代艺人经历的苦难较多，回忆以生活、婚姻问题为主，表现出"诉苦"的特点；中年艺人讲述的多是从艺经历以及记忆深刻的"学艺故事"；新一代艺人则更向往外面的世界，从艺考验的也是年轻人"守艺传艺"的耐心和坚持。总体而言，从盲人曲艺队这个特殊集体看，艺人们选择说书多是出于家庭和身体原因谋求生计，家庭悲苦、生计无落、身体残疾等生活遭遇，恰恰酝酿了"盲艺人"这样一个边缘群体以及他们赖以谋生的"鼓书说唱"技艺，学艺谋生的艺术背后，是这个群体"身心边缘"的文化特征，他们遭受苦难，迫于生计，曲艺既是谋生之技，也是无奈的社会归属，因而很多艺人围绕曲艺队生活，曲艺队就是他们生存的社会空间。这里有一样苦难经历的伙伴，有古已有之的说唱历史，有礼俗说唱的市场，更多的盲艺人行业群体内部成家立业，以队为家，从这个意义上讲，盲艺人的生活和艺术融为一体的，是难以割裂的行艺生活。

第二节　沁县盲艺人的生活史与社会互动

　　沁县位于山西省东南部、长治市北部，西接沁源，东面是襄垣、武乡，南邻屯留，北部与晋中市的平遥县接壤。沁县说唱历史悠久，在南里乡金墓鼓书砖雕中发现："墓中有二十四孝砖雕，其中砖雕图案有一对老夫妻坐于桌后，桌前跪一男子，手中似擎一食品，左上角雕有一三角架支起的书鼓。书鼓后站一人，两手前伸，左手略高，似在击鼓拍板说唱"。[1]沁县古称沁州，沁州三弦书和沁州鼓书是代表性的曲艺形式。另外还有襄垣鼓书、武乡琴书、潞安鼓书、长子鼓书以及快板、三句半等曲艺形式。三弦书以三弦和摔板为主要乐器，坐场表演，伴奏悠长。沁县鼓书伴奏乐器是简板，表演自由不受限制，可坐、可站，形式灵活，节奏明快。演出曲目分为传统曲目和现代曲目，传统曲目主要有：《清列传》《丝鸾带》《仙宝传》《牙牌记》《小段集》《金镯记》《老寡妇上坟》《抢铜钱》《观花段》等，现代曲目有《沁县六大变》《减租减息》《脱贫路上好支书》等。

　　沁县鼓书形成于20世纪七八十年代，主要由鼓书艺人温秀芳和吴二虎发展而来。他们在武乡琴书、襄垣鼓书、长子鼓书以及老州调音乐唱腔基础上，运用沁县方言演唱，从而形成了独特的沁县鼓书说唱艺术形式，主要流传于沁县、襄垣、沁源、武乡、榆社、榆次、左权一带。[2]

　　据了解，沁县从事说唱的艺人约有150人，目前约有80家民间乐团，专职从事民间说唱乐团的人员多是明眼人，也有少部分盲艺人。大多艺人年龄集中在30岁—50岁之间。说书艺人之间多为师承关系，很多乐团

---

　　[1]《中国曲艺音乐集成》全国编辑委员会、《中国曲艺音乐集成·山西卷》编辑委员会编《中国曲艺音乐集成·山西卷》(上册)，中国ISBN中心，2004，第7页。

　　[2]长治市曲艺家协会编《长治曲艺概述》，内部资料，2014，第121—123页。

负责人是县剧团改制后，艺人单干跑市场。代表性说唱团主要有：沁县温秀芳说唱艺术团和沁县彩英艺术团，年均演出场次约100场，其中喜事占到三分之二，白事占三分之一，年总收入约10万元。演出市场除了本地演出外，还包括周边县市，如沁源、武乡、襄垣、长子、榆社、清徐、左权、和顺等地。①

一、沁县的说唱曲艺团

沁县盲人曲艺团。1942年为了开展抗日宣传活动，沁县抗日政府成立盲艺人宣传队。1972年，沁县盲人曲艺队改称为沁县盲人曲艺团。

1990年起，说书艺人崔国胜任沁县盲人曲艺团团长，直到2017年因病去世。崔国胜家庭贫苦，喜好说唱，1965年加入沁县盲人宣传队，师傅是崔银锁，他天生嗓音沙哑，不擅长说书，因此从师学艺更多学习的是乐器二胡伴奏。他上过小学，视力微弱，因此在沁县盲人宣传队负责队里的日常文化工作。②

2000年，沁县盲人曲艺团共有艺人54人，2016年7月沁县盲人曲艺团共有艺人18人，男性艺人16人，女性艺人2人。其中，栗四文一人是明眼人，但是患有先天性肢残。其余队员多为盲艺人，少数人有光感。在队的有16人，还有两位老队员，分别是骈中堂和李效清，退休在家养病。

---

① "说书人"这里指能够说唱沁州三弦书、沁州鼓书的艺人，本研究主要调查了沁县盲人曲艺团的栗四文、郑明明、李志中等艺人，其他队员大多能说唱一些小段书目，难以独自领场说书。有的老艺人年龄较大，表演能力也下降。沁县专职从事民间乐团的艺人，如温秀芳、李彩英、郝彩英等骨干艺人，一般是个人组织演出团，活跃在城乡的各种节俗场合。

② 访谈对象：崔国胜，男，1950年生，沁县段柳乡上北里村人；访谈人：卫才华、李文平、闫咚婉、贾志杰、刘国臣；访谈时间：2016年7月16日；访谈地点：沁县文化馆门房。

表 5-1

2016 年沁县盲人曲艺团在队人员基本信息表①

组别	姓名	出生年月	籍贯	入队时间	职务	行当	备注
第一组	崔国胜（男）	1950年8月6日	沁县段柳乡上北里村	1965年5月4日	组长团长	音乐	(2017年去世)
	李志忠（男）	1974年11月23日	沁县漳源镇西倪村	1981年2月11日		说唱	
	宋书伟（男）	1969年3月14日	沁县南泉乡南泉村	1974年3月1日		说唱	
	付国军（男）	1963年3月2日	沁县新店镇大桥沟村	2012年2月		音乐	
	杨庆娥（女）	1958年8月7日	沁县南里乡中里村	1973年1月		说唱	
第二组	郑明明（男）	1988年10月7日	沁县故县镇井则余村	2000年5月19日	组长	说唱	
	李诚义（男）	1956年6月14日	沁县漳源镇羊庄村	1978年1月8日		音乐	小名李六小
	杨正宇（男）	1946年10月21日	沁县南里乡中里村	1961年5月2日		音乐	
	刘虎则（男）	1962年10月7日	沁县新店镇陈家沟村	1978年1月21日		说唱	
	郭秀清（女）	1961年4月26日	沁县南里乡杨家庄村	1977年2月8日		说唱	
第三组	栗四文（男）	1964年11月14日	沁县南里乡中里村	1980年1月21日	组长副团长	说唱	团长
	杨小二（男）	1951年1月1日	沁县松村乡倪村	1965年1月23日		说唱	
	骈仲清（男）	1953年3月10日	沁县松村乡姜营村	1969年2月7日		音乐	
	蒋润孩（男）	1949年	武乡县龙泉乡浦池村	1964年			农户
	陶俊红（男）	1966年8月20日	沁县南里乡南里村	2001年10月7日		音乐	
	霍忠秀（男）	1953年3月25日	沁县段柳乡轻城村	1966年7月		音乐	

---

① 本表根据 2016 年 7 月 16 日沁县盲人曲艺团调查的信息整理而成，不包括退休队员的信息。

沁县盲人曲艺团共有队员17人，能下乡演出的有15人，其中男队员13人，女队员2人。沁县盲人曲艺团分为三个小组，每组5个人，分别设有组长，组长多是由说书技艺水平较高、具备一定管理能力的人员来担任。2017年栗四文接任沁县盲人曲艺团团长，调整一组组长为李志忠，原来三组的陶俊红调到一组。二组组长改为李诚义，三组组长是栗四文。三个小组都下乡说书，一年下乡四次，小组实行轮流"划片"管理制度。

　　1966年，沁县县政府批地拨款为沁县曲艺队盖起七间平房，此后，沁县曲艺队有了固定的说书场所。曲艺队规定，把每年党的生日定为曲艺队的年度例会日，所有盲艺人均要求汇报工作，表彰先进，并且制订下一年的工作计划。定期走街串户，宣传党的路线、方针和政策。[①]正月前后和农闲时候为沁县盲人曲艺队的演出旺季。演出场合主要是下乡演出、沁州书会、消夏晚会、红白喜事、开业庆典、庙会。为配合政府文化宣传，沁县盲人曲艺团会根据会议主题或内容，将会议精神编写成通俗易懂的三弦书说唱小段，下乡义务宣传演出。

　　沁县盲人曲艺队属于民间艺术团，自负盈亏，成员大都有城镇居民最低生活保障和国家残联补助。城镇居民最低生活保障福利每人每月405元，按月发放，每位队员每年可以补助4860元。国家残联补助每人每月50元，按年发放，年收入600元。2015年沁县盲人曲艺团三个组共收入16万左右。一组是7万多，二组4万多，三组5万。平均每人1万元，大把式1万余元，小把式约1万元。[②]逢年过节县政府会发一些米面油等福利。曲艺队规定，队员每月需缴纳100元管理费，总收入约2300元，用于办公费用。盲人曲艺宣传队定期召开会议，内容主要是：各小组汇报学习情况；下乡中遇到的困难问题，如哪些村不接待、不付钱；合理安排一年四个季度的下乡活动；互相监督；下乡演出和外出表演收费要统

　　① 马留堂、田兆文:《沁州三弦书》,河南文艺出版社,2007,第5页。
　　② "大把式"是说书艺人当中的一个俗语,特指领场表演的核心艺人,"大把式"通常是主唱人,不仅会说唱,而且精通各种器乐,会弹三弦,拉二胡、板胡。"小把式"只会说唱一些书帽小段,不能独自领唱,主要做伴奏,拉二胡等。

一。①

　　沁县盲人曲艺团人员呈现老龄化和衰落现象，沁州三弦书入选当地国家级非物质文化遗产项目后，政府多次组织老艺人参与国家级、省级曲艺会演，录制三弦书传统书段，但总体上，曲艺队下乡宣传的说书市场逐步萎缩，自身的艺术市场面临挑战，生存境遇堪忧。相比而言，由健全人组织的民间说唱艺术团却在民俗市场中跌打滚爬，获得较好的生存环境。

沁县温秀芳说唱艺术团

　　沁县温秀芳说唱艺术团成立于1992年，由艺人温秀芳组建，全团有固定队员5人，都是健全人。女队员有常晓慧、郝彩英；男队员是吴瑞清、周定顾、温秀芳。温秀芳擅长拉弦、说书、打板。

　　常晓慧、吴瑞清是戏剧科班出身，吴瑞清吹、拉、弹、唱样样精通，周定顾主要负责乐队，打鼓、打锣，也会拉弦。郝彩英主要负责说书，擅长沁县鼓书。②

　　温秀芳从小家里兄弟姐妹多，家庭经济困难，初中毕业后辍学。后拜沁县盲艺人陶金旺为师，学习沁州三弦书。当时拜师礼是30斤土豆，20斤高粱米，10斤玉米面，3斤白面，算作"学费"。

　　沁县南里乡成立文化站，也叫南里乡法制宣传队，温秀芳曾进入南里乡宣传队，当时明眼人进团，还有盲艺人反对。幸运的是他曾到长治市电视台录节目会演，还被选到县里"更新观念宣讲报告团"，负责宣传县里各行业突出人物，比如养牛大户、种植大户、种粮大户，将"名人事迹"编成通俗易懂、喜闻乐见的顺口溜。

　　温秀芳学书内容比较丰富，不仅关注沁县三弦书、沁县鼓书的相关音像资料，也学习京东大鼓、天津快板。学书时第一个传统曲目是沁州

---

① 访谈对象：崔国胜，男，1950年生，沁县段柳乡上北里村人；访谈人：卫才华、李文平、闫咚婉、贾志杰、刘国臣；访谈时间：2016年7月16日；访谈地点：沁县文化馆门房。

② 访谈对象：温秀芳，男，1964年生，沁县温秀芳说唱艺术团负责人；访谈人：叶蕾、王文婧；访谈时间：2017年5月30日；访谈地点：沁县南湛村。

三弦书《五女兴唐传》。1984年，他开始自己组建秀芳说唱团，约有30个徒弟。比较出色的有沁县说书艺人李彩英、郝彩英、郝树堂、张建军等人，徒弟们学艺出师以后也开始自己组建说唱团，常年活跃在沁县以及周边村落进行演出。

1992年，沁县温秀芳说唱艺术团成立，是当时沁县唯一一个说唱艺术团。

第一次，在沁县县城，我和我徒弟两个人一起说书，徒弟负责打八角鼓①。演出进行了四十多天。前来听说书的老百姓挤得人山人海。当时，还没有电视机，音响、音效设备都是最差的。我在家乡大甸村说书。邻村的老百姓都来听说书。一个村演出七个村的人来看。演出时间到了，我出来一看，老百姓围得满满的。在台下最前面是老百姓摆的木头檩子，观众用来坐；紧接着后边是小凳子，小凳子后面摆满了高凳子，高凳子后面是摆得整整齐齐的椅子，最后面的老百姓就站着，井然有序，早已坐好等着看说书。②

每年正月初三到二月二为说书旺季。平日人们外出务工赚钱，年节时才张灯结彩热闹请说书。元宵节和二月二龙抬头时家户请书的很多，说书的场合主要有满月、过十二（圆锁）、结婚、祝寿、暖房、店铺开业、白事等。说唱团演出过程中也经常发生问题。比如有一次负责写戏的人员与第一户主家联系好，③说唱三天。但是第三天天公不作美，突然大风不止，妨碍了正常演出，中间耽误一天。结束后，第二户主家前来接人，帮忙拉演出设备。可是，第一户主家不让走，说写的三天戏，只

---

① 八角鼓，八个角的小鼓，周围七面镶嵌小铃铛，无铃一面有双股长穗，寓意年年五谷丰登。用大拇指扣着八角鼓，用另一只手敲击鼓面发出鼓声，摇动鼓身发出铃声。是曲艺单弦的主要伴奏乐器。

② 访谈对象：温秀芳，男，1964年生，沁县温秀芳说唱艺术团负责人；访谈人：叶蕾、王文婧；访谈时间：2017年5月30日；访谈地点：沁县南湛村。

③ "写戏"主要负责提前联络好，明天要去哪里进行演出，演出共有几天，一天演出几场，食宿等问题，并提前签合同。负责写戏的人员，抽取总收入的百分之十。

唱了两天。第二户说已经定好演出计划，于是两家发生争执，后来多次协商，才妥善处理。

秀芳说唱团也经营八音会，主要视主家经济情况而定。比较大的演出一般要登台化妆、穿专业演出服。如主家聘娶媳妇，第一天晚上说书，第二天白天则是八音会吹奏，唱歌、跳舞为主。说唱艺术团和八音会是有区别的，说唱艺术团以说书为主，少有乐器伴奏。八音会则主要以吹奏乐器为主，兼唱戏、唱歌、舞蹈为一体，八音会承揽了大量的红白事演出，在红白事演出中一般会穿插一小段说书节目。

艺人按演出实际情况分配报酬。相对来说，队员的工资收入比社会人员工资要略高。工资分配分为以下几种情况：知名艺人，吹拉弹唱都精通，演出一场400元，一天演出两场，收入800元。如专业戏曲演员，能弹琴、唱戏、唱歌、跳舞，艺术水准高，收入较高。如果艺人只会唱歌、唱戏，不会跳舞，演出一场300元，一天两场600元。名气小的艺人，演出一场200元，一天两场400元。如果只会乐器，则工资较低。负责乐队一天200元，弹琴一天150元，拉弦一天100元。一般说唱艺术团都会有台柱子，①主家才愿意邀请办事。②刚开始八音会接一个办事每人5元，后来涨到10元、20元、30元、50元。2000年时"办事"每人120—150元，结婚120元，办丧事是150元。因为丧事要"送坟"，比结婚办事多演出一晚。说唱团在外面"办事"，组织一次表演温师傅约收入1000—2000元。组织者和队员的工资收入均不固定，个人艺术水平的差异、说书市场淡季旺季、主家的经济能力等都会影响艺人的总体收入。

---

① "台柱子"在民间说唱艺术团主要指多才多艺、既会说唱鼓书又擅长唱流行歌曲、会跳舞的艺人，他们可以活跃氛围，因此很受老百姓的欢迎。"办事"是艺人对参与民间红白喜事演出的俗称，家户举行的婚丧嫁娶、满月做寿，还有商家开业、店庆、文艺晚会等，这类民众生活中的礼俗节庆事件被统称为"办事"，这是太行山说书艺人赖以谋生的重要民俗市场。

② 访谈对象：温秀芳，男，1964年生，沁县温秀芳说唱艺术团负责人；访谈人：叶蕾、王文婧；访谈时间：2017年5月30日；访谈地点：沁县南湛村。

沁县彩英说唱团

沁县彩英说唱团成立于2003年，李彩英任团长。固定演出人员有7人，4男3女。李彩英和郝树堂负责说唱，主要说唱沁州鼓书。传统书目主要有：《仙宝传》《罗成算卦》《吕洞宾抓药》《韩湘子度林英》《列女传》《包公案》《五女兴唐传》《呼家将》《王员外休妻》《朱洪武放牛》《小姑贤》《婆媳之间》等。现代书段有：《张三赌博》《社会》《选女婿》等。

李彩英1989年毕业于沁县郭村中学。1991年，李彩英跟随沁县鼓书艺人温秀芳学艺。她嗓音清脆，音质纯净，回忆学习第一个书段是《张生打药方》，跟随师傅下乡演出，每天一元工资，后来涨到两三元时，她开始学唱大本书目。

2015年，李彩英以沁州三弦书《好支书龚来文》，荣获第三届"岳池杯"中国曲艺之乡曲艺大赛金奖。2014年《五女兴唐传》荣获山西沁州鼓曲唱曲优秀曲目展演表演奖。2017年7月，李彩英作为山西曲艺界代表，参加了"全国曲协第八次全国代表大会"，更加坚定了对曲艺事业的信心，2017年还正式注册了公司"沁县李彩英演艺有限公司"。[①]

沁县陶氏兄弟乐团[②]

沁县陶氏乐团主要指陶华岗乐团、陶华军乐团。类似陶氏兄弟的民间乐团，沁县现在约有80家，如田四茂乐团、刘建新乐团、栗斌乐团、刘建功乐团、田国君乐团、二虎乐团，等等。沁县的民间乐团较多，因为当地原有音乐班、戏剧院校、职业院校等艺术专业，学生毕业后很多都从事八音会工作。

陶华军参与其他乐团参加办事的情况比较多，比如，办丧事时，主

---

① 访谈对象：李彩英，女，1975年生，沁县南里乡杨家庄村人；沁县三弦书、鼓书表演艺术家；访谈人：卫才华、李文平、白蓉蓉。访谈时间：2017年5月29日；访谈地点：沁县文化馆四楼会议室。

② 沁县陶氏乐团主要指陶华岗、陶华军乐团。沁县现在的民间乐团很多，在访谈中我们选择沁县陶华岗、陶华军乐团作为代表。一方面由于陶氏兄弟是沁县三弦书盲艺人陶兴旺的儿子；另一方面，陶氏兄弟乐团是沁县较早的乐团，具有代表性。

家要求从凌晨吹到天亮，按小时计费，每小时 300—500 元。乐团负责人办一个"白事"可以收入 600 元，普通队员每人约 200—300 元。

乐团根据艺人说唱水平高低评分。比如拉弦，技术精湛可以得 6 分，水平较差的可以得 4 分。陶华军除了自己有乐团，大部分时间在外面帮别的乐团拉二把。如沁州书会时沁县文化馆邀请伴奏，排练会有报酬，每天 200 元，由文化馆支付。

> 干我们这行的，有可能今明两天在家住，明后两天就奔走。时间非常灵活，变动性很大。每天 200 元，假设每天都有活，一个月的收入是 6000 元。实际这一行很累很辛苦，需要经常熬夜，尤其是红白事的时候。沁县办红事时，乐队需要在前一天晚上提早过去。自己接活比给别人帮忙收入要强一些，但是由于沁县乐团多，竞争压力大，乐团市场混乱，所以自己干比较困难。[1]

2000 年陶华军与爱人结婚。爱人毕业于沁县职业中学戏剧班，毕业后就业于沁县漳河剧团，休息时与陶师傅一起搭档演出。每年正月初三陶师傅和爱人去东乡演出，[2]一直到农历二月二结束。东乡有同年生人的集体闹红火的风俗。比如今年是龙年，全村人中凡是属龙的人集体为正月闹红火出资 100 元。其他属相的人遵循自愿原则，通常个人捐资为 10—20 元。爱人是科班出身，会唱戏、唱歌、说唱沁州鼓书，经常和沁县李彩英同台演出。因此，她的收入要比陶师傅高一些，旺季时两人月收入能达 1 万元，淡季时约七八千元。

陶师傅患有轻微脑梗，难以长时间工作。每年会住院治疗，现在有一儿一女，女儿 17 岁，夫妇二人居住在出租屋里。

近些年，沁县盲人曲艺团与民间说唱乐团形成竞争，沁县盲人曲艺

---

① 访谈对象：陶华军，男，1973 年生，沁县陶氏乐团负责人；访谈者：李文平、贾茜；访谈时间：2017 年 7 月 6 日；访谈地点：沁县县城 V8 快捷酒店 406 房间。

② "东乡"指武乡东部地区，长治市武乡县根据方位分为东乡和西乡，东乡有煤矿企业，人们生活水平较富裕。因此，说书人常常在正月的时候去东乡说书。

团主要在白事书场中表演，说书市场日渐萎缩，主要有以下几点原因：首先，沁县盲人曲艺团说唱曲种单一，以传统沁州三弦书为主。其次，说唱形式单调，书词较为传统，新编节目较少。最后，由于大都是盲艺人，演出效果有限。沁县民间说唱乐团的优势在于，说唱曲种多样，从业人员多是健全人，能够随着时代变化、观众喜好排演新节目，因此成为乡村曲艺市场的主流。不过，艺人可以随意组合成团，盲艺人和明眼说书人，自由搭档演出。

现在太行山一带说书人，根据地缘远近关系，呈现出说书圈子内部流动的状况，根据沁州三弦书、武乡琴书、沁源鼓书等艺术门类的划分，往往在实际演出中难以区分，在农村曲艺市场和社会关系中，说书人本身非常灵活自如，可以同时掌握多种表演技能，如温秀芳既熟悉三弦书也擅长沁州鼓书、武乡琴书。其演艺范围不是根据曲艺体裁形式划分，而是依照实际的演出风格和观众口碑，所以说书人的演出市场是说书艺术传承的重要原因。

二、说书人的家庭生活

沁县盲人曲艺团中有17人，目前成家的只有8人，分别是崔国胜（2017年4月因病去世）、栗四文、郑明明、付国军、骈中堂、杨庆娥、郭秀清（全盲）、李效清。大多盲艺人都是同行婚，"在家是夫妻，外出是师徒"是对行内婚艺人婚姻状况的概括。因为盲艺人身体的特殊性，说唱生活的漂泊不定，社会地位低下，社交圈相对封闭，与外界联系甚少，结婚成家非常不易，所以大多选择同行组织家庭。"前半辈单身，后半辈成家"道出说书盲艺人心酸的家庭生活。

骈中堂，沁县松村人，先天失明，是沁州三弦书省级非物质文化遗产传承人。11岁时进入聋盲哑工厂学习。1960年，骈中堂参加沁县盲人曲艺团，师从三弦书老艺人韩荣先，后来又拜襄垣的苏起贵为师，学习柳调。[1]学徒时先学习识谱，然后熟悉二把、二胡、三弦等演奏乐器，半

---

① 1958年沁县盲人宣传队改名为沁县曲艺团。

年后学唱小本书目和长篇书目，如《包公传》《清列传》等。

1973 年，骈中堂[①]在南里乡中里村下乡说书时认识爱人杨庆娥[②]。1975年登记结婚，育有两儿两女。杨庆娥是南里乡中里村人，家里姊妹七人，她排行老五，8 岁时因病导致眼睛失明。

骈中堂目前在家养病，杨庆娥下乡演出，一年约七八个月的下乡时间，每月收入约800元，下乡演出收入是6000余元，同时享受国家城镇居民最低生活保障和残疾人补助，总收入约1万多元。此外，骈中堂是沁县三弦书非物质文化遗产省级传承人，国家每年补助1500元传承经费，两年发放一次。

栗四文[③]，沁州三弦书国家级传承人，先天性肢残，沁县南里公社中里村人。家中有7个兄弟姐妹，4个男孩，栗师傅排行老七，7岁上学。17岁毕业于中里村七年制学校，回村后在生产队放羊，以此挣工分钱，勉强糊口。后来偶然看到盲人宣传队[④]在村里说书，非常喜欢。当时盲人宣传队每天说两场书，上下午各一场。他热心帮助盲艺人，主动引路。因此，盲宣队队长任怀德开始并不接收。后来，因舅舅和老队长比较熟悉才同意入队。

18岁时，他拜闫义清（盲人）为师。初期学习拉二把，由于是明眼人，学习很快。每天上午赶路，中午说书，下午练习拉二把。师傅脾气暴躁，记得如果教了三次还出错，师傅会发火，当学徒挨骂、挨打比较

---

① 访谈对象:骈中堂,男,1947年生,沁县松村人;访谈人:卫才华、刘国臣;访谈时间:2016年7月17日;访谈地点:沁县松村乡松村骈中堂家院子。

② 访谈对象:杨庆娥,女,1958年生,沁县南里乡中里村人;访谈人:李文平、贾茜;访谈时间:2017年7月7日上午;访谈地点:沁县县城亲雅苑A6楼2单元101室。

③ 访谈对象:栗四文,男,1964年生,沁州三弦书国家级非物质文化遗产代表性传承人;访谈人:李文平、闫咚婉、贾志杰;访谈时间:2016年7月17日下午;访谈地点:沁县县城V8快捷酒店409房间。

④ 以下简称"盲宣队",沁县曲艺团前身为盲人曲艺队,1972年8月,曲艺队改称为沁县曲艺团,任怀德任团长。

常见。①第二年，开始学习拉二胡，逐渐能和师傅搭伴说书。第三年，开始学习弹三弦。师傅（闫义清）不会弹三弦，因此，需要请教其他师傅，三十多年来，他和师傅一直在一个宣传小组里搭档演出。

2008年栗四文被评选为非物质文化遗产沁州三弦书国家级传承人。2010年，新沁州三弦书《和谐富裕新农村》参加长治市科学发展观文艺专场演出，受到观众们的热烈欢迎。2011年，由栗四文表演的新编三弦书《笑声飞出刘家坪》在长治市反腐倡廉文艺比赛中，荣获二等奖。

付国军是沁县新店镇大桥沟人，7岁患眼疾导致失明，右眼有微弱视力。1976年经人介绍，进入沁县盲人宣传队，拜任怀德为师。他回忆学书时都是边学边上台，一年之后能登台演出，表演一场5角，一个月能收入12元。出师之前，收入都归师傅，有时师傅会给一些零花钱。师徒合作也产生矛盾，主要表现在说书节奏上，年轻人喜欢节奏快一些，而师傅则慢一些。盲人宣传队实行"一帮一"的原则，一个有视力的帮扶一个盲艺人。下乡时挑着扁担，前面是行李包和演出乐器，后面是铺盖。他嗓音不好，不擅说唱，主要负责拉二把、弹电子琴等乐器伴奏。26岁时付国军觉得在沁县盲人宣传队不自由，便加入八音会跑市场，后来八音会里接"办事"活少，2002年后重新回到沁县盲人曲艺团。2004年经邻居介绍付国军与爱人结婚，当时付已经41岁。爱人是盲人，不会说书。付也曾有过自由恋爱，对方是明眼人，有家庭子女。后来母亲坚决反对，事情不了了之。

一般盲艺人难以脱离"农民"身份，兼具行艺谋生和农耕劳作的双重性。农闲时说书、农忙时忙农活。沁县盲艺人付国军、郑明明都在家乡种玉米。2017年，付国军将家里8亩地租给别人种，一亩地租金是200元，一年可以有1600元的土地租赁收入。他说年龄大了，唱不动了，还得种地才能维持生活，也表现了说书艺人对自己社会生活的思考。

---

① 访谈对象:栗四文,男,1964年生,沁州三弦书国家级非物质文化遗产代表性传承人;访谈人:李文平、闫咚婉、贾志杰;访谈时间:2016年7月17日下午;访谈地点:沁县县城V8快捷酒店409房间。

为了节省车费，付国军经常骑自行车回家。从县城回老家乘汽车单程车费是5元，骑自行车回去却需要50分钟左右。付国军眼睛略有一些光感，虽然明白骑自行车危险，但还是想把钱节省下来。目前有两个孩子，是爱人结婚时带过来的，他们之间交流很少，也担心孩子能否承担养老的责任。他希望到年老的时候，可以靠种地维持生活。现在出去演出连续坐两个小时就腰疼腿疼，接的"办事"也相对少一些，一年总收入约有7000元。闲暇时没有其他娱乐活动，一般是自己学习或者找盲艺人同行聊天。①

盲艺人都有着相似的家庭，苦难的童年记忆，大都家境贫寒，为了长大能有一技之长，能养家糊口，在生活的"逼迫"下无奈选择学习说书。盲艺人的婚姻家庭都比较凄苦，一方面身体残疾，受人歧视，另一方面盲艺人靠说书谋生，收入微薄，走街串巷，生活不稳定。一般社会对盲艺人的婚姻期许较低，较少考虑艺人真实的内心感受，所以大多数艺人家庭生活都很普通平凡。

郑明明是沁县故县镇景泽宇村人，是目前沁县盲人曲艺团较年轻的队员。兄妹三人，靠母亲一个人抚养长大。他先天性视力缺陷，13岁时，拜骈中堂为师。学徒时唱了一首《没有共产党就没有新中国》，师傅觉得嗓音好可以学书，当时有拜师文书，一式三份，盲人曲艺团留档一份，师傅和郑明明各一份。写完之后读给郑明明听一遍，然后由本人按手印，再由沁县盲人曲艺团盖章。②

学徒期间最开始学的是音乐伴奏，即牌曲。说书人过去使用工尺谱，学记曲谱一般在晚饭后开始，主要凭借师傅口传教授，教一句背一句，直到滚瓜烂熟、倒背如流为止，然后学拉二把、三弦。郑明明讲："千日管子百日笙，三年把不住笛子音，胡胡二把一黄昏。能学一日精，不学百日通。"学会一种乐器很简单，但是要精通一种乐器却是需要花费很长

---

① 访谈对象：付国军，男，1963年生，沁县新店镇大桥沟人；访谈人：李文平、贾茜；访谈时间：2017年7月7日上午；访谈地点：沁县县城亲雅苑A6楼2单元103室。

② 访谈对象：郑明明，男，1988年生，沁县故县镇景泽宇村人；访谈人：李文平、贾茜；访谈时间：2017年7月6日；访谈地点：沁县县城惠民小区5号楼3单元102室。

时间。比如拉二把、弹三弦，首先要定音准，如果学徒难以掌握艺术本领，音准很难找到。而一个说书人立足在于"精"字，有一项出众的技艺时即可以独当一面了。

一般学徒学习三个月后能单独说唱小段书目，如书帽或者小本书目，可以挣1分。学徒一年半后，不仅能说小本书目而且还能伴奏，涨到2分出师后可以拿3分，单独说唱两个小时的书目时，可以拿到4分。弹伴奏乐器三弦一天，可以挣到5分。5分以上根据个人艺术水准评判，技艺水平较高的可以在队里拿7分。郑明明嗓音浑厚，不仅擅长说唱，而且会弹三弦、拉二胡、吹笛子，因此在盲人曲艺团第二小组挣7分，目前是二组里的最高分。

关于婚姻家庭他介绍说，原来经常去买饼子，和老板熟悉后觉得他为人耿直踏实，便把自己的侄女介绍给他。爱人身体健全，智力略有缺陷。结婚时女方要求彩礼6万6千元，加上置办家用电器如电视机、电冰箱，共支出约12万元。2015年，他花费13万购买了72平方米的经济适用房，装修支出5万元。整体下来，结婚成家共支出约30万元。现在的演出收入主要用于买房子，结婚时母亲资助了1万余元。为筹备婚礼，欠下很多债，盲宣队队友借了3—4万元。家里事情郑明明一人操持，一般下乡演出时，爱人就回娘家住。等到演出结束，再把爱人接回来。尽管这样，郑明明家里平时非常干净整洁。家里朋友伙伴都在外面打工赚钱，一般逢年过节才会碰面。交往的朋友都是盲人曲艺团的忘年交，有的年龄长他十多岁，相互之间经常通过手机微信平台聊天。

2014年，郑明明去北京参加"传统表演颁奖晚会"，借此机会，他参观了天安门、中国盲人图书馆。中国盲人图书馆赠送了一个盲人听书机。去文化部录资料时，文化部发给他500元盲人补贴费用。

同样的家庭生活，太行山区盲艺人还一种民俗文化叫"认干亲"。"认干亲"是一种民间育儿习俗，早期这种关系称之为"保爹"与"保儿"。取"保证""保佑""保护"之蕴意，使孩子在"保爹"的庇佑下健康成长，人们把这种关系也叫"认干亲"。据说，左权县认干亲习俗源于河南、河北一带。旧时父母怕孩子不好生养，便将子女"认"给流浪的盲艺人做"干儿子"或"干闺女"。"盲艺人腿长，走的路远，可以为孩子们带来福气。"①借"认干亲"为孩子祈福，保佑孩子健康成长。民众选择把孩子认给盲艺人，盲艺人经历过各种苦难，生存能力强，能保佑孩子平安长大。如左权盲艺人刘红权有27个"保儿"。刘红权是左权盲人宣传队的队长，刚加入盲宣队时，便有主家找他"认干亲"。一方面，由于说书人命运曲折，经常下乡演出，吃苦多，好存活。另一方面，他姓刘，取"留"之谐音，寓意护佑孩子健康成长。

"认干亲"通常在孩子1—3岁时。刘红权的第一个"干儿子"是1995年在中店村下乡时结识的。"认干亲"仪式的关键是干爹需要给干儿女"挂锁"，用一根红毛线，把三枚铜钱串起来，在铜钱上象征性地卡上5元或者10元钱。父母准备一把新锁子，由干爹亲自锁在干儿女的脖子上。这个锁需要在干儿女的脖子上戴三天，然后取下。在家门的后面挂三天，再由孩子父母收起来，寓意孩子已经被锁住。由于"挂锁"在孩子13岁的时候还需要戴到脖子上。因此，红毛线需要较长。除此之外，主家会给干爹买一双新鞋，刘红权给干儿女买三尺布，帮孩子做一身新衣服。等到干儿女13岁生日时，干爹亲自把锁打开，意味着干儿女长大成人。"认干亲"一般不找年龄较长的，如果盲艺人年龄太大，难以等到孩子13岁，"认干亲"的民俗意义就会受影响。②

通过"认干亲"，说书人与家户建立起一种血缘之外的亲戚关系，逢年过节，已婚干儿女看望干爹，未成年人由父母带着去干亲家，给干爹置办一身新衣服或者买一箱奶和方便面。干爹一般会请儿女吃饭，每年春节时，会给年龄小的干亲压岁钱。

2015年刘红权将每年正月初九作为"亲家聚会日"。2016年他建了微信群，取名为"刘红权和他的亲家门"③，干亲们相处和谐，随后微信群名更改为"和谐相处一家亲"，也叫"保儿群"。④

---

① 刘红庆:《向天而歌——太行盲艺人的故事》,北京出版社,2004,第122页。

② 刘红庆:《向天而歌——太行盲艺人的故事》,北京出版社,2004,第123页。

③"亲家门"是刘红权对"认干亲"的孩子父母的一种敬称,使得"干爹"与孩子们以及父母之间的关系更加亲近。

④ 访谈对象:刘红权,男,1969年生,左权县姜家庄村人;访谈人:李文平;访谈时间:2018年1月21日;访谈方式:电话访谈。

2018年1月28日是左权县盲艺人刘红权的爱犬"黑豹"五周岁生日。早上盲艺人刘红权在微信群"和谐相处一家亲"中，告知大家今天是他的导盲犬"黑豹"五岁生日，群里"亲家"纷纷送上祝福，还有"黑豹"的生日照片以及干儿女的合影。

"黑豹"是刘红权的第二只导盲犬，形影不离，"黑豹"在他眼里不仅是一只宠物，也是家庭的一个成员。2010年大连导盲犬培训基地送给他第一只导盲犬，名叫"多多"，陪伴他整整五年。在"多多"的导引下，他能去菜市场买菜，去移动营业厅缴费和药店买药等。后来导盲犬病去，刘队长还唱了一首歌曲纪念"多多"唱词如下：

> 多多大连来，盲人乐开怀，领着咱们走山路，走哪都有爱！
> 多多领路来，老少都喜爱，走遍太行山和水，痴情永不改！
> 多多人人爱，盲人喜心怀，唱出心中苦与乐，天天好滋味！
> 多多谱写爱，与天地同在，一首开花一片情，好音传天外！①

艺人的苦难表现为他们对家庭的渴求、对社会交往的期盼。盲艺人和干亲的民俗生活以及导盲犬的关系，是盲艺人独特的生活内容。"认干亲"使得说书人表现出独特的民俗互动关系，给他们原本单调枯燥的生活增添了色彩。盲艺人强大的生存压力，使他们脱离了既有的生活轨道。说书行当的技艺表演是艺人赖以为生的手段，因此说书人身份得到社会的认可尤其重要。

三、说书人市场、经济收入与支出

沁县盲人曲艺团经济来源主要有：一是下乡演出。二是享受国家城镇居民最低生活保障和残疾人补助。传承人享受国家传承经费补助，三是其他演出活动，如沁州书会、消夏晚会。个体户说书团体则表演形式

---

① 访谈对象:刘红权,男,1969年生,左权县姜家庄村人;访谈人:李文平;访谈时间:2018年1月28日;访谈方式:微信回访。

多样，曲种丰富，节目综合性强，收入来源主要是家户说书，如满月、圆锁、祝寿、红白喜事、做周年、暖房、开业庆典、庙会等。

沁县盲人曲艺团的一年下乡演出四次，每个季度下乡演出一次。演出区域实行"划片"管理原则。"划片"管理制度是老一辈说书艺人留下的传统。20世纪70年代以前，沁县每个自然村一年四个季度，接待四次盲艺人，如果超出四次就不会再接待。因此，盲艺人把相邻或相近的2—5个自然村划在一起，由沁县盲人曲艺团中的某一组负责，就是所谓的"划片"管理制度。但是，每个小组负责哪一片区域并非固定不变，而是流动性的。20世纪70年代以后，由于沁县盲人曲艺团队员减少，仅余下三个宣传小组。

沁县盲人曲艺团一年共四次下乡宣传，第一次是正月十五以后，第二次是四月初，第三次是七月初，第四次是十月初。每一次时间长达两个月，每年有七八个月时间都在下乡宣传中度过。现在沁县盲人曲艺团分为三个小组，下乡演出区域仍实行"划片"管理制度。即如第一季度，第一组负责定昌镇、郭村镇、漳源镇。第二组负责新店镇、故县镇、次村镇。第三组负责牛寺乡、松村乡、册村镇。第二季度时，第一组接替第二组的区域，二组负责第三组的区域，三组负责第一组的区域。以此类推，每组每年下乡演出的次数都是固定的，各小组演出区域轮换一方面加强盲艺人与每个自然村的联系，另一方面，也可以避免因为某一组下乡次数多，收入不均而带来经济纷争。下乡时艺人每月收入约900元。正常下乡时间是八个月，盲人曲艺团一年收入共有4500元，这是沁县盲艺人的主要收入来源，占到盲艺人一年总收入的一半以上。

改革开放前，盲宣队下乡宣传党的政策，很受群众的欢迎。一些新编书目如《红灯记》《白毛女》《智取威虎山》《一块银圆》《英雄杀敌》《沁县六大变》等等。老百姓对盲宣队队员非常热情。1958年沁县盲人宣传队还参加各地文艺会演：

> 咱县盲艺人一行八人，于六月十九日赴太原参加全省首届曲艺杂技会演大会。演唱的节目有：《沁县六大变》《除四害》《武大郎卖烧饼》《三门女婿拜寿》等四个。演唱的形式有："老州"调和"渔

鼓"调两种，其中以"老州"调演唱的《沁县六大变》，唱腔使人有清雅舒畅之感，弹拉又独具风格，内容深刻反映了我县工农业大跃进的现实生活，因而深受群众欢迎，得到大会好评。这次全省会演进行了九天，最后选出两个节目赴京参加全国大会演，一个节目是我县的《沁县六大变》，另一个节目是临县的《修漳河》。我县盲艺人以能够去京参加会演而感到无限光荣，他们现正准备赴京演出。①

进入 20 世纪 80 年代，盲人宣传队下乡演出的境遇变得较为困难，经常遇到村庄不愿意接待的情况。栗四文回忆：

> 2009 年冬天寒风刺骨，我们下乡宣传。早上 9 点多进村后村支书躲着我们不露面，找会计，会计说他只管着一本空账，没有实权。因为盲人出门不方便，随身携带的衣物非常少。我们又冷又饿，想买点零食垫肚子，西沟村没有小卖部。因为天气极度寒冷，我的师傅闫义清，一边哭，一边说："死了哇，死了哇！这样活得啥时是个头。原来我们是毛泽东思想的宣传队，到哪里谁不支持？一进村就有人接待，安排食宿，中午宣传，下午休息，晚上说书。多好！可现在看我们成臭狗粪。我们一直在村支书家门口等到晚上十一点，支书回来后不但没有同情可怜我们，反而大发雷霆，说我们在他门上等了一天，是故意给他丢人，给村里抹黑……"②

改革开放后，说书市场逐渐萎缩，说书艺人生存困境愈加艰难，有时下乡演出成为一种"形式"，个别村庄会应付盲宣队。另外，民间说唱乐团的日渐增多，也挤占了盲艺人的演出市场。盲艺人以说唱传统沁州三弦书为主要曲种，民间说唱乐团演出节目综合性强，有三弦书、流行

---

① 沁县档案馆藏《沁县小报》，内部资料，1958 年 7 月，第 12 期第 2 版。

② 访谈对象：栗四文，男，1964 年生，沁州三弦书国家级非物质文化遗产代表性传承人；访谈人：李文平、闫咚婉、贾志杰；访谈时间：2016 年 7 月 17 日下午；访谈地点：沁县县城 V8 快捷酒店 409 房间。

歌曲、小品、舞蹈等节目，观众觉得演出氛围更好。此外民间说唱团人员，多是科班出身，形象表演俱佳，所以现在乡村的演出市场中，盲艺人的传统说唱缺少竞争力。

下乡演出是沁县盲人曲艺团人员的主要经济来源，除此以外，国家城镇居民最低生活保障每月405元，每人每年领取4860元。残疾人补贴每个月50元，按年发放，每人领取600元。沁县每年农历五月初五举办沁州书会，书会期间，艺人排练节目每天150元，演出时每天收入200元。盲艺人支出主要用于购置房屋和缴纳房租。沁县盲人曲艺团现在共有17人，因为申请廉租房的时候需要缴纳2000元押金，有一部分人员因家庭经济困难没有申请。

经济适用房不需要缴纳押金和租金。廉租房的住户需要先缴2000元押金，每个月需要缴50元租金。艺人日常生活的开支主要有购买米、面、油的日常所需以及礼尚往来的份子钱，供养子女上学等。因为盲艺人收入微薄，出行不便，现实生活交往圈很狭窄，经常入不敷出。大部分盲艺人到一定年龄，年老艺竭，还是逃脱不了孤苦无依的命运。[1]

当下盲艺人的主要来源有：一是政府补贴，个别县市按月按年发放生活补助，或者提供集体活动场所，提供廉租房等。其二是政策补助，各县盲艺人基本被纳入农村低保，每月可以有300元左右的固定收入。其三是各县盲艺人个体演出收入。其四是其他收入，盲艺人从事如算卦、占卜、取名、挑选吉日、按摩等，获取一些收入。[2]沁县说书人的收入来源，除了日常下乡演出，红白事生活礼俗外，"说神书"也是说书人很重要的收入来源。"说神书"的场合主要有神庙开光、神灵生日或者庙会期间。以20世纪70年代为分界线，在此之前，说神书主要由沁县盲人曲艺团人员担任说唱。之后沁县明眼人乐团兴起，与沁县盲人曲艺团形成竞争的态势。虽然盲艺人说唱技艺精湛，但是由于他们自身形象差，办事

---

① 王改君：《近代河南豫剧艺人群体研究》，硕士学位论文，华中师范大学，2008，第39页。

② 李成丽：《当代山西盲人说唱班社生存发展研究》，中国文联出版社，2017，第10—11页。

接待不方便。因此，说神书的市场很快就被其他民间艺术团占领。

沁县段柳乡段柳村奶奶庙说书

每年农历四月十七、四月十八、四月十九三天是沁县段柳乡段柳村奶奶庙会。庙会邀请沁县温秀芳说唱艺术团介绍两例庙会说书。给奶奶庙说书。说书为期三天，由于说书时间较长，费用较高，因此需要在庙会前面搭台进行演出。通常一天表演两场，上下午各一场，一场两个小时。说书贯穿庙会的整个仪式过程。说书仪式程序：①

农历四月十七，上午8点上供，吹奏乐器，温秀芳主持上供仪式。首先，主家端着供品从村子里来到庙里，说唱艺术团负责吹奏乐器。供品主要有水果类：苹果、香蕉、桃子等；面食类：馒头、面包等；干果类：花生、瓜子等。其次，供品上齐以后，庙里主事上香，还愿家户磕头。再次，香客们上香，仪式过程中一直有乐器伴奏。最后，香客上香结束，开始说书，内容主要以神仙曲目为主，如《仙宝传》《张四姐下凡》《呼家将》，10点半说书结束。两个半小时能说四到五回，说完一本完整的书目需要四五天时间。

庙会期间当地很多家户请书还愿，2017年家户请说书的有30多户，主要是来庙里拴娃娃或者来还愿的。拴娃娃多是求子的家户，具体过程如下：主家在奶奶庙祈祷拴娃娃，先烧香磕头。走时从奶奶庙拿一个泥娃娃。旧时是拿草娃娃，后来演变成泥娃娃。主家想要生男孩就拿男娃娃，想要生女孩就拿女娃娃、然后用红布把泥娃娃包起来带回家。如果来年愿望达成，主家会遵从"拿一个还两个"习俗，寓意主家去年拴了一个男孩，生了男孩，就要去奶奶庙还愿，送两个男性泥娃娃给庙里。说书人根据主家具体情况即兴编唱，大都是小本书目。家户付100—200元心意费。如某某家户来拴娃娃，希望求得一子，唱词如下：

你是哪里人？我是武乡的。你是什么事？我去年在奶奶庙栓了

---

① 访谈对象：温秀芳，男，1964年生，沁县温秀芳说唱艺术团负责人；访谈人：李文平、贾茜；访谈时间：2017年7月6日；访谈地点：沁县县城V8快捷酒店406房间。

个男娃娃，回家生下啦。生下个什么？生下个男娃娃。哪年哪月生下的？去年腊月生下的。你在哪里工作啦？在长治工作。你家姓什么？我家姓李。你家具体地址？具体地址是某某地方。

艺人即兴唱一段：

神仙你注意听，现在有了还愿的，他家住什么地方什么村。娶过媳妇成了亲，媳妇三年没有生，他想离了她想成，离了人家见了红。奶奶你听清，你这个打发老姐老哥送送童，要你出了段柳村，往北走，几里路，进了城，到了，比如说东苑小区，这个门朝西，进了门往了东，往南走是几号楼几单元第几层，请你把娃娃送到他家中。

如某个家户喜添一子，一般会祈求奶奶保佑孩子健康成长，平平安安。还愿的唱词如下：

奶奶你注意听，现在来了什么地方什么县什么乡什么村，他是什么姓，他是去年来了拴完童，拴上回家就往下生，生下个孩子胖敦敦。奶奶抱着个送子情，今天来了感谢神，来了神前又敬神，我替他表白一片精心。

农历四月十八是庙会正日，这一天要说两场书，分别是上午、下午各一场。这一天香客较多，四月十九依旧说书，与正日子不同的是，上午不说书，分别是下午和晚上各一场，一场两个小时。

艺人在哪里"办事"，费用多少都在"办事"之前与主家商定好，费用根据"办事"时间长短、演出质量、距离远近以及参加人员商定。段柳乡段柳村奶奶庙会每年说唱三天，说书费用由奶奶庙独自承担。往年费用是18000元，由于今年香客少，香火钱收入较少，因此说书费用是7000元。一般说唱艺术团年均外出演出120场，大型演出需要人员七到八人，演出时间三天，演出设备齐全，演出费用7000—10000元。小型演出费用低则 1500 元，高的不等，低的 1500 元，需要演出的人员三至四人。

沁县城关镇南湛村说神书

2017 年 5 月 30 日是农历五月初五，这一天是沁县城关镇南湛村奶奶庙会节日。据香客介绍，"奶奶庙端午民俗圣母庙会"，当地习俗认为九天圣母即王母娘娘，也就是奶奶神。温秀芳说唱曲艺团每年端午节都来沁县城关镇南湛村说书，一天收入约 1800 元，今年参加演出的约七人，每人收入 200 元，剩余收入归组织人。具体过程如下：①

主题：奶奶庙端午民俗圣母庙会

时间：2017 年 5 月 30 日，上午：9：00—12：00，下午：2：30—6：00。

人员：说唱（温秀芳、郝彩英），拉弦（栗四文），打板，弹琴，音响话筒设备，司机，共 7 人。

乐器：拔鱼、快板、老鼓（牛皮）、板胡、二胡、简板。

请神：奶奶庙主事人和说书人到齐首先是请神仪式，由温秀芳主持。上香、磕头，然后用红布将奶奶请下来。请神仪式中第一次是主家上香，然后请神。请神时，温秀芳边行磕头礼，边唱"红油桌子两清闲，咱把奶奶请下来，香炉炉满佛头头高，咱请神仙赴蟠桃。"请神小段结束以后开始说书。艺人唱请神小段："红油桌子亮金台，咱把奶奶神请下来。初一十五善门开，开开佛进来。一进宝，二进财。财宝儿女还一起来。斗大元宝端进来。东风刮了万年苦呀，西风吹了万年的灾。阿弥陀佛！"②

（开场）书帽，请神小段

温秀芳说唱请神小段：

　　一炷香烧与玉皇大帝，

---

① 访谈对象：温秀芳，男，1964 年生，沁县温秀芳说唱艺术团负责人；访谈人：叶蕾、王文婧；访谈时间：2017 年 5 月 30 日；访谈地点：沁县城关镇南湛村。

② 访谈对象：郝彩英，女，1975 年生，奶奶庙端午民俗圣母庙会说唱人员；访谈人：叶蕾、王文婧；访谈时间：2017 年 5 月 30 日；访谈地点：沁县城关镇南湛村。

二炷香烧与关张二郎，
三炷香烧与三皇治世，
四炷香烧与四海龙王，
五炷香烧与五岳大帝，
六炷香烧与南斗六郎，
七炷香烧与北斗七星，
八炷香烧与八大金刚，
九炷香烧与九天圣母，
十炷香烧与十殿阎王。
各位神灵都请到，磕下头来烧炷香。南无阿弥陀佛是真心。①

温秀芳演唱《十不足》：

天上星星朗朗稀，地上穷人穿破衣，十指伸开有长短，邻里树
木有高低，天是盖来地是池，人在中间混水的鱼，吃了清早混前晌，
混过前晌混晚期（沁县方言，指下午），到了晚上睡了觉，谁知道明
天还起不起。君子打马出城去，别人骑马咱骑驴，后边跟着个推车
汉，这才叫，比上不足下有余，再后边跟着个要饭的，一天到晚光
肚饥，讨吃汉，叫花子，都在庙里作了个揖，祷告神仙发慈悲，我
是吃饱就可以，到后来三顿吃饱饭，他又说，我怕刮风和下雨，盖
起房子说比楼低，连房带楼都盖起，出门还有马骑骑，买上马，买
上地，家里还有美貌妻，邻居们都说他可以，他又说，受苦不像当
官的，给他个县官他嫌小，州官又怕府官欺，入了宰相当阁老，每
天又和皇上比，推倒万岁登了基，想和神仙下盘棋，太白陪他把棋
下，凌霄殿坐坐玉皇龙椅椅，凌霄殿里跑一跑，看上了玉皇爷家二
闺女，拉着王母把丈母叫，我给你当个招女婿。王母一听心头恼，

---

① 访谈对象：温秀芳，男，1964年生，沁县温秀芳说唱艺术团负责人；访谈人：叶蕾、
王文婧；访谈时间：2017年5月30日；访谈地点：沁县城关镇南湛村。

一抛袖打他凡间去，投来投去转不成人，到厕所里边转成个蛆。①

沁州三弦书传统大书目《清列传》的表演

温秀芳与郝彩英师徒两人的唱词如下：

行好向善，烧香的烧香，赏钱的赏钱，没事情过来转悠，主要把书会来观看。我给大家现场说一段，说了一段《十不足》，意思劝大家行好向善，知足常乐，说完这一段，给大家开一部大书，观众们听着慢慢，先来烧裱书归真，给大家开上个正本本。正名叫《清列传》，说的是吴阁老私访武昌府。未从开书表朝代，不表朝代听不懂，清列传本是清朝事呀，听我把根生土长交代清。大清朝第一个皇帝是顺治宗，二个康熙登金轮。自从康熙坐天下，万里江山好太平。河北省有个武昌地，出了个反贪刘应龙，招兵买马他要反皇上。接着皇上难上京，万岁爷只领钦差官，钦差大人是吴大人。姓吴名琠，字伯美，号铜川。吴老爷家住山西沁州地，城南五十里在徐村。老爷只管刑部尚书，老爷出门带上兵，还有武将叫张志红。切身本有两保卫，官法车日两个人。吴老爷带马观赏武昌府，乔装打扮武昌城，带领官府上了路。

通常来讲请神送神贯穿于整个庙会活动的始末，一次完整的庙会书就是由请神、送神和若干场说唱及其仪式共同构成。说书人在庙会活动中主要扮演人和神灵沟通的角色，老百姓坚信通过这样的仪式与民间说书艺人的说唱活动可以得到神灵的庇佑。近三年说书市场开始逐渐萧条。原因是个体户乐团越来越多，市场竞争激烈。

下乡根据村落大小不同，演出场次也不同。大的村落演出两场，共四个小时，小的村落则演出一场。主要有《清列传》《五色云》《樊梨花观夫》《韩湘子度林英》《仙宝传》《高文举夜宿花亭》《罗成算卦》《韩信

---

① 访谈对象：温秀芳，男，1964年生，沁县温秀芳说唱艺术团负责人；访谈人：叶蕾、王文婧；访谈时间：2017年7月6日；访谈地点：沁县县城V8快捷酒店406房间。

算卦》《刘芳携子》《五猪孝母》《张宋过江》《抢铜钱》，还有左权民歌《桃花红杏花白》《左权将军》《逃难》《亲圪旦下河洗衣裳》等，还有一些唱宣传党的政策方针的新书目，如《和谐富裕新农村》《笑声飞出刘家坪》等。

下乡演出结算方式是村庄负责人现金结算，在机关单位说书，由单位出具收据，结算演出费用。在乡镇下乡宣传，收入约200—300元；人口较少的村落演出收入约150元。演出收入按小组艺术评分进行分配，如沁县盲人曲艺团第二组，郑明明是7分，属于演出小组的最高分。刘虎则、杨正宇是6分；李六小、郭秀清是5分。如总收入是150元，总收入乘以个人艺术分，再除以小组艺术总分，就是每个人应得的收入。郑明明的是 $150×7/29=36.2$ 元。机关单位说一场书，最低收入200—300元，最高收入1500元，通常是800元。①根据艺术评分，艺术分占百分之七十，说唱占百分之三十，能带路的负责人，腿勤手快也加分。沁县盲人曲艺团第一组，崔国胜和李志忠是8分，因为他们不仅会弹三弦，打摔板、铙，还能说书。8分是三组的最高分。付国军是6分，半盲人，三弦拉得好，不会说唱。宋志伟是5分，因为是全盲人，生活不便，比如断了弦得别人帮忙，吃饭需别人递到手边，上厕所需要别人领路，生活和演出不能自理等，所以分数较低。综上，影响说书艺人分数高低的原因主要有：乐器伴奏；说唱；工龄；生活演出能否自理等因素。②盲艺人的日常生活单调清苦，下乡演出由村落派饭或者吃大锅饭，每到一处所有生活用品均由艺人自己准备。大部分时间住在村支部活动室，睡在桌椅、板凳上，偶尔住在村户家里。

以郑明明为例，说书一天约有150元的收入，有时难以结算，一年总收入大约1万元，生活开销主要是日常生活、手机通信费用、礼金等花销。2017年礼金支出比较高，达到3000余元，占到一年总收入的三分之

---

① 访谈对象:郑明明,男,1988年生,沁县故县镇景泽宇村人;访谈人:李文平;访谈时间:2018年1月27日;访谈方式:电话回访。

② 访谈对象:崔国胜,男,1950年生,沁县段柳乡上北里村人;访谈人:卫才华、李文平、闫咚婉、贾志杰、刘国臣;访谈时间:2016年7月16日;访谈地点:沁县文化馆门房。

一。郑明明结婚礼钱共收入27610元，对于一个盲艺人来讲，已经是礼金收入较多的人。他在说书艺人圈子社交广泛，来上礼钱的人不仅有沁县盲人宣传队的队员，还有沁县当地民间艺人以及周边盲人宣传队的队员，如沁源、武乡、襄垣、左权等地的盲人队友。

沁县盲人曲艺团在2018年税票改革以前，外出演出一直使用的财政事业发票。国家税票改革后，要求使用机打发票，给盲艺人带来诸多不便。第一，税票改革以后，使用机打发票，需要登录电脑操作。盲艺人收入微薄，没有能力买电脑、打印机设备。第二，由于沁县盲人曲艺团大都是盲艺人，少数视力正常的队员，也已经年龄偏大，操作电脑不便。第三，盲艺人经常下乡演出，出行携带电脑设备不便，打印发票之前，必须首先登录山西省财政厅网站，下乡之后缺少网络。因此，税票改革给盲艺人的生活带来诸多不便。①

四、说书人的权益、养老与社会活动

说书盲艺人多被尊称为"说书先生"，大都自称为"说书的"。实际上"艺人"一词作为蔑称不管自称还是他称都不使用，这似乎象征着农村中艺人的社会地位。②实际上大部分盲艺人都是小学文化，有的甚至是文盲，多出身贫苦，为了谋生选择说书。盲艺人身体残疾，内心世界敏感，受教育机会有限，学艺过程虽然都有师承关系，但是现在为了谋生，传统规矩较少，组织管理松散，主要在于个人自由的社会互动能力。曲艺队给予盲艺人重要的归属感和认同感。相似的人生遭遇和悲苦的生活经历，容易形成情感共鸣和社会认同。大多盲艺人家庭贫困考虑艺人的身心感受，作为弱势群体又处于社会边缘化。有的盲童接受义务教育，但是在学校也比较孤独，为了掌握一技之长谋生，很早就学习

---

① 访谈对象:郑明明,男,1988年生,沁县故县镇景泽宇村人;访谈人:李文平、贾茜;访谈时间:2017年7月6日;访谈地点:沁县县城惠民小区5号楼3单元102室。

② [日]井口淳子(Iguchi Junko):《中国北方农村的口传文化——说唱的书、文本、表演》,林琦译,朱家俊校译,厦门大学出版社,2003,第26页。

说唱或者按摩行业。为了更好地观察盲艺人生活的实际，我们聚焦在曲艺说唱外的盲艺人生活，包括他们的文化活动、社会互动、个人权益、养老等问题。

读屏软件的出现给盲艺人的生活带来了很大的变化，加强了盲艺人的社会互动与交往。盲人读屏手机有语音转换为文字的功能，但是不能识别方言，因此盲艺人们大都直接使用发送语音的方式。读屏手机主要有以下四个方面：打电话、聊微信、聊QQ、听广播。其中，大部分盲艺人都会使用微信，微信是他们使用最频繁的通信软件。手机给盲艺人的生活带来便利，他们接触的行内人越来越多，通过微信等聊天软件，和左权、沁源、襄垣、武乡、平遥、陵川、高平、晋城等地的盲艺人都有交往联系。盲艺人根据自己的家庭经济情况购买手机，家庭经济情况较差、年龄较大的盲艺人使用150元的老人机，不能安装微信聊天软件。收入稍高，经济较宽裕的盲艺人使用1000—1500元的智能手机。有了手机与其他盲艺人联系方便，可以有"业务"（办事）。因此，即使购买手机成本高，每个月需要缴纳50—100元的电话费。太行盲艺人有很多微信群，如"沁州书会""太行盲艺人联谊会"微信群，左权盲艺人刘红权建立的"和谐相处一家亲"，武乡盲艺人李四平建立的"文明亲情交友群"。每天盲艺人都会在微信群里互相问候聊天，排解生活烦恼，及时通知各地曲艺演出信息等。

太行盲艺人联谊会是由太行各县盲艺人自发成立的，第一届太行盲艺人联谊会于2014年5月在左权县召开。联谊会实行轮值主席制，最初由左权盲人宣传队担任主席单位，宣传队队长担任轮值主席。联谊会秘书处，由热心盲人事业的志愿者组成，义务服务。[①]2015年5月，在陵川县盲人曲艺队大院召开了"太行盲艺人联谊会第二次会员代表大会"，陵川盲人曲艺队老队长侯松锁被选为名誉会长。2016年5月，太行盲艺人联谊会第三届代表大会在襄垣召开，襄垣县盲人曲艺队队长李杞被选为第三届常务理事长。2016年刘红庆去河南参观马街书会，回到左权县开

---

① 会议主题：太行盲艺人联谊会成立大会。会议时间：2014年5月25日。会议地点：左权县政府五楼会议室。

始邀请外省说书盲艺人前来参加太行盲艺人联谊会活动。2017年7月，在晋中市榆次区召开了"太行盲艺人联谊会第四届年会暨农村残疾人养老座谈会"，此次活动邀请来了河南省、安徽省盲艺人。2018年太行盲艺人联谊会在长治市长治县举办。太行盲艺人目前大约有200人。此外，刘红庆同时策划晚会，作为媒体人对于山西盲艺人进行组织宣传，让更多的社会人士了解并关注太行盲艺人。①

太行盲艺人联谊会除年会外，各地盲人曲艺团的其他庆典活动，也都有代表会前去参加。如2016年陵川盲人曲艺队成立70周年，2017年，左权盲人曲艺队成立80周年，各地盲艺人都会参加。2017年，太行盲艺人先后有四位老艺人去世，他们分别是沁县盲艺人崔国胜和李效清，武乡县盲艺人程玉书，左权县盲艺人宋冬生。太行盲艺人联谊会分别去参加了老艺人的葬礼。还花费100元敬献了一个花圈。②

武乡县盲人曲艺团程玉书去世，太行盲艺人联谊会刘红庆、刘红权、王树伟前去参加祭奠。在葬礼仪式过程中，左权盲人曲艺队队长刘红权演唱一首《一把黄土把娘埋》，王树伟演唱《观花》。武乡盲人曲艺队队长常惠斌也前去参加盲艺人程玉书的葬礼，现场编唱武乡小段。唱词内容如下：

冬至团圆家饮酒，忽闻玉书驾鹤游
噩耗传来泪双流，借酒消愁愁更愁
程公归门小北会，自幼学艺数风流
吹拉弹唱样样会，曲艺生涯写春秋
带出高徒李小四，育有子女都出头

---

① 访谈对象:刘红庆,1965年生,山西左权人,特约记者,先后出版《向天而歌》《导盲犬之梦》《亲圪蛋:唱开花调的人们》等多部作品。此外,还主持拍摄左权当地民俗文化微电影:《狗狗闹春》《花戏》,并将山西左权盲人宣传队带向全国。曾在山西晋中学院音乐学院讲授左权民歌课程、新闻学院讲授采编课程;访谈人:李文平;访谈时间:2018年3月22日;访谈方式:电话回访。

② 访谈对象:李杞,男,1961年生,襄垣县盲人曲艺队队长,第三届太行盲艺人联谊会理事长;访谈人:李文平;访谈时间:2018年3月22日;访谈方式:电话回访。

未闻程师身患病，撒手人间归西走

可能急患心脑病，心肌梗死极乐游

定于初八出殡日，拜请同行送坟丘①

　　介休盲艺人宋冬生，1961年出生，1980年进入盲人曲艺队，擅长乐器三弦和二胡，在下乡演出途中去世，去世时年仅57岁。太行盲艺人联谊会为他写的挽联如下：

　　冬已去春已来遍地葱绿踏歌声君子骑鹤捷走；

　　生也好活也罢漫天苍茫动弦音瞽师弹琴徐行。②

　　太行盲艺人联谊会不仅为盲艺人们提供了交流切磋说书技艺的平台，而且组建了一个相互关心的大家庭。2017年5月山西沁州书会"共话曲艺创新发展"交流座谈会在沁县文化馆召开，来自沁县、沁源县、武乡、襄垣等县的40多位盲艺人就怎么更好地传承曲艺发表看法。③后"非遗"时代，人们从关注"非遗"项目本身的研究过渡到重视传承主体的民间艺人。政府、文化工作者纷纷提出自己对"非遗"传承的意见，大部分学者以"我"的研究视角展开论述，而传承非物质文化遗产的主体民间艺人却是"失声"的。2017年7月5日，在山西省晋中电视台演播厅召开

---

　　① 访谈对象：常惠斌，男，1965年生，武乡县人；访谈人：李文平；访谈时间：2018年3月22日；访谈方式：微信访谈。

　　② 微信公众号"左权共有的精神"，由左权籍媒体文化人刘红庆创建。

　　③ 会议主题："共话曲艺创新发展"交流座谈会；会议时间：2017年5月29日；会议地点：沁县文化服务中心四楼会议室。

"太行盲艺人联谊会第四届年会暨农村残疾人养老座谈会"。①此次座谈会由中国残疾人联合会的主席李志军发起，②聚集了安徽、河南、山西三个省份的70多位盲艺人，约20位参会者发表意见。

晋城市泽州盲艺人提出：农村盲艺人收入微薄，生活尤其贫困，主要靠政府提供的农村居民最低生活保障勉强维持生活。河南盲艺人家庭，夫妻二人都是盲人，父母已经过世，家境贫寒。育有一儿一女，儿子12岁，女儿9岁。家庭收入除了享有政府农村居民最低生活保障补贴，主要靠两人街头卖艺为生，政府每月补贴100元，平时主要依靠哥哥救济生活。

介休市曲艺队队长讲道：现在没有人愿意学习说书的一个重要原因就是解决不了生活问题，收入低，盲艺人大都选择去学习按摩。只有解决了盲艺人们的生存养老问题，曲艺事业才能传承下去！

平遥盲艺人讲道：年轻时从事按摩推拿是个体力活，一旦身体有问题，经济状况也要面临崩溃。爱人智力略有缺陷，视力障碍，家庭生活困难。同在宣传队的老艺人生老病死的事情，无人照料，自己能力有限，只能勉强糊口，无暇顾及其他。

解决盲艺人的基本生活保障是目前实际的问题，盲艺人由于身体的原因难以获得较多的收入，有的艺人甚至连基本的生存都难以维持。尽管政府给予一定的生活补贴和扶持，但对于家庭困难的盲艺人来讲，无异于杯水车薪。盲艺人解决不了温饱问题，更多的时候是心有余而力不足。面对这样的生存境遇，艺人们也感到很无奈。在盲艺人圈里流传一

---

① 会议主题:太行盲艺人联谊会第四届年会暨农村残疾人养老座谈会;会议时间:2017年7月5日09:00—12:00;会议地点:山西省晋中电视台演播厅;参会人员:李志军,中国残疾人联合会副主席、中国盲人协会名誉主席;侯松锁,太行盲艺人联谊会主席、陵川盲人曲艺队老队长;刘红权,太行盲艺人联谊会第一届理事长、左权盲人宣传队队长;李杞,太行盲艺人联谊会第三届理事长,襄垣盲人曲艺队队长;曹立圣,太行盲艺人联谊会第四届理事长,介休盲人曲艺队队长;太行盲人联谊会成员单位代表、爱心人士等70余人;主持人:刘红庆;录音整理稿:郭鹏鹏。

② 访谈对象:李志军,男,1956年生,河北人,现居北京,任中国残疾人联合会第六届主席团副主席;访谈人:李文平、叶蕾、白蓉蓉;访谈时间:2017年7月5日;访谈地点:榆次名人大酒店餐厅。

句话："活着干，死了算！"反映了盲艺人对于目前生活境遇的无奈。

每个人都存在养老问题，由于盲艺人群体的特殊性，养老需求呈现个体化特点。沁源县盲艺人谈道：沁源县盲人宣传队现在共有30个队员，收入较其他地区的盲人宣传队而言相对较高。在沁源县每天说一场书，收入400—500元。目前不能下乡演出的老队员的养老费用由年轻艺人来承担，每年发给老艺人6000元用来养老。但是，现在出现艺人老龄化和传承断裂现象，很少有年轻人愿意学习说书。盲人更愿意从事按摩行业，因为按摩业学习周期短，见效快，收入高。队员们担心的是，艺人传承青黄不接，等这一代艺人老去时谁来养老。

灵石县盲艺人讲到在过去两年时间里，先后有三位老艺人去世，他们无儿无女，去世时后事无人料理，很多时候有心无力。当地没有子女的盲艺人享受国家农村居民最低生活保障补贴，有子女的则没有补贴。一位盲艺人由于说书难以维系生活，后来转行按摩行业，收入较高。不幸的是，2016年突发心脏病，因病导致生活入不敷出，如今每月医药费需要2000元，也非常担心以后的养老问题。

陵川县盲人曲艺队养老问题的经验是：第一，政府重视，提供廉租房，解决生活问题。第二，陵川县盲人曲艺队侯松锁队长每年拿出自己的部分积蓄帮助盲艺人。盲艺人演出收入分为两部分，除了给每个队员发放工资，剩下部分由陵川盲人曲艺队保管，用于缴纳队员的养老保险。

左权盲人宣传队提出的问题是，盲宣队组织的性质不明晰，比如究竟是事业单位还是企业单位，缺少明确规定，导致现在既无个人账号也难以办理集体工号。残疾人艺术团每年资助左权盲人宣传队两万元，需要对公账号支付，但是长期以来，盲宣队属于民间组织，缺少明确的经营性质，因此受到很大的影响。

"活着干，死了算"，表达了盲艺人生活与说书的困境。当温饱成为问题的时候，很多盲艺人由曲艺说唱转行按摩业。艺人们希望有关部门尽快出台能够保障盲艺人群体生存权益的相关政策与法律法规，许多代表都表达出对于现状的迷茫与不安，特别是养老与生活保障是许多盲艺人关注的重点。

此外，在"非遗"传承资金给民间艺人发展带来机遇和希望的同时，因传承资金的分配，也导致原本和谐的盲艺人之间产生了矛盾和分歧。

2008年栗四文被评选为沁州三弦书国家级非遗传承人，主要有以下原因：第一，栗四文说唱沁州三弦书、弹奏三弦等乐器方面技艺出众；第二，栗四文是明眼人，表演时眼神、动作表现力较强；第三，当时还没有明确"非遗"传承资金补贴政策。政府认定栗四文为沁县三弦书国家级传承人，反而削弱了沁州三弦书其他艺人的积极性。从2008年开始，中央财政开始对国家级代表性传承人给予每人每年8000元的传承资金补贴。主要用于提高传承人积极性，帮助传承人解决在实际传承活动中遇到的困难。2010年，国家发放给栗四文传承资金补贴8000元，在传承资金补贴之前，沁县盲人曲艺团团长崔国胜和副团长栗四文两人搭档默契，崔国胜负责业务，栗四文负责说唱三弦书。2008年栗四文被评为沁州三弦书国家级传承人之后，二人也相处融洽。然而在2010年之后，他们围绕着"传承经费该由谁来拿"的问题发生矛盾。曲艺队认为传承资金应该便于更好地传习沁州三弦书，建议资金在曲艺团内部重新分配，于是传承人实际获得经费减少。后来作为国家级传承人，栗四文自愿每年拿出3000元传承经费用于沁州三弦书传承工作，这样化解矛盾，也较好地促进了三弦书群体性传承的特点。尊重遗产持有人的权利对遗产持有人权益的尊重，是一个争议较多的话题。后"非遗"时代的到来，盲艺人作为"非遗"传承人境遇的改变同时也产生一些负面影响。我们应该更好地处理这种文化保护和个体生活改善、社会发展的内在关系。

说书盲艺人的学艺史、婚姻史、家庭史以及社会互动是交叉进行的。说书盲艺人由于自身的生理缺陷，大多处于社会边缘群体。他们学习说唱的绝大部分原因是家境窘困或者眼睛失明，为了养家糊口，他们拜师学艺、常年走村串巷的表演方式，漂泊不定的生存方式，导致家庭生活呈现出苦难性特点，这成为盲艺人群体共通的生活感受。

关注传统曲艺的现代传承，首先应该关注传承"人"的生活现实问题，关注说书人的自我建构与社会互动。说书人的自我建构具体表现为说书人的爱情婚姻家庭，从艺演出经历，经济收入与支配，文化权益与养老，他们的喜怒哀乐、所思所想，日常生活交往等。社会互动既包括说书艺人曲艺层面的互动，也包括说书艺人姻亲关系建立的社会交往和其他人际交往的互动等等。

第三节　长子女性说书艺人群体

长子鼓书是晋东南太行山沿线非常活跃的曲艺形式。长子鼓书的突出特点是女性说书艺人居多。这里以女性的视角对长子鼓书做更全面深刻的认识，讨论以女性为主的艺人性别构成对长子鼓书发展模式产生的影响。

长子鼓书从产生之初就受到晋东南地理、经济、文化的影响，从而形成独特的曲种，既有本土曲艺基础，又包含戏曲、秧歌、民歌等多重元素，表演具有多元化、包容化的特点；第二，长子鼓书的发展经历了表演者由盲人到明眼人、由男性向女性的变化过程；第三，它适应当地文化需求，是庙会、节庆、人生仪礼等场合的重要环节，说唱的内容反映了民众的生活愿望、艺术审美以及民俗信仰，因此鼓书市场与其他地区比较相对活跃，具有良性传承的特点。

长子被称为"曲艺之乡"，戏剧曲艺种类繁多，流布广泛。长子道情、长子鼓书、鼓儿词、莲花落、长子钢板书，以及外来的河南坠子、山东快书等曲种都在长子流布、传承并发展。[①]长子鼓书是长子最具代表的曲艺之一，它的起源尚无史料记载，一说是在光绪二十年（1894），由长子当地的木板书演化而来。当时的木板书也叫作"大板书"，由单人坐唱或走唱，以小墩鼓和挎板控制节奏，击节无规定，由艺人决定说唱节奏。长子县后西堡头乡冀家岭艺人施全忠当时将六块小竹板绑在左腿，代替挎板，又用右腿牵引打响木鱼，代替小墩鼓，手拉二胡，一人可完

---

① 长子县政协文史资料研究委员会编《长子文史资料》（第4辑），1989，内部资料，第118页。

成表演，后逐渐用小钹代替木鱼，并加入小锣。①另一说与潞安鼓书同宗，清乾隆年间，潞安府西街的高福树创造了潞安大鼓，长子因紧邻潞安府，吸收潞安大鼓艺术特点，形成了较快的发展。民国初年（1912），钢板书②流传到长子。晋义乡花家坪的花小狗、壁村乡莫村的张余金、南陈乡西尧村的周小唐、石哲乡石家庄村的陈有命等曲艺人将钢板书与潞安大鼓结合，创造了长子鼓书。当时的长子鼓书也叫鼓儿词，打着鼓即可开唱，节奏乐器除了竹板还增加了道情的简板。书鼓也在小墩鼓的基础上减小了体积，演唱时放在桌上特制的三脚架上，用筷子敲击。表演形式多样，有单人坐唱、走唱，双人走唱，但以单人说唱居多，演唱时唱词以流水板为主，开书时有四句提纲。演唱者手持简板，说唱结合，受到民众喜爱，很快流行于长子县。

1942年抗日战争期间，抗日政府在马家峪成立了长子县曲艺队，也叫盲人宣传队，队员为男性盲艺人。1945年长子解放，曲艺队随军进入长子县城，在关帝庙居住，队长是施全忠。当时长子分长子鼓书、河南坠子、长子道情三个演出组，长子鼓书并不占主要地位。③这一时期的职业说书人均为男性，并多为盲人，和许多其他地区的盲人说书一样，走街串村，说书与卜卦是基本的谋生手段。当时说书的受众基本是农民群体，受教育程度普遍较低，尤其是抗战期间的革命宣传，既要破除民众的封建迷信思想，又要及时宣传抗战政策与动态，鼓励民众提高思想认识与觉悟，进行革命斗争。走街串巷、说唱灵活的说书运动成为中国共产党有效的宣传方式。

抗日战争期间长子鼓书发挥过重要的宣传作用，这也是长子鼓书的第一个繁荣时期。八路军进驻太行山之后，晋东南地区的敌后抗战宣传开展得如火如荼，说唱曲艺在当地具有广泛的群众基础，盲艺人队伍以

---

① 《中国曲艺音乐集成》全国编辑委员会、《中国曲艺音乐集成·山西卷》编辑委员会编《中国曲艺音乐集成·山西卷》（上册），中国ISBN中心，2004，第199页。

② 钢板书，又叫板儿书，打两片钢板，打法与山东快书相似。

③ 长子县政协文史资料研究委员会编《长子文史资料》（第4辑），内部资料，1989，第123页。

组为单位表演，每组人员自由灵活，携带乐器小而轻便，可以深入山区，因此共产党开始有意识地引导和帮助盲艺人加入抗日宣传队伍，并为此在各地成立了专门的盲人宣传队。受到鼓舞的盲人们改变卜卦请神的"家户书"活动，积极配合共产党宣传抗战方针政策，编创新书，行走于山区村落间。①特殊的时期长子鼓书迅速成为当地活跃的民间文艺表演形式，抗日宣传活动的有效开展使革命的进步思想广泛传播，也迎来了长子鼓书曲艺的大发展。

> 以前长子鼓书全是盲人说书，都是盲人，一个拖一个，摸住肩，就像电影上一样背着鼓走家串巷，就是说"家书"了，不像现在搭这个小台子。那会就是家里头有个奶奶桌，用来敬老爷。一般就是俩人一个人拉一个人唱，都是瞎子。桌子上烧上香，把小鼓放在桌子上一边敲一边唱。这时候家里边的人就搬上凳子，坐在地上看。后来随着观众多了，家里放不下，就去了院子里，但也不像现在这样搭台。天气暖和就在院里边，烧香搭台给老爷唱。②

20世纪60年代中后期，由长子县委、县政府负责解决曲艺队住址与粮供问题，成立了以申中林等一批老艺术家为代表的毛泽东思想曲艺宣传队，由县里发工资，在各村镇大队广场下乡演出，宣传思想。1967年8月至1968年7月先后招收两批共9名学唱鼓书的学员，也因此促成了长子鼓书在70年代的兴盛局面。③与过去以男性艺人和盲艺人为主相比，健全人和女性艺人的参与给长子鼓书带来了冲击，改变了"王八戏子敬过神，死后不能进祖坟"的世俗偏见，提高了艺人的社会地位，为后续吸纳活水，传承曲艺奠定了基础；同时也促进了鼓书唱腔的改革，使其适合女

---

① 章建刚、王亮：《山西省民间音乐遗产的传承与保护》，中国社会科学出版社，2007，第194页。

② 访谈对象：李瑞红，男，1968年生，长子县文化馆馆员；访谈人：关云燕；访谈时间：2021年2月22日上午；访谈地点：长子县文化馆办公室。

③ 山西省长子县政协文史资料委员会编《长子曲艺音乐集成》，内部资料，2006，第4—5页。

艺人嗓音。

20世纪60年代，曲艺队开始招收女学员，女艺人开始登台演唱，女艺人的加入使长子鼓书的表演不断创新，在唱腔上增加了垛板、悲板等多种板式，乐器种类逐渐增多。到了70年代，鼓书的板式已经趋于稳定。80年代，演唱者以女性为主，在唱腔上还吸收了上党梆子、豫剧、民歌、秧歌等唱腔，演唱日趋完善，逐渐定型，成为板式齐全、地方风味浓厚、深受群众喜爱的曲种。近些年来更是随着民间文化发掘保护的政策迅速传播，现已遍布晋东南的大部分地区。

20世纪80年代长子鼓书发展迎来了第二个繁荣期。一方面，女艺人的出现直接在审美效果上产生变化。盲艺人由于行动、生活多有不便，因此表演无法兼顾到艺术形象的展示，演出服装、表演动作较为简单，以男性盲人坐唱为主的表演，艺术效果有限，下乡宣传的文艺演出方式，使鼓书难以适应当代人的欣赏要求，面临着无法传承，被时代淘汰的命运。①女艺人的加入一改往日说书人给大众留下的刻板的男性盲人形象，以更加健康活泼的形象加入表演，使观众感到新鲜。随着时代的变化，鼓书表演更注重可观赏性与艺术性。盲人说唱通常是单人坐唱式，这种表演方式要求艺人既要说唱鼓词，又要自己伴奏，掌控全场，身兼多职，大脑、嘴巴、双手、双腿都要参与其中，发挥作用，因此留给艺人的表演性的空间并不充足，唱腔简单、伴奏乐器以简板、书鼓等节奏型乐器为主，表演动作更是少之甚少，鼓书表演以传达鼓词内容为主要目的，在艺术上较为简单。女艺人登台表演极大地改变了这种情况，她们进入鼓书行业的同时，鼓书在其他各方面也在发生着变革，比如唱腔的改进，融入了多种戏曲、秧歌、民歌元素，使鼓书演唱部分的曲调更加婉转多变，板式更加多样，乐器伴奏由一人改为多人分担，弦乐、电子琴成为基本配置，节奏乐器增加了大鼓、小鼓、锣等，说唱艺人可以有精力在表演动作上做出更多设计，使鼓词内容的传递、情绪的表达更加完整，在艺术性上有了很大提高，更为市场所接受。尤其是民俗市场的成熟，也改变了人们的欣赏习惯。长子鼓书采取主动措施，解散集体制曲艺队，

---

① 王亮、郭威：《长子鼓书调查研究》，《音乐研究》2008年第2期。

艺人纷纷成立了自己的说唱团，以民营的方式参与市场经济，凭借自身实力谋生的同时使鼓书市场保持活力。

申请书①

我叫杨义琴，男，现年36岁，系长子县大京村人。今组建一曲艺说唱团（赵琴曲艺说唱团）向主管部门提交申请办理演出许可证，望批准。

特此申请。

申请人：杨义琴

2009年11月3日

表5-2

长子赵琴曲艺说唱团申请经营登记事项表②

单位名称	长子县赵琴曲艺说唱团		
单位性质	个体	法人代表	杨义琴
经营项目	曲艺演唱		
经营地址	长子县丹朱镇大京村10队136号		
经营面积	300平方米	场地产权	自有
注册资金	合计	固定资金	流动资金
	3万元	2万元	1万元
设备设施	型号规格	数量	备注
组合音响		2只	
灯光		8只	

---

① 长子档案馆藏《长子赵琴曲艺说唱团申请经营书》，内部资料，2009。

② 长子档案馆藏《长子赵琴曲艺说唱团申请经营登记事项表》，内部资料，2009。

由此可以看到长子鼓书在所有制上的改革，变集体为个体民营，无论是团队成员还是设备皆由团长负责配置，组织者自己投资购买乐器，招收演员，招揽生意，把长子鼓书推向了市场。这种演出团体组织者的改变，意味着说唱团在性质上成为个体私营，提高了艺人的积极性，为长子鼓书的现代传承提供了重要的转型条件。

另一方面，长子当地的民俗活动非常活跃，在重要的民俗活动中请鼓书表演是重要的风俗习惯，盲艺人以此为生。长子是历史古县，其县名因尧封长子丹朱于此地而得名。当地很多村庄为了祈祷一年风调雨顺、家里平安、家人健康等心愿请鼓书艺人说书，这种书场通常由村庄联络鼓书说唱团。农历七月十八是襄垣县古韩镇西河底村的龙王爷的生辰，西河底村通过熟悉长子鼓书的村民邀约闫小平说唱团在村子里演出三天，共安排六场鼓书，每日下午3点至6点，晚上8点至11点固定两场演出，由村庄承担说唱团的食宿。

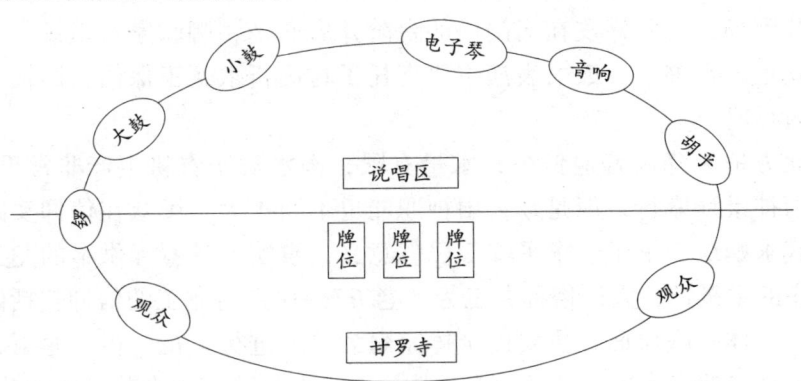

襄垣县古韩镇西河底村甘罗寺"龙王爷寿辰"表演舞台设置图[①]

舞台搭建在龙王爷所在的甘罗寺寺门正前方，由闫小平的丈夫与同队的另一位男艺人负责提前装台，他们在说唱团的日常演出活动中一般负责乐器伴奏与舞台装卸，这次由于演出地点在襄垣县，说唱团提前一

---

① 2019年8月16日实地调查时，根据襄垣县古韩镇西河底村甘罗寺舞台方位、舞台设置情况绘制。

天驾车从长子来到西河底村，听从安排在甘罗寺寺门正前方搭起由车厢改造的舞台，舞台空间较小但装备俱全，左侧安置了书鼓与锣，是女艺人的乐器区，在表演开始后女艺人分别操作节奏乐器，一人上台表演，其余说唱艺人在左侧配合击节，舞台的右侧是弦乐与电子琴、音响的安置区，是男艺人的活动场合，他们伴随表演的整个过程，各司其职，负责说唱曲调旋律的调整。舞台后方搭有一块简单的幕布，幕布后面观众看不到的一片狭小区域便是艺人们的换装区与休息区，鼓书的舞台表演常常需要女艺人在表演中做适当改变，以扮演不同的角色，这个暂时的换装区方便艺人迅速换好服装投入下一场表演。舞台正中央放置有立式话筒，是说唱艺人的表演空间。舞台下方摆设一只香炉，开书前村庄要为神敬香，将燃香插入炉中，正对舞台不到两米处设有三排座位，其中第一排的座椅被蒙上一层红布，是甘罗寺供奉的三位神君牌位，演出开始前村民会特意提醒外来观众这排座位的特殊性，观众在距表演20分钟前陆续到场，三两好友在庙门前的台阶并肩而坐，聊聊家长里短，舞台上也就正式开书了。鼓书表演主要寄托了村民祈求龙王保佑，回报龙王恩泽的心理。

北方地区降雨普遍偏少，水量有限，雨水对于农耕生产非常重要，因此雨神崇拜盛行，但是今天雨神职能也不断扩大，民众在信仰实践中赋予其求姻缘、求子、求平安等民俗意义，事实上甘罗寺供奉的龙王爷是村庄的主祭神，人们俗称龙王为"老爷"。民众对龙王的信仰包括两个层面。个体家庭层面，主要以个体家庭为单位进行祭祀，祈求龙王，护佑家人平安健康。还有的是村庄集体层面，在春节、元宵节等民俗节日，由村庄集体在甘罗寺祈福。集体祭祀比较隆重，一般由村庄牵头，修缮、祭拜、请书祈福。一般在龙王爷生辰以及西河底村庙会时举办，每年的农历七月十八是龙王爷生辰正会，举行"请书"谢神活动，三天庙会期间甘罗寺内香火不断，不仅有本村村民，外地民众也会在这三天来到西河底村甘罗寺上香。

鼓书艺人较少关注当地"龙王"祭祀活动。艺人上午休息，养足精神，下午2点开始准备行头，女性艺人一般会自带两身旗袍，为自己化好精致的妆容，换上提前准备的高跟鞋前往舞台处。可以看出多年的从艺生涯，舞台表演使民间艺人逐渐养成气质，时刻注意自己的形象。无论台下观众有多少，只要站上舞台，她们就能全心投入表演中。调查当天是鼓书表演的第二天，下午3点半左右演出开始，由于酷暑时节天气炎热，村民不多，观众以老年人居多，他们结伴而来祭拜龙王爷后认真听书。艺人与观众都参与到龙王寿辰的庙会仪式中，并在连续三天的庙会中许下自己的愿望，感谢神灵的护佑。①

长子鼓书是当地民众生活中的文化实践，既具有文化娱乐性，又具有仪式性特点。民众习惯在孩子诞生、儿女嫁娶、老人过周年时邀请鼓书表演，以此向亲人朋友表示感谢或思念。事实上他们也因此集聚一处，维系感情，获得情感、心理的满足。在重要的节庆、人生仪礼中请鼓书娱乐助兴，是长子鼓书市场活跃的重要原因。最为常见的表演场合大致分为三种：一是岁时节日的庆祝，二是人生仪礼的纪念，三是政府邀请的文化演出。不同于其他周边地区的说唱曲艺主要靠政府扶持传承，长子鼓书由于女性艺人的加入，视听效果和艺术形象大大增强，逐步成为群众文艺的主要力量，另一方面当地民俗市场的需求也激发了鼓书表演的艺术更新，使其不断融入时代生活，形成独具特色的新时期长子女性鼓书艺人群体。

春节是村镇邀请鼓书表演的高峰期，这时外出人员大都返村，是一年中村庄村民比较多的时候。这时农活较少，轻松悠闲，家家团聚，所以各个村庄都选在春节举行村庄最重要的新年活动，祈盼新年平安幸福。特别是当地有集体"过本命年"的习俗，各村庄值本命年的村民集资捐钱，通过集体祈福的鼓书形式，消灾避祸。不同年龄的人分摊费用也有差异，年龄较大的所出费用较多，年轻人一同参与出资，有时也单独另请说唱团表演，一般价格在两三千元人民币不等。一般本命年的人非常重视此类演出，在腊月就开始策划表演，演出时村中男女老少聚在一起，

---

① 访谈对象：闫小平，女，1971年生，山西省长治市长子县北刘丹朱镇人，闫小平说唱团团长，长子鼓书艺人，杨旭芳，女，1977年生，山西省长治市长子县石哲镇西汉村人，闫小平说唱团成员，长子鼓书艺人；访谈人：陈宛妮、刘重麟；访谈时间：2019年8月18日上午；访谈地点：襄垣县古韩镇西河底村。

相聚于鼓书舞台前，聊天见面，这样的集体活动使他们相信新的一年可以顺利度过本命年，消除灾难。这种"民俗与鼓书"的文艺形式加强了群体文化的认同感。因为各人返工日期不一，鼓书艺人们不得不一直转场演出，精力不足之外，最为严峻的问题是演员人数不足，分身乏术，主家难以请到班社。于是，当地渐渐地形成了节日前十天到后十天的时间内都可以请书的习俗，实现"分流"。

此外，"二月二龙抬头"也是当地村庄重要的民俗节日，很多村庄庙宇都要请书。黄土高原地区干旱少雨，水资源匮乏，农作物生长环境较差，于是二月二祈雨习俗较为隆重，主要有祭龙仪式、敬神、驱邪、祈福等活动，以祈求来年风调雨顺，农业丰收。另外在清明节与中元节期间，有的家户会请书，艺人会去坟地唱一个小段，如《罗成算卦》《韩信算卦》《韩湘子讨封》等书目。除了过年、清明节祭祖，长子人在结婚、生子、孩子生日、圆锁、老人寿辰、喜迁新居、高考中榜、庙会等重要节点，都会请鼓书表演，这些民俗活动为长子鼓书提供了广阔的市场需求，发挥了祈愿纪念与娱乐休闲的作用，鼓词中所蕴含的劝人向善、尊老爱幼的观念也成为乡村社会重要的道德规范标准。

一、女性艺人的出现

改革开放后，现代新媒体的传播，使人们的审美发生变化，视听艺术形式深受群众喜爱。所以鼓书艺人也顺应潮流，对鼓书艺术进行改革，在表演方式上鼓书改变了男性盲艺人为主的传统，开始招收年轻健康的女性作为新队员，学习鼓书，她们加入后对唱腔、剧目继续进行精细化的磨合，改坐唱为走唱，并加入了身段表演，使长子鼓书在新时代的艺术市场竞争中获得新生，很多女艺人在此过程中成长为书场圈的"名角儿"，她们以夫妻、师徒、同行搭档等方式组成民营说唱团，加入鼓书行业。此外，长子鼓书本身的艺术魅力以及"同乡同业"的发展模式，也推动了鼓书20世纪八九十年代的艺术和市场的双重转型。

1967年，建设社会主义、宣传毛泽东思想如火如荼，长子鼓书得到较快发展。但是曲艺队长期只有男性盲艺人队员，上山下乡的过程中无人照料，在剧情表演的艺术效果上也难以吸引观众、立足市场。如果鼓书依然选择传统的经营、表演模式，那就会使鼓书与当代人的生活和娱乐方式渐行渐远，最终被时代所淘汰，①所以长子鼓书改革迫在眉睫。因此文化馆决定为曲艺队招收女队员，改革鼓书的表演方式，并由时任队长的周贵喜和副队长申胖友负责，他们各自在老家村庄里招收女队员，于是冀先果、柴素珍、陈素英、李爱英、康富梅等第一批长子女性鼓书艺人就成长起来。②当时也有因为家里经济困难加入的，如柴素珍。年轻女队员的出现给曲艺队注入新鲜血液，她们在曲艺队一边向老艺人学艺，照顾队内盲艺人，一边跟着小组下乡，在演出实践中提升自己的技能。这一时期曲艺队分成三个小组，每组五六人，演出时背被子、带乐器，臂上戴一袖章或者扛一面旗帜，袖章或旗帜上写明自己的小组，走街串户，在乡村宣传最新思想。③

这一时期长子鼓书的唱腔、板式也发生变化，吸收了潞安大鼓、长子道情、上党梆子等音乐曲牌，板式逐渐齐全，地方风味浓厚。到1970年代后期，长子鼓书的板式基本趋向稳定，长子鼓书成为长子县曲艺队的主要曲种。④20世纪80年代起长子鼓书的发展进入强盛期，鼓书表演风靡全县，在老艺人的影响下，一批年轻人开始学习并从事这一行业，女性艺人大量增加，改变了男性艺人占主导地位的状况，以刘引红、李先玲、刘海燕等人为代表的女性艺人逐渐成为长子鼓书的主力军。90年代曲艺队艺人数量大增，并出现了多个民众公认的"好把式"，很多已经有名气的艺人开始萌生出单干的想法，当时社会环境也并不重视说书艺

---

① 王亮、郭威：《长子鼓书调查研究》，《音乐研究》2008年第2期。

② 访谈对象：冀先果，女，1950年生，山西省长治市长子县南陈乡人，长子县曲艺队队员，长子鼓书老艺人；访谈人：陈宛妮；访谈时间：2019年8月21日下午；访谈地点：长子县南陈乡冀先果家中。

③ 访谈对象：柴素珍，女，1950年生，山西省长治市长子县草坊村人，长子县曲艺队队员，长子鼓书老艺人；访谈人：陈宛妮；访谈时间：2019年8月22日上午；访谈地点：长子县西寺头村柴素珍家中。

④ 山西省长子县委员会文史资料研究委员会编《长子文史资料》（第4辑），内部资料，1989，第124—125页。

术，长子县曲艺队最终被解散，艺人开始组织自己的说唱班社。如老艺人冀先果讲道：

> 答：我就是在长子县曲艺队，我也是个带班的，他后来不是八仙过海，各显神通，咱这就又叫上徒弟们，我在壶关比较多呀，我进了壶关县城，谁不知道冀先果来了？我在壶关出名呀，闺女。
>
> 问：咋就去了壶关了呢？没去别的地儿？
>
> 答：壶关、平顺晋东南这儿哪儿都到过呀，壶关……哪都到过呀，都到过呀。
>
> 问：咱咋不在长子呢？
>
> 答：主要是长子呀！长子那会儿说书的多。
>
> 问：竞争太大了，就去了壶关，比较少？
>
> 答：对啦，那会儿去了壶关，我去了还是第一个了，所以在壶关说书可不怕了，那会儿还比较稀奇，现在这会儿谁稀奇了？这会儿不都是年轻人说的。①

冀先果是长子曲艺队解散后第一批组队单干的艺人之一，鼓书发展到这时已经在长子遍地开花，冀先果看到了长子外面的广阔市场，她将自己的徒弟和原曲艺队相熟的艺人聚集起来组成自己的鼓书队，仍然以长子盲人曲艺队的名义去往壶关、平顺等地，并迅速在当地展开了自己的业务，使长子鼓书在其他地区也受到欢迎。

长子鼓书目前有30多支表演团队，从事说书的人员200多人，女性演员数量远超男性演员数量，男艺人仅有20多位，盲艺人数量极少。一个团队大概八到十人，演唱者女性居多，乐队以男性为主，鼓书艺人人均年收入超过20000元。这些说书艺人大致分三种形式：团队、个人、盲艺人。专业的长子鼓书班社是随着市场经济环境下出现的，班主大都为

---

① 访谈对象:冀先果,女,1950年生,山西省长治市长子县南陈乡人,长子县曲艺队队员,长子鼓书老艺人;访谈人:陈宛妮;访谈时间:2019年8月21日下午;访谈地点:长子县南陈乡冀先果家中。

原长子县曲艺队的学员。说书较好的团队一年有200多场演出，夏季的城镇和农村几乎每周都有说书表演，冬季天气严寒，演出需求减少，演出时间一般三天居多，一次说书的价格一般在12000元左右，价格大致在7000—30000元之间，演员之间平均分配，一般在节日期间，鼓书市场较好，价格较高。艺人们常年活动于晋东南地区，甚至在周边省份，如河北、河南、陕西等地，也有演出活动。

二、长子鼓书的团体类型

组团是长子鼓书的主要组织形式，团长往往是这支队伍的"台柱子"，她们大多来自原长子县曲艺队，曲艺队解散以后艺人各自组织团队，将原来一起合作的熟悉的艺人吸纳进自己的队伍，这些班社与原曲艺队的小组相似，每个团队有六至七人，构成基本为三至四位说唱的女艺人，三至四位负责乐器伴奏的男艺人。

长子鼓书虽然以曲艺团的形式演出，但在实际运营中却是以团长个人名义承接演出，艺人也不固定。曲艺团团长一般称之为"代班"，而出资邀请演出的一方为"主家"，接的演出称为"台口"。通常主家通过联系鼓书艺人订书，被联系的艺人就成为此次演出的代班，即曲艺团团长。

一般来讲曲艺团演出人数大概在六至九人，三至五位说唱女艺人，三至四位伴奏的男乐手。在演出时由团长牵头联系艺人、乐手，协调演出时间、节目。搭班排练，上台演出。虽然原则上每个艺人都能拉团，但在实际的经营过程中，由于宣传效应、市场影响等因素，大多主家都会选择联系名气、活动能力强的鼓书艺人演出，久而久之，团长慢慢固定下来，曲艺团也多以团长名字命名，如"长子鼓书刘海燕说唱团""长子鼓书李小五说唱团""长子鼓书鲍先平曲艺团"。

根据年龄、鼓书团队构成类型以及行业知名度等筛选条件，对七位鼓书艺人进行调查采访，主要有第一批女艺人以及夫妻搭档、同行合伙、师徒搭档型的个体户，此外还有游离于各个说唱团之外单干的艺人。

采访中发现，长子鼓书艺人对师承脉络并不清晰，从事鼓书表演的艺人多为70后的中年人，她们只能追溯自己师从于何人，对鼓书的历史背景比较模糊。长子鼓书在20世纪六七十年代艺人较多，从业学徒的人数非常多，所以师承关系较为庞杂。根据调查艺人类型可以发现，鼓书艺人常常以夫妻档的形式演出，六人一组的鼓书团队，基本是由三对夫妻组成的，这与演出实践相关。艺人进入鼓书行业闯荡不得不面对复杂的社会环境，寻觅一个最合适的搭档成为每个艺人必须解决的问题，"搭档"是说书人行艺谋生的核心要素，因此夫妻档的搭配方式应运而生，也成为行业内的习俗。长子鼓书的艺人组合大多数是夫妻，在外演出时夫妻一起可以相互照顾，节省开销，在舞台上的配合也更加默契自如。①有男女鼓书艺人结为夫妻后共同创办鼓书团队的，比如闫小平说唱团由闫小平和丈夫共同创办，丈夫原来从事八音会，与闫小平相识之后由八音会转为鼓书艺人，闫小平说唱鼓书，丈夫陈红伟负责二胡、扬琴等伴奏乐器，同时包揽装台、承接业务等工作。②也有开始时陌生的男女艺人，在演出过程中受对方影响入行，结为夫妇，比如神农晋风说唱团的任小平就是早年下乡演出时认识了当时还是饭店厨师的丈夫，婚后将其带入鼓书行业学习乐器伴奏，开始了丈夫的从艺生涯。两个人在多年表演中彼此的依赖越来越强，不仅是生活中相互关心的夫妻，也成了舞台上合拍的搭档。③因此，长子鼓书艺人大多数是夫妻组合共同上阵，很多艺人甚至影响了兄弟姐妹等家庭成员也加入进来，他们虽是半路出家，但是在多年的演出中不断学习积累，也了解鼓书说唱的行业特点。鼓书行业的繁荣、经济收益的提高改善了说书人尴尬的社会处境，原本不同意女儿学鼓书的父母不再阻拦孩子学艺，甚至愿意家中其他成员加入行业。闫小平在组织鼓书团队时就将自己的丈夫、弟弟都带入说唱团，负

---

① 徐薇：《自我、角色与乡土社会——对民间二人转艺人及其生活世界的个案研究》，博士学位论文，中央民族大学，2010。

② 访谈对象：闫小平，女，1971年生，山西省长治市长子县北刘丹朱镇人，闫小平说唱团团长，长子鼓书艺人；访谈人：陈宛妮，刘重麟；访谈时间：2019年8月18日上午；访谈地点：襄垣县古韩镇西河底村。

③ 访谈对象：任小平，女，1968年生，山西省长治市长子县东郭村人，神农晋风说唱团团长，长子鼓书艺人；访谈人：卫才华，陈宛妮；访谈时间：2019年8月15日下午；访谈地点：长子县岚水乡杨家岭村。

责乐器伴奏，并将自己的干弟弟介绍给同队的杨旭芳，这样整支说唱队几乎都是由一个家族内部人员构成的，这不仅解决了民间艺人常年在外演出无法和亲人团聚的问题，还尽可能减少了队内的矛盾，提高鼓书说唱团的效益。而在闫小平说唱团还同时存在师徒搭档的情况，同队的杨旭芳可以说既是闫小平的弟媳，二人又是名义上的师徒关系，杨旭芳自己成立说唱团之外，平时也在闫小平的说唱团活动，参与演出。

鼓书说唱团也有同行之间合伙组团的类型，在一个家族亲缘关系组成的说唱团内一般只有一位主要的女艺人作为该说唱团的"台柱子"，她既是主要演员需要登台表演，又是负责组织艺人的团长，要承接业务，协调整支团队。而这些合伙经营的说唱团同时有几位合伙人共同担当团长职务，一来可以约到更多的台口①，二来演员的调配更加紧密，比如神农晋风说唱团就是由任小平、张华、马文平三人合伙经营，不同于一般的说唱团以团长名字命名说唱团的习惯，三人都是长子鼓书的名艺人，在长期演出中发现合伙经营的便利条件而走到一起，演出活动比自己单干更有效，市场需求密集时，可以及时调配演员，尽可能减少了其他说唱团无人可用的尴尬情况，无须协调外借更多艺人，这种经营模式使说唱团在同行中竞争中有更多的优势。

表 5-3

长子鼓书采访艺人信息表②

类型	姓名	出生年份	籍贯	师承	丈夫是否同行
鼓书队 （第一批女艺人）	冀先果	1950年	长治市长子县南陈乡人	周贵喜	否
	柴素珍	1950年	长治市长子县草坊村人	申胖友	是
夫妻搭档	闫小平	1971年	长治市长子县丹朱镇北刘人	关富旺	是

① 戏班演出团体常用的词汇，指演出活动，有台口即为有演出，无台口就是没有演出。

② 据调查采访的长子鼓书艺人信息整理所制。

353

同行合伙	任小平	1968年	长治市长子县东郭村人	李晋明	是
	刘引红	1971年	长治市长子县丹朱镇西寺头村人	许天宝	否
师徒搭档	杨旭芳	1977年	长治市长子县石哲镇西汉村人	康书堂 闫小平	否
单干	范丽红	1972年	长治市长子县南陈乡团城村人	张爱琴	否

表 5-4

长子县部分鼓书说唱团团体信息统计表①

序号	企业名称	法定代表人	经营地址
1	长子县宋景丽说唱团	宋景丽	长子县丹朱镇坝里村
2	长子县李云飞姐妹说唱团	李云飞	长子县南陈乡团城村
3	长子县李亮曲艺队	李亮	长子县石哲镇吕村
4	长子县鲍先平说唱团	鲍先平	长子县丹朱镇北刘村
5	长子县先玲曲艺说唱演出有限公司	李先玲	长治市长子县丹朱镇东上坊村
6	长子县两水和树玲曲艺说唱团	和树玲	长子县大堡头镇两水村
7	长子县马文平曲艺说唱团	马文平	长子县南陈乡西北陈村
8	长子县秀平曲艺演出公司	赵秀平	长治市长子县丹朱镇河东村
9	长子县大京赵琴说唱团	赵琴	长子县丹朱镇大京村
10	长子县柴志杰说唱团	柴志杰	长子县丹朱镇草坊村
11	长子县闫小平说唱团	陈红伟	长子县丹朱镇北刘村
12	长子县郭素琴说唱团	关旭斌	长子县石哲镇吕村
13	长子县柴芳兰说唱团	柴芳兰	长子县丹朱镇后窑村
14	长子县段丽青说唱团	段丽青	长子县石哲镇吕村
15	长子县海青说唱团	柴海青	长子县丹朱镇草坊村

---

① 2019年实地调查时,根据长子县文化馆提供说唱团相关信息,汇总整理。

序号	企业名称	法定代表人	经营地址
16	长子县张庆玲说唱团	张庆玲	长子县石哲镇吕村
17	长子县许朝阳说唱团	许朝阳	长子县丹朱镇西寺头村
18	长子县西旺丽琴说唱团	李丽琴	长子县南漳镇西旺村
19	长子县慈林镇东范培红说唱团	曹培红	长子县慈林镇东范村
20	长子县引红曲艺演出有限公司	王宝先	长治市长子县丹朱镇西鲍村

长子鼓书的女性艺人一般负责说唱，除了组成或加入专业说唱团外，也有一部分艺人并不固定属于某一说唱团，她们是游走于说唱团之外的艺人，演出模式表现为随意性、临时性特点。这些艺人没有团队束缚，随时可以参与任何说唱团的邀约。如女艺人范丽红讲道：

问：您是比较灵活，各个团都能接活，那您有自己的定价吗？

答：200元，现在定价就是演一天200元。

问：长子这边您经常合作的有哪些团？

答：最近就是跟小青他们，23—25号跟这个团队演三天。杨旭芳、闫小平、李先玲都跟过，谁叫就去谁那儿。

问：您为什么没有组一个团或者说加入谁的队伍？

答：这个赚的就不多了，还是现在这样多赚点。

问：那您除了这个还有别的职业吗？

答：现在我还没有别的职业，现在我的演出还比较多点，基本上闲不下，就没时间再干第二个职业了。①

在长子有很多同范丽红一样的艺人，没有加入说唱团，这些艺人或

---

① 访谈对象：范丽红，女，1972年生，山西省长治市长子县南陈乡团城村人，长子鼓书艺人；访谈人：陈宛妮，刘重麟；访谈时间：2019年8月18日晚上；访谈地点：襄垣县盲人曲艺队。

出于现实经济收入的考虑，或是因为演出活动区域远离长子县，故而选择自己单独活动。这种从艺模式使她们经常与周边县市的曲艺队合作串场，在不同地区的演出交流中将长子鼓书带出长子，推向更广阔的市场，加强了长子鼓书向外的传播与影响。20世纪90年代市场经济促使文艺院团改革，长子鼓书说唱团在当时遍地开花，纷纷涌现，多以夫妻型、师徒型、同行合伙型的方式组织起来，非团体的艺人也积极投入鼓书行业，在谋生的同时也为长子鼓书打开市场，鼓书呈现出"市场与艺术"良性互动的传承特点。

三、同乡同业的长子说唱团

同乡同业是在中国社会普遍存在的经济现象，它主要指在城市工商业经济中，来自同一地区的人群经营相同的行业，利用同乡或同族关系建立商业网络，实现对市场和资源的垄断与控制，[1]反映的是经济活动与区域社会之间的联结关系。长子鼓书的同乡同业传统，就来源于这种中国社会的经济文化传统，但在鼓书发展的过程中得到不断强化。长子鼓书艺人均为个体，于个人而言他们的业务活动依托业缘、地缘以及各自的亲缘网络展开，整体上讲，长子鼓书曲艺协会在更大的空间网络内实现人员的调配、演出市场的区划。长子鼓书的同乡同业传统，主要是在师徒传承中自然形成的，这集中体现在鼓书改革开始招收女性学员之后。师承关系和同乡关系强化了长子鼓书的市场合作模式，这种依托于同乡关系的拜师学艺过程和市场策略促进了同乡同业传统的形成，使得长子鼓书在市场化之初就有师徒同乡的传统，在随后发展过程中又出现了以家族、姻亲关系等为纽带的鼓书市场类型。这种传承方式使艺人表现出区域群体性传承的特点，也使整个鼓书行业不断发展壮大，鼓书艺人的市场策略与同乡社会网络的运作紧密相连，同乡社会网络为她们提供了信息、人员、设备等条件的支持，从而在市场竞争中占有优势；而对大多数艺人来说，同乡网络为她们提供了学艺途径和就业机会，使她们获

---

① 吴重庆:《"界外"——中国乡村"空心化"的反向运动》,《开放时代》2014年第1期。

得安身立命的技能，并有机会进入鼓书行业中。尤其在经常搭档演出的团队里，原本是共事的同乡，有的结为夫妻，成为家庭成员，同乡、家族和姻亲关系有机结合，可以较多地获取乡土社会网络的文化资源，这是长子鼓书重要的市场经营策略。在鼓书团队的日常运营中，艺人间的信任程度极为重要，同乡关系加深了彼此的信任。正因如此，长子鼓书艺人愿意维护同乡经营网络，尤其是女艺人数量越来越多，成为行业精英之后同乡同业传统表现更加明显，通常是搭伙说唱的同事，同时也可以是一个家庭里的姊妹、妯娌，或者一个村子的村民，丈夫、兄弟都可以成为说书搭档，表现为整体区域性行业发展的特点。①

乡村社会与市场的互嵌是长子鼓书生存和发展的重要条件，鼓书艺人的经营网络，主要建构于同乡、同族、姻亲、师徒关系之上。鼓书艺人主要来源于亲缘地缘社会关系中的成员，演出所需的人力资源、书场信息、舞台设备等市场要素也依赖于本土社会环境，人员的借调、设备的租赁在同乡同行之间相对更为灵活便捷，这样的从业方式也是保证经济利益最大化的有效方式。亲缘、地缘组成的社会关系网络与鼓书行业网络重合，合作关系主要靠商议性、公平性来维持与保障，这种方式在长子鼓书市场的运作中十分重要，能够以低成本实现最优的效益。依靠紧密的亲缘与地缘关系网中内在情感的驱动与制约，行业内艺人的自律和彼此之间的信任足以代替普遍意义上的正式契约关系，以此弱化劳资关系中的紧张力度，更高效地利用人员劳动，这尤其体现在亲缘关系构成的同行间，以血缘关系限制着彼此之间的冲突和竞争。亲属属于自己人，原则上彼此之间痛痒相关，②因此一旦发生冲突，通常以雇主与雇员身份的弱化、长辈与晚辈关系的强化化解矛盾，工作中劳资雇佣的紧张关系因此转为家庭内部的伦理道德问题。宗族及亲缘关系在行业中扮演着重要角色，地缘是商业里发展出来的社会关系，是契约社会的基础，艺人的业务往来及社会交往一直是以本土的熟人社会为主，长子是艺人

---

① 郑莉:《东南亚华人的同乡同业传统——以马来西亚芙蓉坡兴化人为例》,《开放时代》2014年第1期。

② 费孝通:《乡土中国》,北京出版社,2004,第106页。

们累积社会资本的重要场域，鼓书的发展与繁荣可以说是乡土社会与市场经济的互嵌，乡土社会是传递市场信息的重要场所，鼓书演出所需要的市场要素很多都来自长子当地城镇和乡村，甚至大多数都来源于艺人自己的社会关系网络，所以在长子介绍鼓书台口的职业中间人或者经纪人并不多见，他们通常不会有固定对接的鼓书团队，从偶尔合作的说唱团抽成较少，经常合作的说唱团抽成较多。请书的人大多可以直接或通过亲友与鼓书艺人取得联系，商定请书的时间、地点、价格等等。①从乡村延伸到城镇中的艺人群体，通过乡土社会网络传递市场信息，占据市场优势，同时依靠家族精英的权威与公正意识来进行分工和协调，用亲缘关系消除劳资关系中的紧张因素，以最低的管理成本实现最大的凝聚力和利益。②

　　女性艺人数量日渐庞大发挥主要作用，甚至可以说垄断长子鼓书行业的原因可以从两个方面分析。首先，文化经济的发展是女性进入鼓书行业的直接原因。过去女性的职业选择主要有两种类型，一种是参与集体性农业劳动，一种是进入集体所有制事业企业单位工作。20世纪80年代一部分农村女性开始下海经商"跑市场"，通过手艺谋生。从整体来看，改革开放以来中国女性的就业率提高，经济增长为女性就业提供了广阔空间，国家采取行政性措施提高就业率，给予女性的政治、经济、文化权利显著增加，向男女平等的倡导和趋势靠拢。③因此鼓书女艺人的择业一方面是兴趣使然，一方面是现实就业形势的影响。文化局从鼓书行业的延续和出路考虑，改革传统鼓书，引进新鲜血液，招收年轻女性，丰富了传统盲艺人的表演内容。另一方面很多艺人迫于家庭生存压力或者出于对鼓书的热爱选择学艺，因此艺人文化水平普遍偏低，长子鼓书艺人刘引红提到自己从艺的原因就是由于家中姊妹较多，为了减轻负担，

---

　　① 访谈对象：闫小平，女，1971年生，长治市长子县北刘丹朱镇人，闫小平说唱团团长，长子鼓书艺人；访谈人：陈宛妮、刘重麟；访谈时间：2019年8月18日上午；访谈地点：襄垣县古韩镇西河底村。

　　② 林颖楠：《乡土社会与市场经济的互嵌——福建省莆田市东庄镇同乡同业现象的调查》，《社会治理》2016年第1期。

　　③ 刘伯红：《中国女性就业状况》，《社会学研究》1995年第2期。

放弃上学，转而向邻居拜师学艺。鼓书行业的繁荣发展主要依附于乡土社会关系网，而非艺人的文化水平。乡土社会关系与市场关系的重合，保护了行业的持续发展，使得说书市场和乡土社会一样呈现出稳定性特点，艺人在长子鼓书"同乡同业"的优势传承下，被市场淘汰的可能性很小。鼓书艺人进入说唱团时，一般不会有商业协议，主要源于相互信任的艺术关系和市场关系，说书艺人圈与同乡社会网络会形成源源不断的市场机会，使得艺人在整体演艺市场流动中，总能保持谋生与传艺的平衡，从而形成一个"长子鼓书"曲艺之乡的品牌。

四、女性艺人的演出市场

长子鼓书适应时代变化和观众审美的要求，主要的变化就是女性说书艺人的出现，她们加入后对唱腔、剧目继续进行精细化的磨合，改坐唱为走唱，并加入了身段表演，使长子鼓书在新时代的行进中获得新生，很多女艺人在此过程中成长为行业内的"名角儿"。女艺人从职业的选择到拜师学艺，再到走上表演舞台，付出了辛苦的汗水，登台表演也在日益熟练的磨合中处理得精湛，形成区别于他人的个人特色。在舞台之外她们还面对了很多艺术之外的挑战与人生选择，如家庭的反对，婚姻的结合，千姿百态的人生是这个女性说书艺人群体非常重要的社会特征。

学习鼓书艺术，想要登上舞台，甚至成为民众认同的名角儿可以说是每位说书艺人的职业目标，为此她们需要有过人的天赋，也要付出极大的努力。艺术是需要天赋的行当，在长子当地，受到人们欢迎的说书人都有一副好嗓子，帮助她们在同行中脱颖而出，可以说学艺经历为她们的成功打下了坚实基础。长子鼓书的学习需从少年时开始，这个年龄段的嗓音还未定型，所以年幼学艺是每个艺人成长的必经阶段。女艺人学艺大多是在15—18岁左右开始的，兴趣爱好和家庭困难是主要原因。在正式进入鼓书行业之前师傅主要考量的就是徒弟的声音条件，这是进入这一行业的基本条件，一般在选拔面试中，表演歌曲或者戏剧小段，如果嗓音洪亮，音准合拍，那就具备说唱的条件。

问：去了以后先学什么呢？

答：去了以后就是师傅先给你一副板，先学打板。人家就是先把板学会了，再给你抄小段。一边就是你唱的时候打上板有节奏好唱吧。

问：这个好学吗？

答：这也是功夫问题，开始的时候肯定不好学。

问：开始觉得难学难到哪儿呢？

答：就是不熟悉，打着打着就掉了。要不就挤了手了。[①]

拜师之后进入正式的学习阶段，首先是简板的练习。简板是长子鼓书最基本的控制节奏的打击乐器，学习简板不仅仅是操作问题，也得有乐感。这里指的并不仅仅是将简板打响，而是要能打到音乐里面。打响容易，但是要打得富有节奏感，具有音乐性，这需要艺人日复一日地练习，熟练到"手上有了功夫"，形成一种条件反射或者称作肌肉记忆，合着音乐打节奏，这也是考验耐心和毅力的过程，艺人在早期学艺时打简板是每日必修的功课，初学简板的时候徒弟们必要打得手痛生茧，方能逐渐掌握节奏。学会简板的使用后师傅开始教授小段，内容都是由师傅口传心授的，实际并没有文本，徒弟们在学习的时候要随时拿笔记下来，用来帮助记忆，由于小段总是七言句等格式整齐的韵文体，语音的押韵及节奏适于背诵，艺人们第一个学习的就是小段，在学会这种小段后才能进而掌握中长篇鼓书。徒弟要在师傅规定的时间内将鼓词全部背诵下来，没有完成的学徒还会遭到师傅的责骂。每日天一亮，徒弟们就在村中空旷的地方喊嗓子，一到两个小时后回到师傅家中学习鼓词。徒弟们坚持这样的流程要长达三年，方可出师单干，但在学艺过程中并非只是机械地学习，师傅会根据徒弟的学习程度安排其一起上山下乡参与演出，积累经验。

---

① 访谈对象：刘引红，女，1971年生，长治市长子县丹朱镇西寺头村人，长子鼓书国家级非物质文化遗产传承人；访谈人：卫才华、陈宛妮；访谈时间：2019年8月16日上午；访谈地点：长子县长子会堂。

学艺的过程是较为固定的，政府为当时的盲人曲艺队安置了住房，第一批年轻的女孩子拜盲艺人为师，同时也承担照顾盲人师傅的责任，平时生活要为师傅洗衣、做饭、打扫卫生等，演出时候徒弟又成为引路人，领师傅走山路，帮助师傅拿乐器。鼓书表演一般连续多天，很多地方缺少床铺休息，大多时候艺人们都会准备简单的被褥，在寺庙或者村民家中打地铺休息。师徒行艺不仅仅是传授技艺的过程，更多时候培养的是一种"共同生活"的业缘关系，这种共同的生活环境和职业环境使他们建立了某种无关血缘的亲属关系。[1]

长子鼓书行业中女性艺人占据优势，演出市场也更为活跃，但是有时也会遇到主家赖账的情况，比如议好的价格临时变卦。

问：主家请咱们有过赖账的情况吗？

答：很少，现在受国家法律保护，有的签合同，比如大队、公家的签合同，和私人不签合同。少给钱也是二十多年前的事，说好的5000块钱，最后给了4000块钱，现在没有。

问：那您是怎么处理的？

答：就让人骗了，那时候没有法律保护的意识，那个时候也乱，现在就没有这种事了。

问：那你如何处理这种情况？

答：能躲就躲，不行就找村上的干部，那个时候村里不念书的人太多，也没有派出所，不知道找谁，现在的人文化高了，都出去打工，都不在村里。[2]

问：下乡演出有没有碰到过什么危险的事情？

答：还有一次是下乡演出，晚上我们已经演出完了，然后喝醉

---

① 周巍：《技艺与性别：晚清以来江南女弹词研究》，上海人民出版社，2010，第131页。

② 访谈对象：闫小平，女，1971年生，长治市长子县北刘丹朱镇人，闫小平说唱团团长，长子鼓书艺人；访谈人：陈宛妮、刘重麟；访谈时间：2019年8月18日上午；访谈地点：襄垣县古韩镇西河底村。

酒的过去让我们接着演，我们很生气，生气还被人家欺负，人家砸窗、砸门，我们哭着起来。演一会儿还不行，要给他们唱到天明。我们非常难过。这是我们团队遇上的事。

问：主家也不管吗？

答：主家也管，但是他管不了。这是主家的冤头，他管不了。我们就一边哭一边演。①

说书行艺也是在社会中跑市场谋生，会遇到很多意想不到的问题。艺人的社会挫折、人生百态是其艺术故事的一大特点。一般来说学艺要三年时间，学艺期满，徒弟们就开始正式登台表演了，在实践中跟师傅学习容易快速形成自己的艺术风格。比如传承人刘引红独特的"引红腔"，被人们津津乐道，行腔走韵婉转动听，贯口收放自如。在舞台上艺人们要根据观众反应、同台搭档的表现随时调整自己的表演。阿尔伯特·洛德认为："无论表演是发生在家里，在咖啡馆里，在院子里，还是在贵族家的大厅里，影响诗歌形式的演唱场合的基本因素，是听众的可变性和不稳定性。听众的不稳定性要求对表演者予以明显的关注，以使其演唱能够在根本上进行，它也能最大限度地检验表演者在尽可能吸引听众的注意力方面的出色能力和叙述技巧。"②因此表演者对口头文本进行的编创具有独创性、再创造性、新生性。某次在长子县"周末剧场"表演《乌盆案》时，由于演出时长不够，闫小平迅速调整表演，将一大段书词改唱为说，精简唱段，在保留故事时间、地点、人物等因素的前提下以说的方式将一段内容简要摘出，在规定时间内完成了演出。演出结束后，她的同事们主动提起这段改编，主要在于艺人的现场反应能力和再创作技能。

---

① 访谈对象：闫小平，女，1971年生，长治市长子县北刘丹朱镇人，闫小平说唱团团长，长子鼓书艺人；访谈人：陈宛妮、刘重麟；访谈时间：2019年8月18日上午；访谈地点：襄垣县古韩镇西河底村。

② ［美］阿尔伯特·贝茨·洛德（Albert B.Lord）：《故事的歌手》，中华书局，2004，第87页。

就咱长治地区，有的极少数地区，像晋中、榆社那边，说话得慢点，咱们的地方方言太浓，他也不懂。还有的随他们地方的方言去说，比如咱们长治"喝水"叫"hē shuǐ"，他们晋中那边叫"hē fǔ"。咱们叫"娶媳妇"，他们叫"娶婆姨"，还得学他们的方言去。

问：这个学方言是去了现学还是……

答：去了以后，你比如去了那个地方，多拉话，学他们简单的地方方言。你比如去武乡吧，咱们长治地区叫"种地"，他们叫"zhòng zhì"。咱们说"弟兄"几个，他们说"自兄"几个。很难的，一开始听不懂。

问：去了每个地方就要先根据他们那边的方言进行改编？

答：嗯，对。听懂他们那边的话，演的时候多少要改动一下，不然人家听不懂。你比如"睡觉"，晋中那边叫"fù jiào"。看书叫"kàn fū"。[①]

鲍曼在谈到表演的创造性时指出："这里包括了对创造性的两个层面的理解，它可以使我们重新认识创造性的构成要素。一种理解是，创造性就是指过去从未有过的全新的言语或者行为。另一种理解则是，创造性是在新的语境下、以新的方式对传统形式的一种应用。"[②]在新的环境演出，鼓书艺人通常要临时学习当地的方言俗语，改变原来的鼓词说唱语言习惯，创作出地方通俗易懂的鼓词。

实际演出中，艺人根据表演时间长短来划分鼓书类型，长子鼓书表演分为三种类型：15分钟之内的小段；时间稍长些的以笑话为主的小品；可以持续多日的大书。书词分唱词与念白两部分，并使用大量的长子地

①访谈对象：闫小平，女，1971年生，长治市长子县北刘丹朱镇人，闫小平说唱团团长，长子鼓书艺人、杨旭芳；访谈人：陈宛妮、刘重麟；访谈时间：2019年8月18日上午；访谈地点：襄垣县古韩镇西河底村。

②[美]理查德·鲍曼(Albert B.lord)：《作为表演的口头艺术》，杨利慧、安德明译，广西师范大学出版社，2008，第215页。

方方言，遵循方言用词规则，句尾押韵，朗朗上口。在表演时演员常常需要即兴创作，做出临场反应，鼓书小段与小品具有很强的喜剧性，在表演过程中，演员总能以简单的几句念白逗笑台下的观众，并根据观众的反应及时调整表演。在唱腔方面，长子鼓书经历了由说到说唱的过程，所以它的旋律跟长子方言的语调较为接近，演唱速度随情节而变动，调式不固定，通常根据演员的条件来定调，所以具有即兴的特点，这些特点使长子鼓书较为灵活，生活气息浓厚，深受群众欢迎。

在伴奏方面，长子鼓书的伴奏乐器丰富，主要有简板、板胡、二胡、电子琴、竹板、鼓。鼓书在盲艺人时期，只是由一人在腿上绑竹板，手拉板胡，独立完成表演。后来随着演员的增加，有了舞台的表演形式之后，改变了这种一人充当所有角色的局面，逐渐加入了板胡、笙、电子琴等。如果遇到重要的演出任务或者比赛再增加扬琴、琵琶等乐器。中西乐器的融合不但丰富了长子鼓书的伴奏效果，而且表明长子鼓书的发展紧随时代脚步。打击乐部分也独具特点，演员表演时手持简板而唱，简板控制节奏，是演唱者与乐队之间沟通的标识。早期节奏型乐器为小鼓，方便携带，后变为大鼓。其次是梆子、大镲、小镲、大锣、小锣等。演出时这些节奏型乐器就起到统领"说"和"唱"的快慢变化，控制速度的作用，其使用与艺人的起调与演唱习惯相互影响，二者结合才能演好一场书，这需要说书人与乐队长期磨合，形成默契。[1]

长子鼓书的舞台形式一般有几个步骤，包括预热、小段、正本。在开说前预热，播放提前准备的鼓书录音，以吸引观众，也提醒观众演出即将开始，准备开书。正式说书开始后，先表演一个小段，开始时要做四句诗的书帽，概述小段的内容，如《夫妻争灯》小段的书帽：

> 说的是：天属阳，地属阴，男女无有贵贱分。男人能把江山坐，女人也能掌乾坤。[2]

---

① 张慧霖：《山西长子鼓书研究——以精卫鼓曲社为例》，硕士学位论文，广西师范大学，2017。

② 李照楠：《长子鼓书传统小段选》，三晋出版社，2014，第20—23页。

短短几句提纲能让观众明白这段唱的是男女平等的观念，从内容上看，这些唱白和所说的故事内容缺少明确的联系，但是和书目主题密切相关，艺人登台之后，书场内艺人与观众的交流就开始了，为了吸引观众的注意力，一开始艺人就会有意识地提醒表演开始，这样能保证将观众的注意力转移到艺人的表演上，进入书段的故事中，与艺人形成呼应，为整场表演的互动创造条件。另一方面，书帽是书目的引子，是书目中的重要组成部分，也是鼓书开场的符号，能够引出正式的说书内容，当鼓书艺人唱出这几句书帽时其实是对正文内容的解读。艺人说唱前先说书帽，已经成为说书固定模式的套语。为满足现代年轻观众的要求，艺人会选择演唱流行歌曲或者豫剧小段。小段子结束开始说正本，鼓书多以说唱长篇书目为主，说短篇为辅。长篇书目以有说有唱的方式表现，一般下乡演出要说一本书，分为六场，说三天。鼓书表演没有具体的分工，演员已经非常熟悉鼓书，通常都是依据平时习惯临时分配角色，上至耄耋老人，下至垂髫孩童，从富家公子小姐到底层贫民，角色扮演都能游刃有余。但是由于演员们都是女性，即使唱男性角色，也都是由女艺人们一手包揽，进行反串。①

问：您说鼓书的话，自己比较常扮演的角色是什么？

答：正派角色。

问：反串的也有吗？

答：我们就是也演老婆也演老汉儿，也演男老人也演女老人，也演小孩子就是这样的。

问：但是每个人都有演出选择角色的习惯，您一般是演一些小姐还是公子还是什么呢？

答：比方说咱们四个人到一块儿了哇，比如他演丑角不错，那有丑角就是他先上丑角。你演姑娘不错，那你就演那个姑娘，就是这样商量着来。我不是身材也胖点儿，那你演个老人我就演个老人，

---

① 张晋莎：《浅析长子鼓书的艺术特点》，《北方音乐》2017年第13期。

一般来说都是这样搭配。[①]

长子鼓书要求艺人自身不仅有演唱天赋，还要求有表演天分，在表演形式上也越来越丰富，如小品是近年产生的鼓书表演新形式，这些小品是为了迎合现代市场的需求，在表演大书之前，一般会先准备一段喜剧小品来吸引观众，增添表演形式的丰富性，内容多逗乐为主，蕴涵生活哲理。如果鼓书女艺人说、唱、演的技能掌握得好，自然能够吸引台下的听众，鼓书女艺人有的擅说唱，有的擅表演、"翻花样"，有的唱演俱佳，不过是在于说唱内容的取舍和表演成分的把握，充分展示女艺人才艺的丰富性。[②]此外改进服装道具，为刻画角色起到了很大作用，舞台上艺人们需要突出人物特征时常需要借助服装、道具加以表现。平时下乡演出，演员一般不会换多套服装，主要依靠唱腔表情等刻画人物形象。下乡时演员基本上都是穿着自己的衣服，正式的演出或比赛的场合时，她们有专门定制的演出服。[③]

长子鼓书的表演内容分为开场预热的小段与正式开唱的大书两部分。小段紧贴民众生活，以宣扬文明道德，讽刺社会不良风气为主题，如《婆媳之争》《傻子娶妻》。而大书为传统长篇如《包公案》《海公案》《金镯玉环记》等。表演时临时搭建戏台，搭配音响灯光等设施，其中说唱艺人以女艺人为主，艺人手持简板，走场说唱，融入戏曲表演的身段技巧。伴奏用板胡、二胡、低胡、高调竹笙，近年来加入电子琴等新式乐器。演出时间在一天下午晚上各一场，一个台口说三天。

长子鼓书曲艺团的演出一般在临时搭建的舞台上进行，舞台由钢管搭建支架，距离地面一米，加以绸布包裹装饰；正上方挂鼓书曲艺团名称及联系方式；两侧贴对联用以阐明演出事由或表达祝愿，不强调对仗，

---

① 访谈对象:范丽红,女,1972年生,长治市长子县南陈乡团城村人,长子鼓书艺人;访谈人:陈宛妮、刘重麟;访谈时间:2019年8月18日晚上;访谈地点:襄垣县盲人曲艺队。

② 周巍:《20世纪20年代至40年代苏州评弹女艺人的形象塑造与性别论述》,《南京艺术学院学报》(音乐与表演)2019年第1期。

③ 张慧霖:《山西长子鼓书研究——以精卫鼓曲社为例》,硕士学位论文,广西师范大学,2017。

如"舞台不大能容千军万马，慈母二十周年儿女不忘"。整个舞台主要分为右侧乐队演奏区、左侧鼓书艺人区和中间演出区三大块，其中艺人所在区域细分为候场区、休息区与打击乐器伴奏区。演出时艺人在麦克风前表演，手持简板，边打边唱。即将出场的在候场区等待，打击乐器与休息区相邻，暂时没有演出桥段的在休息区或休息或用梆子、呱打板拍打节奏；打击乐器区摆放大墩鼓、小鼓、吊镲等，由鼓书艺人敲打伴奏，用于演出前"吵台"和演出中间插入梆子、落子唱腔时使用。除了演出舞台外，还在主舞台两侧分别搭建放置音响、悬挂灯光设备的铁架，以便加强演出效果，吸引观众。

目前长子鼓书曲艺团一个台口的收入，视主家要求而定，大体在30000元左右，涉及商家演出价格会相对更高一些。因为演员的流动性，所以曲艺团工资采用现结方式，一个台口演完就结清工资，按现在的市场行情，依据能力、演出等级的不同，艺人一般说一天工资在200—300元，按天数付报酬，划分明确。除去艺人工资以外是曲艺团收入，好的团队一年纯收入能达到十几万。①灵活的演出形式与现结分配给艺人极大的自主选择空间，根据自身情况选择演出，有的艺人在曲艺演出淡季（每年阴历八月十五至正月）兼职其他工作获得收入。

2020年疫情期间，长子鼓书演出中断了一年，很多鼓书艺人选择其他临时工作。此外也有一些艺人借此机会与家人相处，或者选择排练节目。

长子鼓书融合了多种曲艺形式的唱腔板式，如河南坠子、落子、上党梆子等等，使其更易被周围地区民众所接受。长子县鼓书市场竞争激烈，名家众多，一些鼓书艺人开始选择离乡演出，并在此基础上适当调整方言以适合当地情况，通俗易懂的故事、生动热闹的形式在晋中南地区、河南北部、河北西南部等地区受到欢迎。另外，近些年政府宣传支持，通过曲艺比赛和会演，增加了知名度。以刘引红为例，她带领团队

---

① 访谈对象:杨琴丽,女,1977年生,长治市长子县岚水乡东马村人,长子鼓书刘海燕琴丽说唱团团长;访谈人:关云燕;访谈时间:2021年4月4日下午;访谈地点:长子县丹朱镇西上坊村。

从2012年参加比赛，先后获得中部六省曲艺大赛一等奖、第十届中国艺术节"群星奖"、中国曲艺最高奖"牡丹奖"表演奖等，并走出国门，先后去法国、日本、韩国等地做交流演出。

长子鼓书市场还体现在品牌化宣传包装。从20世纪80年代私营鼓书团出现开始广告宣传，从最初的贴纸小广告到后来刻录音像制品，再到现在的抖音、快手等短视频网站运营。长子鼓书艺人们一直在寻找更好的宣传方式，帮助长子鼓书更快更广地打出名气扩展市场。

> 当时长治这边有一个磁带厂，久久影像公司，这个商家就抓住了机会，叫上这帮说书的，我给你们开工资我刻磁带卖，叫上人写本子，让艺人背好来拍，最后刻的光盘在市场卖得可厉害了，人家也挣了钱了。现在就不专门刻光盘了，只有上报的时候组织刻几张光盘，参加什么比赛，预选的时候用光盘。因为有网络了，都能找到，你像有很多人就在抖音、快手上有账号，发个段子啥的做宣传。①

新时期长子鼓书的快速发展离不开政府公共文化建设的组织和引导。旧时鼓书虽然广受欢迎，但由于语言随意，艺术粗俗简陋，有些故事内容难登大雅之堂，所以一直被认为是低俗文化，舞台认可度低。2012年长子县政府组织文艺晚会，刘引红在舞台上精彩地演绎了长子鼓书，引起重视。这次成功是长子鼓书从乡村走向舞台的转折点，也正因此，政府主动开展长子鼓书这一传统曲艺的发展与推广。包括组织艺人参加曲艺比赛，扩大影响力，尤其是获得中部六省曲艺大赛第一名的成绩，给长子县政府和鼓书艺人带来自信，从而在随后的鼓书市场发展中，涌现出更多的优秀鼓书艺人。

调查看，长子鼓书的发展主要分为三个阶段：首先是20世纪80年代改革鼓书，将以男性盲人坐唱为主的表演方式，改为明眼人以及女性艺人参与的鼓书表演；其次，长期以来，从业者的优势聚集，形成"长子

---

① 访谈对象:李瑞红,男,1968年生,长子县文化馆馆员;访谈人:关云燕;访谈时间:2021年2月22日上午;访谈地点:长子县文化馆办公室。

鼓书"的艺术品牌。乡村社会与民俗市场的互嵌，使得鼓书艺人的市场网络呈现出"同乡同业"的发展特点。艺人家庭多是夫妻搭档，女艺人主要面对观众说唱表演，男艺人负责装置舞台、乐器伴奏，由于鼓书表演分工的不同，他们在鼓书行业中呈现出女强男弱，女性行业地位优于男性的现象；再次，女艺人的加入使鼓书书词和艺术风格发生改变，一是快速吸收周边曲种的优秀元素，融入发展为长子鼓书；二是不断开拓曲艺说唱的市场化程度，一些代表性的艺人在国内外演出获奖，成为当地文化建设的"亮点"，使得长子鼓书走出长子，扩大礼俗市场，形成一种"曲艺和市场"多元互动的良性机制。

结语

　　一方水土养育一方民众，民间说唱是太行山文化生长出来的文艺传统，与民众的日常生活紧密地结合在一起，在悠远的鼓曲传唱中传递着共通的审美诉求。我们在调查中努力倾听说书人自己的故事，记录他们与鼓书的历史和记忆，尽量客观记录说书人的审美认识，那种凄美的天籁之音，让我们在苦累的田野中特别温暖。有人把盲艺人称为中国的"荷马"，他们长年累月过着流浪的艺术生活，就像中国的"吉普赛人"，承载着厚重的人文精神。通过对太行山说书艺人的田野调查与研究，积累了有关说书艺人生活史访谈的大量资料，我们发现说书人内在的心灵史、家庭生活以及与地方社会的深层互动，也发现当下民间说唱曲艺与时俱进的艺术特点。

　　说唱不仅体现为外在的艺术形式，还饱含着艺人苦难的生存、敏感的社会生活，可以说是太行山说书艺人的艺术人生。说书人不仅仅表现为外在的艺术演出，也内蕴着这一群体酸甜苦辣的人生经历。理想型艺术人类学的研究对象不仅仅是关于"艺术"的，而且还是一种人类学立场上的艺术真理论，完全的艺术人类学必须关乎人的存在和人生的真理，人类艺术往往与一定的生活状况、生活经验有直接的相关性，因此可表现出复杂的思想、动机和行为，表达多维的功能和价值意味。人类艺术背后的文化价值观必定承载着人生真理的意蕴。①

---

　　① 郑元者:《艺术人类学的生成及其基本含义》,《广西民族学院学报》2006年第4期。

从历史时期看，20世纪三四十年代，太行山说书艺人投入抗日战争和解放战争时期的曲艺宣传活动，塑造了乡村"革命"文艺的组织形态，发挥了动员群众和教育群众的作用。至五六十年代，农民曲艺宣传队适应"戏改"要求，同时政府加强说书艺人组织的体制建设，增强日常表演的革命文艺性，将说书曲艺宣传纳入乡村社会主义文化建设中，突出了乡村文化的政治性。20世纪80年代以后，政府重视传统文化保护，通过"曲艺会演"，加强发掘、整理、改编传统曲目，鼓励创作长篇现代书目。说书曲艺宣传队注意在传统保护与市场文艺的双重需求中，寻求地方曲艺发展的新的平衡。

从说唱传统与礼俗互动关系看，说书参与的乡村礼俗生活可大致分为三类：敬神类，以敬神为主的礼俗活动，如庙会、谢土等；丧事类，以祭祀为交往对象的礼俗活动，如葬礼、周年礼等；喜庆类，以人生礼俗为主要内容的民俗活动，如婚礼、成年礼等庆典。①礼俗用乐指在婚丧、祭祀、交往等礼仪活动中涉及的一切音乐形式。"礼乐相须以为用，礼非乐不行，乐非礼不举"的礼乐观是民俗生活的内涵，音乐与"礼"相辅相成地使用。②历史上，其主要得益于两种连续性制度安排："一个是形成于西周的礼乐制度（其后转化为礼乐观念），一个是形成于南北朝的乐籍制度。前者在转化的过程中决定了中国音乐文化礼乐与俗乐的两条脉络，后者则是保证了一千又数百年中国音乐文化传统整体的传承与发展。就前者说来，特别是在礼乐观念之中，作为'祀'的理念非常重要，由此生成了一系列相关的仪式，但凡重要的祭祀仪式均有'乐'与之相辅相成；后者则为国家制度保证了礼乐、俗乐观念的具体实施"。③中国传统音乐被广泛使用于礼俗仪式中，"成为各种祭祀、典礼仪式的兴奋剂和黏合剂，充分体现了农耕文化社会中以乐事神、敬神的功能作

---

① 相关讨论见卫才华、岑建如：《山西陵川说书与乡村礼俗生活》，《艺术探索》2016年第4期。

② 郭威：《晋东南地区说唱音乐现状分析与研究》，硕士学位论文，山西大学，2007，第43页。

③ 项阳：《功能性·制度·礼俗·两条脉——对于中国音乐文化史的认知》，《中国音乐》2007年第2期。

用"。①近三千年的"礼俗用乐"观念已经转化为一种民俗习惯，深深根植在人们心里，并集中地体现在当下中国广袤的乡村，使人们在文化心态上自觉地将礼俗与音乐紧密联系在一起，从而使民众认同民间音乐文化，使民间音乐融入各种场合的演出显得合理而自然。音乐与礼俗依附共生，存在于与民间礼俗的相辅相成之中，传统音乐与礼俗一起得以传承。②

　　除了日常的文化下乡宣传外，说书人频繁地参与乡村礼俗生活。诞生礼俗、成年礼俗和婚姻礼俗、丧葬礼俗共同构成了太行山民俗生活中的重要仪礼。"这些仪式中，往往需要有说唱的参加，因而民间说唱在农村有着广阔的空间。在各地乡村有所谓'敬神'活动，如祈雨、谢土等，要请被当地称为'先生'的说唱艺人进行说唱。有了喜庆事，如婚嫁、生子、庆收成、迁新居等事，要请'先生'说唱；老人祝寿、孩子满月、生日要请，盼亲人在外平安、早归愈要请。"③这些独特的礼俗互动与说书活动相辅相成，一方面，礼俗为艺人提供充分的社会舞台，另一方面艺人赋予了仪式"礼俗用乐"的音声传统。两种民俗事象相互依存，共同建构了说书的表演场域，彼此影响对方的存在形式，生成对方的民俗意义。④在礼俗互动中，说书艺人作为仪式操演者是礼俗仪式的一部分，通过传统音乐构建起乡村独特的"声音仪式"空间，深化了民俗生活的意义和内涵。说书参与礼俗互动的同时，表现为一种独特的神圣性"艺术"，既表现出精神文化需求，也容纳了仪式性情感诉求，它有效地保持和传达了乡民生活中"天地人"的沟通，反映出地方民众的价值观念和处世态度。通过说书在仪式活动中传情达意，建构了生者与逝者、人与神、家族与村落之间的多重社会关系。说书不仅仅是一种简单的曲艺艺术，而是融汇了一种仪式性特点的艺术符号和象征。

---

① 乌丙安:《民俗学原理》,辽宁教育出版社,2001,第132页。

② 项阳:《当下传统音乐与民间礼俗的依附与共生现象》,《音乐研究》2005年第4期。

③《中国曲艺音乐集成》全国编辑委员会、《中国曲艺音乐集成·山西卷》编辑委员会编《中国曲艺音乐集成·山西卷》,中国ISBN中心,2004,第8页。

④ 黄旭涛:《仪式操演建构了民间小戏的表演场域——以一次葬礼中祁太秧歌演出为个案》,《民族艺术》2007年第4期。

主要参考文献

一、专著

［1］陈汝衡.说书史话［M］.北京：作家出版社，1958.

［2］郑振铎.中国俗文学史［M］.上海：上海书店，1984.

［3］叶德均.宋元明讲唱文学［M］.上海：古典文学出版社，1957.

［4］倪钟之.曲艺民俗与民俗曲艺［M］.天津：百花文艺出版社，1993.

［5］项阳.山西乐户研究［M］.北京：文物出版社，2001.

［6］乔健，刘贯文，李天生.乐户：田野调查与历史追踪［M］.南昌：江西人民出版社，2002.

［7］董晓萍，（美）欧达伟（R.David Arkush）.乡村戏曲表演与中国现代民众［M］.北京：北京师范大学出版社，2000.

［8］冯丽娜.盲人说书的调查与研究［M］.北京：中国文史出版社，2013.

［9］卫凌.河东民间说唱研究［M］.北京：中国社会出版社，2009.

［10］李成丽.当代山西盲人说唱班社生存发展研究［M］.北京：中国文联出版社，2017.

［11］孙鸿亮.陕北说书研究［M］.天津：天津人民出版社，2011.

［12］张振涛.冀中乡村礼俗中的鼓吹乐社——音乐会［M］.济南：山东文艺出版社，2002.

［13］张振涛.吹破平静：晋北鼓乐的传统与变迁［M］.北京：文化艺术出版社，2010.

[14] 吴凡.阴阳鼓匠——在秩序的空间中 [M].北京：文化艺术出版社，2007.

[15] 田耀农.陕北礼俗音乐的考察与研究 [M].上海：上海音乐学院出版社，2005.

[16] 岳永逸.空间、自我与社会——天桥街头艺人的生成与系谱 [M].北京：中央编译出版社，2007.

[17] 章建刚，王亮等.山西省民间音乐遗产的传承与保护 [M].北京：中国社会科学出版社，2007.

[18] 杨红.当代社会变迁中的二人台研究：河曲民间戏班与地域文化之间互动关系 [M].北京：中央音乐学院出版社，2006.

[19] 韩晓莉.被改造的民间戏曲：以20世纪山西秧歌小戏为中心的社会史考察 [M].北京：北京大学出版社，2012.

[20] 黄旭涛.民间小戏表演传统的田野考察——以祁太秧歌为个案 [M].北京：知识产权出版社，2013.

[21] 杨旭东.当代北京评书书场研究 [M].北京：民族出版社，2013.

[22] 纪德君.在书场与案头之间：民间说唱与古代通俗小说双向互动研究 [M].北京：文化艺术出版社，2009.

[23] 秦瑞苗.朱弦鼓简上的歌 [M].太原：北岳文艺出版社，2011.

[24] 李豫等.山西介休宝卷说唱文学调查报告 [M].北京：社会科学文献出版社，2010.

[25] 尚丽新，车锡伦.北方民间宝卷研究 [M].北京：商务印书馆，2015.

[26] 李雪梅等.中国鼓词文学发展史 [M].上海：上海人民出版社，2012.

[27] 何其亮.个体与集体之间：二十世纪五六十年代的评弹事业 [M].北京：商务印书馆，2013.

[28] 张盛满.评弹1949：大变局下的上海说书艺人研究 [M].北京：商务印书馆，2015.

[29] 吴琛瑜.书台上下：晚清以来评弹书场与苏州社会 [M].北

京：商务印书馆，2015.

[30] 冯潞.晋东南密码［M］.太原：山西人民出版社，2006.

[31] 温幸，薛麦喜主编.山西民俗［M］.太原：山西人民出版社，1991.

[32] 赵魁元主编.晋城百科全书［M］.太原：山西人民出版社，2006.

[33] 张天堡.徽宗语解读［M］.北京：中国戏剧出版社，2009.

[34] 蔡建民主编.长治曲艺概述［M］.北京：中国文联出版社，2014.

[35] 马留堂，田兆文编著.沁州三弦书［M］.郑州：河南文艺出版社，2007.

[36] 马留堂，浪音.沁州风俗［M］.太原：山西人民出版社，2012.

[37] 王洪廷主编.临县乡土文化［M］.太原：山西人民出版社，2009.

[38] 刘红庆.向天而歌：太行盲艺人的故事［M］.北京：北京出版社，2004.

[39] 亚妮.没眼人［M］.北京：中信出版社，2016.

[40] 卓然.晋城历史文化丛书：风俗流响［M］.北京：中华书局，2010.

[41] 李照楠主编.长子鼓书传统小段选［M］.太原：三晋出版社，2014.

[42] 黄纬华，雷桂华主编.中国节日志·马街书会［M］.北京：光明日报出版社，2015.

[43]《中国曲艺音乐集成》全国编辑委员会，《中国曲艺音乐集成·山西卷》编辑委员会.中国曲艺音乐集成·山西卷（上下册）［M］.北京：中国ISBN中心，2004.

[44] 中国曲艺志全国编辑委员会，《中国曲艺志·山西卷》编辑委员会.中国曲艺志·山西卷［M］.北京：中国ISBN中心，2011.

[45]（美）欧达伟（R.David Arkush）.中国民众思想史论——20世纪初期～1949年华北地区的民间文献及其思想观念研究［M］.董晓萍，

译.北京：中央民族大学出版社，1995.

[46]（美）洪长泰（Chang-tai Hung）.到民间去：1918——1937年的中国知识分子与民间文学运动［M］.董晓萍，译.上海：上海文艺出版社，1993.

[47]（美）洪长泰（Chang-tai Hung）.新文化史与中国政治［M］.台北：一方出版有限公司，2003.

[48]（日）井口淳子（Iguchi Junko）.中国北方农村的口传文化——说唱的书、文本、表演［M］.林琦，译.朱家俊，校译.厦门：厦门大学出版社，2003.

[49]（英）钟思第（Stephen Jones）.雁北乡村礼乐（Ritual and Music of North China：Shawm Bands in Shanxi）［M］.Ashgate Publishing limited England，2007.

二、论文

[1] 张鸿懿.鼓词探源［J］.中国音乐，1984（1）.

[2] 行龙.秧歌里的世界——兼论民俗文献与中国社会史研究［J］.民俗研究，2001（3）.

[3] 行龙.走向田野与社会：区域社会史研究的追求与实践［J］.山西大学学报（哲学社会科学版），2012（3）.

[4] 董晓萍.华北说唱经卷研究［J］.北京师范大学学报（人文社会科学版），2000（6）.

[5] 段友文.贱民外史——晋东南乐户生存状况调查［J］.民间文化，2000（1）.

[6] 卫才华.太行山说书人的社会互动与文艺实践——以山西陵川盲人曲艺队为例［J］.民族艺术，2016（4）.

[7] 卫才华，刘重麟.民间曲艺实践的组织化、表演话语与社会互动——以平遥盲艺人宣传队为例［J］.中北大学学报（社会科学版），2020（1）.

[8] 李豫，李雪梅.谈陵川书鼓曲艺砖雕发现的价值和意义——从

《陵川曲艺志》图片角度揭示当地重大民俗事项 [J].山西档案，2009（3）.

　　[9] 李豫，于红.中国陵川书鼓砖雕产生原因探析 [J].太原理工大学学报（社会科学版），2011（3）.

　　[10] 南江.蒲剧在陕州的历史渊源探究 [J].三门峡职业技术学院学报（综合版），2006（3）.

　　[11] 雷逢春，孔占芳."白鹦哥吊孝"创作管窥 [J].青海师范大学民族师范学院学报，2009（1）.

　　[12] 车锡伦.非遗民间宝卷的范围和宝卷的秘本、发掘出版等问题——影印 [常州宝卷] 序 [J].河南教育学院学报（哲学社会科学版），2011（1）.

　　[13] 卫凌.山西河津说书艺人的师承传统 [J].交响——西安音乐学院学报（季刊），2009（2）.

　　[14] 刘松涛，谭媛.说书与敬神——对鲁山县西羊石村还愿仪式场景及音声的考察 [J].新乡学院学报（社会科学版），2010（2）.

　　[15] 邓同德.谈豫剧三皇姑出家 [J].佛教文化，1999（4）.

　　[16] 赵倩，岳永逸.华北三皇姑的传说体系与层累生成 [J].民俗研究，2014（6）.

　　[17] 郑杰文.新发现的"三皇遗训"与唐代瞽者会社 [J].文献，2009（3）.

　　[18] 张士闪.眼光向下：新时期中国艺术学的"田野转向"——以艺术民俗学为核心的考察 [J].民族艺术，2015（1）.

　　[19] 王加华."你"怎么看：胡集书会保护与传承的艺人视角 [J].民族艺术，2017（3）.

　　[20] 毛巧晖.现代民族国家话语与民间文学的理论自觉（1949—1966）[J].江汉论坛，2014（9）.

　　[21] 郑阿财.史语所藏·鹦哥宝卷研究——兼论同一题材在各类俗文学的运用 [J].（台湾）成大中文学报，2008（23）.

　　[22]（英）钟思第.切勿进行置身事外的研究 [J].吴凡，译，中国音乐学，2005（3）.

［23］菅丰.何谓非物质文化遗产的价值［J］.陈勤建，译.文化遗产，2009（2）.

［24］王学锋.贾村赛社及其演剧活动研究［D］.北京：中国艺术研究院，2007.

［25］关意宁.在表演中创造：陕北说书音乐构成模式研究［D］.上海：上海音乐学院，2011.

［26］张蓓.论东方朔传说丛的建构、传承与呈现方式［D］.上海：复旦大学，2012.

三、内部资料

［1］王怀德主编.山西曲艺史料［Z］.内部资料，1983.

［2］王怀德.上党鼓曲界的三皇会［Z］.载山西省长治市政协文史处编.长治文史资料（第5辑），内部资料，1988.

［3］武乡县文联编.武乡三弦书、琴书音乐［Z］.内部资料，1990.

［4］武乡县文化馆编.国家级非遗项目申报书.武乡鼓书［Z］.内部资料，2019.

［5］襄垣县文化馆编.国家级非遗项目申报书.襄垣鼓书［Z］.内部资料，2007.

［6］武乡县文化局编.武乡曲艺志［Z］.内部资料，1988.

［7］沁县文化局编.沁州三弦书［Z］.内部资料，1987.

［8］骈中堂口述.沁州三弦书传统书目·五色云［Z］.田兆文记录整理，内部资料，2014.

［9］沁县档案馆藏.沁县小报（共11本）［Z］.内部资料，1957-1962.

［10］沁县文化馆藏.沁州三弦书传统曲目.清列传（第1回—第45回）［Z］.手抄本，1986.

［11］沁县文化馆藏.沁县三弦书传统曲目.丝鸾带（第1回—第64回）［Z］.手抄本，1986.

［12］沁县文化馆藏.沁县三弦书传统曲目.牙牌计（第1回—第63

回）［Z］.手抄本，1986.

［13］沁县文化馆藏.沁县三弦书传统曲目.金镯记（第1回—第51回）［Z］.手抄本，1986.

［14］沁县文化馆藏.沁县三弦书传统曲目.困龙传（第1回—第46回）［Z］.手抄本，1986.

［15］沁县文化馆藏.沁县三弦书小段集一（本卷包括32个书段）［Z］.张三维，收集.手抄本，1986.

［16］沁县文化馆藏.沁县三弦书小段集二（本卷包括8个书段）［Z］.张三维，收集.手抄本，1986.

［17］沁县文化馆藏.沁县三弦书传统曲目.争亲传（上、下卷）［Z］.王庆国，口述.手抄本，1987.

［18］沁县文化馆藏.沁县三弦书传统曲目.仙宝传（共4卷）［Z］.陶金旺，口述.手抄本，1987.

［19］中国人民政治协商会议山西省沁县委员会编.沁县文史资料·第1辑［Z］.内部资料，1985.

［20］中国人民政治协商会议山西省沁县委员会编.沁县文史资料·第2辑［Z］.内部资料，1986.

［21］中国人民政治协商会议山西省沁县委员会编.沁县文史资料·第3辑［Z］.内部资料，1987.

［22］中国人民政治协商会议山西省沁县委员会编.沁县文史资料·第4辑［Z］.内部资料，1988.

［23］中国人民政治协商会议山西省沁县委员会编.沁县文史资料·第5辑［Z］.内部资料，1991.

［24］阳城县文化馆.非物质文化遗产代表作申报书（阳城道情）［Z］.内部资料，2007.

［25］阳城县文化局.非物质文化遗产申报书（阳城蚕桑习俗）［Z］.内部资料，2012.

［26］高平市文化馆.非物质文化遗产代表作申报书（高平鼓书）［Z］.内部资料，2005.

［27］沁水县文化馆.非物质文化遗产代表作申报书（沁水鼓儿词）

［Z］．内部资料，2006．

　　［28］泽州县文化馆．非物质文化遗产代表作申报书（泽州鼓书）［Z］．内部资料，2006．

　　［29］泽州县文化馆．国家级非物质文化遗产名录申报书（泽州四弦书）［Z］．内部资料，2009．

　　［30］陵川县文化馆．省级非物质文化遗产名录申报书（陵川钢板书）［Z］．内部资料，2008．

　　［31］李呆庆．阳城县曲艺志（手写稿）［Z］．内部资料，1985．

　　［32］赵喜胜主编．陵川曲艺志［Z］．内部资料，2003．

　　［33］侯松锁口述．侯松锁自编说唱小段选辑［Z］．王芳等人代笔，陵川县盲人曲艺队内部资料，2011．

　　［34］侯松锁编．太行盲艺人辑录［Z］．内部资料，2015．

　　［35］王俊川．曲艺生涯六十年——王俊川口述史［Z］．内部资料，2011．

　　［36］赵魁元主编．跋涉光明［Z］．内部资料，2006．

　　［37］史小军主编．泽州曲艺［Z］．内部资料，2007．

　　［38］柴粉香主编．沁水鼓儿词志［Z］．内部资料，2010．

　　［39］阳城县文化馆志编纂委员会编．阳城县文化馆志（1949-2012）［Z］．内部资料，2013．

　　［40］中国人民政治协商会议山西省高平市委员会编．高平文史资料·第13辑 高平鼓书与九莲灯［Z］．内部资料，20.

跋

　　说书人的故事暂且告一段落，和盲艺人的缘分始于 2012 年。记得那时在晋城做非物质文化遗产调查，机缘巧合，我被安排到陵川进行调研。当我第一次步入陵川盲人曲艺队展览室，看到从 1960 年至今的曲艺队演出单、日记、申诉书、年终总结与年度计划、宣传卡、鼓书手抄本、记事本、征求意见卡、演出合同、演出出勤表、计分表等档案资料，以及展览柜中整齐排列的线装旧鼓书时，只觉得眼前一亮，或许是常年做科研养成的文化敏感，我对这些资料格外留意，想着可以深入研究，离开陵川后，这事倒也暂且搁置了。或许也是因为冥冥中的缘分，2013 年我开始关注盲人曲艺队档案资料和盲艺人说书的民俗文化问题，逐渐从跨学科视角对山西太行山说书艺人进行调查研究，并于 2015 年以此为基础资料申报国家社科基金项目，有幸成功获准。五年间，我步入大大小小的许多个曲艺展览馆，翻阅了无数的档案资料，同时也见到很多艺人，熟悉了他们的口音。

　　近些年，我们调查组多次深入晋城陵川、泽州、高平、沁水、阳城，以及长治沁县、武乡、长子、襄垣等地乡村，调查走访了近七十位说书艺人。他们中有的已是耄耋老人，有的正值壮年，这其中有许多说书人是盲艺人，虽然他们日日操持鼓板，诉说悲欢离合、世态人生，传唱粉墨春秋、悠悠鼓曲，但回到现实，他们绝大多数仍处于社会底层，属于基层社会的困难群体。在轰轰烈烈的民间文化保护中，很难听到他们关于鼓书的理解和认识。于他们而言，手里的一把三弦、一架扬琴更为他们所珍视，于是我们努力用访谈的方式，关注现实，了解艺人当下的生活经历和生存境遇，倾听说书人讲述自己的故事。

在这几年的研究过程中，我们常常跟着曲艺队下乡演出，和说书艺人交朋友，通过大量的实际调查来熟悉研究对象，了解鼓书，并展现说书人生活的一面。我们先后采访了山西省音乐舞蹈曲艺研究所韩军研究员，阳城文化馆李呆庆，沁水文化馆王万红，沁河文化研究会王扎根，泽州文化馆张鲜红，沁县文化馆魏应忠，太行盲艺人联合会的发起人刘红庆、弓宇杰等，还有大约三十多位的说书艺人，如陵川曲艺队侯松锁、侯安凤、靳文莲、宋学敏、焦路兰、李志臣，泽州四弦书传承人马莉，泽州鼓书传承人崔小红，阳城鼓书传承人何成福、张小军，泽州鼓书艺人张守瑜，沁水鼓儿词传承人张帮炉，高平鼓书传承人巩元儿，沁县说书艺人崔国胜、骈中堂、栗四文、郑明明、温秀芳、李彩英，武乡说书艺人常慧斌、石乃福、霍秀堂，长子鼓书艺人刘引红、任小平，左权盲艺人刘红权，等等。本研究很多地方参考借鉴了他们的发现，在此表达最真诚的谢意，正是这些普通又平凡的乡村艺人，表达着太行山民众纯粹而又朴素的说唱热情。

作为一种民间艺术，"太行山说书"本身所外化的内容是与当地的历史积淀、文化传统、民俗风情密切相关的，在跟着曲艺队跑演出的过程中，我们多次参与了中元节家户做周年、下乡文化宣传演出、白事表演、太行书会、沁州书会等民间活动，也尝试在口述记忆中勾勒说书与礼俗生活的面貌，如师承关系，行业禁忌，"神书""口愿书""老爷书""蚕姑书""牛王书""求子书"唱本等，我们希望做的便是把这种往往不为人知或者即将逝去的历史遗产记录为案。当然，现如今也有一些反映当下社会的新编书目，诸如《人民公仆孙文龙》《反腐倡廉》《恨公婆》《新二十四孝》等。这种传统与现代、文献与田野的对读，在当下民俗生活中交相辉映，也具有非常特别的意义。

在调查时，艺人常常会讲到苦难的学艺生活、曾经风光的说书场面，或许是很久没有人愿意去倾听他们的话语，调查过程中，艺人时不时会现场秀一下乐器、唱腔，他们开口唱着不知演绎过多少遍的故事，鼓舌扬唇，眉飞色舞。这种交谈是快乐的，无论是对于老艺人，还是对于怀着研究热情的我们来讲，这种交流更像是一种文化传递，丝丝弦弦中传达着艺术的温暖。常常夜深时分，我们还在老艺人家中访谈，有时身心疲惫，但还是要坚持"深描"鼓书表演的现场。这些田野经历五味杂陈，我们记录了调查当中的苦闷与快乐。在这期间，我们也受到过照顾，在那些即将离别的时刻，他们总会满怀善意，带给我们最滚烫的感动。每每访谈结束后，望着老艺人落寞的背影、寂寥的小院、静谧的乡村，我们相信彼此都心情起伏。也常常想，我们有为他们带去什么吗？在他们眼里，我们可能不过是一群曾经来自远方的陌生人，我们的研究结束了，他们的生活还在继续。在乡间狭小的天地中，说书艺人们卑微而顽强地生存着，他们似乎没有太大的理想，为了生存而忙于奔走，为了艺术而穷尽一生，但这种对于生活的挣扎与坚守无疑值得我们去敬重、去赞赏。大概研究者与研究对象之间的这种互动过程有着某种潜在的意义，它能使我们从另一个侧面反思研究本身，也让我们更多地把对文化事象的关注转移到对"人与生活"的研究中来。

当然，除了太行山说书人的曲艺特点、礼俗生活之外，我们更想让读者认识的是这类说书人群体。了解他们家庭的悲欢离合、学艺的艰辛困苦、生活的喜怒哀乐，为生计奔波的放声吟唱，等等。他们是"活着的传统"，是民俗社会中"礼乐传统"的生命力和活力。陵川盲人曲艺队的很多孩子，他们大多都有残疾，有的刚刚十几岁，在曲艺队里学习吹拉弹唱，交流中我们能够感受到那种一家人说唱鼓书的快乐与自信。这些"向天而歌"的说书人，无一不对"说书"这一艺术形式满怀热忱，从现实的苦难中找寻到生活的希望与美好。很多时候，感动着我们的已不再是那些唱词和曲调，而是那些行走在乡间沟沟壑壑里的艺人们身上那种对于艺术传承的执着和追求。说书人，尤其是盲艺人，在非物质文化遗产传承人中是很特殊的群体，他们对于自身技艺的热爱，对于这片土地的钟情，感动着我们，也感动着每一位行走在这方土地上的人们。太行山区祖祖辈辈的老百姓喜欢说书、热爱说书、欣赏说书、传唱说书，一代代人耳濡目染，绵延着这种文化感受。愿我们用今天的研究报告，致敬那些常年活跃在广袤乡村田野，生生不息的说书人们！

目前来看，研究主要以资料的深描和分析为主，着力于对晋东南晋城、长治地区太行山沿线的乡村进行重点调查，特别是对沁县盲人曲艺队、陵川盲人曲艺队做了很长时间的跟踪研究，整体看资料性较强，理论关注较少，当然，有些问题和资料，仍然没有得到满意的解决，离阅读期待有距离，恳请专家批评指正，今后我们将努力改进，继续深入调研。

项目前期已经发表了一些成果，如：《沁河流域说书人与民俗生活》《太行山说书人的社会互动与文艺实践》《山西陵川说书与乡村礼俗生活》《艺术性与神圣性：太行山说书人的民俗认同研究》等等，2015年—2020年，五年时间阶段性研究成果在《民族艺术》《民俗研究》《艺术探索》《中北大学学报（社会科学版）》等杂志共发表论文十二篇，其中人大报刊全文转载两篇，高等学校文科学术文摘摘录一篇，在此特别致谢。

2018年5月我因病住院治疗，长达一年，年底出院后还带着"引流管"就为赶时间，扑下身子做调研。民俗学者的"田野"甘苦，冷暖自知。2019年8月我和研究生继续在长治武乡、长子、沁县、襄垣等地跑田野。作为项目主持人，我要感谢项目组所有成员，尤其是我指导的硕士生同学岑建如、李文平、叶蕾、刘重麟、陈宛妮、王佳丽、邢序瑶等，她们多次到医院和我讨论研究进展，电话沟通田野问题，出色地完成了以"说书"为选题的阶段性研究，使得项目没有因此搁置。博士生冯晶、方洁参与书稿审校，也将继续开展说书人的系列研究，使得研究得以薪火相传、蓄势待发。当然，他们年轻而富有活力的文化热情，是项目组近五年来最大的收获。

最后要对常年在乡村演出的说书艺人们表达尊敬与热爱，研究的呈现永远没有你们的艺术人生精彩，"说书集生旦净丑于一身，置万事万物于一炉，戏无理不服人，书无情不感人"，愿说书艺人的故事，能够感动更多的朋友！

卫才华于山西大学

二○二一年十一月